근대계몽기 학술 잡지의 학문 분야별 자료
권8 화학·해외 번역 자료

이 자료집은 한국학중앙연구원 '한국학 총서' 개발 사업 '근현대 학문 형성과 계몽운동의
가치'(AKS-2014-KSS-1230003)의 지원으로 이루어졌음.

〈근현대 학문 형성과 계몽운동의 가치〉 연구진

허재영(연구 책임자, 단국대)
김경남(공동 연구원, 단국대)
김슬옹(공동 연구원, 인하대)
강미정(공동 연구원, 서울여대)
김정애(공동 연구원, 건국대)
서민정(공동 연구원, 부산대)
고경민(공동 연구원, 건국대)
김혜련(공동 연구원, 성신여대)
정대현(공동 연구원, 협성대)

근대계몽기 학술 잡지의 학문 분야별 자료
권8 화학·해외 번역 자료

© 허재영, 2017

1판 1쇄 인쇄_2017년 06월 20일
1판 1쇄 발행_2017년 06월 30일

엮은이_허재영
펴낸이_양정섭

펴낸곳_도서출판 경진
　　　　등록_제2010-000004호
　　　　블로그_http://kyungjinmunhwa.tistory.com
　　　　이메일_mykorea01@naver.com

공급처_(주)글로벌콘텐츠출판그룹
　　　　대표_홍정표　편집디자인_김미미 노경민
　　　　주소_서울특별시 강동구 천중로 196 정일빌딩 401호
　　　　전화_02) 488-3280　팩스_02) 488-3281
　　　　홈페이지_http://www.gcbook.co.kr

값 21,000원
ISBN 978-89-5996-547-2 94000
ISBN 978-89-5996-539-7 94000(세트)

근대계몽기 학술 잡지의 학문 분야별 자료

권8 화학·해외 번역 자료

허재영 엮음

경진출판

근대 학술 잡지의 학문 분야별 자료

1880년대 이후 한국의 학문은 급속도의 변화를 보인다. 황준헌의 『조선책략』, 정관응의 『이언』을 비롯하여 시양 희문과 집촉한 중국인들의 저서가 국내에 유입되고, 『한성순보』, 『한성주보』와 같은 신문 매체가 등장했으며, 각종 근대식 학교가 설립되기 시작했다.

이러한 흐름에서 1894년 갑오개혁과 1895년 근대식 학제의 도입, 재일 유학생의 출현, 독립협회 조직, 『독립신문』 발행 등 일련의 근대화 과정은 사상뿐만 아니라 각 분야별 학문 진보에도 큰 영향을 미친다. 특히 1896년 재일 관비 유학생 파견과 독립협회 조직에 따라 『대조선 재일유학생 친목회회보』와 『독립협회회보』가 발행된 것은 비록 잡지 형태이기는 하지만, 학술 담론에도 큰 변화를 가져왔다.

이로부터 일제에 의해 국권이 상실되기까지 이른바 '애국계몽시대'에 발행된 학술 잡지가 대략 40여 종에 이른다. 이는 이 시기 조직된 학술 단체의 활동과 밀접한 관련이 있는데, 『만세보』 1907년 3월 30일 자 '논설'을 참고하면 이 시기 활동한 각종 학회와 단체가 대략 40개 이상에 이르는 것으로 보인다. 이들 단체의 명칭을 살펴보면 다음과 같다.

1907년 당시의 각종 단체

(…전략…) 近日 我國 民族의 智識이 漸次 開進ㅎ는 現狀이 有ㅎ야 各般 社會를 組織홈이 雨中竹筍과 如ㅎ니 其名目을 略擧ㅎ건듸

自彊會, 一進會, 國民教育會, 東亞開進教育會, 萬國基督靑年會, 憲法會,

4

西友學會, 漢北學會, 同志親睦會, 法案研究會, 普仁學會, 大東學會, 天道教會, 天主教會, 基督教會, 淨土教會, 佛宗會, 神籬教會, 眞理教會, 神宮敬奉會, 婦人學會, 女子教育會, 國債報償會(各種), 養正義塾討論會, 普專親睦會, 實業研究會, 殖産獎勵會, 商業會議所, 手形組合, 農工銀行, 漢城銀行, 天一銀行, 韓一銀行, 合名彰信會社, 湖南鐵道會社, 東洋用達會社, 紳商會社, 少年韓半島社, 夜雷雜誌社, 朝陽雜誌社, 大東俱樂部, 官人俱樂部 (…하략…)

—『만세보』, 1907.3.30

한국 근현대 학문 형성과 계몽운동의 가치를 연구하는 과정에서 학술 잡지는 매우 귀중한 자료가 된다. 〈부록 1-1〉에 제시한 바와 같이, 이 시기 학술 잡지(또는 격주 신문 형태 포함)는 대략 55종 정도로 파악된다. 이 가운데 일부 자료는 원자료를 보기 어려운 경우도 있고, 일부 자료는 발굴되지 않은 경우도 있다. 근현대 학술 담론을 좀 더 철저히 규명하기 위해서는 이와 같은 자료를 좀 더 체계적으로 수집하고 분류할 필요가 있다. 구장률(2012)의 『근대 초기 잡지와 분과 학문의 형성』(케이포북스)과 같은 분류 시도가 없었던 것은 아니나, 분과 설정이나 자료에 대한 전수 조사가 이루어진 것은 아니기 때문에, 이 시기 학술 담론의 전모를 파악하는 데는 어려움이 따른다.

이 자료집은 2014년 한국학중앙연구원 '근대 총서 개발' 사업 가운데 '근현대 학문 형성과 계몽운동의 가치'(AKS-2014-KSS-1230003)를 연구하는 과정에서 수집·분류한 자료를 모은 것이다.

작업을 처음 시작할 때에는 온라인상 자료 공개가 활발하지 않았던 데 비해, 현재 일부 자료는 '한국사데이터베이스'(db.history.go.kr) 근현대 잡지 자료나 빅카인즈(www.bigkinds.or.kr), 네이버 뉴스라이브러리 등에서 자료를 확인할 수도 있다. 일부 자료는 국립중앙도서관의 디지털 라이브러리에서도 전자문서 형태로 열람할 수 있다. 그렇지만 각각의 자료를 수집하고 분류하는 작업은 쉬운 일이 아니다.

처음에는 각 자료를 수집·분류하고 가급적 현대어로 번역하고자 하였으나, 분량이 방대하여 짧은 연구 기관에 번역 작업을 수행하기 어렵다는 판단 아래, 분류 작업만 진행하기로 의견을 모았다. 특히 총서 7권을 개발하는 과정에서 다수의 통계 자료가 산출되었는데, 이를 총서에 싣기 어려워 자료집의 부록 형태로 수록한다.

이 자료집이 나올 수 있도록 연구를 지원해 주신 한국학중앙연구원의 한국학진흥사업 관계자 여러분과 묵묵히 작업을 수행해 준 연구원, 그리고 수익 사업과는 진히 무관한 자료집 출긴을 결심해 주신 도시출판 경진 양정섭 대표님께 감사의 말씀을 드린다.

2017년 2월 13일
'근현대 학문 형성과 계몽운동의 가치' 연구책임자 허재영

　이 자료집은 '근현대 학문 형성과 계몽운동의 가치'를 연구하는 과정에서 근대 학술지에 수록된 글을 학문 분야별로 분류하여 편집한 것이다. 1896년 『대조선독립협회회보』와 재일유학생 친목회의 『친목회회보』 이후 1910년까지 발행된 근대 학술지(잡지 형태 포함)는 55종이 발견된다. 이 자료집에서는 현재까지 발굴된 학술지를 전수 조사하고, 그 가운데 필요한 자료를 모아 분야별로 분류하고자 하였다. 자료집의 편집 원칙은 다음과 같다.

1. 학문 분야별 분류 기준은 『표준국어대사전』의 전문 용어 분류 원칙을 따르고자 하였으며, '격치(格致)', '이과(理科)', '지문(地文)', '학문 일반(學問一般)', '해외 번역 자료(海外飜譯資料)'는 근대계몽기의 학술상의 특징을 고려하여 별도로 분류하였다.
2. 분류 항목은 '가정, 격치, 경제, 광물, 교육, 농업, 동물, 문학, 물리, 법, 사회, 생물, 수산, 수학, 식물, 심리, 언어, 역사, 윤리, 이과, 정치, 종교, 지리, 지문, 천문, 철학, 학문 일반, 화학, 해외 번역 자료' 등 29개로 하였다.
3. 분류 항목의 배열은 가나다순으로 하였으며, 부록의 분류표를 포함하여 총 9권으로 발행한다.
4. 각 항목마다 수록한 글의 분류표(순번, 연도, 학회보명, 필자, 제목, 수록 권호, 분야, 세분야)를 실었다.
5. 한 편의 논문이 여러 차례 연재될 경우, 한 곳에 모아 편집하였다.

일부 논문은 학술지 발행이 중단되거나 필자의 사정으로 완결되지 못한 것들도 많다.

6. 현토체의 논문과 한문체의 논문 가운데 일부는 연구 차원에서 번역을 하였으나, 완결하지 못한 상태로 첨부한 것들도 있다.

7. 권9의 부록은 근대 학회보 목록(총 55종), 학문 담론 관련 분야별 기사 목록, 일제강점기 발행된 잡지 목록, 근대 교과서 목록, 일제강점기 교과용 도서 목록, 일제강점기 신문의 서적 광고 목록 등 연구 과정에서 산출한 목록을 별도로 구성하였다.

이와 함께 근현대 학문 형성과 계몽운동의 가치를 연구하는 과정에서 살펴본 지석영의 상소문, 논학정(論學政), 박영효의 '건백서', '동문학', '원산학사', '육영공원' 관련 한문 자료와 조사시찰단 보고서인 조준영의 『문부성소할목록』을 번역하여 별도의 책으로 구성하였다.

총 7권의 학술 교양서를 집필하고 10여 권의 자료집을 발행하기까지 어려움이 많았다. 특히 방대한 자료를 체계적으로 다루는 일은 결코 쉽지 않았는데, 자료 편집상의 오류, 번역상의 오류가 적지 않을 것으로 판단된다. 이러한 잘못은 모두 편자의 책임이다.

목차

28.
화학

순번	연대	학회보명	필자	제목	수록 권호	분야	세분야
1	1906	태극학보	학해주인	인조금	제18호	화학	
2	1906	태극학보	박정의	화학별기	제18, 19, 20, 22호(4회)	화학	
3	1906	태극학보	김홍량	화학강의	제23호	화학	
4	1907	야뢰	신해용	합금 제조법	제1, 2, 3, 5, 6호(5회)	화학	
5	1907	대한유학생회학보	최명환	화학문답	제2, 3호(2회)	화학	
6	1907	낙동친목회학보	김용근	응용화학	제1호	화학	
7	1908	대동학회월보	홍인표	화학	제2, 3, 4호	화학	
8	1908	대동학회월보	완물산인	화학	제8호	화학	
9	1908	대동학회월보	이유응	화학	제18, 19호	화학	
10	1908	기호흥학회월보	서병두	응용화학	제1, 2, 4, 5, 8회(5회)	화학	
11	1908	기호흥학회월보	이범성	화학문답	제11, 12호	화학	

◎ 人造金, 학해주인, 〈태극학보〉 제18호, 1908.2. (화학)

*화학의 역사
*그리스의 자연철학 〉 중세 아라비아의 연금술 〉 화학의 발달
*원소의 개념

距今 十餘年 前에 北美合衆國人 某가 銀은로 製金ᄒᄂ 法을 發明ᄒ엿
다 ᄒᄆᆡ 當時 學者間에 多大ᄒ 注意를 惹起ᄒ더니 其後에ᄂ 他金屬으로
黃金을 製造ᄒ다ᄂ 論者가 生ᄒ엿스니 此等 論者가 勿論 少數인즉 識者
間에는 不能의 事로 信知ᄒ엿스나 其然가를 確然히 未知ᄒ니 此ᄂ 一元
論이 眞理인지 多元論이 眞理인지 必也 此兩者를 駁論홈이 可ᄒᆯ지로다.

大抵 宇宙萬物이 如何의 物노 成出ᄒ엿ᄂ지 此 問題ᄂ 太古브터 討究
ᄒ야 非常ᄒ 議論을 起ᄒ엿ᄂ니 上古 希臘國 學者들도 或은 水가 元이
되어 萬物을 形造ᄒ엿다 ᄒ고, 或은 空氣가라 ᄒ야 一品物노 萬物의 元
을 作ᄒ엿다 ᄒ니[1] 此ᄂ 所謂 一元論에 屬ᄒᄂ 者요, 其後에ᄂ 地水火
風의 四元素로 寄合作成ᄒ엿다 ᄒ니 此ᄂ 所謂 多元論이라. 印度에셔도
多元論이 流行ᄒ 듯ᄒ고 支那의 金木水火土의 說도 亦是 相似ᄒ지만은
此等 說은 學問이 發達되지 못ᄒ 時代인즉 善良ᄒ 事實노 調成ᄒ 바가
아니ᄆᆡ 大段히 錯誤된 것이로다.

支那에는 二千年 前브터 人工 造金說이 盛行ᄒ엿스니 卽 丹砂를 化ᄒ
야 黃金을 作ᄒ다 홈과 不死不老의 藥을 製造ᄒ다 홈이요, 西洋에ᄂ 千
五六百年前브터 埃及과 알력슨드리아 邊에 居ᄒᄂ 希臘人이 漸次 稍同
ᄒ 事를 唱始ᄒ엿스니 此ᄂ 西漢時代브터 支那와 羅馬帝國間에 交通이
頻煩ᄒ엿슨즉 必也 支那 思想이 西洋에 移轉ᄒ 者로 思度ᄒ겟고 亞刺比

---

1) 고대 그리스의 자연철학 이론이 글 내용에 반영됨.

亞人이 羅馬帝國의 一部分을 攻取ᄒ엿스니 其時에 其文化를 受繼ᄒ엿
스즉 鍊金術도 傳承된 듯ᄒ도다. 亞刺比亞 學者들은 此事를 硏究ᄒ 者가
頗多ᄒ야 今日ᄭ지 傳來ᄒᄂᄃᆡ 其中에ᄂ ᄆᆡ우 滋味잇ᄂ 事도 有ᄒ니
此等 鍊金家ᄂ 宇宙 萬般의 現象을 硏究ᄒ쟈ᄂ 廣博ᄒ 思想으로 硏究ᄒ
거시 아니며, 黃金을 作ᄒ며 不老不死의 藥을 作ᄒ려ᄂ 狹少ᄒ 思想으로
目的을 作ᄒ엿스ᄆᆡ 其硏究의 範圍가 極少ᄒᄃᆡ 但只 其代의 議論은 幾許
間 判然ᄒ나 其試驗ᄒ 바가 他金屬으로 黃金을 變作코져 ᄒᆷ에 在ᄒ즉
第一 金屬의 成分이 何物인 거슬 善究ᄒ엿슬 터이오, 其時에 汎行ᄒ 說
을 看ᄒ간ᄃᆡ 金屬은 다 水銀과 硫黃으로 (丹砂의 成分) 作成ᄒ 者인ᄃᆡ
其性分의 純粹ᄒ 度와 混合ᄒ 比較를 依ᄒ야 金銀銅鐵의 各種 金屬이
되ᄂ 줄노 信ᄒ엿고, 鉛鐵銅 安質母尼2) 等 鑛石 中에는 硫黃을 含有하야
金銀色의 光澤을 持有ᄒ 者ㅣ가 不少ᄒ 故로 此等 事實을 因ᄒ야 如許ᄒ
誤錯의 說이 出ᄒ여 一般 信知ᄒ 듯ᄒ고, 同時에 黃金 製造ᄒᄂ 方法을
依ᄒ야 不老不死의 藥을 造得ᄒᄂ 줄노 亦是 信知ᄒ엿더라.

此等 說은 亞刺比亞에셔브터 種種의 經路를 由ᄒ여 八九百年 前브터
二三百年 前ᄭ지 歐羅巴에 傳行ᄒᆯᄉᆡ 各國 鍊金家라 爲名ᄒ 者 中에 各
種 實驗 硏究로 有益ᄒ 發明을 擧ᄒ 者도 有ᄒ나 黃金을 製造ᄒ다ᄂ
主要ᄒ 目的을 到達ᄒ 者ᄂ 無ᄒ고, 其間에 似而非 學者와 似而非 技術
家가 多ᄒ엿스니 此ᄂ 二三百年에 著出ᄒ 小說과 歌謠 中에 鍊金家를
嘲笑ᄒ 古文으로도 可測ᄒ겟도다.

洋의 東西를 勿論ᄒ고 往昔은 陰陽術이 天文學과 殆同ᄒ 体地가 되어
非常ᄒ 密接의 關係를 持ᄒ야 同時에 發達ᄒ 것과 如히 同一ᄒ 關係로
鍊金術도 化學과 殆同의 体地로 思度ᄒ 時代가 有ᄒ엿다가 陰陽術이
頹敗ᄒ고 天文學이 眞正으로 進步ᄒ 것과 如히 化學도 鍊金術을 離ᄒ
後에 眞正ᄒ 發達을 得ᄒ엿도다.

然ᄒ나 直接으로 有益ᄒ 問題 硏究에는 人智가 比較的 幼稚ᄒ 時代에

---

2) 안질무니(安質母尼): 광석의 일종.

라도 精神을 費盡ᄒᆫ 人이 多ᄒᆫ 故로 鍊金術과 如ᄒᆫ 誤錯의 事도 大体上으로 論及ᄒᆞ면 其結果ᄂᆞᆫ 後世에 多大ᄒᆫ 有益을 與ᄒᆞ엿실지라. 何者오. 萬一 如此ᄒᆫ 始機가 無ᄒᆞ엿스면 幾多의 發明이 當時에 生來치 못ᄒᆞ엿스리로다만은 此ᄂᆞᆫ 往昔의 事이믹 二三百年 來 鍊金術을 信ᄒᆞᄂᆞᆫ 者ᄂᆞᆫ 少數의 迷信者이나 近頃에 至ᄒᆞ여ᄂᆞᆫ 前陳과 如히 人工으로 黃金을 造得ᄒᆞᄂᆞᆫ 說을 唱出ᄒᆞᄂᆞᆫ 者가 種種히 表出ᄒᆞᆷ은 可謂 注目ᄒᆞᆯ 現象이라 ᄒᆞᆯ 거시라. 何者오. 世人이 從來 學說의 羈絆을 脫解ᄒᆞ고 新方面을 開拓ᄒᆞ려ᄂᆞᆫ 勇氣가 迸進(병진)ᄒᆞᄂᆞᆫ 所以를 因ᄒᆞᆷ이로다.

今日 化學上으로 元素라 云ᄒᆞᄂᆞᆫ 思想은 二百年頃 前브터 漸次 明瞭히 된 거신듸 此思想을 明瞭케 ᄒᆞ기 前에ᄂᆞᆫ 成分이라ᄂᆞᆫ 思想이 先瞭ᄒᆞ엿슬지니 假令 砂糖水의 成分은 砂糖과 水요, 眞鍮(진유)의 成分은 亞鉛과 銅이나 水가 果是 單純ᄒᆫ 物品인지 或은 種種의 成分으로 集合ᄒᆞ여 된 거신지 云ᄒᆞ자면 亦是 水素 酸素의 二成分으로 成ᄒᆫ 者요, 砂糖은 多數의 有機物과 如히 水素 酸素와 其他 炭素를 含有ᄒᆞ엿ᄂᆞ니 然則 水素 酸素 炭素 等은 如何ᄒᆞᆯ가. 是亦 種種의 成分으로 成ᄒᆫ 者냐 ᄒᆞ면 今日ᄭᅡ지ᄂᆞᆫ 何等 種種 雜多의 方法을 依ᄒᆞ여 其成分을 發見코져 ᄒᆞᆯ지라도 到底히 其目的을 透達치 못ᄒᆞ엿스믹 化學上으로 言ᄒᆞ면 今日ᄭᅡ지 分解를 未得ᄒᆫ 者요, 亞鉛과 銅도 亦是 未能ᄒᆞ엿스믹 <u>此等 二種 以上의 他物質을 分解치 못ᄒᆞᄂᆞᆫ 物質을 化學上으로ᄂᆞᆫ 元素라 稱</u>ᄒᆞ니, 元素ᄂᆞᆫ 萬物 究竟의 成分이오, 砂糖水에 在ᄒᆫ 水와 砂糖은 그 近成分이라 稱ᄒᆞᄂᆞᆫ듸 今日ᄭᅡ지 發見된 元素의 總數가 거의 八十이나 그러나 此後에도 硏究의 方法이 益進ᄒᆞᆷ을 從ᄒᆞ야 最新의 元素가 幾許이나 生ᄒᆞᆯ지 未知ᄒᆞ겟도다.

此等 八十餘種의 元素가 如何히 地球上에 分配되엿ᄂᆞᆫ지 說明ᄒᆞ기 通常 容易ᄒᆞᆯ지니 卽 動植物体의 中夭ᄒᆫ 部分을 成ᄒᆫ 炭素 水素 窒素 酸素이라. 此等은 金屬의 性質이 아닌즉 非金屬 元素라ᄂᆞᆫ 部分에 屬ᄒᆞᆯ 거시오, 岩石 土壤은 地球의 外殼을 形造ᄒᆞ엿스나 其主要ᄒᆫ 元素ᄂᆞᆫ 硅素 酸

素 알미니움 鐵 其他 小金屬이오, 日常 吾人이 使用ᄒᆞᄂᆞ 金銀銅錫鉛 等
은 地殼 中에 存在흔 거시 僅少ᄒᆞ나 諸處에 集合ᄒᆞ여 鑛脉이 되엿ᄉᆞᄆᆡ
比較的 採取키가 容易흔 者며, --

◎ 化學瞥記, 朴廷義, 〈태극학보〉 제18호, 1908.2. (화학);
　제18, 19, 20호

　　*화학의 개념과 연구 대상
　　*원소의 개념과 주요 원소 기호 및 원자량

　吾人은 日常 種種흔 物体가 時時變化ᄒᆞᄂᆞ 거슬 目擊ᄒᆞᄂᆞ 것과 갓치
山川草木으로브터 禽獸虫魚에 至ᄒᆞ도록 千古不變ᄒᆞᄂᆞ 物体ᄂᆞ 一種도
無ᄒᆞᄃᆡ 其中 動植物 等은 生死 營枯ᄒᆞᄂᆞ 고로 其 變化가 崔히 顯著ᄒᆞ고
鑛物도 亦是 變化ᄒᆞᄂᆞ 거신데 例ᄒᆞ면 岩石 等의 崩壞ᄒᆞ야 土壤이 되며,
銅鐵類의 空氣 中에서 鏽(수, 녹)를 生ᄒᆞᄂᆞ 거시 此也라.

　此等 變化가 다못 緩急의 差別은 有ᄒᆞ나 皆是 物質 組成上 變化라.
如此흔 物質 組成의 諸變化와 各種 物質의 性狀을 講究ᄒᆞᄂᆞ 理學의 一
分科를 稱ᄒᆞ야 化學이라 ᄒᆞᄂᆞ니라.

　總히--

　單体 又ᄂᆞ 元素

　元素의 記號 給 原子量

　化合ᄒᆞᄂᆞ 法則 給 方程式 記號

▲ 제19호 化學初步, 朴廷義, 〈태극학보〉 제19호, 1908.3. (화학)

酸素와 窒素의 化合物

酸素 窒素에는 一酸化窒素(氣体) 二酸化窒素(氣) 三酸化窒素(液体) 四酸化窒素(液) 五酸化窒素(固体)의 五種이 有ᄒ나 其中 工業上에 必要ᄒ 五酸化窒素만 記述ᄒ노라.

五酸化窒素(N2O5)ᄂᆞᆫ 一名 無水硝酸(무수초산)이라는 白色 固体라. 此를 製得ᄒᆷ에 硝酸銀中에 五酸化燐을 加ᄒᆷ에 在ᄒ고 其 性質은 急熱ᄒ 면 爆發ᄒ고 徐熱ᄒ면 攝氏 三十度에 至ᄒ야 黃色의 液体를 成ᄒ고 四 十五度에 至ᄒ야ᄂᆞᆫ 沸騰ᄒᄂᆞ디 水를 當ᄒ면 熱ᄒ 鐵을 投ᄒᆷ과 如히 音 響을 發ᄒ고 化合ᄒ야 硝酸을 生ᄒᄂᆞ니라.

酸素와 水素의 化合物

水의 純不純

水의 容積과 密度의 增減

窒素와 水素의 化合物

炭素. 十二

▲ 제20호

酸素 炭素 化合物

(一) 酸化炭素 Co (二) 無水炭酸 又ᄂ 炭酸瓦斯 Co2. (一) 酸化炭素ᄂ
無色無味無臭ᄒ고 甚히 毒ᄒ 氣体라. 無水炭酸을 赤熱ᄒ 木炭에 通ᄒ면
此 瓦斯를 生ᄒ고 ᄯᅩ 酸化炭素 二容과 酸素 一容을 混合ᄒ야 電氣의
火花를 通ᄒ면--

炭素와 水素의 化合物

硝酸

硝酸 製法 及 用途

▲ 제22호

塩素

塩素 製法

塩素 水素 化合物

弗素

臭素

硫黃

硫黃 水素 化合物

硫黃 酸素 化合物

硫黃 炭素 化合物

◎ 化學講義, 金鴻亮, 〈태극학보〉 제23호, 1908.7. (화학)

石炭싯스(瓦斯)

硝子製 或은 金屬製의 烟竹通의 屈曲흔 形容과 如흔 레돌트라 ᄒᆞᄂᆞᆫ 器에 鋸屑狀 或은 細粉狀의 石炭을 器容의 半分씀 盛ᄒᆞ야 二口를 有흔 受器의 一端에 連ᄒᆞ고 此 受器를 冷水를 盛흔 皿上에 置ᄒᆞ야 冷케 흔 然後에 레돌트를 熱케 ᄒᆞ야 石炭의 蒸氣를 發生케 ᄒᆞ면 此 蒸氣가 受器를 通過ᄒᆞ다가 受器의 冷氣를 因ᄒᆞ야 蒸氣의 一部ᄂᆞᆫ 水와 如흔 液體가 되야 受器內에 殘留ᄒᆞ고 一部ᄂᆞᆫ 受器 一方의 口를 從ᄒᆞ야 싯스라 ᄒᆞᄂᆞᆫ 氣體가 되야 奔出ᄒᆞᄂᆞ니 此 싯스에 火를 點ᄒᆞ면 熖을 揚ᄒᆞ야 燃ᄒᆞ며 레돌트器 內에ᄂᆞᆫ 本炭 或 骸炭이 殘留ᄒᆞᄂᆞ니 此 理ᄂᆞᆫ 原來에 石炭이 其 兩質을 含有ᄒᆞ엿든 故이라. 如此히 石炭으로 製造흔 싯스를 卽 石炭瓦斯라 稱ᄒᆞᄂᆞᆫ딘 此 싯스ᄂᆞᆫ 種種의 氣體를 含有ᄒᆞ엿스니 卽 水素와 메단이 其 重要흔 者며 小量의 에티렌과 벨젤과 酸化炭素와 無水炭酸과 窒素와 硫化水素와 아무모니아 等을 含有ᄒᆞ지라. 石炭瓦斯가 燃燒할 時에ᄂᆞᆫ 水素와 메단과 及 酸化炭素ᄂᆞᆫ 熱를 生ᄒᆞ며 에티렌과 아세티렌과 及 벨제은 光을 發ᄒᆞᄂᆞ니 以上

六種 氣體는 石炭瓦斯의 肝要한 成分이나 其他는 無用한 物質인 故로 此를 除去홈에 對ㅎ야도 其 方法이 有ㅎ되 此에는 略之ㅎ노라.

焰의 成分

可燃性 物質(可히 燃ㅎ여질 物質)에 火를 點홀 時에 焰을 發홈은 石炭이 石炭瓦斯로 變ㅎ야 焰을 發ㅎ는 理와 同一ㅎ나니 其 物質이 임의 氣體가 되던지 不然ㅎ면 固體 或 液體일지라도 燃燒熱을 因ㅎ야 氣體가 되지 아니치 못ㅎ느니라. 今에 蠟燭에 火를 點코저 ㅎ야 其 心炷에 火를 近接ㅎ면 其熱을 因ㅎ야 心炷에 付着ㅎ엿든 蠟은 溶解되야 直이 氣體가 되는 故로 燒燃을 始作ㅎ느니 如此히 始作한 焰의 熟을 因ㅎ야 下面에 蠟이 또한 漸次 溶解되야 液體가 되고 此 液體가 更히 熱氣의 作用을 因ㅎ야 心炷를 從ㅎ야 昇來ㅎ야 此 處에서 氣化ㅎ고 次第로 燃燒ㅎ야 焰을 發ㅎ느니라. 此 焰에 風을 吹送ㅎ면 卽時에 消滅됨은 風이 焰에 接ㅎ야 其 溫度를 低下케 ㅎ야 發火點 以下에 至케 ㅎ는 故이니라. 通常 洋燈에도 同一한 變化를 起ㅎ거니와 但 此 時에는 燃質을 溶解홀 必要가 無한 故로 石油가 直接으로 心炷를 從ㅎ야 昇來ㅎ야 氣化한 然後에 燃ㅎ야 焰을 發ㅎ느니라. 此 洋燈의 口金의 下部에는 數多한 細孔이 有ㅎ야 空氣를 流入케 ㅎ며 石油의 蒸氣는 此 流入한 空氣 中에 含有한 酸素를 取吸ㅎ야 燃燒ㅎ며 其 周圍에 餘存한 空氣는 熱을 受ㅎ야 膨脹ㅎ야 重量이 輕ㅎ여지는 故로 燈皮를 通ㅎ야 昇出홀 同時에 口金邊에 數多한 細孔으로는 新空氣가 流入ㅎ야 燃燒를 熾熱케 ㅎ느니 故로 燈皮를 用ㅎ면 空氣의 流通이 良好ㅎ야 石油는 油煙을 吐치 아니ㅎ고 完全히 燃燒ㅎ느니라.

焰의 構造

蠟燭을 仔細히 檢察ㅎ면 三種의 部分으로 成造됨을 見홀지니
第一部 卽 心炷의 周圍에는 暗黑한 部分이 有ㅎ니 此 部分은 卽 蠟의

氣化혼 者가 空氣에 觸지 아니혼 故로 尙未燃燒혼 處이며

第二部는 卽 第一部의 周圍에 在혼 圓錐形의 部分인딕 其 光輝가 最强하느니 此 部分은 空氣의 供給이 尙未充分하야 炭素의 一部가 微粒을 作하야 析出하느니 此 炭素의 微粒이 灼熱홈으로 光明을 發홈이며

第三部 卽 第二部의 外部에는 空氣의 供給이 充分혼 故로 炭素는 全然 燃燒하야 無水炭酸이 되는 故로 熱氣는 最强하고 光輝는 稍弱하야 殆然難見의 狀態를 呈하느니라.

今에 金網의 一片을 燭火의 中央에 揷入하면 原來 金屬은 熱을 導키 易혼 物인 故로 燭火의 熱을 迅速히 導去하야 金網의 上面의 焰은 熱의 度가 減下하야 發火點 以下에 達하는 故로 燃키 不能하고, 다만, 金網下面의 焰만 如前히 燃하느니라. 此 金網이 焰에 接엿던 部分을 撿察하건딕 焰의 中部에 接觸하엿든 金網의 部分은 其 色이 暗黑하며 此 暗黑혼 部分의 周圍에는 光輝가 有혼 輪形의 部分을 形作하며 其 外部 卽 第三部에는 熱氣가 最强홈을 因하야 金網이 强烈혼 熱度로 赤熱되느니라.

又는 白紙一片을 迅速히 燭火 中에 壓下하엿다가

蠟燭의 焰

焰의 構造更히 迅速히 取出ᄒ면 油烟은 中心에 附着치 아니ᄒ고 其外部에 圓形을 作흠을 見ᄒ지라. 洋燈의 焰의 構造도 ᄯᅩᄒᆫ 蠟燭과 同一ᄒᄂ 蠟燭과 如히 明瞭키ᄂ 不能ᄒᄂ니라.

焰의 光

焰의 光을 强케 ᄒ랴면 其 中에 灼熱ᄒ여진 固體의 存在를 要ᄒᄂ니 蠟燭과 洋燈 等의 焰中에ᄂ 炭素라 ᄒᄂ 固體의 微粒이 赤熱ᄒ여져서 在ᄒ 故로 强ᄒ 光을 發ᄒᄂ니 此ᄂ 上篇 焰의 構造에서 述흠과 如ᄒ거니와 如何히 焰의 光이 弱흘지라도 白金과 如ᄒ 因體를 挿入ᄒ야 赤熱케 ᄒ면 焰은 其光을 忽然 增加ᄒᄂ니라. 又ᄂ 近年에 나도리움과 셀이라 稱ᄒᄂ 稀有ᄒ 元素의 酸化物노 製造ᄒ 圓筒狀의 網으로써 石炭瓦斯와 如히 光輝가 最弱ᄒ 焰을 覆흘지라도 恩然히 電氣燈의 光輝에서 尤勝ᄒ 白光을 得ᄒᄂ니 此 燈을 發明ᄒ 人의 名을 取ᄒ야 아우얼燈(AUER'S Lamp)이라 稱하ᄂ니라.

安全燈

可燃體가 燃燒흘 時에ᄂ 其 發火點의 相當ᄒ 熱을 要흠은 金網을 燭火 中에 挿入ᄒ 實驗에 見ᄒ 빈어니와 此 理를 應用ᄒ야 英國 化學者 데비(Davy)ᄂ 金網으로 燈火를 包ᄒ야 安全燈을 製造ᄒ지라. 此 安全燈을 石炭坑內에서 用흘 時에ᄂ 메ᄃ이라ᄂ 氣體와 空氣의 混合物이 燈火에 接近흘지라도 但 燈內에서 輕微ᄒ 爆聲을 發ᄒ야 人의 警戒를 匿起흘 ᄲ이요 其 焰이 金網을 通過ᄒ야 外面에 出치 못ᄒᄂ 故로 多大ᄒ 爆發을 生흘 危險이 無ᄒ니라.

메든(沼氣) CH₄

메든은 無色無臭의 氣體인디 植物質이 沼澤 中에서 腐敗홀 時에 生
ᄒᆞᄂᆞᆫ 故로 棒을 用ᄒᆞ야 其 泥土를 攪拌ᄒᆞ면 메든은 氣體인 故로 輕ᄒᆞ야
水面上으로 浮上ᄒᆞᄂᆞ니 此 메든을 水를 盛혼 硝子圓筒中에 集取ᄒᆞᄂᆞ
라. 此 氣體ᄂᆞᆫ 光輝가 無혼 靑色의 熖을 揚ᄒᆞ야 燃ᄒᆞ며 此 氣體와 空氣
의 混合혼 氣體에 火를 近接ᄒᆞ면 劇烈혼 爆發을 生ᄒᆞᄂᆞᆫ 故로 石炭坑內
에서 燈火의 不注意를 因ᄒᆞ야 往往 爆發이 起ᄒᆞ더니 近日에ᄂᆞᆫ 安全燈이
發明된 故로 其 危險이 無ᄒᆞᄂᆞ니라.

◎ 合金 製造法, 申海容, 〈야뢰〉 제1호, 1907.1. (화학)

*이 글도 다른 연금술 관련 자료와 내용상 유사/동일함

▲ 제1호 합금 제조법

(= 4쪽 분량)

合金은 二種 以上의 金屬을 混合 熔融ᄒᆞ야 其 性質이 各原 金屬과
全異혼 者를 製造ᄒᆞᄂᆞᆫ 法이니 其工程이 極히 簡單ᄒᆞ나 實地에 當ᄒᆞ야
ᄂᆞᆫ 其要訣을 不得ᄒᆞ면 奏效(주효)키 難ᄒᆞ니라.

合金 製造에 使用ᄒᆞᄂᆞᆫ 器具ᄂᆞᆫ 普通 合金에 粘土 坩堝(감과)[도간이]
를 用ᄒᆞ고 貴金屬 合金에ᄂᆞᆫ 黑鉛 坩堝를 用ᄒᆞ나 黑鉛 坩堝ᄂᆞᆫ 使用ᄒᆞ기
前에 氣泡 有無와 乾濕 與否를 十分 檢査홀지니 此ᄂᆞᆫ 往往 其 破裂에
因ᄒᆞ야 熔融혼 金屬을 烏有에 歸ᄒᆞᄂᆞ니라.

合金을 熔融홀 際에 注意홀 者는--

▲ 제2호 합금 제조법

白銅

模造銀

銀의 合金

四分一 合金

模造黃金

人造黃金

金의 合金

▲ 제3호 燐寸(石硫黃) 製造法

▲ 제5호 工業: 電氣鍍金法 第一章 理論大意 及 術語 解釋

▲ 제6호=전기 도금법 술어 설명(속)

此書에 用ㅎ는 術語가 特히 與他 相異ㅎ야 其術語를 說明홈이 必要ㅎ니 何故오. 一二 言語를 解홈이 有ㅎ나 ――히 說明ㅎ면 極히 複雜흔 故라.

稀釋: 稀釋이라 홈은 水中에 他 物을 混ㅎ든지--

溶解:

消化:

沉澱:

傾瀉(경사):

蒸發:

洗滌法:

飽和溶液:

鹽類:

酸類:

分:

鍍着:

淸淨:

極:

絶線物:

導體:

第二章　鍍銅室

◎ 化學問答, 崔鳴煥, 〈대한유학생회학보〉 제2호, 1907.4.
　(화학)

▲ 제2호

○ 無機化學之部

(問) 物理學的 變化及 化學的 變化라 云홈은 何를 謂홈이뇨.
(答) 物理學的 變化는 其 物體의 組成을 變치 아니ᄒ는 現像을 云홈이오
化學的 變化는 其 物體의 組成을 變ᄒ야 原物體와 性質이 全異ᄒ 新物
體를 生ᄒ는 現像을 云홈이니라.
(問) 物理學的 變化를 證明ᄒ라.
(答) 水와 如ᄒ 物體는 通常溫度에 在ᄒ야는 能히 流動홈을 得ᄒᄂ 一旦
此를 低溫度에 遭遇케 ᄒ면 愛ᄒ야 固體의 氷을 成ᄒ얏다가 溫度의 稍
昇홈을 隨ᄒ야 原液體의 水를 還成ᄒᄂ니 다시 此에 熱를 加ᄒ면 變ᄒ
야 氣體의 水蒸氣를 成ᄒᄂ 此는 一時的 變化에 止ᄒ고 永久的 變化는
아니라 何故오 其 水蒸氣을 冷케ᄒ면 原의 水를 成ᄒ고 更히 此를 寒冷
에 遭케ᄒ면 氷을 成홈이 始와 如ᄒ니라. 如斯히 物體의 組成을 變치
아니ᄒ고 一時的 變化의 現像을 呈홈을 物理學的 變라 云홈이라.
(問) 化學的 變化를 證明ᄒ라.
(答) 火藥은 其色이 黑ᄒ고 其形이 砂土와 如ᄒ 物이라. 一旦 此를 火에

接觸ᄒ 時에ᄂ 閃閃ᄒ 光彩를 放射ᄒ고 其 物體가 空中에 飛散ᄒ며 濃黑烟을 化成ᄒ고 少許의 灰를 遺ᄒᄂ니 此에 殘留ᄒ 灰와 彼에 飛散ᄒ 烟을 前火藥에 比較ᄒ면 其 物體의 性質이 判異ᄒ지라. 如斯ᄒ 變化를 化學的 變化라 云ᄒ나니라.

(問) 物理學及 化學은 如何ᄒ 學問이뇨.

(答) 物理學은 物理學的 變化를 論究ᄒᄂ 學問이오 化學은 化學的 變化를 論究ᄒᄂ 學問이니라.

(問) 化學的 變化를 起ᄒᄂ 原因는 如何ᄒ뇨.

(答) 熱도 化學的 變化를 起ᄒ고 物體의 接觸도 化學的 變化를 起ᄒ고 溶液도 化學的 變化를 起ᄒ고 光도 化學的 變化를 起ᄒᄂ니라.

(問) 熱이 化學的 變化를 起ᄒᄋᆷ을 舉證ᄒ라.

(答) 乾한 試驗管에 砂糖을 盛ᄒ야 此를 火에 熱케 ᄒ면 沸騰ᄒ야 黑色의 木炭과 如한 異性質의 殘滓가 有ᄒᄋᆷ을 見ᄒᄂ니 此 物體를 取ᄒ야 水에 投ᄒ면 決코 溶解치 아니 ᄒᆯ 쑨 不啻라. 其味가 初와 判異ᄒᄋᆷ을 覺ᄒᄂ니 此가 卽 熱이 化學的 變化를 起케 ᄒᄂ 所以니라.

(問) 物體의 接觸이 化學的 變化를 超케 ᄒᄋᆷ을 示ᄒ라.

(答) 銅一片을 稀硝酸中에 投入ᄒ면 褐色의 烟을 放ᄒ고 暫時에 銅이 溶解ᄒ야 綠色의 溶液을 成ᄒᄂ니 此를 前二物에 比ᄒ면 性質이 判異ᄒ 物體를 成ᄒᄂ지라. 此變化의 原因이 稀硝酸과 銅이 接觸ᄒᄋᆷ으로 붓터 起ᄒᆷ을 見ᄒ면 物體의 接觸이 化學的 變化를 起ᄒᄂ 原因을 可知ᄒᆯ지라. (未完)

▲ 제3호

○ 無機化學之部

(問) 溶液이 化學的變化를 起ᄒᆷ을 舉証ᄒ라.

(答) 曝乾ᄒ 器中에 硫酸鐵과 黃色血滷로 鹽을 混入ᄒ면 決코 其變化를

見키 難ᄒᆞᄂᆞ, 此에 水를 注入ᄒᆞ면 卽時 化學的 變化를 現ᄒᆞ야 暗綠色의 沈澱粉을 生ᄒᆞᄂᆞ니 此를 水의 溶液이 化學的 變化를 起ᄒᆞᄂᆞ 所以니라.

(問) 光이 化學的 變化를 起ᄒᆞᄂᆞ 理由를 示明ᄒᆞ라.

(答) 硝酸銀液中에 紙一片을 浸濕ᄒᆞ야 其 一部分은 暗黑ᄒᆞᆫ 處에 置ᄒᆞ고 他一部分을 光朋ᄒᆞᆫ 處에 置ᄒᆞᆯ 時에ᄂᆞ 暗處에 在ᄒᆞᆫ 部分은 何等의 變化가 無ᄒᆞᄂᆞ, 光明ᄒᆞᆫ 處에 在ᄒᆞᆫ 部分은 暫時에 褐色을 帶ᄒᆞᆷ을 見ᄒᆞᄂᆞ니, 此 變化의 原因을 推究ᄒᆞᆫ 진된 光이 曝觸ᄒᆞ고 曝觸치 아니ᄒᆞᆫᄃᆡ 在ᄒᆞ면, 光이 化學的 變化를 起ᄒᆞᄂᆞ 原因는 此를 從ᄒᆞ야 可知ᄒᆞᆯ지라.

(問) 混合及化合이라 ᄒᆞᆷ은 何를 謂ᄒᆞᆷᄆᆡ야.

(答) 混合은 一物體의 分子가 他物體의 分子와 互相接觸ᄒᆞ야 混交ᄒᆞᆷ이오, 化合은混合보담 一層親密이 化合ᄒᆞ야 化學的 變化를 起ᄒᆞᆫ 後에 반다시 異性質의 新物體를 生ᄒᆞᆷ을 云ᄒᆞᆷᄆᆡ라.

(問) 混合을 例擧ᄒᆞ라.

(答) 假令此에 鐵屑와 硫黃末를 混ᄒᆞ면 其色은 變ᄒᆞᄂᆞ 此를 水中에 投入ᄒᆞ면 硫黃은 輕ᄒᆞ고 鐵屑은 重ᄒᆞᆷ으로 浮沈相離ᄒᆞᆷ을 見ᄒᆞ니, 此은 卽 混合이요, 化合은 아닌 故니라 何故오ᄒᆞ면 此 兩分子(鐵의 分子와 硫黃의 分子라)가 互相接觸만 ᄒᆞᆯᄲᆫ 故이라.

(問) 化合을 例擧ᄒᆞ라.

(答) 今者에 前項의 鐵屑와 硫黃末의 混合物을 火에 熱케 ᄒᆞ면 完全ᄒᆞᆫ 黑色의 塊를 成ᄒᆞᄂᆞ, 此가, 卽 化學的 變化를 起ᄒᆞᆷ인 故로 此를 取ᄒᆞ야 水中에 雖投ᄒᆞᄂᆞ 相離치 아니 ᄒᆞᆯᄲᆫ 不是라 原物體와 其 性質이 全히 相差ᄒᆞᆷ을 見ᄒᆞᄂᆞ니, 如此ᄒᆞᆫ 作用을 化合이라 云ᄒᆞᄂᆞ니라.

(問) 元素及化合物이라 ᄒᆞᆷ은 何을 謂ᄒᆞᆷ이뇨.

(答) 元素라ᄒᆞᆷ은 單一ᄒᆞᆫ 物體에 能히 分析치 못ᄒᆞᆯ 者를 云ᄒᆞᆷ이오, 化合物이라 ᄒᆞᆷ은 單一ᄒᆞᆫ 物體에 能히 分拆ᄒᆞᆷ을 得ᄒᆞᆯ 者를 云ᄒᆞᆷ인 故로 化合物은 元素二個以上를 必含ᄒᆞᆫ 物體를 云ᄒᆞᆷ이라.

(問) 元素及化合物의 例를 擧ᄒᆞ라.

(答) 元素은 鐵, 銅, 錫, 黃金, 水素, 酸素, 硫黃, 燐, 等 七十餘種이요 化合

物은 水, 食鹽, 硫酸, 炭酸, 石灰, 等과 如호 物體니라.

(問) 化學的 作用은 何를 因호야 起홈이뇨.

(答) 化學上異種의 兩物體가 互相吸引홀 時에 化學的 作用를 起호ᄂ니라.

(問) 化學作用에 幾種이 有호야.

(答) 三種이 有호니 左와 如호니라.

　　[甲] 化合 [乙] 分解 [丙] 複分解.

(問) 化合作用를 擧호라.

(答) 硫黃과 鐵末은 熱를 因호야 化學的 作用를 起호야 硫化鐵를 化合호니라.

　　(鐵末＋硫黃＝硫化鐵)

(問) 分解를 擧호라.

(答) 水은 元來, 水素와 酸素로부터 化合호 物體라 故로 電氣를 利用호야 化學的作用를 起케호야 原兩物體에 分拆홈을 得호ᄂ니라.

　　(水＝水素＋酸素)

(問) 複分解를 擧호라.

(答) 複分解은 二個以上의 物體가 셔로 化學的 作用를 起호야 更히 二個以上의 新物體를 成호ᄂ 作用를 云홈인 故로 炭酸石灰에 鹽酸을 加호면 鹽化石灰와 炭酸을 成호ᄂ니라.

　　(炭酸石灰＋鹽酸＝硫化石灰＋炭酸)

　(以下次號)

◎ 應用化學(Practical Chemistry),
金容根, 〈낙동친목회학보〉 제1호, 1907.10. (화학)

 *사탕 제조와 관련된 수식과 도표(11쪽 분량의 전문적인 내용임) = 입력 생략

 第一課 砂糖製造(Manufacture of sugar)

◎ 化學, 白岳山人 洪仁杓, 〈대동학회월보〉 제2호, 1908.3.
 (화학)

 *'화학'의 필자는 제2호 홍인표, 제3호 백악산인, 제4호 자하유인으로 필명을
 바꾸어 사용했으나 동일인으로 추정함

▲ 제2호

水

 水ᄂ 水素와 酸素로 成ᄒ 者ㅣ니 無臭無味의 液體라 水를 冷却케 ᄒ
면 攝氏寒煖計四度에 達ᄒ기 ᄭ지ᄂ 其容積이 漸次收縮호되 尙且冷却
케ᄒ면 漸次膨脹ᄒ야 零度에 至ᄒ야 結氷ᄒ며 百度에 達ᄒ면 沸騰ᄒ고
又水ᄂ 地球表面에셔 恒常間斷업시 蒸發(水가 氣體로 變흠을 蒸發ᄒ다
稱ᄒᄂ니라)ᄒ야 空氣中으로 飛散ᄒᄂ 故로 此濕氣를 含有ᄒ 空氣가
空中에셔 冷氣를 逢着ᄒ면 其含有ᄒ 濕氣가 凝集ᄒ야 雨를 成ᄒ거나
雪或霰을 成ᄒ야 地上에 落下ᄒᄂ니라.

 水ᄂ 諸物을 溶解ᄒᄂ 性質이 有ᄒ 故로 天然히 存在ᄒ 水中에 各種
의 固體를 多少 含有호되 其中雨水가 가장 純粹ᄒ고 又純粹ᄒ 水를 得

코즈홀진딕 河水或井水를 蒸餾(蒸餾라홈은 液體에 熱을 加ᄒ야 其發生
ᄒᄂ 蒸氣를 冷却케ᄒ야 再次液體를 成ᄒᄂ 方法을 云홈이라)홈이 必
要ᄒ니라.

　飮料水ᄂ 吾人의 衛生上關係가 甚大홈 故로 飮料水ᄂ 純良홈 者를
選擇홈이 必要ᄒ고 又不純홈 水를 飮料에 供用홈에ᄂ 漉過法(밧ᄂ 법)
을 使用ᄒᄂ니 卽細沙,木炭等을 桶中에 盛ᄒ고 不純홈 水를 注入ᄒ면
水다 木炭, 細沙의 層을 經過홀 時에 其水中의 含有홈 不純物이 除去되
고 殆히 純粹홈 水를 得ᄒᄂ니라.

　天然히 存在홈 水에 硬水, 軟水의 區別이 有ᄒ니 石灰質을 夥多히 含
有홈 者를 硬水라 稱ᄒ며 石灰質을 含有치 아니ᄒ거나 若干含有홈 者
를 軟水라 稱ᄒ고 又硬水中에 一時硬水와 永久硬水의 區別이 有ᄒ니
炭酸石灰를 含有홈 者ᄂ 一時硬水라 稱ᄒ며 酸硫石炭(石膏)를 含有홈
者ᄂ 永久硬水라 稱ᄒᄂ니라.

　天然히 存在홈 水를 五種에 區別홈이 如左ᄒ니
(一) 雨水 及 雪水 氣體及固體의 痕跡이 有ᄒ니라.
(二) 河水 一萬分 中에 一分乃至二十分의 固體를 含有ᄒ고 氣體도 ᄯᅩ홈
含有ᄒ니라.
(三) 泉水 及 井水 其含有홈 固體ᄂ 河水와 大槪同一ᄒ되 炭酸을 多히
含有홈 故로 甘味가 有ᄒ니라.
(四) 礦泉 固體或氣體를 含有홈이 甚多ᄒ니 炭酸을 多히 合有홈 者를
炭酸泉이라 稱ᄒ고 食鹽을 多히 含有홈 者를 鹽泉이라 稱ᄒ고 硫化水
素를 含有홈 者를 硫黃泉이라 稱ᄒ고 鐵를 含有홈 者를 鐵泉이라 稱ᄒ
고 重炭酸(나트륨)을 含有홈 者를 알칼리泉이라 稱ᄒᄂ니라.
(五) 海水 固體를 多히 含有홈 者ㅣ니 千分中에 大略 三十五分의 固體를
含有ᄒ고 其 中 二十七分은 食鹽이니라.

空氣

空氣ᄂᆞᆫ 酸素一容積과 窒素四容積으로 組成ᄒᆞ고 此外에 又 小量의(알
ᄭᅩᆫ) 水分, 炭素ᄭᅵ쓰, 암모이아, 等을 含有ᄒᆞ니 吾人은 詳確키 明知ᄒᆞ기
爲ᄒᆞ야 精密히 試驗ᄒᆞ야 測定ᄒᆞᆯ지니라.

一端을 閉塞ᄒᆞᆫ 細琉璃管底에 燐小片을 入ᄒᆞ고 木栓(마기)으로써 其
口ᄅᆞᆯ 封閉ᄒᆞ고 管底ᄅᆞᆯ 溫水에 浸入ᄒᆞ야 燐이 融解ᄒᆞᆫ 後에 徐徐히 該管
을 傾ᄒᆞ면 燐이 管內에 流ᄒᆞ며 燃燒ᄒᆞ야 白烟이 生ᄒᆞ거든 管口ᄅᆞᆯ 水中
에 入ᄒᆞ고 栓을 拔去ᄒᆞ면 水가 管內에 昇ᄒᆞ야 殆히 全長의 1/5에 達ᄒᆞ
ᄂᆞ니 其 餘容積이 79/100될지니라.

是以로 空氣의 容積 100은 酸素21分과 窒素79分으로 成ᄒᆞᆷ을 知ᄒᆞᆯ지
오 又此容積의 比로써 該成分의 重量의 比ᄅᆞᆯ 計算ᄒᆞᆷ을 得ᄒᆞᆯ지니 銅屑을
盛入ᄒᆞᆫ 琉璃管의 重量과 活栓을 具ᄒᆞᆫ 眞空瓶의 重量을 先爲精密秤量ᄒᆞᆫ
後에 此二器ᄅᆞᆯ 互相連接ᄒᆞ고 琉璃管을 灼熱ᄒᆞ고 此中에 純粹ᄒᆞᆫ 空氣(炭
素ᄭᅵ쓰와 水蒸氣ᄅᆞᆯ 除去ᄒᆞᆫ 空氣)ᄅᆞᆯ 徐徐히 通ᄒᆞ면 酸素와 管內의 銅이
化合ᄒᆞ야 酸化銅을 生ᄒᆞ고 窒素ᄂᆞᆫ 此에 接續ᄒᆞᆫ 眞空瓶中에 集ᄒᆞᆷ으로
再次 此二器의 重量을 秤量ᄒᆞ면 酸素와 窒素의 重量을 明知ᄒᆞᆯ지니 純粹
ᄒᆞᆫ 空氣의 重量100分은 酸素의 重量23分과 窒素의 重量77分으로 成ᄒᆞᆷ
을 知ᄒᆞᆯ지라. 然이나 近年에 至ᄒᆞ야 此 窒素中에 尙且少許의 他氣體ᄅᆞᆯ
含有ᄒᆞᆷ을 發見ᄒᆞ야 其 新單體ᄅᆞᆯ(알ᄭᅩᆫ)이라 命名ᄒᆞ니 其 分量은 空氣의
1/100에 相當ᄒᆞ니라. 又 空氣中에 存在ᄒᆞᆫ 水蒸氣ᄂᆞᆫ 海面及地上에서 陸
續히 蒸昇ᄒᆞᄂᆞᆫ 者ㅣ니 其量이 溫度ᄅᆞᆯ 因ᄒᆞ야 顯著ᄒᆞᆫ 差異가 有ᄒᆞ나 平
常空氣中에 存在ᄒᆞᆫ 濕量은 飽和에 要ᄒᆞᄂᆞᆫ 濕量의 50170% 不過ᄒᆞ니라.

氷片을 컵에 盛入ᄒ야 放眞ᄒ면 暫時間에 其器의 外面에 水滴이 付着ᄒᄂ니 此ᄂ 其 周圍의 空氣가 冷흠을 從ᄒ야 保有흔 濕氣가 幾許間凝縮흠에 因흠이니라. 故로 天然히 多量의 濕氣를 含有흔 溫暖의 空氣가 海上에서 昇ᄒ야 冷處에 達ᄒ면 濕氣가 幾許間凝縮ᄒ야 雨를 成ᄒ며 或은 濕度가 低흔 境遇에ᄂ 雪或霰을 成ᄒ야 降ᄒᄂ니라.

又空氣中에(炭酸ᄭᅵᄊ)가 存在흠을 証明흘진딩 透明흔 石灰水를 小皿에 盛入ᄒ야 空氣中에 放置ᄒ면 漸次其液面에 白色의 皮層을 生ᄒᄂ니 此ᄂ 炭酸과 石灰가 化合ᄒ야 生흔 바(炭酸칼슘)이니라.

空氣中의(炭酸ᄭᅵᄊ)ᄂ 動物의 呼吸흘 時와 薪, 炭, 油等의 燃燒흘 時에 發生ᄒᄂ 故로 其量이 漸次 增加흠을 從ᄒ야 空氣中의 酸素가 愈益 減少ᄒ야 吾人의 生息키 不能흔 極度에 至흘 理由가 有흘지라(呼吸時에 酸素가 乏ᄒ고 窒素만 有ᄒ면 窒息致斃흠)然ᄒ나 實際ᄂ 不然ᄒ야 空氣中에 含有흔(炭酸ᄭᅵᄊ)의 量이 大略 一定ᄒ야 空氣容積 10000分中에 僅히 3—4分에 不過ᄒ니 此ᄂ 天然의 法을 因ᄒ야 空氣를 陸續淸淨케 ᄒᄂ 故ㅣ라. 此 事實을 試驗으로써 証明흘지니(炭酸ᄭᅵᄊ)를 含有흔 水中에 綠葉이 多흔 新鮮의 植物을 浸ᄒ고 其上에 漏斗를 倒懸ᄒ고 細琉璃管에 水를 充ᄒ야 漏斗의 端에 倒立흔 後에 數時間日光에 曝晒ᄒ면 水中의 葉面에서 氣泡가 漸次發出ᄒ야 琉璃管에 集ᄒᄂ니 氣體가 充滿흔 後 取出ᄒ야 火燼이 有흔 木片을 管口에 入ᄒ면 卽時發火ᄒᄂ니 此 氣體가 酸素됨을 確知흘지라. 此ᄂ 植物이 綠葉의 作用으로 水中에 溶解흔(炭酸ᄭᅵᄊ)를 吸收ᄒ고 日光을 藉ᄒ야 分解ᄒ야 其 炭素를 取ᄒ야 自體를 組織ᄒ고 酸素를 遊離ᄒᄂ니 由此觀之면 植物이 其葉을 因ᄒ야 空氣中의(炭酸ᄭᅵᄊ)를 吸收ᄒ고 日光의 作用을 藉ᄒ야 綠葉中에 分解ᄒ야 炭素로써 體中主要의 化合物을 造成ᄒ고 其 不必要흔 酸素를 空氣中에 排出ᄒᄂ 故로 空氣의 組成이 永遠히 不變ᄒ고 動物도 또ᄂ 此를 因ᄒ야 生存흠을 得ᄒᄂ니 炭素가 植物의 吸收되야 複雜흔 有機物을

成ᄒ면 動物이 直接 或 間接으로 此를 取ᄒ야 自己의 食料로 ᄒ고 簡單ᄒ(炭酸셰쓰)를 空氣中에 排出ᄒ야 再次 其 炭素를 植物에 供給ᄒᄂ 故로 炭素가 動, 植兩界間에 循環不絶ᄒᄂ니라.

(암모이아)ᄂ 窒素와 水素로 組成ᄒ 一種의 化合物이니 恒常 空氣中에 存在ᄒ디 其量이 甚少ᄒ야 空氣의 1/1000000에 不過ᄒ지라. 然ᄒ나 此物이 雨水에 溶解ᄒ야 地中에 入ᄒ야 植物 培養의 資料를 成ᄒᄆ에 其 效用이 甚大ᄒ니라.

右述ᄒᄆ과 如히 空氣ᄂ 酸素, 窒素, 알곤, 암모니아 等 氣體로 組成ᄒ엿스나 大抵 化合物(炭素와 酸素가 結合ᄒ야 二酸化炭素를 成ᄒᄆ과 如히 二種或二種以上의 物質이 結合ᄒ야 一種의 新物質을 生ᄒᄆ을 化合이라 稱ᄒ)이 아니요 混合物이니 何者오 該氣體가 空氣中에셔 各其 特有ᄒ 性質이 有ᄒ 所以로 知得ᄒᄂ니라.

▲ 제4호＝紫霞游人

酸素

酸素ᄂ 非金屬中의 單純ᄒ 一種元素(元素라 ᄒᄆ은 單體를 生ᄒᄆ을 得ᄒ 者ㅣ니 單體와 如히 遊離케 ᄒ야 其 性質을 試驗키 不能ᄒ이니 假令 水ᄂ 氣體의 化合物인 故로 單體라 稱ᄒᄆ을 不得ᄒ지나 分解ᄒ 則 二個 單體를 生ᄒ지니 故로 水ᄂ 酸素와 水素의 二元素를 含有ᄒ얏다 稱ᄒ)니 地球上에 廣大 散布ᄒ며 其他 空氣及水中과 礦, 動, 植物 中에 存在ᄒ니 今에 酸素를 多量으로 製造ᄒ야 其 性質을 試驗ᄒ라면 鹽素酸칼늄 30끄람의 粉末과 二酸化만싄 10끄람 混合ᄒ야 (鹽素酸칼늄은 鹽素와 酸素와 칼늄의 三元素로 組成ᄒ 者ㅣ니 熱을 加ᄒ면 分解ᄒ야 酸素가 遊離ᄒ고 鹽素 칼늄이 化合ᄒ야 鹽化칼늄을 成ᄒ 且萬若鹽素酸칼늄

을 分解時에 二酸化만ぐ을 混合ᄒ면 其 分解를 帮助ᄒ야 酸素를 容易發生케만 ᄒ고 自體ᄂ 變化치 안니홈) 其 混合物을 小 리토트에 盛入ᄒ고 曲管을 揷ᄒ 木栓으로써 其口를 封閉ᄒ고 其 管端을 水槽中에 浸入ᄒ 後에 酒精灯으로써 徐徐히 리토트를 熱케 ᄒ면 須臾間에 曲管의 端으로셔 氣泡가 連續發生ᄒᄂ니 他試驗管에 水를 充ᄒ야 水槽中에 倒立ᄒ고 其 氣泡를 集ᄒ 後에 取出ᄒ야 木片의 火燼(불쏭 잇ᄂ 나무죠각)이 有ᄒ 者를 該氣中에 入ᄒ면 木片이 卽 光燄을 發ᄒ고 燃燒ᄒᄂ니 此로써 該氣體가 酸素됨을 知得ᄒ지라 故로 該氣體를 琉璃筒(貯氣筒) 或琉璃瓶에 聚集ᄒ야 化學上 各般事爲에 使用ᄒᄂ니라.

酸素ᄂ 無色無味無臭ᄒ 氣體니 液化ᄒ기 容易치 안이호되 常壓에서 攝氏寒暖計의 180°度에 達ᄒ면 漸히 凝縮ᄒ야 淡靑色의 液體를 成ᄒ고 其 比重은 空氣를 標準ᄒ면 1,1056이오 酸素ᄂ 有機性化合物의 主成分이 되며 又 容易히 他物과 化合ᄂ 性이 有ᄒ며 今에 諸物에 對ᄒ 作用의 何如홈을 講究試驗ᄒ지니라.

一. 炭素와 化合ᄒ야 炭酸씨스를 生홈.

銅線의 一端에 木炭의 小片을 付ᄒ야 酸素를 充ᄒ 瓶中에 入ᄒ야도 變化를 生홈이 無호되 此를 火中에 灼熱ᄒ야 再次酸素瓶中에 接入ᄒ면 顯著히 放光ᄒ고 發火燃燒ᄒ지라 今에 盡燒後에 透明ᄒ 石灰水를 注入ᄒ면 白濁을 生ᄒᄂ니 此ㅣ炭素씨스니라.

又蠟燭에 点火ᄒ얏다가 其焰을 消ᄒ야 火燼이 有ᄒ 者를 酸素瓶中에 入ᄒ면 忽然히 鮮焰을 發ᄒ고 燃燒ᄒ지니 今에 其 蠟燭을 取出ᄒ야 焰을 消ᄒ고 再次 該瓶中에 入ᄒ면 更히 發焰燃燒ᄒ다가 瓶中의 酸素가 盡ᄒ면 燭火도 亦消滅ᄒ지니 石灰水를 注入ᄒ면 白燭을 生ᄒᄂ니 此ᄂ 蠟燭의 一成分된 炭素와 瓶中의 酸素가 化合ᄒ야 炭酸씨스를 發生홈.

二. 硫黃과 化合ᄒ야 亞硫酸씨스를 生흠.

燃燒匙에 硫黃小許를 盛ᄒ고 酸素를 充흔 甁中에 入ᄒ야도 變化를 生흠이 無ᄒ되 硫黃에 点火ᄒ야 再次 酸素甁中에 入ᄒ면 硫黃이 美麗흔 紫色의 焰을 發ᄒ고 燃燒ᄒ야 一種臭氣를 發ᄒᄂ니 此ㅣ 亞硫酸씨스니라.

三. 燐과 化合ᄒ야 無水燐酸을 生흠.

燐을 水中에서 切斷ᄒ야 其 小片을 濾紙間에 挾ᄒ야 水氣를 除去흔 後에 燃燒匙에 盛入ᄒ고 酸素를 充흔 甁中에 入ᄒ야도 顯著흔 變化가 無ᄒ되 燐에 点火ᄒ야 再次 酸素甁中에 入ᄒ면 眩光을 放ᄒ고 燃燒ᄒ야 白色의 烟을 發ᄒᄂ니 此 物體ᄂ 無水燐酸이니라.

四. 鐵과 化合ᄒ야 酸化鐵을 生흠.

細鋼鐵線을 取ᄒ야 酸素甁中에 入ᄒ야도 變化를 生흠이 無ᄒ되 該鐵線을 螺旋狀을 作ᄒ야 其 末端에 硫黃을 附ᄒ고 点火ᄒ야 再次 酸素甁中에 入ᄒ면 鐵線이 忽然히 燃燒ᄒ야 美麗흔 花火를 發ᄒᄂ니 此ᄂ 酸化鐵을 成ᄒᄂ니라.

故로 炭素, 硫黃, 燐, 鐵等의 諸物을 酸素에 接觸케 흘 時에 平常溫度에서ᄂ 顯著흔 變化를 生ᄒ지 안이ᄒ되 熱을 加ᄒ면 各 物體와 酸素가 敏速히 化合ᄒ야 性質이 全異흔 酸化物을 生ᄒ고 又 其 酸化作用을 因ᄒ야 多量의 熱을 發ᄒᄂ니 今에 同一흔 物體를 空氣中에서 燃燒ᄒ면 酸素中에서 燃燒흠과 同一흔 化合物을 生ᄒ며 其 化學作用도 同一흠을 可知흘지라 然ᄒ되 空氣ᄂ 酸素外에 多量의 他氣體를 含有흠으로 空氣中에서 諸物의 燃燒흠이 純粹흔 酸素中에서 燃燒흠과 如히 敏活치 못

ᄒ며 其 溫度도 不高ᄒ지라 所以로 工業上에 高溫度를 要ᄒᆯ 時에ᄂ 恒
常 純粹ᄒᆫ 酸素를 使用ᄒᄂ니라.

大抵 化學作用이 起ᄒᆯ 時에 熱과 光을 發ᄒᆷ을 燃燒라 稱ᄒ니(即 熱과
光을 發ᄒ고酸素와 化合ᄒᄂ 現象) 普通으로 其 燃燒를 助ᄒᄂ 酸素를
助燃體라 稱ᄒ고 又 燃燒ᄒᆯ 物體를 可燃體라 稱ᄒᄂ니 薪, 炭, 油, 蠟,
硫黃, 燐等과 如ᄒᆫ 者ᄂ 可燃體로ᄃ 酸素와 化合ᄒᆷ에ᄂ 各히 一定ᄒᆫ 溫
度를 要ᄒᄂ니 此 特別ᄒᆫ 溫度를 物體의 發火点이라 稱ᄒ니 假令燐은
攝氏의 60°度에 達ᄒᆫ 則 發火ᄒ며 硫黃은 250°度에 發火ᄒᄂ니라(此ᄂ
純粹ᄒᆫ 酸素中이 아니오 空氣中으로 標準ᄒᆷ) 故로 常溫에셔ᄂ 諸物이
急激히 燃燒酸化ᄒᆷ이 無ᄒᆯ지나 徐徐히 酸化作用이 起ᄒᄂ니 鐵이 空氣
에 接面ᄒ야 鏽錆(록)을 生ᄒ며 材木或有機物類가 自然腐朽ᄒᆷ이 皆是
오 又動物의 體內에 酸化作用이 有ᄒ니 吾人이 空氣를 吸入ᄒ야 得ᄒᆫ
바 酸素가 肺臟에 至ᄒ야 血液에 吸收되고 體中의 不淨物質과 化合ᄒ야
熱을 發ᄒ고 炭酸瓦斯를 生ᄒᄃ 但 其 酸化作用이 緩慢ᄒ야 溫度가 不
高ᄒᆫ 故로 光을 發치 안이 ᄒᄂ이라 然ᄒ나 炭酸瓦斯를 生ᄒᆷ을 何理를
由ᄒ야 知得ᄒᄂ요 蓋透明ᄒᆫ 石灰水를 琉璃器에 盛入ᄒ고 琉璃管으로
셔 呼氣를 此 水中에 吹入ᄒ면 忽然히 白濁을 生ᄒᄂ니 此ᄂ 其 氣中에
炭酸瓦斯가 存在ᄒᆫ 所以라.

又 酸素 三容積을 電氣의 作用으로 漸次 縮少케 ᄒ야 二容積에 達ᄒ
면 一種의 惡臭가 有ᄒᆫ 氣體를 生ᄒᄂ니 此를 오쏜이라 名ᄒ니 同一ᄒᆫ
物質로 成ᄒᆫ 者로ᄃ 其 性質이 酸素와 大異ᄒ지라 何也오 酸素ᄂ 無臭
ᄒᄃ 오쏜은 臭氣가 有ᄒ고 又酸素에 比ᄒ면 化學作用이 一層敏活ᄒ고
又有機性의 不純物을 消滅케 ᄒ며 腐敗ᄒ야 生ᄒᄂ 臭氣를 防止ᄒᄂ
效力이 有ᄒᆫ 故로 近時에ᄂ 電氣의 作用을 因ᄒ야 空氣의 酸素를 오쏜
으로 變化케 ᄒ야 殺菌, 漂白, 酸化 等에 供用ᄒᄂ니라.

◎ 化學, 玩物散人, 〈대동학회월보〉 제8호, 1908.9. (화학)

*앞의 자하유인과 동일인일 가능성?

炭素, 同素體

炭素는 動植物의 生活에 必要훈 元素니 諸動植物中에 皆含有ㅎ며 天然遊離훈 바 純粹훈 炭素中에 二種이 有ㅎ니 卽 金剛石 石墨等이 是니라 盖炭素의 性質은 無臭無味의 固体니 液体에 溶解지 아니ㅎ고 高溫度에서 酸素와 化合ㅎ는 性이 特有홈으로 還元劑로 使用ㅎ느니라.

金剛石은 光澤이 美麗ㅎ며 其質이 堅强ㅎ고 透明無色의 結晶이로딕 又或黃紅黑色을 帶홈이 有ㅎ며 酸素中에서 極熱케 ㅎ면 二酸化炭素를 生ㅎ느니라.

黑鉛은 鉛과 恰似히 光澤이 有ㅎ고 滑ㅎ며 軟ㅎ야 紙에 磨ㅎ면 黑痕을 印生ㅎ는 故로 一名石黑이라 稱ㅎ고 空氣中에 在ㅎ야도 些毫도 變化치 아니ㅎ며 酸素中에서 酷熱케 ㅎ면 二酸化炭素를 生ㅎ고 又 鉛筆의 心及柑堝製造에 用ㅎ고 器械의 摩擦을 減ㅎ며 銹을 防홈에 供用ㅎ느니라.

木炭骨炭石炭等을 無定形 炭素라 稱ㅎ느니 總히 多小의 雜物을 含有ㅎ니라.

木炭을 製造ㅎ는 法은 木材를 炭窯에 積ㅎ고 此에 点火ㅎ야 最初에는 空氣를 若干流通케 ㅎ다가 最後에는 其空氣의 流通을 遮斷ㅎ야 薰燒홈에 在ㅎ며 又 骨炭을 製造ㅎ는 方法은 獸骨을 密閉器中에 燒ㅎ야 得훈 者니 此 兩者가 幷히 酸化ㅎ기 難ㅎ고 (끼스)와 汚臭等을 吸收ㅎ는 性이 有ㅎ며 又 水中의 有害物을 吸收호딕 但 骨炭은 色素를 吸收되야

無色을 成ㅎ는 故로 卽甘蔗或甜菜에셔 得ㅎ바 黑砂糖의 溶液을 骨炭으로써 濾過ㅎ면 該溶液의 有色物이 無色物을 成호 後에 其 濾液을 蒸發ㅎ야 白砂糖의 結晶을 得ㅎ는지라 如此히 木炭及骨炭이 汚物을 吸收ㅎ야 其力을 失호 者는 此丘룰 熱케ㅎ면 其性이 回復ㅎ느니라.

石炭은 古代의 植物이 地中에 埋沒ㅎ야 空氣에 接觸치 아니ㅎ고 徐徐히 分解ㅎ야 生호 者ㅣ니 黑色의 光澤이 有ㅎ며 破壞ㅎ기 易ㅎ고 其大部分은 炭素로 成호 外에 多少의 酸紫水素窒素룰 含有호지라 今에 其含有호 炭素의 多少룰 因ㅎ야 石炭의 種類룰 區別ㅎ면 無煉炭黑煉炭褐炭泥炭이 是니라.

金剛石黑鉛木炭等이 其 形体는 有異호되 酸素中에셔 燃燒ㅎ면 總히同一호 化合物(炭酸瓦斯)룰 生ㅎ느니 故로 此等物은 幷히 同一호 炭素로 成홈을 知홀지니 如此히 同一호 元素에 其 形体가 有異호 者룰 同素体라 稱ㅎ느니라.

◎ 化學(續), 李裕應, 〈대동학회월보〉 제18호, 1909.7. (화학)

*앞의 자하유인의 글과 같은 필자일 가능성이 있으나 확인할 수 없으므로 별도로 편집함

▲ 제18호

水素

水素의 性이 甚히 輕호 故로 上方置換法으로써 倒瓶中에 聚集홈이 容易호되 其 水素룰 充호 倒瓶의 口룰 閉塞지 아니ㅎ고 數分間 空氣中

에 懸置ᄒ면 水素가 空氣보다 十四倍 半이 輕홈을 不拘ᄒ고 漸次 瓶口에셔 逃出ᄒ야 空氣와 交代ᄒ야 其 瓶이 再次 空氣로써 充滿홈에 至ᄒᄂ니 此ᄂ 總히 氣體가 比重의 差異가 有홈을 不拘ᄒ고 擴散ᄒ야 互相 混合ᄒᄂ 性이 有ᄒ 緣故오. 氣體擴散의 速度ᄂ 其 比 重의 平方根의 反比例되ᄂ 故로 水素ᄂ 空氣에 比ᄒ면 四倍나 速히 擴散ᄒᄂ니라. 此 水素의 性質을 試驗홈에 對ᄒ야 化學上 方法을 擧ᄒ면 大略 如左홈.

一. 粘土로 製造ᄒ 素燒筒을 取ᄒ야(씀)栓 又ᄂ 石膏로써 其 口를 閉塞ᄒ고 又 栓의 中心에 琉璃管의 一端로 揷入ᄒ야 琉璃器의 盛入ᄒ 水中에 其 端을 入ᄒ야 直立ᄒ 後에 水素를 充ᄒ 琉璃鍾으로써 其 素燒筒을 覆ᄒ면 忽然히 水中에 在ᄒ 管端에셔 氣泡가 逃出ᄒᄂ니 比ᄂ 水素가 多孔質의 筒壁을 通過ᄒ야 內에 入홈이 筒內의 空氣가 其筒壁을 通過ᄒ야 外에 出홈보다 迅速홈으로 筒內의 壓力이 此로 由ᄒ야 增加ᄒ야 空氣의 一部分을 排出케 홈을 因홈이오. 又 水素의 鍾을 除去ᄒ면 前者와 反對의 結果를 生ᄒ야 水가 管中에 昇홀지니 比ᄂ 即 筒內에 在ᄒ 水秦가 再次 筒壁을 通過ᄒ야 外에 出홈이 筒外에셔 空氣가 侵入ᄒ야 其 欠處를 補홈보다 迅速ᄒ 所以니라.

空氣의 混成分된 酸素와 窒素가 比重의 差異가 有홈을 不拘ᄒ고 互相 混合ᄒ야 空氣의 組成을 一定케 홈은 即 氣體가 擴散이 有ᄒ 所以니라.

二. 銅線의 一端에 蠟燭을 揷ᄒ고 点火ᄒ야 水素를 充ᄒ 琉璃 筒中에 入ᄒ면 水素가 引火ᄒ야 琉璃筒口에셔 燃燒호딕 燭火ᄂ 筒中에셔 即時 消滅ᄒᄂ니 故로 水素ᄂ 酸素와 有異ᄒ야 蠟燭의 燃燒를 帮助치 아니 홈이 明白ᄒ니라.

三. 琉璃瓶에 亞鉛屑과 水小許를 盛入ᄒ고 (甲) 管에ᄂ 「鹽化칼슘」의 碎片을 充ᄒ며 又 此에 (乙) 管의 尖管을 接續ᄒ고 漏斗管으로써 瓶內에 琉酸을 注入ᄒ야 水素를 發生케 ᄒ고 器中의 空氣가 驅逐된 後에 (乙) 管口에셔 發生ᄒᄂ 水素에 点火ᄒ야 乾冷ᄒ 琉璃鍾으로써 其 焰을 覆ᄒ 면 鍾의 內面에 水滴이 附着ᄒᄂ니 今에 其 水滴을 集ᄒ야 檢査ᄒ면 純粹ᄒ 水素됨을 知홀지라. 此 試驗에ᄂ 水素를 燃燒ᄒ기 前에 「鹽化칼

「숍」을 充호 管中을 經過케 호야 其 含有호 水氣를 除去홈으로 水素의 熖에셔 凝縮호 水素가 空氣 中에셔 燃燒홀 時에 生홈이 明白호며 水素가 空氣 中에셔 燃燒홈은 空氣 中에 酸素와 化合홈을 因홈이오. 又 蠟燭이 空氣 中에셔 燃燒홀 時에 水를 生홈도 亦 蠟의 一成分된 水素와 空氣 中의 酸素가 化合홈을 因홈이니라.

四. 水素熖의 光이 甚히 微弱호디 其 熱은 甚히 激烈호지라. 今 細 白金線을 取호야 水素熖 中에 入호면 白金이 殆히 白熱에 達호야 大히 放光호느니라. 又 水素와 酸素가 化合홀 時에 劇熱을 發홈은 酸水素吹管이라 稱호는 機械로써 試驗홀지니 卽 此 器械는 眞鍮 制二重管으로 成호디 其 外管에는 水素를 通호며 其 內管에는 酸素를 通호야 此 二種의 氣體를 (丙) 口頭에셔 化合케 호는 者ㅣ니 此를 使用홈에는 爲先 (乙) 口에(셤)管으로써 接續호 水素貯氣筒의 活栓을 開호고 其 發出호는 水素를 外管에 通호야 (丙) 口에셔 燃燒호고 (甲) 口에 接續호 酸素貯氣筒의 活栓을 開호야 其 發出호는 酸素를 內管에 通호야 徐徐히 水素熖 中에 導홀지라. 如此히 生호 바 酸水素熖의 光이 甚히 微弱호디 其 溫度는 甚高호야 白金과 如히 容易히 融解키 雖호 者라도 此 熖으로써 熱케 호면 忽然히 融解홈에 至홀 것이오. 又 石灰와 如히 其 性이 融解키 難호고 且燃燒치 아니호는 者라도 此 熖에는 殆히 白熱에 達호야 顯著히 放光호느니 此를 石灰光이라 稱호느니라.

水素가 空氣 中에셔 燃燒홈은 水素와 酸素가 化合호는 現狀이니 酸素가 空氣 中에 在호 故로 水素를 可燃體라 稱호고 酸素를 助燃體라 稱호디 萬若 二者가 其 位置를 交換호면 酸素가 水素中에셔 燃燒홈을 得호느니라.

五. (릐토트)의 嘴와 如히 琉璃管의 一端이 稍細호 者를 取호야 該管口에셔 管內로 水素를 流通호야 該管의 廣口에셔 燃燒케 호 後에 酸素氣의 流通호는 管端을 廣口에 挿入호면 酸素가 火를 取호야 水素中에셔 燃燒호야 水를 生홀지라. 故로 (甲)은 水素氣의 誘導管이오 (乙)은 酸素氣의 誘導管이니 如此호 境遇에는 酸素가 可燃體ㅣ오 水素가 助燃體ㅣ

됨을 得ᄒᄂ니라.

右陳홈과 如히 水素는 其 性質이 萬物中에 最輕혼 氣體인 故로 上方
으로 浮出ᄒᄂ는 力이 太强ᄒᄂ니 化學作用에 最必要혼 非金屬元素될 ᄲᅢᆫ
아니라 歐西諸國의 理學者가 此 水素의 最輕浮上ᄒᄂ는 力을 因ᄒ야(씀)
으로 製造혼 風船球를 發明ᄒ며 又 輕氣球를 製造ᄒ야 空中으로 飛行홈
을 得ᄒᄂ니라. (完)

▲ 제19호 化學(續), 李裕應

水의 組成

大抵 水素와 酸素가 化合ᄒ야 水를 生ᄒᄂ니 今에 水中에 電流를 通
ᄒ야 水를 分解ᄒ야 此 二 成分을 遊離홀지니 其 方法은 如左ᄒ니라.

一. 琉璃器에 水를 盛ᄒ고 琉酸小許를 合ᄒ야 電氣를 傳導키 易케 ᄒ고
其 器底에 栓을 貫通혼 白金線과 電池의 導線을 接續ᄒ면 白金線의 上
端에 密按혼 白金의 小板에서 氣抱가 發出ᄒ야 水面에 浮上홀지라. 此
에 試驗管 二個를 取ᄒ야 琉酸小許를 混合혼 水를 充ᄒ고 白金板上에
倒立ᄒ야 數分間을 經혼 後에 二管中에 集혼 氣體를 檢視ᄒ면 陽極에서
發出혼 氣體의 容積이 陰極에셔 發出혼 氣體의 容積에 對ᄒ야 殆히 折
半이니 今에 此 等 氣體를 檢査ᄒ면 陰極上에 集혼 氣體는 水素오 陽極
上에 集혼 氣體는 酸素됨을 知홀지니라.

右와 如히 水中에 電流를 通홈이 長久ᄒ면 其 發ᄒᄂ는 水素 及 酸素量
이 漸次 增加호딕 其 容積은 殆히 二와 一의 比에 變化홈이 無ᄒ고 又
最初에 水中에 添加혼 硫酸의 量은 毫髮도 減少홈이 無혼 故로 此 等
二氣는 水의 分解를 因ᄒ야 發生홈이 確然無疑혼지라. 然則 今에 水素
二容積과 酸素 一容積의 比로써 此 二氣體를 化合케 ᄒ면 果然 水를

生ᄒᆞ는지 再次 試驗ᄒᆞ야 証明홈이 必要ᄒᆞ니라.

二. 電流를 水中에 通ᄒᆞ야 生ᄒᆞᆫ 바 氣體를 一處에 集ᄒᆞ면 水素 二容積과 酸素는 一容積으로 成ᄒᆞᆫ 二氣體의 混合物을 得홀지니 然後에 廣口瓶에 硫酸小許를 混合ᄒᆞᆫ 水를 盛ᄒᆞ고 其 瓶口閉塞홀(씸)栓에 曲管과 白金線을 揷入ᄒᆞ고 白金線 下端에 白金薄板을 付ᄒᆞ야 瓶內水中에 沈入ᄒᆞ고 其 白金線의 上端을 電池의 兩極線에 接續ᄒᆞ면 白金板의 面에셔 氣泡가 夥多히 發生홀지라. 卽 曲管으로써 此 氣體를 水槽中에 導入ᄒᆞ야 堅牢ᄒᆞᆫ 試驗管에 集ᄒᆞ야 火焰을 接ᄒᆞ면 忽然히 放光ᄒᆞ고 爆鳴ᄒᆞᄂᆞ니 此는 水의 分解를 因ᄒᆞ야 生ᄒᆞᆫ 水素와 酸素의 混合物이 一時에 化合홈을 因ᄒᆞ야 生ᄒᆞᄂᆞᆫ 理由니라.

三. 「유듸오메터」라 稱ᄒᆞᄂᆞᆫ 刻度琉璃管 (甲)에 水銀을 充ᄒᆞ야 水銀槽中에 倒立ᄒᆞ고 右의 試驗에 得ᄒᆞᆫ 水素와 酸素의 混合氣(鹽化칼슘管을 經過ᄒᆞ야 其 含有ᄒᆞᆫ 濕氣를 除去ᄒᆞᆫ 者)를 此 「유듸오메터」中에 導入ᄒᆞᆫ 後에 「其 氣體의 全容積을 「유듸오메터」 容積의 折半 以上에 不達케 홈이 必要ᄒᆞ니 何者오. 二氣體가 化合홀 時에 顯著히 發熱ᄒᆞ야 其 容積이 膨脹ᄒᆞᄂᆞᆫ 所以라)「유듸오메터」를 水銀槽 中에 在ᄒᆞᆫ(씸)板上에 直立ᄒᆞ야(씸)板을 壓ᄒᆞ고 「유듸오메터」 上端에 在ᄒᆞᆫ 白金線의 外部 (乙)(乙)과 感傳電機의 導線 (丙) (丙)을 接續ᄒᆞ야 內部의 白金線間에 電氣火花를 通ᄒᆞ면 水素 及 酸素의 二氣體가 一時에 化合ᄒᆞ야 放光ᄒᆞ고 內面에 水滴이 生홀지라. 今에 其 管의 壓力을 弛ᄒᆞ면 水銀이 忽然히 管內에 昇ᄒᆞ야 殆히 空處가 無홈에 至ᄒᆞᄂᆞ니 此는 水素와 酸素의 化合을 因ᄒᆞ야 生ᄒᆞᆫ 바 水 容積이 化合前 混合氣의 容積에 比ᄒᆞ면 頗히 些少ᄒᆞᆫ 故ㅣ니라.

此를 因ᄒᆞ야 二容積의 水素와 一容積의 酸素가 化合ᄒᆞ야 水를 生홈이 明白ᄒᆞᄂᆞ 然이ᄂᆞ 他의 比로써 此 二氣體를 混合ᄒᆞ야 右의 試驗을

行ᄒ면 其 過剰의 氣體ᄂᆞᆫ 化合ᄒ지 아니ᄒ고 剰餘ᄒ지라. 令에 一例를 擧ᄒ면 三容積의 水素와 二容積의 水素와 二容積의 酸素를 混合ᄒ야 如右히 化合케 ᄒ면 前者의 境遇에ᄂᆞᆫ 水素 一容積이 剰餘ᄒ고 後者의 境遇에ᄂᆞᆫ 酸素 一容積이 剰餘ᄒ지라. 然則 二容積의 水素와 一容積의 酸素를 化合ᄒ야 生ᄒᆫ 바 水를 蒸氣로 變케 ᄒ면 其 容積을 成ᄒᄂ지 又 此 水蒸氣의 容積이 化合前 水素 及 酸素氣의 容積에 對ᄒ야 何如ᄒ 比를 成ᄒᄂ지 更히 試驗ᄒ야 測定ᄒ지니라.

四. (甲)은 水銀을 允ᄒᆫ「유듸오메터」(庚)을 覆ᄒᆫ 바 琉璃管이니 木栓으로써 其 上端을 閉塞ᄒ고 此에 曲管을 揷ᄒ야(풀닉스크) (乙)과 接續ᄒ고 此 器中에셔 發出ᄒᄂ 水蒸氣를 (甲) 管中에 導人ᄒ야「유유오메터」를 熱케 ᄒ고 其 餘 蒸氣ᄂᆞᆫ 下端의 木栓에 揷ᄒᆫ 曲管 (丙)으로써 管外에 駆出ᄒ지라. 今에 試驗 三四次에 製造ᄒᆫ 水素와 酸素의 混合氣로써「유듸오메터」容積의 凡 三分一을 充ᄒᆫ 後에(풀닉스크) (乙)에셔 (甲) 管中에 水蒸氣를 導入ᄒ야 熱게ᄒ면 管內 氣體가 膨脹ᄒᆷ을 從ᄒ야 水銀이 漸次 降下ᄒ다가 맛ᄎᆞᆷᄂᆡ 水蒸氣와 同一ᄒᆫ 溫度에 達ᄒ면 停止ᄒ지니 卽 其 水銀의 停止ᄒᆫ 點을 (甲) 管의 面에 表示ᄒ고 反 水銀柱의 高(戊)의 槽中에 在ᄒᆫ 水銀의 上面에셔「유듸오메터」中 水銀의 停止ᄒᆫ 點ᄭ지)를 精密히 測定ᄒ고 其 次에「유듸오메터」의 口로써 水銀槽中의 (씸)板을 壓ᄒ면 電氣火花를 管內에 通ᄒ야 水素와 酸素를 化合케 ᄒᆫ 後에 管口의 (씸)板을 除去ᄒ면 水銀이 管中에 昇ᄒ야 其 上部에 無色의 氣가 剰餘ᄒ지니 此ᄂᆞᆫ 卽 水素와 酸素의 化合을 因ᄒ야 生ᄒᆫ 바 水蒸氣라. 今에「유듸오메터」올 水銀槽의 除處 (己)에 沈ᄒ야 水銀柱의 高를 前者와 同一케 ᄒᆫ 後에「유듸오메터」에 在ᄒᆫ 水氣의 容積을 測量ᄒ면 其 容積이 同溫同壓에셔 化合前 水素 及 酸素 容積의 三分二됨을 知ᄒ지니라.

　如斯히 分析 及 合成의 二法으로써 水의 組成을 檢定ᄒ얏스나 尙且他의 方法으로써 水의 重量 組成을 確定ᄒᆷ이 甚히 必要ᄒ니라. (未完)

44

*20호에는 없음

◎ 應用化學, 徐丙斗, 〈기호흥학회월보〉 제1호, 1908.8. (화학);
  1, 2, 4, 5, 8호 수록

▲ 제1호

(一) 發明: 今日에 千百의 新發明이 起ᄒᆞᆫ 者ㅣ 其 原因을 調査ᄒᆞ면 些細
ᄒᆞᆫ 處에 注意흠이 根本되야 此를 精神研究ᄒᆞᆫ 結果로 大發明을 作흠이니
今에 吾人의 恆常(긍상) 目擊ᄒᆞ고 使用ᄒᆞᄂᆞᆫ 바 琉璃 製造의 發明 等과
如ᄒᆞᆫ 者ㅣ 是라.

    距今 數百年 前에 亞弗利加 沙漠에 旅行ᄒᆞᄂᆞᆫ 一隊 商人이 有ᄒᆞ야 一
日은 早朝에 沙를 掘ᄒᆞ야 竈(조)를 造ᄒᆞ고, 朝飯을 調理ᄒᆞᆫ 後 其 竈底를
見ᄒᆞᆫ즉 灰中에 光輝를 有ᄒᆞᆫ 一粒의 珠가 有ᄒᆞ야 其質이 堅硬ᄒᆞ고 透明
ᄒᆞ야 光澤을 有흠이 水晶과 如ᄒᆞᆫ지라.

▲ 제2호

(二) 石鹼[3]

    凡地球上에 存在ᄒᆞᆫ 物質은 吾人이 新造키도 不能ᄒᆞ며 消滅키도 不能
ᄒᆞᆫ 者라. 其物質에 對ᄒᆞ야ᄂᆞᆫ 自古及今히 一無增減이로ᄃᆡ 人類 社會의
發達을 從ᄒᆞ야 新造物品이 日로 其數를 增ᄒᆞ며 月로 其美를 致ᄒᆞ야 昔
時之精巧品이 今日에 粗ᄒᆞᆫ 바 되며, 昨日之便利品이 今日에 鈍ᄒᆞᆫ 바 됨

---

3) 원문에는 石礆(석험)으로 표기되었으나 오식임. 석감(石鹼) 비누를 뜻하는 말.

은 何故오.

此는 決코 其物質을 新造홈이 아니라 人文의 進步를 從ᄒ야 宇宙間 物質의 未知ᄒᆫ 者를 發見ᄒ며--

▲ 제4호

(3호에는 수록되지 않았음)

(三) 石礆

加里石礆은 菜種油(채종유)와 魚油 等에 苛性加里(가셩가리)4)를 加 ᄒ야 製ᄒᄂᆫ 者ㅣ니 其製ᄒᄂᆫ 方法은 大略 曹達5)石礆(조달석감)과 同 ᄒ니라. 曹達石礆은 硬홈으로 硬石礆이라 亦稱ᄒ며--

▲ 제5호

第一編 合金術

合金은 二種 以上의 金屬을 鎔融ᄒ야 一種 物質을 成ᄒᄂᆫ 者ㅣ니 例 如銅과 亞鉛과 合ᄒ야 眞鍮(진유)를 成ᄒ며 銅과 錫을 合ᄒ야 靑銅을 作홈이 是也ㅣ라.

夫 純粹ᄒᆫ 金屬은 過히 柔軟ᄒ건나 鎔融ᄒ기 甚難ᄒ야 使用에 不便ᄒᆯ 샏 아니라 實用에 不適當ᄒᆫ 者ㅣ 多ᄒᆫ지라. 故로 合金을 作ᄒᆫ즉 其 性質 을 强硬ᄒ게 ᄒ며, 其 光澤을 增加ᄒ게 ᄒ며, 或 鎔融ᄒ기 易ᄒ야 各種 機械를 製造ᄒ며 器具 及 裝飾品을 作ᄒ기 便利ᄒᆫ지라. 此 合金術은 吾

---

4) 가성가리(苛性加里): 가성칼리의 음역어. 가성소다(수산화나트륨). 비누·레이온·제지 공업에 광범위하게 사용되는 백색 결정의 고체. → 나트륨.

5) 조달(曹達): 소다.

人이 不可不 硏究홀 비로다. 例如 金銀은 柔軟ㅎ나 銅을 混ㅎ야 合金을 作ㅎ면 强硬ㅎ야 磨滅의 損이 小ㅎ며 銅은 赤色이며 錆(창, 동녹)을 生ㅎ기 易ㅎ나 아루미늄을 融合ㅎ면 美麗혼 黃金色을 帶ㅎ나니 卽 人造 黃金이라 稱ㅎ는 아루미가 是也라. 鉛은 柔軟ㅎ야 活字를 造ㅎ기 不能ㅎ나 안모니아를 混ㅎ면 强硬ㅎ며 鑄造ㅎ기 易혼 故로 活字金을 作ㅎ나니 如斯히 合金은 所要ㅎ는 目的을 因ㅎ야 硬度(경도)를 利用홈도 有ㅎ며 色澤을 利用ㅎ며 或 鎔融度를 利用홈도 有ㅎ며 或 膨脹을 利用홈도 有ㅎ나니 此等 性質은 配合ㅎ는 金屬 及 其比例를 因ㅎ야 各異ㅎ니라.

一般 合金의 製法: 使用ㅎ는 器具는 大裝置를 設홀 時는 反射爐 及 瓦斯窯와 等ㅎ나 普通 合金을 製홈에는 粘土 坩堝(감과, 도가니)를 用ㅎ며, 貴金屬(金銀) 高價의 合金을 製홈에는 黑鉛坩堝를 用ㅎ나니 此난 鎔融혼 合金에 附着ㅎ지 아니ㅎ고 流出ㅎ는 故이라. 鎔融点의 差異가 甚혼 者를 合金을 作홈에는 鎔融ㅎ기 難혼 金屬을 鎔融혼 然後에 鎔融ㅎ기 易혼 金屬을 加홀지니라. 又 甚히 重혼 者와 輕혼 者로 合金을 作홀 時는 鎔融혼 後에 枯木으로써 攪拌(교반, 휘저어 섞음)홀지니 合金은 再三 鎔融홀사록 漸次 其 性質을 變ㅎ나니 鎔融과 冷却을 極히 迅速히 홀지니라.

▲ 제8호＝합금술

銅은 延性 展性이 富홈으로 薄板 及 細線을 作ㅎ야 各種으로 使用ㅎ나 此로써 鑄造物을 作ㅎ기는 不適ㅎ지라. 故로 多少間 他 金屬을 加ㅎ야 合金을 作ㅎㄴ니 他 金屬을 加ㅎ야 合金을 作홀 時는 其合ㅎ는 分量을 因ㅎ야 其性質이 或 柔硬ㅎ며 或 脆彈(취탄)ㅎ게 되는 故로 各種 目的에 供ㅎㄴ니라. 銅의 合金 中에 主要혼 者는 亞鉛의 合金 及 錫의 合金이니라.

第一 銅과 亞鉛의 合金: 銅과 亞鉛은 隨意로 其分量을 混ᄒ야 合金을 作ᄒ니 其 性質은 兩者의 分量을 因ᄒ야 異ᄒ니 一般으로 銅의 量이 多ᄒ면 赤色을 呈ᄒ며 柔軟ᄒ게 되고, 亞鉛의 量이 多ᄒ면 白色을 呈ᄒ며 强硬ᄒᆷ으로 鎔ᄒ기 易ᄒ니라. 其 兩者가 量이 均同ᄒ면 黃色을 呈ᄒ ᄂ니--

(응용화학은 8호까지 연재됨 / 제11호에 백운재의 '응용화학'이 실려 있음)

◎ 化學問答,
白雲齋(李範星), 〈기호흥학회월보〉 제11호, 1909.6. (화학)

*12호에는 이범성으로 기록되었으므로 백운재는 이범성의 호로 추정함
*이 문답에서는 중국식 과학 용어가 주로 사용되었음

▲ 제11호

(問) 化學이라 稱ᄒᄂ 者ᄂ 如何ᄒ 學問을 名稱ᄒᆷ이뇨.
(答) 物質의 變化ᄒᆷ을 硏究ᄒᄂ 學問이니 假令 如蠟燭(납쵹)을 燃ᄒᆷ에 其本質을 消失ᄒ고, 鐵器를 空氣 中에 久寘ᄒᆷ에 其表面에 銹(수, 녹)가 必生ᄒᆷ이 卽 物質의 變化라. 此 變化의 理를 硏究ᄒᄂ 者를 化學家라 謂ᄒᄂ니 化學家의 可히 恃ᄒᆯ 者ᄂ 各物에 就ᄒ야 實地로 試驗ᄒᄂᄃ 在ᄒ니라.

(問) 燭質 變化의 實驗은 如何ᄒ뇨.
(答) 曲ᄒ 銅絲 一端에 一小 蠟燭을 裝在ᄒ야 火를 點ᄒ 後 瓶 中에 揷入 ᄒᆫ즉 瓶內에 忽然히 濕氣가 生ᄒ며 燭火가 漸次 消滅ᄒᄂ니 盖 燭을 分析ᄒ면 炭質과 輕氣가 有ᄒ야 輕氣(경기)[6]ᄂ 空中에 在ᄒ 養氣(양

기)7)와 化合ᄒ야 水를 成ᄒ고 炭質도 空中에 在ᄒ 養氣와 化合ᄒ야 炭酸 (炭養)을 成ᄒᄂ니, 炭酸이 能히 火를 滅ᄒᄂ 故로 비록 蠟燭을 取出ᄒ야 火랄 變點ᄒ야 瓶中에 如何케 揷入ᄒᄃᆡ도 能히 復燒치 못ᄒᄂ니라.

(問) 鐵의 生銹ᄒᄂ 理ᄂ 何如ᄒ뇨.
(答) 此理ᄂ 以下 化合 及 分解門에 讓ᄒ노라.

(問) 物質이 變化ᄒᆷ을 因ᄒ야 永히 消滅ᄒ기도 ᄒᄂ뇨.
(答) 宇宙 內에 森羅ᄒ 萬物 中 一物質도 消滅ᄒᆷ은 無ᄒ고 暫時에 分解 合成ᄒᆯ 而已니, 假如 水를 沸ᄒ야 涸ᄒ기에 至ᄒ며 燃ᄒ야 盡ᄒ기에 至 ᄒᆷ이 水와 燭의 質이 消滅ᄒ 듯ᄒ나 其實은 水ᄂ 變ᄒ야 水蒸氣가 되고, 燭은 變ᄒ야 輕氣와 炭酸이 되얏다가 其相愛ᄒᄂ 物質을 再遇ᄒ면 新 物體를 又造成ᄒᄂ니라.

(問) 物體의 變化가 幾種이나 有ᄒ뇨.
(答) ---

(問) 原質과 化合物의 差別을 說明ᄒᆷ이 何如ᄒ뇨.
(答) ---

　　非金類 原質－養氣(산소), 輕氣(수소), 淡氣, 綠氣(염소), 硫黃, 燐, 矽(석, 규소), 炭
　　金類 原質－金, 鉀, 鈉(납), 鈣(개, 칼슘), 鋁(려), 鎂(미, 마그네슘), 鐵, 鋅(신, 아연), 鉛, 錫, 銅, 銻(제, 안티몬), 水銀, 銀

---

6) 경기(輕氣): 수소. 중국어.
7) 양기(養氣): 산소. 중국어.

▲ 제12호

(問) 物體의 組成은 何如ᄒ뇨.
(答)

(問) 分子ᄂ 何如ᄒ 者를 稱홈이뇨.
(答)

(問) 化合과 分解ᄂ 何如홈을 指홈이뇨.
(答)

(問) 化合ᄒ얏던 物體ᄂ 夏히 分解치 못ᄒᄂ뇨.
(答)

(問) 火燄(화염)의 構造ᄂ 何如ᄒ뇨.
(答)

(問) 其三層을 如何히 分ᄒᄂ뇨.
(答)

(問) 物體의 化合을 促ᄒᄂ 者ㅣ 幾種이나 有ᄒ뇨.
(答)

(問) 空氣의 成分은 何如ᄒ 者이뇨.
(答)

(問) 物의 燃燒ᄒᄂ 理ᄂ 何如ᄒ뇨.
(答)

(問) 動物과 空氣의 間에 如何ᄒ 關係가 有ᄒ뇨.

(答)

(미완)

29.

해외 번역 자료

순번	연대	학회보명	필자	제목	수록 권호	분야	세분야
1	1896	대조선독립협회 회보	부란아	독 격치휘편	제3호	격치휘편	격치
2	1896	대조선독립협회 회보	마고온	유익지수이지천재	제3호	격치휘편	지문
3	1896	대조선독립협회 회보	부란아	논무운로	제4호	격치휘편	지문
4	1896	대조선독립협회 회보	부란아	수론, 논무운로	제4호	격치휘편	지문
5	1896	대조선독립협회 회보	부란아	빙설 급 농빙 리의 론	제6호	격치휘편	지문
6	1896	대조선독립협회 회보	부란아	동방각국이 서국 공예를 모방하는 총설이라	제7호	격치휘편	공업
7	1896	대조선독립협회 회보	부란아	인분오류설	제8호	격치휘편	지문
8	1896	대조선독립협회 회보	부란아	기관사 와특전	제8, 9호(2회)	격치휘편	전기
9	1896	대조선독립협회 회보	부란아	논 전 여 뢰	제9호	격치휘편	물리
10	1896	대조선독립협회 회보	부란아	지구인 수 점다 응설법 이첨식량론	제9호	격치휘편	지문
11	1896	대조선독립협회 회보	부란아	방직기계설	제10호	격치휘편	공업
12	1896	대조선독립협회 회보	부란아	광학론	제10호	격치휘편	광물
13	1896	대조선독립협회 회보	부란아	광학론	제11호	격치휘편	광물
14	1896	대조선독립협회 회보	부란아	대포 여 철갑론	제12호	격치휘편	군사
15	1896	대조선독립협회 회보	부란아	은광론, 동광론	제12호	격치휘편	광물

순번	연대	학회보명	필자	제목	수록 권호	분야	세분야
16	1896	대조선독립협회 회보	부란아(?)	생기설	제12호	격치휘편	물리
17	1896	대조선독립협회 회보	부란아(?)	논 인론 화학편	제12호	격치휘편	화학
18	1896	대조선독립협회 회보	부란아(?)	동광론	제13호	격치휘편	광물
19	1896	대조선독립협회 회보	부란아(?)	철광론	제14호	격치휘편	광물
20	1896	대조선독립협회 회보	부란아(?)	서국부호이민설, 서법유익어민론, 덕국잡사기략, 법국쇄기 등	제15호	격치휘편	정치
21	1896	대조선독립협회 회보	부란아(?)	논광론	제15호	격치휘편	광물
22	1896	대조선독립협회 회보	관해당주인 (양수경)	사감물경우목설 전기학 공효걸 부 우피연숙법 타미기구도설	제11호	관해당주인	공업
23	1896	대조선독립협회 회보	편집국	신흥학설	제14호	시사신보	학제
24	1896	대조선독립협회 회보	편집국	논민	제14호	시사신보	정치
25	1906	서우	편집부	아동의 위생	제11, 12, 13호(3회)	마츠오기요코	생리위생
26	1906	조양보	편집국	식림담	제2호	본다청육	산림
27	1906	조양보	편집국	자조론	제1, 2, 3호(3회)	스마일스	윤리
28	1906	서우	편집부	자치론	제12, 13, 14호	스마일스 자조론	윤리
29	1906	조양보	편집국	정치원론	제9, 11호(2회)	시도겸길	정치
30	1906	조양보	편집국	부인의독	제1호	시모다우타코	가정

순번	연대	학회보명	필자	제목	수록 권호	분야	세분야
31	1906	조양보	편집국	논 애국심	제3, 4, 5, 6, 7호(5회)	신덕추수	정치
32	1906	조양보	편집국	동물담	제8호	양계초	동물
33	1906	조양보	편집국	멸국신법론	제8, 9호	양계초	정치
34	1906	조양보	편집국	갈소사 흉가리 애국자(음빙실주인)	제9호	양계초	정치
35	1906	서우	노백린	애국정신 담(법국 애이납아 = 에밀)	제7, 8, 9, 10호	에이납아 (에밀)	정치
36	1906	서우	유동작	자녀 교양에 취하야	제4호	오카다 아시타로	가정
37	1906	조양보	편집국	보호국론	제9, 10, 11호	유하장웅	정치
38	1906	대한자강회월보	음빙실/ 장지연	교육정책사의	제3, 4호	음빙실	교육
39	1906	서우	박은식	논유학	제6, 7, 8, 9, 10호	음빙실	가정
40	1906	서우	박은식	광신학 이보구학설	제3호	이가베 (길버트 리드)	신구학
41	1906	조양보	편집국	곽포사의 정치학설	제10, 11호	홉스	정치
42	1907	한양보	편집부	육극의 자유담	제1, 2호	로크	윤리
43	1907	대한유학생회 학보	편집자	지구지과거 급 미래	제1, 2호	일본 요코야마 지구론	지문
44	1907	공수학보	이상욱	수성의 인류(태양보 역)	제4호	천문학	천문
45	1908	기호흥학회월보	유 부인 원저	태교신기	제2~8호(7회)	가정교육	가정
46	1908	소년	최남선	스마일스 용기론		스마일스	윤리
47	1908	대한학회월보	편집자	신발명 마병 치료 방법(야마우에)	제7, 8호(2회)	야마우에	위생학

순번	연대	학회보명	필자	제목	수록 권호	분야	세분야
48	1908	대한협회회보	편집자	사빈색 논 일본헌법어	제1호	양계초	법
49	1908	대한협회회보	양계초	동물담	제1호	양계초	동물
50	1908	대한협회회보	홍필주	빙집절략	제2, 3, 4, 5, 6, 8, 9, 10, 11, 12호(10회)	양계초	정치
51	1908	호남학보	이기 역술	양씨학설	제1호	양계초	정치
52	1908	호남학보	이기	정치학설	제2, 3, 4, 5, 6, 7, 8, 9호(8회)	양계초	정치
53	1908	호남학보	이기	대학신민해/양묵변	제6호	양계초	정치
54	1908	대한협회회보	이종준 역	생리분리의 별론	제2, 7, 10호(3회)	이제마태(리처드)	경제
55	1908	기호흥학회월보	이춘세	정치학설	제6~10호(5회)	홉스	정치
56	1909	대한흥학보	추당 역	표헌하월 씨의 윤리설	제4호	쇼펜하워	윤리

◎ 讀格致彙編,〈대조선독립협회 회보〉제3호, 1896.12.31. (한문)

*영국인 프라이어가 창간하고 중국인 서수가 주관한〈격치휘편〉이라는 잡지를 바탕으로, 프라이어가 집성한〈격치휘편〉이라는 책이 만들어졌음.

*부란아(傅蘭雅): 傅蘭雅(John Fryer, 1839年~1928年), 英國人, 长期在江南制造局任翻译。其理想在〈江南製造總局翻譯西書事略〉清楚寫出:「惟冀中国能广兴格致, 至中西一轍尔。故平生专习此业而不他及。」他一生翻譯了大量科學、技術書籍, 以及一些社會科學著作, 为科學在近代中国的传播和發展做出了重要贡献。

年表[编辑]

1839年: 出生於英國肯特郡海斯城(Hythe)

1861年: 在香港任聖保羅書院校長

1863年: 在北京同文館任英文教習。

1865年: 在上海英華學塾教書。

1868年: 脫離教會。江南製造局翻译馆開館, 傅蘭雅为首席口译人。他在那裏專譯自然科學、技術書籍。

1874年: 在上海参与創辦格致書院, 为西董之一。

1876年: 编辑〈格致汇編〉期刊, 任主編, 該刊是中國首份科普期刊。

1885年: 在上海辦格致書室, 是中國首間科技書店。

1895年: 舉辦小說競賽。他在〈申报〉、〈万国公报〉和〈教务杂志〉(The Chinese Recorders) 上的廣告強調了參加的小說要顯示鴉片、時文和纏足的禍害, 可見傅蘭雅所推崇的是寫實小說。

1896年: 小說競賽結果公布, 但那些小說沒有出版, 不知所終。同年赴美, 任加州大学首任中国语言与文化教授。但是他经常访问中国。

1911年: 在上海创办上海盲童学校。

1914年: 退休。

1926年: 在上海创办傅兰雅聋哑学校, 1953年该校被人民政府接管, 成为后来的上海市聋人中学。

1928年: 逝世。

참고문헌: (美)戴吉禮(Ferdinand Dagenais) 主編, 2010, 〈傅蘭雅檔案〉(全三冊), 出版: 桂林: 廣西師範大學出版社, 2010年3月。【內容簡介】: 本書包括收藏在美國加州柏克萊大學檔案館的全部傅蘭雅檔案(The John Fryer Papers), 經過整理後分為3卷: 在中國的第一個十年(1861~1871)、在上海江南製造局、柏克萊歲月, 內容包括他的旅行劄記、往來書信、〈格致彙編〉、格致書院、翻譯成就、論文集等等, 將對研究傅蘭雅、近代中國社會、近代中外交往史等提供極其珍貴的原始資料。本書為全英文檔案, 在正文旁附中文提示(中文提示為弘俠所撰), 並配有大量插圖及照片。【作者簡介】:
【目錄】: 第一卷 LIST OF ILLUSTRATIONS

英人 傅蘭雅於西曆一千八百七十六年間(我開國四百八十五年)在淸國 上海 課月出書一卷 名曰格致彙編. 此書也於格致事物之利用厚生 莫不粲 然廣大 悉備萬望諸君子 以些少之價文購買其全帙於上海等處 一遍看過 必庶幾有補於日用事物之間矣. 今特揀其緊切有益處 雖記載于此會報之 中 亦不免管斑之歎云爾. 且淸國碩學徐壽序其編首之文 可該其書之旨如 左. (…하략…)

영국인 부란아(傅蘭雅)[1]는 서력 1876년간(아국 개국 485년) 청국 상해 에 거주하면서 매월 책 한 권을 발행하였는데, 이름이 격치휘편[2]이라. 이 책은 사물의 격치로 이용후생함에 찬연하지 않은 바 없고 광대하여 실로 모든 군자들이 갖추기를 바란다. 적은 값으로 책을 구하고 상해 등지에서 전질을 구할 수 있으니 한 번 두루 보면 반드시 일용 사물을 밝히는 데 도움이 될 것이다. 이에 그 긴절하고 유익한 곳을 가려 이 회보에 기록하고자 하나 또한 보는 바가 좁음을 탄식할 뿐이다. 또한 청국의 석학 서수(徐壽)가 그 수권에 서문을 썼는데, 가히 그 책의 취지를 알 수 있으니 그 뜻은 다음과 같다.

致知格物之學 乃脩齊治平之初級工夫 朱子所謂推極吾之知識 欲其所 知無不盡窮知事物之理 欲其極處無不到也. 蓋人心之靈莫不有天下之物

---

1) 부란아(傅蘭雅): 존 프라이어(John Fryer). 1874년 상해에 격치서원을 창설하고, 〈격치휘 편〉을 발행함. 당시 프라이어가 감독을 담당하고, 서수가 주관(主管)을 맡음.

2) 격치휘편: 1876년 2월 영국인 프라이어가 격치서원에서 창간한 잡지.

莫不有理 若不因其已知之理 而求其未知之理循 此而造乎其極 則必於理
有未窮 而於知有不盡矣.

격물의 학을 지극히 아는 것은 수신제가 치국평천하의 초급 공부이다.
주자가 소위 나의 지식을 지극히 아는 것은 사물의 이치를 알아 궁극에
이르지 아니함이 없도록 하기 위함이요 그 지극한 것을 도달하지 아니
함이 없고자 한 것이라고 말한 것이다.
대개 인심의 영묘함은 천하 만물에 있지 아니한 것이 없고 그 이치가
없는 것이 없다. 반약 이치를 알고 그 알지 못하는 이치를 돌이켜 **구하**
여 그 지극함을 추구하면 반드시 무궁한 이치에--

傅蘭雅先生 英國之通儒也. 來遊中國十餘年 通曉中國言語文字 特將西
文格致諸書 擇其有益於人者繙譯華文 月出一卷問世蓋欲使吾華人 探索
底蘊盡知理之所以 然而諸實用吾華人 固能由淺入深得其指歸則受益 豈
能量哉.

부란아 선생은 영국의 유명한 학자로 중국에 건너온 지 10여년에 중국
의 언어 문자를 통효하고 특히 서양어로 된 격치학 서적에서 사람들에
게 유익한 것을 가려 중국어로 번역하여 월 1권씩을 내었는데, 세인이
그 이유를 물으니 우리 중국인으로 하여금 온진(蘊盡)의 이치를 탐색케
하고자 한 까닭이다. 그러나 우리 중국인에게 실용이 되게 하는 것이
능히 입문이 얕고 그 가리키는 바 깊어 유익함을 어찌 능히 헤아릴 수
있겠는가.

所謂 格致之有益於人 而可施諸實用者 如天文 地理 算數 幾何 力藝 制
器 化學 地學 金鑛 武備 等此大宗也.

이른바 격치가 사람에게 이롭고 가히 실용할 만한 것은 천문, 지리, 산

수, 기하, 역예, 제기, 화학, 지학, 금광, 무비 등이 그 근본을 이룸과
같다.

其餘藝術 尙有多端筆難盡述 若欲求其精奧 各有專書可考 近數年來 上
海 製造局 新譯西書于格致之門類足稱해--

(…중략…)

昔徐文定公 嘗稱西儒云 不驕不吝藹然可親 且津津乎引進後學 今觀傳
先生之居心誠 亦不讓古之西儒矣. 是書名曰彙編 乃檢泰西書籍 並近事新
聞 有格致之學相關者, 以暮夜之功不辭勞悴撰要摘譯彙集成編 便人傳觀
從此門逕漸窺開聰益智 然後積日累功績少成盈 月計之不足 年計之有餘
得其要領而再致力於成書全秩 以冀造乎其極而豁然 有得則於民生日用
之事 措置有道而設施有方 卽所謂有補實用之效也. 是爲略述之如此 雪邨
徐壽 撰.

옛적 서 문정공이 서양 선비를 일컬어 교만하지 않고 인색하지 않으며
애연(藹然)하여 가히 친하고 가까이 할 만하다 하니 또한 후학을 이끌
만하다고 하였다. 이제 부란아 선생이 성심을 다하는 것을 보니 또한
옛날 서양 학자들에 뒤지지 않는다. 이 책의 이름이 휘편이니 이에 서
양 서적과 아울러 최근의 신문에서 격치학과 관계된 것을 조사하여 주
야로 노고를 아끼지 않고 발췌 번역하여 휘편을 집성했으니, 사람들에
게 전하여 규문을 넓히고 지혜를 밝게 하고자 한 것으로, 그 후 날이
갈수록 공적이 쌓이고 조금씩 채워지는 것이 달로 부족하고 해가 되어
넘쳐 그 요령을 얻고 다시 그 힘을 다해 책을 이루어 전질을 이루었다.
이로써 그 끝을 이루어 활연(豁然)히 하여 민생 일용의 사를 얻고, 도를
조치하며 방책을 설시(設施)하기를 바라니, 곧 이른바 실용을 보익하는
효험이다. 이에 이와 같이 간략히 서술한다. 설촌(雪邨) 서수(徐壽) 찬.

◎ 有益之樹易地遷栽, 瑪高溫 醫士 稿, 〈대조선독립협회 회보〉
　제3호, 1896.12.31. (한문)

　　*마고온 의사: 미상
　　*식물, 화초를 옮겨 심는 것의 이로움
　　*해바라기 관련

◎ 格致略論, 論霧雲露, 〈대조선독립협회 회보〉 제4호,
　1897.1.15. (국한문)

(前號의 續이라)3)

　　江河湖海가 並一切히 含水의 物이라. 體面에 恒常 水가 有ᄒᆞ야 汽(김)
를 化ᄒᆞ야 上升ᄒᆞᄂᆞ니 此汽는 色이 無ᄒᆞ야 能히 보이지 아니홈이 空氣
가 보이지 안는 것과 同ᄒᆞ지라. 試ᄒᆞ야 쟝츳 水 少計를 卓面에 撒ᄒᆞ면
不久히 乾ᄒᆞ는 거슨 그 水가 汽가 되야 散홈이라. 然이나 細히 그 水를
觀ᄒᆞ야도 上升의 汽를 보지 못ᄒᆞᄂᆞ니 若 手巾을 將ᄒᆞ야 水에 洗ᄒᆞ고
火爐 近處에 置ᄒᆞ야 熱을 受케 ᄒᆞ면 手巾의 水가 發ᄒᆞ야 霧가 되야 目에
보이는 거슨 그 手巾 內의 水가 熱을 受ᄒᆞ기 甚速ᄒᆞᆫ 故라. 此汽가 聚ᄒᆞ
야 上升ᄒᆞ야 空氣와 熱을 較ᄒᆞᆫ즉 空氣에 凝結ᄒᆞᆫ 빅 되야 極細ᄒᆞᆫ 水點으
로 散漫이 霧를 成ᄒᆞ야 보이ᄂᆞ니 霧가 空에 升ᄒᆞ야 愈積愈厚ᄒᆞᆫ즉 成ᄒᆞ
야 雲이 되야 ᄯᅩᄒᆞᆫ 보이는 故로 天空에 雲도 水의 極細點인 줄 知홀지
라. 尋常 所謂 雲霧霞靄(운무하애)가 ᄯᅩᄒᆞᆫ 水質의 極細點이요 ᄯᅩᄒᆞᆫ 水의
發ᄒᆞᆫ 바 汽가 冷을 遇ᄒᆞ야 凝結된 者로 知홀지라. 若 凝結치 아니ᄒᆞᆫ즉

---

3) 전호의 속: 제3호에는 한문본 '격치휘편'(서수 찬), 마고온 의사의 한문본 '유익지수역지
　천재', 한문본 '향일규자(속언 해바라기)', 순국문 '구라파 론이라'가 있다. 내용상 '격치휘
　편'을 번역한 것으로 보이는데, 한문본에서 국한문으로 번역한 이유를 알기 어렵다.

因ᄒ야 汽가 되야 보이지 아니ᄒᄂ니라.

右의 理를 從ᄒ즉 空中에 雲生ᄒᄂ 理를 明히 知ᄒᆯ지라. 凡 地面에 水와 濕土가 다 汽가 되야 그 上面에 相切ᄒᄂ 空氣로 速키 收ᄒ야 飽足에 至ᄒ되 若 空氣 熱度가 久히 變更치 아니ᄒ면 汽가 久히 霧를 成치 못ᄒ다가 若 減熱의 事가 有ᄒ면 그 汽가 곳 凝ᄒ야 霧가 되ᄆ니 此霧가 水의 極細點으로 能히 空氣 內에 浮ᄒ야 積聚ᄒ야 雲을 成ᄒᄂ니 空氣의 減熱ᄒᆷ은 常有ᄒ 事라. 그 故가 數端이 有ᄒ니 ᄒ니 空氣가 稍熱ᄒᆷ을 因ᄒ야 반ᄃ시 上升ᄒᆷ을 致ᄒᆷ이 周圍 冷空氣가 반ᄃ시 流進ᄒ야 補ᄒ야 升ᄒ 바 熱空氣가 高處에 冷空氣를 遇ᄒ즉 含ᄒ 바 汽가 반ᄃ시 凝ᄒ야 水點이 되야 成霧成雲ᄒ고 又 熱氣가 地面에 行動ᄒ야 風을 成ᄒ야 山邊에 吹至ᄒ즉 山面을 順히 ᄒ야 上升ᄒ기 愈高ᄒ즉 冷을 愈受ᄒ야 其汽가 ᄯᅩᄒ 雲을 成ᄒᄂ 故로 多山ᄒ 處에 恒常 山頂에만 出雲ᄒ고 四方에ᄂ 晴天됨을 見ᄒᄂ니라.

成雲ᄒᄂ 理를 明키가 難치 아니ᄒ나 惟一事가 오히려 <u>格致家</u>의 能히 詳言치 못ᄒ 바라. 蓋 水의 體積이 空에 比ᄒᆷ이 更重ᄒ니 無論 大小 點ᄒ고 다 그러ᄒ지라. 그러ᄒ나 雲을 成ᄒᄂ 霧가 本 極微의 水點으로 엇지 能히 空氣 中에 浮列ᄒ야 久히 墜치 안이ᄒ고. 반ᄃ시 久ᄒᆷ이 그 細点이 相倂ᄒ야 涓滴ᄒᆷ을 成ᄒ야 바야흐로 能히 降下ᄒᄂ니 降時에 그 涓滴이 彼此 相合ᄒ야 成ᄒ야 大滴이 되야 地面에 至ᄒ즉 雨가 되ᄂ니 그러나 見ᄒᄂ 바 雲이 다 雨가 되야 降下치 아니ᄒᄂ니 每 太陽의 熱을 遇ᄒ거나 或 乾熱의 氣를 遇ᄒ야 더부러 句和ᄒ 즉 雲을 成ᄒ 霧가 變ᄒ야 汽가 되야 보이지 아니ᄒᄂ니 又 夜間 天晴 無雲 無霧ᄒᆯ 제 每零露가 有ᄒ야 花木上에 凝ᄒᄂ니 此露가 어ᄃ로 從ᄒ야 來ᄒ얏ᄂ고. 이에 太陽이 西隱ᄒ 後에 地面이 各各 定質ᄒ야 收ᄒ 바 太陽의 熱을 放散ᄒᆯ시 곳 空氣를 遇ᄒᆷ이 更冷ᄒᄂ니(空氣에 收ᄒ 太陽熱의 放散이 多치 아니ᄒ 故라) 草葉의 端과 花樹의 毛等 尖銳物에 몬져 그 熱을 散하야 變冷ᄒ되 若 大風이 無ᄒ즉 草樹葉이 久히 空氣를 遇ᄒ야 能히 空氣에 汽로 ᄒ야금 冷을 受ᄒ야 凝ᄒ야 涓滴水珠를 成ᄒ야 物面에 粘ᄒᆷ이 漸

大ᄒᆞ야 露水를 成ᄒᆞ기에 至ᄒᆞᄂᆞ니라.

雲의 用됨이 二가 有ᄒᆞ니--

◎ 水論, 論霧雲露, 〈대조선독립협회 회보〉 제4호, 1897.1.15.
(국한문)

*물의 본질, 경기와 양기 = 수압 = 서양과 일본의 수도관 매설 방법 등

水가 萬物 內에 最多ᄒᆞ고 恒常 見ᄒᆞᄂᆞ 者라. 形本淸活流通ᄒᆞ야 一原
質갓트나 虛浮縹緲(표묘)ᄒᆞ야 實노 兩氣에 屬ᄒᆞ얏스니 一曰 輕氣[4]요,
一曰 養氣[5]가. 每水九分에 輕氣 一分과 養氣 八分이 有ᄒᆞ니 此가 虛擬
가 아니라 定據가 有ᄒᆞᆫ 故로 化學家가 이 輕養 二氣를 將ᄒᆞ야 水를 成ᄒᆞ
고 又 能히 純水를 化分ᄒᆞ야 輕養 二氣를 分ᄒᆞᄂᆞ니 水의 質點이 相連ᄒᆞ
되 甚히 鬆(송)ᄒᆞᆫ 故로 能히 流動ᄒᆞ고 且 無論何器에 成ᄒᆞ던지 能히 內
形에 粘合흠은 流質이 能히 엇던 方을 向ᄒᆞ던지 그 壓力을 顯ᄒᆞ야 定質
ᄒᆞᄂᆞ 故로 傾仄ᄒᆞ면 向下ᄒᆞ야 그 壓力을 顯ᄒᆞᄂᆞ니 水가 임의 이 句和의
壓力이 잇ᄂᆞ 故로 셔로 通連ᄒᆞᄂᆞ 水ᄂᆞ 其面이 恒常 반다시 等高ᄒᆞᄂᆞ니,
假令 茶壺(차호)에 水를 滿케 ᄒᆞ고 傾흔즉 壺內(호내)의 水가 壺嘴(호
취)內의 水面보더 等高ᄒᆞᄂᆞ니 等高치 아니ᄒᆞ면 壺嘴內의 水體積이 雖
小ᄒᆞ나 壺內 多水의 壓出ᄒᆞᄂᆞ 비 되지 아니ᄒᆞᄂᆞ니 此理가 雖簡ᄒᆞ나 易
明호되 古人이 오히려 知에 及지 못흔 故로 大城中에 遠處水를 用ᄒᆞ란
즉 工料를 多費ᄒᆞ야 引水의 路를 造ᄒᆞ야 水가 通ᄒᆞ더니, 近來 西國은
마니 鐵管을 地에 埋ᄒᆞ야 [日本이 亦然이라] 地面에 平斜高低ᄂᆞ 無論ᄒᆞ
고 凡水源보더 不高흔 處 則 任意로 通ᄒᆞ야 方今 西國 大城中이 皆此法

---

4) 경기: 수소.
5) 양기: 산소.

으로 得水키를 甚便히 흔다더라. (…중략…)

◎ 格致論, 雪氷 及 凍氷 理의 論, (四號 續)〈대조선독립협회 회
  보〉제6호, 1897.2.15. (국한문)

(水論이 이어진 것임)＝물이 얼어서 얼음이 될 때의 부피와 무게 설명

　空氣의 熱홈이 三十二度에 小흔즉 水가 能히 凍結ᄒ야 氷이 成ᄒ고
空氣의 熱홈이 三十二度에 大흔즉 氷이 能히 融化ᄒ야 水가 되나니 水
가 氷을 結홀 時에ᄂ 반ᄃ시 漲大(창대)흔즉 水가 存ᄒ얏든 瓶甕(병옹)
이라도 裂開ᄒ기 易ᄒ나니 或 大石塊라도 空隙(공극)이 有ᄒ야 水를 含
ᄒ얏다가 冷을 遇ᄒ야 氷이 結ᄒ면 足히 大石을 摧裂(최열)ᄒᄂ지라.
水가 임의 氷을 成ᄒ면 그 體積이 水보다 大ᄒ나니 是故로 九 立方寸의
水가 足히 十立方寸의 氷을 成ᄒᄂ 거시라. 氷의 積이 임의 大ᄒ고 體內
가 必鬆(필송)흔 故로 氷이 水보다 輕ᄒ야 水의 面에 浮ᄒ야 能히 下面
의 水를 護ᄒ나니 氷이 再成치 안니홈은 ᄯᅩ흔 氷性의 奇흠이라. 만일
氷이 水보다 重홀진ᄃ 一結ᄒ면 卽沉홀지라. 愈沉토록 愈結ᄒ즉 汪洋
흔 大澤이 쟝ᄎ 底에 澈ᄒ야 氷이 堅ᄒ리니 그 解融ᄒ기 難치 안이ᄒ리
요. 南北氷洋은 極히 冷흔 地라도 氷이 ᄯᅩ흔 實치 안니ᄒ야 其下에 水가
流通ᄒᄂ 故로 氷이 解홀 時에 氷이 恒常 海面에 浮ᄒ야 或 矗起(촉기)
ᄒ야 山도 갓고 或 平面으로 島도 갓ᄒ 漂流ᄒ고 擁動(옹동)ᄒ야 往來
ᄒᄂ 大船이 그 害를 受ᄒᄂ 者도 有ᄒ고 ᄯᅩ 凡極高흔 山에 氷雪界가
有ᄒ야 氷과 雪이 恒積ᄒ야 大堆를 聚成ᄒ야 每히 時로 雪과 氷의 大塊
가 山嶺으로브터 下로 墜ᄒ야 愈히 落홀소록 愈히 速ᄒ야 山麓에 至ᄒ
ᄂ 時에ᄂ 凡樹木과 牛羊等의 獸와 或 鄕村의 房屋이라도 埋沒ᄒ고 損
傷홈을 被ᄒᄂ 故로 如此흔――

風論

= 바람이 일어나는 이유(공기와의 관계 설명)/바람의 종류(양각풍, 건열풍, 습열풍)

風은 空氣가 流動ᄒ야 成ᄒᄂ니 手를 搖ᄒ즉 微ᄒ 風의 淅淅흠을 覺ᄒ고 或 口로써 吹ᄒ면 ᄯ한 輕ᄒ 風의 悠悠흠을 成ᄒᄂ니 이ᄂ 空氣를 헷치미 몰녀 風을 成흠이라. 다만 空氣의 流動ᄒᄂ 緣故ᄂ 此와 同치 아니ᄒ니 凡 地面에 某處의 空氣가 熱흠을 受한즉 漲ᄒ고 漲ᄒ즉 輕ᄒ고 輕ᄒ즉 上으로 升ᄒ고 上으로 升ᄒ 後인즉 반ᄃ시 四面의 冷ᄒ 氣가 流進ᄒ야서 空ᄒ 處를 補ᄒᄂ니 이거시 風을 成ᄒᄂ 第一義라. 가량 屋內에다 火를 熾ᄒ야 大ᄒ 熱을 生케 ᄒ고 試驗ᄒ야 一燭을 燃ᄒ야 門에 近ᄒ 楣(미)의 隙處에다 置ᄒ즉 火의 焰이 반ᄃ시 斜ᄒ야 門外로 向ᄒ고 門에 近ᄒ 檻(함)의--

貿易風 外에도 數種의 風이 有ᄒ야 자못 奇이ᄒ지라. 羊角風 갓ᄒ 거슨 能히 周轉ᄒ여 旋行ᄒ야 各物을 捲帶ᄒ야 攝(섭)ᄒ고 空中으로 至ᄒ며 沙漠處에ᄂ 乾熱風이 有ᄒ야 薰騰(훈등)ᄒ기가 火와 如ᄒ야 植物이 遭ᄒ면 자못 烘死(홍사)ᄒ기 易ᄒ고 伊太利國 ᄀᆞᆺᄒ 處ᄂ 濕熱風이 有ᄒ야 烝沸(증비)ᄒᄂ 거시 汽와 似ᄒ야 地中海를 過ᄒ야 來ᄒᄂ ᄃᆡ 人民이 受ᄒ면 자못 染疾을 受ᄒ기 易ᄒ고 ᄯᅩ 颶風이 有ᄒ야 能히 大船을 壞ᄒ고 林木을 拔ᄒ며 屋宇를 傾ᄒ고 沙塵을 起ᄒ야 人과 物의게 害가 더욱 甚熱ᄒ니라.

◎ 東方各國이 西國 工藝를 倣效ᄒᆞᄂ 總說이라, (前號 格致論續이라), 〈대조선독립협회 회보〉 제7호, 1897.2.28. (국한문)

1) 서양의 기기 발달을 모방하여 기기창 설치 및 기기 발달을 도모해야 함을 주장함
2) 인도를 일본과 동일시하여 식민지 인도의 성격을 파악하지 못함
3) 국내의 철도, 전선, 매광 등을 외국인에게 양여하지 말아야 함을 주장하고, 외국인 고문과 교사 고용을 비판함
4) 문명 진보, 진화론, 경쟁론 등을 전제로 한 논설임

東方 各國의 人이 能히 英國 製造ᄒᆞᄂ 所에 至ᄒᆞ야 機器에 工作ᄒᆞᄂ 廠을 歷覽ᄒᆞ고 紡絲 織布와 漂白 印花의 等事를 兼ᄒᆞ야ᅧ 觀홀시 機器의 運動ᄒᆞᄂ 聲을 耳로 聞ᄒᆞ고 貨車의 來往ᄒᆞᄂ 勢를 目으로 覩홈이 곳 機器가 人에게 利益홈이 實노 不少혼 줄 知ᄒᆞ리라. 그 能히 人力을 助ᄒᆞ고 時刻을 節省홈을 因ᄒᆞ야 工作이 準ᄒᆞ고 成就가 多ᄒᆞ되 임의 一件을 造成한 後에ᄂ 可히 萬件을 造ᄒᆞᄂ 딕 至ᄒᆞ야도 形式을 改치 안코 다만 一人이 汽機를 經營ᄒᆞ야도 곳 能히 千人의 工作을 作ᄒᆞᄂ니 비록 汽機의 價가 稍鉅ᄒᆞᄂ 物件을 造成ᄒᆞᄂ 價를 手工으로 倣成ᄒᆞᄂ딕 較혼즉 도로혀 甚히 廉ᄒᆞ고 쏘혼 成 ᄒᆞᄂ 物이 더욱 佳홈을 得ᄒᆞ리라. 東方 各國 工料의 價가 年을 逐ᄒᆞ야 滋高ᄒᆞ니 만일 能히 그 手工의 粗雜홈을 去ᄒᆞ고 西國 機器를 仿造혼즉 利를 獲홈이 輕치 아니ᄒᆞ리라. 盖 東方 各國의 所産ᄒᆞᄂ 材料가 極多홈이 運ᄒᆞ야 西國에 至ᄒᆞ야 機器로 物을 成ᄒᆞ야 다시 西國으로 由ᄒᆞ야 東方에 至ᄒᆞ야 消售ᄒᆞᄂ니 如此히 轉折(전절)ᄒᆞ야 枉費ᄒᆞ야도 西人이 오히려 能히 利를 獲ᄒᆞ고 <u>東方 各國</u>은 是를 因ᄒᆞ야 그 利를 失ᄒᆞᄂ니 <u>만일 能히 本國에 在ᄒᆞ야 機器를 設立ᄒᆞ고 自造ᄒᆞ기를 廣行혼즉 엇지 本國의 큰 利益이 아니랴.</u> 오즉 淸國과 日本과 印度國 等이 西國 機器를 購買ᄒᆞ야 廠局을 設立ᄒᆞ얏스나 쏘혼 數種의 不便혼 事가 有ᄒᆞ니 機器를 運載ᄒᆞᄂ 費와 機器場 經費와 西匠

教習의 費와 쏘 汽機를 用ᄒ랴면 반ᄃ시 煤(매)를 多히 要ᄒᄂ니 本國이 若 開鑛을 아니ᄒᆫ즉 購價가 較鉅(교거)ᄒᆫ 等 弊가 有ᄒᄂ 然이나 오히려材料를 西國ᄭ지 運王ᄒ야 器物를 造成ᄒ야 東國에 運返ᄒᄂ 等 費보다ᄂ 不及ᄒ지라. 昔에 孟買 地方6)에서 煤의 價가 英國보다 高昻ᄒ고 土人이 粗蠢(조준)ᄒ야 機器에 應出ᄒᄂ 物料의 數가 少ᄒ나 오즉 그 價가 或 廉ᄒ 故로 紡第二十號의 綿絲ᄂ 英國 紡面紗廠의 價로 畧同ᄒᆯ 쑨이러니 近時에ᄂ 印度가 임의 開煤ᄒᆷ을 知ᄒ야 價도 쏘ᄒ 廉ᄒ고 紡紗廠도 更히 利를 得ᄒ더라. 然이나 孟買ᄂ 印度의 西邊이라. 그 煤를 開ᄒ기ᄂ 東邊에 在ᄒ고 煤價 礦口에서 每 噸(톤) 計價가 洋銀 貳元半쯤ᄒ나 印度가 能히 效法ᄒ야 工藝를 興作ᄒ니 諸東國들이 엇지 能치 못ᄒ리요. 印度 所設廠에 本銀은 太半이나 西商의 所出이라. 吾思컨ᄃ 諸東國이 此務를 振興ᄒᆷ이 반ᄃ시 別ᄒ 力을 費ᄒ게 업슬네라. 或이 謂ᄒ되 諸東國이 다 農事로 爲重ᄒᄂ 故로 製造ᄒᄂ 工藝ᄂ 반ᄃ시 能히 興作지 못ᄒᆫ다 ᄒᄂ니 諸國이 비록 農事를 重히 너기나 그 工藝를 觀컨ᄃ 亦 不少ᄒ지라. 印度 一國으로 言ᄒᆯ지라도 每年에 用ᄒᄂ 生棉花가 十二萬萬 零五千萬 磅이요 國內 各處에 共用 紡車가 三千三百萬 具가 土人의 用ᄒᄂ 비니 엇지 工藝의 極盛ᄒᆷ이 아니랴. 又 印度 與 東諸國 所有의 別種 工藝가 此와 類ᄒᆯ지라. 三百年 前의 西國의 綿花가 無ᄒ고 오즉 印度에 織成ᄒᄂ 綿布가 有ᄒ야 印度 當時에 織ᄒᄂ 바 各種 棉布가 다만 足히 本國의 用이 될 쑨 아니라 오히려 能히 別處에 運往ᄒ니 이럼으로 西國에 綿布를 造ᄒᄂ 法이 곳 此로 從ᄒ야 學得ᄒᆷ일너라. 西曆 一千六百二十一年 以後로 英國에 運至ᄒᄂ 綿布가 每年에 大略 五萬 疋이요 每疋의 價가 大略 洋銀으로 一元 七角 五分이러니 後에 英國에 運至ᄒᆷ이 增多ᄒ야 婦女와 小兒의 衣服을 다 印度의 棉布로 用ᄒ고 綿紗布 及 印花布 等은 一千六百七十八年에 至ᄒ야 輸入이 極多ᄒ더니 一千七百年에 至ᄒ야 英國이 法律을 造ᄒ야 英人이 印度로 運來ᄒᄂ

---

6) 맹매 지방(孟買 地方): 인도의 한 지방.

綿布를 用홈을 不許ㅎ야 若犯法ㅎᄂ 者ㅣ 有ㅎ면 金錢 五元을 罰ㅎ고 賣布者는 金錢 二十元을 罰홈이 各 西國이 英과 如히 禁ㅎᄂ 者도 有ㅎ고 坯ㅎ 極重ㅎ 稅를 加ㅎᄂ 者도 有ㅎ야 綿布價로 ㅎ여금 羊毛布보다 高昂케 ㅎᄂ 데 至ㅎ더니 英國도 비록 此律을 設ㅎ얏스나 民間이 因ㅎ야 私買ㅎ야 用ㅎᄂ 故로 政府가 엇지홀 슈 업서 곳 그 禁을 解ㅎ고 稅를 取ㅎ되 綿布에 什一을 取ㅎ고 絲綢에 什二를 取ㅎ니 於是에 英國이 綿布를 多用ㅎ더라. 兼ㅎ야 一種 紫花布가 有ㅎ니 當時에 英國의 購用이 多ㅎ야 相傳ㅎ야 이르되 淸國 南京 附近處에셔 織ㅎᄂ 빈라 ㅎ야 西國 俗名에 南京布라 ㅎ야 每年에 運進홈이 坯ㅎ 不少ㅎ더니 近時에는 此事가 相反ㅎ야 各種 綿布가 英國으로브터 織成ㅎ야 印度에 運往ㅎ니 此는 英國이 全히 機器 紡織을 用ㅎ야 써 織出이 極多홈으로 價가 廉ㅎ기가 印度보다 大勝ㅎ 싟둙이더라.

印度國이 上古 以來로 自ㅎ야 印花布를 能히 造成ㅎ니 其法은 木板을 刻ㅎ야 人의 手로써 印을 布面에 刷홈일너니 英國인즉 漸漸 改良 發明ㅎ야 機器로 布를 印ㅎ되 坯ㅎ 手工보다 甚히 佳ㅎ고 甚히 速ㅎ 故로 英國 印度間에 印花布 賣買도 從前과 相反되얏더라.

各種을 染成홈도 東方이 最佳ㅎ더니 近來 西國이 그 法을 考究ㅎ야 每年에 各色布를 多染ㅎ야 東方에 出售ㅎᄂ니 若 各西國이 機器를 設치 안코 新法을 더욱 講究치 아니ㅎ얏쓰면 東方의 各種 綿布가 至今싟지 西國보다 勝ㅎ야 東方 工物이 西國人의 欽仰ㅎᄂ 바이라. 오즉 數百年 內로 西國人이 盡心考究ㅎ야 格致 工藝 等事에 逐日 進步ㅎ야 前年에 못ㅎ던 事를 今年에는 긔혀ㅎ고 昨日에 新奇ㅎ던게 今日에는 舊廢物이 되야 日進月就ㅎ되 東方 各國인즉 毫도 進益홈이 無ㅎ고 도로혀 退弱의 象이 見ㅎ야 目今에야 千年 前 所製粗拙ㅎ 器具가 자못 西國 機器의 日노 改良홈에 及씨 못홈일 覺寤ㅎ네라.

東方 各國에 金銀煤 等 礦이 極多ㅎ고 坯 所産 綿花 等料가 足히 極大ㅎ 生理가 될지라. 오즉 欠缺ㅎ 바는 機器 等 工藝의 要法이니 此法을 行코져 홀진딘 急히 資本을 湊(주)ㅎ야 써 廠局을 設홀지니라. 英國에

써 富强된 밧 자느 原來 工藝의 廣大홈을 因홈이요 쏘 綿花로 大宗을 습은 故ㅣ러라. 凡 國內의 民이 다만 本地 所産의 米麥菽粟(미맥숙속) 等을 恃(시)ㅎ야 饑만 救홈을 딕단히 녀기고 從來 農務도 죠곰도 改良치 안이홈이 더욱 農業 若干의 富도 致홀 슈 업느지라. 大抵 農業도 改良ㅎ랴면 工藝가 主張인 줄은 모로고 農業만 崇尙ㅎ느 國에셔도 農業 改良이 죠타 ㅎ면셔도 工藝를 次第間 事로 녀기니 엇지 慨歎치 아니리요. 前代에느 數百年 來로 各기 舊法만 仍用ㅎ고 不進不退ㅎ야도 或 可히 自立ㅎ려니와 當今 世界에느 不進호즉 반드시 大退홀지라. [他人은 晝夜로 <u>改進</u>ㅎ야 <u>競爭</u>ㅎ느 싯둚니라] 印度와 日本은 從前 所有에 工藝느 쟝촛 廢ㅎ애 無存ㅎ고 漸漸 新法으로 改良ㅎ야 進步ㅎ느 故로 西國과 거의 相比홀네라.

凡 東方 各國이 進益홈을 求코져 홀진딕 人數가 衆홈에도 在치 안코 地産煤礦 等이 廣홈에도 在치 안코 農家 所出 菽粟 綿花의 豊盛홈에도 在치 안코 富家 所積 錢財의 充盈(충영)홈에도 在치 안코 다만 所有 錢財를 將ㅎ야 進益ㅎ느 正道에 用홈에 在ㅎ니 그 正道란 거슨 特別히 工藝를 힘쓸 짜름이니 大凡 有志흔 者느 利를 自得ㅎ야 終乃 그 國으로 興旺코져 홀진딕 可히 西國의 各種 有益흔 法을 效ㅎ야 本國에 所有흔 材料로 要用에 器物을 造成ㅎ되 <u>國內에 金銀 煤礦 等</u>이 有ㅎ면 宜當히 <u>自取ㅎ야 그 利益홈을 得</u>ㅎ리니 <u>何必 外國에 讓ㅎ야 窺視ㅎ고 流涏(유정)케</u> ㅎ야 <u>漸漸 本國은 日노 貧殘케</u> ㅎ고 <u>他人으로 富强케</u> ㅎ리요.

故로 <u>內地 鐵道 電線과 金銀 煤礦 等을 他國人에 借與홈은 곳 全國을 他人에게 放賣홈</u>이요 <u>外國人 顧問과 敎師를 置ㅎ기를 好ㅎ고 自己가 實心으로 學ㅎ기를 厭ㅎ느 者느 곳 全體 政府를 他人에게 讓與</u>ㅎ느 거시라.

◎ 人分五類說,

傅蘭雅[7]), 〈대조선독립협회회보〉 제8호, 1897.03.15. (한문)

(격치휘편 연속임) 한문: 인종론(황인, 백인, 흑인, 椶人(종인), 홍인)

博物家云　凡各動物如不變　其水土地氣飮食等事則無代幾何年之久亦
不變＝＝

◎ 汽機師 瓦特(와트) 傳, (부란아), 〈대조선독립협회회보〉 제8
　호~제9호, 1897.03.15. (국한문)

제8호

대저 人에 過흔 才 必有ㅎ여야 비로쇼 人에 過흔 事를 成ㅎ고 非常의
人이 必有ㅎ여야 비로쇼 非常의 功을 建ㅎᄂ니 法을 立ㅎ야 人에 益ㅎ
고 功이 永世에 垂흔 者ㅣ 瓦特(와트) 一人이라. 瓦特은 蘇格蘭 林納城
人이니 一千七百三十六年 正月 十九日에 生흔지라. 城濱苦來河가 原來
甚히 冷落ㅎ야 船艘(선소)가 無多ㅎ야 口의 進ㅎᄂ 最大의 船이 겨유
能히 貨六頓을 載ㅎ야 埠岸(부안)의 人이 稀ㅎ고 野草가 叢襍(총잡)ㅎ
며 貨物은 煤魚(매어)와 礪石(여석)으로써 大宗이라 ㅎ니 商業의 稀흠
을 槪見홀지라. 今則 前觀을 大改ㅎ야 商務가 甚盛ㅎ야 繁華의 象을 名
言ㅎ기 어렵고 人民이 거의 百萬이요, 埠頭의 長이 十餘里라. 輪船이
往來ㅎ야 千餘頓을 多載ㅎ고 船塢(선오: 배를 대는 둑)와 鐵廠 兩岸에
－－

---

7) 부란아: 프라이어.

제9호

瓦特의 稟性이 腼腆(면전)ᄒ고 居心이 慈詳ᄒ야 小說의 閱ᄒ기를 喜ᄒ야 미양 그 妻로 더브러 ᄀᆺ치 誦讀ᄒ다가 格外 動人의 處를 遇ᄒ면 同哭ᄒ기를 禁치 못ᄒ니 聰明이 瓦特 ᄀᆺᄒ 者도 맛춤ᄂᆡ 此性이 有ᄒ니 ᄯᅩᄒ 可히 奇異ᄒ더라. 六十二歲에 布勤頓廠을 辭ᄒᆯ시 二子를 留ᄒ야써 輔ᄒ게 ᄒ고 年이 임의 老ᄒᄆᆡ ᄒᆼ샹 本國 金銀銅錢法이 獘多홈을 覺ᄒ고 改正ᄒ야 써 靈便ᄒ 機器를 設ᄒ야 各錢을 打造ᄒ야 行用에 私업게 홈을 思하고 布勤廠에 出ᄒ 後---

假使天이 瓦特을 生치 아니ᄒ얏스면 반다시 今日에 象이 無ᄒᆯ지라. 地球의 大홈으로 人을 視홈이 蟻와 如ᄒ니 纖微의 能力으로 大功을 成키 難ᄒ야 汽機 輪船이 無ᄒ면 大海에 飛游ᄒ기 難ᄒ고 汽機 火車가 無ᄒ면 長途에 捷馳(첩사)ᄒ기 難ᄒ고 汽機 製造가 無ᄒ면 繁大의 工程을 成키 難ᄒ나니 今에 器物이 繁多ᄒ고 商業이 興盛ᄒ야 一切히 古代에 超ᄒ고 前輩에 邁홈이 皆 汽機의 力이로다. 汽機가 瓦特으로 自ᄒ야 㓲ᄒ얏스니 瓦特은 實 萬國 百世의 功人이라. 我 朝鮮이 亦 汽機의 利를 知ᄒᄂᆞ 首㓲人의 事實을 深悉치 못ᄒᆯ ᄯᆺᄒ야 玆에 譯ᄒᄂᆞ니 此 事蹟을 推ᄒ야 他事를 發明ᄒ며 事業에 勤實ᄒ야 國家 富强홈을 希ᄒ노라. 且 歐洲人의 瓦特贊에 曰 卓哉瓦君汽機之祖 才踰常人學超凡伍 志定法成藝精德邵因汽製機 一嗚再鼓告成厥功 備嘗辛苦發勒英邦延行 歐土推廣至今幾編寰宇製造爲興工程 有輔名重一時功華 千古巍巍瓦特君永世不朽.

◎ 論電與雷,
    傅蘭雅, 〈대조선독립협회회보〉 제9호, 1897.03.31. (한문)

    (격치휘편 연속: 한문)

問天下之電何以生之. 答其說不一 有云因天氣與地摩擦而生者 有云草
木生長變化而生者[此說無據] 有云因太陽蒸水化氣而生者 有云因空中之
氣與摩擦而生者 (…하략…)

천하의 전기가 어떻게 생성되는지 물으면, 답이 일치하지 않는다. 하늘
의 기와 땅이 마찰하며 생긴다는 말이 있고, 초목이 생장 변화하여 생
긴다는 설도 있고(이 설은 근거가 없다.) 태양이 물을 증류하여 그 기운
이 변하여 생긴다는 설이 있고, 공중의 공기가 마찰하여 생긴다는 설이
있다.

◎ 地球人數 漸多應設法 以添食糧論, 傅蘭雅, 〈대조선독립협회회
    보〉 제9호, 1897.03.31. (한문)

    (격치휘편 연속으로 보임: 한문)

◎ 紡織器機說,
    傅蘭雅, 〈대조선독립협회회보〉 제10호, 1897.04.15.

    (격치휘편, 한문)

天生萬物最有益於人者綿花其一也.

◎ 鑛學論/金鑛,
　傅蘭雅, 〈대조선독립협회회보〉 제10호, 1897.04.15. (한문)

　　(격치휘편, 한문)

鑛學論

　今夫人仰觀宇宙之大俯察品類之盛形色萬殊物體千變合而綜之大類有
三 一曰動物類 一曰植物類 一曰死物類. ＝＝＝

金鑛

　金産地中多爲純質或與銀及他. 金雜和亦有－－－

◎ 礦學論(前號의 續이라) – 金鑛/銀鑛, 傅蘭雅, 〈대조선독립협회
　회보〉 제11호, 1897.04.30. (한문)

◎ 大礮(대포)與鐵甲論,
　〈대조선독립협회회보〉 제12호, 1897.5.15. (한문)

◎ 銀鑛論(前號의 續이라)/銅鑛論, 〈대조선독립협회회보〉 제12
　호, 1897.5.15. (한문)

◎ 生氣說, 〈대조선독립협회회보〉 제12호, 1897.5.15. (한문)

◎ 論燐論 – 化學篇,
  〈대조선독립협회회보〉 제12호, 1897.5.15. (한문)

◎ 銅鑛論(前號의 續이라),
  〈대조선독립협회회보〉 제13호, 1897.5.31. (한문)

◎ 鐵鑛論, 〈대조선독립협회회보〉 제14호, 1897.06.15. (한문)

◎ 西國富戶利民說,
  〈대조선독립협회회보〉 제14호, 1897.06.15. (한문)

◎ 西法有益於民論,
  〈대조선독립협회회보〉 제15호, 1897.06.30. (한문)

◎ 德國雜事記略, (畧抄於時事新論),
  〈대조선독립협회회보〉 제15호, 1897.06.30. (한문)

◎ 法國瑣紀,
  〈대조선독립협회회보〉 제15호, 1897.06.30. (한문)

◎ 論緬甸, 〈대조선독립협회회보〉 제15호, 1897.06.30. (한문)

　　*미얀마 관련 논설

◎ 論礦論, 〈대조선독립협회회보〉 제15호, 1897.06.30. (한문)

◎ 史鑑勿輕寓目說/電氣學 功效說: 附牛皮練熱法/打米機器圖說, 觀海堂主人[8], 〈대조선독립협회회보〉 제11호, 1897.04.30. (한문)

◎ 新興學說, 〈대조선독립협회회보〉 제14호, 1897.06.15. (한문)

　　태서의 학교 규칙을 조사하고, 학제 운영 방식을 소개한 글: 시사신보에서 발췌

◎ 論民, 〈대조선독립협회회보〉 제14호, 1897.06.15. (국한문)

　書에 曰民이 邦本됨이니 本이 固ᄒ야 邦이 寧ᄒ다 ᄒ 故로 聖人이 法을 立ᄒᆷ이 士農工商 四民이 各기 謀生의 業이 有ᄒ야 統天下 五大洲로 討ᄒ건듸 安富ᄒ고 尊榮ᄒ야 衣食에 營營치 아니ᄒᄂ 者ㅣ 十分에

---

8) 관해당(觀海當): 양수경(楊守敬, 1839~1915)의 호. 중국의 장서가. 是淸末民初重要藏書家之一, 且爲東渡日本, 訪書海外之第一人. 其「觀海堂」藏書之精華今日尙完整保存於臺北故宮博物院, 見證中、日兩國自古以來書籍流通傳播之史實. 本書是國內第一部全面且深入硏究楊守敬藏書實況, 以及楊氏在文獻學方面成就之專著.

不過 一二요 其 八九則 全히 그 力을 自食ᄒ기를 恃ᄒᄂ니 夫 工力을 自食ᄒᄂ 人은 多做則多食ᄒ고 少做則少食ᄒ야 一日不做ᄒ즉 一日不食ᄒᄂ지라.

大抵 敏力의 强흠을 資ᄒᄂ 者ᄂ 可히 써--

〈시사신보〉에서 발췌한 글

◎ 兒童의 衛生, 〈서우〉 제11호, 1907.10. (위생학)

*마츠오 기요코(松尾淸香): 미상.

▲ 제11호

夫 兒童은 家家有之오 兒童의 充壯ᄒ기 欲흠은 人人年 常情이니 兒童의 充壯을 欲ᄒ면서 其衛生의 道를 硏究치 아니흠이 可乎아. 玆에 日本 松尾淸香의 著ᄒ 〈兒童의 衛生〉이라 ᄒ 것을 譯述ᄒ야 左에 載ᄒ노니, 注意 實施ᄒ야 兒童으로 衛生의 幸福을 增進케 홀지어다.

一. 室外散步

小兒를 抱ᄒ고 室外에 散步홈에 不勵精이면 不成이니 夏節인즉 生後 十五六日브터ᄂ 外氣를 觸ᄒ야도 無妨ᄒ나 冬期嚴寒의 時ᄂ 期於避之ᄒ고 天氣가 良好溫煖ᄒ 日를 擇ᄒ야 出홀 것이오 又小兒를 室外에 出홈에 一回에 長時間을 勿出ᄒ고 極短時間으로 數數히 出홈이 宜ᄒ니라. 小兒가 脊中에서 泣ᄒ야 乳를 呑호려호ᄃ 兒의 看護人은 自己의 遊에 沈精이 되야 尿便의 周施도 深愼치 아니ᄒᄂ니 此ᄂ 母等의 不親切不注意ᄒᄂ 故也니라.

二. 小兒의 泣

小兒의 泣홀 時에 注意홀지니 小兒란 것은 何事를 訴ᄒᆞ던지 泣홈이 天性이라. 其泣홀 時에 威嚇ᄒᆞ며 恐懼케 홈이 誠爲不宜니 此로 因ᄒᆞ야 小兒가 痙攣ᄒᆞᆫ 病을 起케 ᄒᆞ며 活潑ᄒᆞᆫ 好小兒가 되지 못ᄒᆞ고 茶然ᄒᆞᆫ 性質이 되ᄂᆞ니 泣ᄒᆞᄂᆞᆫ 時에 비록 小兒의 耳에 入치 아니ᄒᆞ나 從容히 慰ᄒᆞ며 喩홀지니 如此히 成習ᄒᆞ면 後에ᄂᆞᆫ 情다온 母親의 一言에 泣을 止ᄒᆞ리니라.

三. 小兒의 笑

小兒의 처음으로 笑홀 時에 注意홀지니 小兒가 笑홀 初에 其態가 可愛인ᄃᆡ 母親으로브터 何人이던지 皆笑케 ᄒᆞ기를 思ᄒᆞ며 又人의게 見케 호려ᄒᆞ야 幾度를 笑케 ᄒᆞ고 又高聲으로 笑케 ᄒᆞ야 此로써 樂事를 삼으니 其 度數가 過ᄒᆞ면 小兒의 腦髓를 勞케 ᄒᆞ야 成長ᄒᆞᆫ 後에 神經疾도 되며 腦病도 되ᄂᆞ니 注意치 아니홈이 可乎아. 其外種種ᄒᆞᆫ 習을 敎ᄒᆞ야 遂於小兒의 頭에 堪치 못ᄒᆞ야 精神을 疲ᄒᆞᄂᆞ니 年歲와 程度를 善히 考ᄒᆞ야 注意ᄒᆞ야 홀지니라.

四. 食物咀嚼의 害

世間에 善히 考察홀 事ᄂᆞᆫ 小兒의게 食物을 與ᄒᆞᄂᆞᆫᄃᆡ 咀嚼ᄒᆞ야 飼홈이라. 一度大人의 口中에 入ᄒᆞ엿던 것을 再次 小兒의 口中에 移홈을 多見ᄒᆞ깃스니 此是最惡ᄒᆞᆫ 習慣이라 도리여 小兒의 消化를 妨홀 쑨 아니라 一度食物이 口中에 入ᄒᆞ야 唾液과 混合ᄒᆞ여야 비로소 其味도 知ᄒᆞ고 又此液에 依ᄒᆞ야 胃에 送ᄒᆞ여야 消化도 進ᄒᆞᄂᆞ니라. 又酸敗液이라 ᄒᆞᄂᆞᆫ 病을 起ᄒᆞ고 口中의 諸病을 傳染ᄒᆞᄂᆞᆫ 患이 有ᄒᆞ며 其中最恐ᄒᆞᆫ 것이 肺病과 梅毒 等이 小兒의게 感染됨이 一層早速이니 注意치 아니홈

이 可乎아 他人은 勿論遠慮홀 바오 近親인 者도 不爲홈이 宜ㅎ니라. 小兒의게 食卓上의 物을 不限某品ㅎ고 與홈이 最不宜ㅎ니 衛生으로 言ㅎ여도 小兒의 欲ㅎ는 者는 不消化ㅎ는 香物인ᄃᆡ 鹽氣를 吸ㅎ는 故로 更有害惡이오 敎育上으로 言ㅎ면 尤然ㅎ니 不規則으로 卓上의 物을 取ㅎ야 口에 致ㅎ야 少도 不食ㅎ고 取散홈이 可惡ㅎ것이라. 如此ᄒᆞᆫ 風을 美好홈으로 思ㅎ면 食卓上에 不近홈이 肝要ㅎ니 一定ᄒᆞᆫ 食事를 能ㅎ기까지는 食卓上에 不近홈이 最好ᄒᆞᆫ 方法으로 知ㅎ노라. (未完)

▲ 제12호

五. 小兒의 譴罰(견벌)

小兒를 敎育홈에 譴罰를 過度히 ᄒᆞᆫ즉 失誤될 念慮가 有ㅎ니 可히 注意홀 事이오 且 衛生에 身體上에 及ㅎ는 罰도 可恐ㅎ지라. 大抵 小兒의 頭라 ᄒᆞᆫ 것은 極히 淸ㅎ야 所謂 白心으로 何樣이라도 可成홀 者인ᄃᆡ 最初頭에 開導ㅎ는 것이 肝要ㅎ지라. 俗語에 三歲兒의 精神이 百歲까지 存在ㅎ다 云ㅎ야스니 小兒時에 染ᄒᆞᆫ 바 心根은 容易히 改치 못ㅎᄂᆞ니라. 且 人으로 由ㅎ야 面의 異홈과 如히 牲質도 亦人人相異ㅎ지라. 故로 惡ᄒᆞᆫ 性質도 初로브터 改케 홀지니 如斯ᄒᆞᆫ 性質에는 如斯ᄒᆞᆫ 方法으로 以홈이 好事인 줄을 知ㅎ야 如斯히 아니ㅎ면 不可ㅎ니 若過히 譴責만ᄒᆞᆫ 小兒는 臆病者도 되며 神經質도 되되ᄂᆞ니 成長ᄒᆞᆫ 後에 非常히 性質의 變化ㅎ는 事도 有ㅎ나 習慣과 如히 可怒ᄒᆞᆫ 者는 無ㅎ니 罰홈에 就ㅎ야 注意홀 것은 此의 理由니라. 其親이 되야 其兒를 敎育홈에는 父는 嚴ㅎ고 母는 慈愛ㅎ야 嚴과 慈愛가 竝有ㅎ여야 完全ᄒᆞᆫ 敎育이 될지니라. 可賞홀 事는 期必코 賞ㅎ고 可罰홀 事는 期必코 罰ㅎ야 其 區別를 正히 하여야 方可ㅎ니 만일 惡ᄒᆞᆫ 事가 有ㅎ야도 愛에 拘泥ㅎ야 罰치 아니ㅎ고 置ㅎ면 其兒가 其事를 好事로 知ㅎ야 惡習이 漸加홀지니라. 其罰ㅎ는 方法도 世間에셔 多行ㅎ는 打擲은 最히 不好ᄒᆞᆫ 事라 如斯ᄒᆞᆫ

野蠻의 事는 不行ᄒᆞᄂᆞᆫ 것이 可ᄒᆞ니 不衛生도 極ᄒᆞᆫ 事이여니와 或 打擲ᄒᆞ야 意外ᄒᆞᆫ 變이 不出ᄒᆞ리라구도 限치 못ᄒᆞᆯ지오 又小兒도 自己의 惡을 悔ᄒᆞ야 改치 아니ᄒᆞ고 反히 其暴를 反抗ᄒᆞ리라.

凡敎育이 益ᄒᆞᆫ 小兒에 非常히 心의 激動을 起ᄒᆞᄂᆞᆫ 것이 不宜ᄒᆞ고 且 打擲은 ᄒᆞᆺ 恐ᄒᆞ며 痛ᄒᆞᆫ 一念만 有ᄒᆞ고 何由로 此叱를 當ᄒᆞᄂᆞᆫ지 自省ᄒᆞᆯ 猶豫도 無ᄒᆞ야 反히 叱ᄒᆞᄂᆞᆫ 者의 精神에도 背ᄒᆞ고 小兒의 心을 正히 하며 改ᄒᆞᄂᆞᆫ 事는 少無ᄒᆞᆯ지라. 故로 此等 事는 不爲ᄒᆞ고 愛情으로써 道理를 善히 曉諭ᄒᆞ야 當人으로 自然히 過를 悔케 ᄒᆞᆷ이 가쟝 效力이 多ᄒᆞ니라. 母親인 者가 打擲ᄒᆞ며 叱責ᄒᆞᄂᆞᆫ 習이 有ᄒᆞ면 使ᄒᆞᄂᆞᆫ 바 子守와 下女 等이 見效ᄒᆞ야 大段히 亂暴ᄒᆞᆫ 事를 行ᄒᆞᆯ지라. 故로 決코 自己으로 先行ᄒᆞᆷ은 不可ᄒᆞ고 且 罰를 濫用ᄒᆞᆷ이 不當ᄒᆞᆫ 줄로 敎치 아니ᄒᆞ면 不可ᄒᆞ니라 小學校에서 生徒의게 罰을 加ᄒᆞᆷ에 身體에는 手를 不及케 ᄒᆞᆷ이 誠是好事니라. 今에 又一注意ᄒᆞᆯ 事를 述ᄒᆞ노니 小兒로 物을 恐케 ᄒᆞᆷ이라 雷가 鳴ᄒᆞᆫ즉 臍가 拔ᄒᆞᆫ다 ᄒᆞ야 泣케 ᄒᆞ며 暗ᄒᆞᆫ 處에ᄂᆞᆫ 鬼神이 出ᄒᆞᆫ다 ᄒᆞ야 恐케 ᄒᆞᄂᆞᆫ 等 事니 小兒가 元來 此를 恐ᄒᆞᄂᆞᆫ 牲質을 有ᄒᆞᆷ이 아니라 親의 指敎ᄒᆞᆷ이 惡ᄒᆞᆷ이니라. 常居에 小兒가 惡ᄒᆞᆫ 事를 行ᄒᆞ던지 或 無端히 泣ᄒᆞ던지 ᄒᆞᆯ 時에 雷가 鳴ᄒᆞᆯ터이니 止ᄒᆞ라 ᄒᆞᆫ즉 實로 雷가 鳴ᄒᆞᆯ 時에ᄂᆞᆫ 恐畏가 一層 加ᄒᆞ야 波으로 通過ᄒᆞ리니 其 恐畏ᄒᆞᆫ 一念의 神經을 痛케 ᄒᆞᆷ이 何境에 至ᄒᆞᄂᆞᆫ지 不知ᄒᆞᆯ지라. 常時의 習慣은 第一 可恐ᄒᆞᆫ 것이니 世에 無ᄒᆞᆫ 鬼神도 神經에 可恐之物로 染ᄒᆞᆫ 後에ᄂᆞᆫ 容易히 革祛치 못ᄒᆞ야 恐怖ᄒᆞᆫ 感念이 無處不起ᄒᆞᆯ거시라 某處에 ᄒᆞᆫ 小兒가 有ᄒᆞ되 其 親이 常常히 雷가 鳴ᄒᆞᆫ다 ᄒᆞ야 其行ᄒᆞᄂᆞᆫ 바 惡을 止케 ᄒᆞ더니 實로 雨가 烈히 降ᄒᆞ고 雷가 非常히 鳴ᄒᆞᆯ 時에 恐怖ᄒᆞᆫ 感念이 劇ᄒᆞ야 遂自避匿ᄒᆞ니 如斯ᄒᆞᆫ 事는 昏愚의 極ᄒᆞᆷ이나 亦常時敎育의 誤ᄒᆞᆷ이라. 故로 兒童은 幼少ᄒᆞᆫ 時로브터 鬼神은 世間에 無ᄒᆞᆫ 物이오 雷ᄂᆞᆫ 生活ᄒᆞᆫ 物이 안인 줄로 詳知ᄒᆞ도록 指敎ᄒᆞᆷ이 第一 好事니 만일 恐怖의 念이 小兒의 頭에 有ᄒᆞ면 發育上에 非常ᄒᆞᆫ 影響이 及ᄒᆞᆯ 뿐 不是라 神經疾도 起케 되ᄂᆞᆫ니라. (未完)

▲ 제13호

六. 親親의 注意

主人이 朝에 食事를 急히 畢ᄒ고 出外ᄒ얏다가 午後에 歸ᄒ야 家人으로 더부러 愉快ᄒ 談話를 ᄒ며 夕飯을 共食흠이 固樂事오 小兒도 一日를 不見흠으로 愛情이 闓發ᄒ야 卽時抱戲ᄒ며 食床에 近付ᄒ야 食物 中에 其 所欲을 從ᄒ야 與ᄒ고 甚ᄒ면 酒도 飮케 ᄒᄂ니 所以로 小兒가 酒를 好ᄒ야 成長흠 後에 드듸여 大酒家됨이 其 例不少ᄒ니 父親된 者가 可히 注意흘 것이오 且 母親도 不規則흔 事가 有ᄒ면 不戒흠이 不可ᄒ니라.

七. 休日의 衛生

日曜日은 勤人 及 學校에 通同休業ᄒᄂ 日이니 小兒의 喜樂ᄒ고 愉快ᄒᄂ 바이라 然ᄒ나 此日이 兒童의게 最危險日이라 흘지니 日曜日이 되면 兒童이 例로 有味흔 飮食을 多食ᄒ고 睡眠ᄒᄂ니 一日를 飽食熟眠ᄒ면 胃腹이 傷ᄒ기 易ᄒ니 其 不衛生됨이 甚흔지라 故로 一週 中에 可樂흔 日曜日에ᄂ 朝에 早起ᄒ야 小兒 等을 引率ᄒ고 適度흔 運動範圍 內에 往ᄒ야 遊戲ᄒ며 或 野邊에 散步도 흘지니 身體上에 藥이 될 ᄲᆞᆫ 안이라 心中에 最爲愉快ᄒ니라 然後에 家에 歸ᄒ야 書를 見흘지니 비록 一週一遊라 ᄒ나 無端히 過去흠은 無益ᄒ니라 身體를 爲ᄒ야 運動흠이 最愉快ᄒ니 持行흔 飮食도 非常히 有味ᄒ고 又 小兒 等의 快活흔 性質도 此로 由ᄒ야 生ᄒᄂ니 小兒가 快活치 안이ᄒ면 不可ᄒ니 만일 神經質이 되야 厭世ᄒᄂ 心이 起ᄒ면 如此흔 大變은 無ᄒ니라 父母도 亦 日曜日은 鄕村에 出遊ᄒ야 聞見을 廣케 ᄒ면 多大흔 利益이 有ᄒ니라 然ᄒ나 運動을 過히 ᄒ면 明日은 疲困ᄒ야 視務도 不能이며 登校도 不能이니 故로 運動에도 過度히 안이케 ᄒ기로 注意흘지니라.

父母는 兒童의 模範이 되는지라 父母의 行ㅎ는 事는 何事를 勿論ㅎ고 惡흔 事안이로 確信ㅎ느니 故로 父母의 一動一靜이 皆 小兒의 模範이 되느니라 故로 父母되느는 口로 善行을 述ㅎ며 身으로 善行을 行ㅎ야 小兒의 模範이 되게 홀지니라 口와 行이 一致홈은 誠是難事니 大段 注意ㅎ야 言이 行을 顧ㅎ며 行이 言을 顧ㅎ야 以示效則이니라 만일 小兒의게만 禁止ㅎ고 自己는 犯ㅎ면 兒童의 生覺에 大人된 後에는 行爲가 不善ㅎ야도 無妨ㅎ다 홀지니 父母가 惡行을 改正홈이 小兒를 勸進ㅎ는 道되느니라. (完)

◎ 植林談(일본 임학박사 本多淸六 氏의 한국식림에 대한 담화), 〈조양보〉 제2호, 1906.6.

    (식림의 의미)

◎ 自助論, (역술자 미상), 〈조양보〉 제1호, 1906.6.16.

▲ 제1호

此論은 英國 近年 碩儒 스마이르스 氏의 著흔 바라. 大凡 個人의 性品思想이 國家 運命에 關한 力이 甚大홈으로 이에 書을 著ㅎ야 國民을 覺醒케 홈이니 世界 到處에 氏의 著書을 飜譯홈이 極多흔디 自助論이 卽 其一이라. 今에 其著論 中에 的實흔 處을 譯ㅎ야 讀者로 흔가지 斯道을 講究코자 ㅎ노니 그 中興을 圖홈에 庶乎根本의 力을 得ㅎ리라.

國民 及 個人

一國의 價値는 卽 國家를 組織한 個人의 價値라.

吾人의 所失이 어듸 在ᄒᆞ뇨 ᄒᆞ면 國家 行政 政度의 力을 信홈이 過大ᄒᆞ고 個人의 力을 視홈이 過小홈에 在ᄒᆞ니, 大學에 이른바 天子로부터 庶人에 至ᄒᆞ야 一是 다 修身으로써 本을 삼나니 其本이 亂ᄒᆞ고 末이 治ᄒᆞ리 否ᄒᆞ며 其厚ᄒᆞᆯ 바에 薄ᄒᆞ고 其薄ᄒᆞᆯ 바에 厚ᄒᆞ리 有치 안타 ᄒᆞ니 正이 是를 謂함이라.

<u>國家의 進步는 個人의 克己ᄒᆞ고 勤勉ᄒᆞ고 正直한 程度</u>에 在ᄒᆞ며 <u>國家의 退步</u>도 ᄯᅩ한 個人의 <u>怠惰와 私慾과 卑劣한 程度에 在</u>ᄒᆞ니 個人의 心이 正한 則 國力이 旺盛ᄒᆞ고 個人의 心이 邪한 則 國步ㅣ 艱難ᄒᆞ야 法律制度을 비록 百回 改良ᄒᆞ야도 社會의 弊害를 淸掃홈이 可期치 못홀지니 或 一時의 效를 收홀 듯ᄒᆞ나 其弊害는 西에 滅ᄒᆞ고 東에 現ᄒᆞ며 或 形을 變ᄒᆞ야 發生ᄒᆞ리니 大抵 手脚(수각)을 根源에 不著한 所致라. 今에 最上乘의 愛國心을 發揮코자 홀진듸 至善한 德風을 宣布ᄒᆞ야 法律制度ㅣ 改變홈을 不用ᄒᆞ고 오직 個人이 相勵相助(상려상조)ᄒᆞ야 各各 日新進德의 行을 立ᄒᆞ야 自身를 改善ᄒᆞ여야 可得홀 거시니라.

天助 自助란 此一句는 萬人이 實驗한 語니 正確無疑한지라. <u>自助 自信의 精神은 卽是 人間 進步의 根底니 國民이 多數히 此 精神를 體究ᄒᆞ면 곳 그 國의 勢力이 湧然(용연)히 發來</u>ᄒᆞ리라.

他力을 賴ᄒᆞ며 他助을 仰한 習性은 恒常 其人의 活力을 弱ᄒᆞ게 ᄒᆞ고 自助의 精神은 恒常 其人의 氣力을 旺케 ᄒᆞ나 人이 自助의 志 업셔 他助을 呼ᄒᆞ니 恰然히 婦人과 如ᄒᆞ야 往往이 人의 制馭(제어)을 受홈에 甘心ᄒᆞ야 마참늬 無能無力한 國民됨을 免치 못ᄒᆞ리라.

政府法律의 力은 個人에 向ᄒ야 幾許흔 感化가 無ᄒ거늘 人이 往往 誤信ᄒ야써 自己의 幸福 安寧를 삼아 國家 社會의 力에 依ᄒ고 문득 自心의 力이 能히 自身를 保ᄒ고 法律의 力은 生命 財産의 保護흠에 局限ᄒ야 此以上 半個力이 復無흠을 不知ᄒ니 何則고. 執法布政흠이 비 록 公明嚴正ᄒ야도 怠惰(태타)흠이 轉ᄒ야 勤勉흠이 되고 放蕩흠이 變 ᄒ야 質素흠이 되고 惡人이 化ᄒ야 善士ᄂᄂ 事ᄂᄂ 到底히 做ᄒ기 不得 ᄒ리니 <u>此改善의 法은 오직 個人의 克己 自新之力을 依ᄒ여야 비로소 成熟</u>ᄒ리라.

故로 其國의 價値가 權勢의 大흠에 잇지 아니ᄒ고 個人의 慣性과 社 會의 風習이 如何흠에 在흠을 可히 써 知흘씨라.

一國 政府는 其國民의 影子니 影이 能히 形보담 大치 못흘지라. 故로 其 國民의 性品이 恒常 其國 政治로 더부러 平衡比率ᄒ야 品性이 發展 흔 則 政治ㅣ ᄯ흔 發展ᄒ고 品性이 墮落흔 則 政治ㅣ ᄯ흔 墮落흘지니 政府의 知識은 獨히 進步ᄒ고 國民의 智識은 獨히 低흠을 見치 못ᄒ고 政府의 知識은 獨히 低흠고 國民의 知識은 獨히 進步흠을 다시 見치 못ᄒ리니 곳 <u>一國의 價値 實力이 國民 品性의 措存如何흠에 在흘지니</u> 政治 法律의 力이 關흔 배 甚小흔지라.

國家者는 個人의 聚合흔 狀態니 文明이라 稱흔 者ᄂᄂ 그 國民의 向善 進智ᄒᄂᄂ 心狀을 指ᄒ야 言치 아니ᄒ리 업스니라.

人間 進步의 道如何흠은 是古今의 問題어늘 謬見이 ᄯ흔 조차 多ᄒ 야 或曰 帝王統治의 力에 在라 ᄒ고, 或曰 國民 愛國性에 基흔다 ᄒ고 或曰 立憲制度에 因흔다 ᄒ니 다 綮肯(계긍)에 不中흔지라.

帝王主義ᄂᄂ 拌金主義(반금주의)와 갓타니 自己을 依賴흔 外의 物을

依賴ᄒᆞᆯ 念이 漸盛ᄒᆞ고 自助 自立의 力이 漸漸 薄弱ᄒᆞ야 國家의 元氣ㅣ 消耗ᄒᆞ야 可히 다시 回치 못ᄒᆞ리라. 愛國性에 力과 立憲 議會法案도 ᄯᅩ ᄒᆞᆫ 不足賴라.

　大凡 <u>人間 進步의 道와 國家發展의 術이 國民本善의 心에 基치 아니ᄒᆞᆯ 者 업셔, 社會와 萬般 事上에 各人本善의 心을 發動 作用ᄒᆞ야 朝野에 信義ㅣ 有ᄒᆞ며 貞實이 有케 ᄒᆞᆯ지니 如此ᄒᆞ고 進步 發達치 아니ᄒᆞᆫ 國이 有치 아니ᄒᆞ니라.</u>

　愛蘭에 愛國者 우이리야무다노안의 演說에 曰 予ㅣ 민양 獨立의 語을 聽ᄒᆞᆷ이 能히 吾國과 吾市民에 ᄒᆞᆯ 說이 想起치 아니ᄒᆞ지 못ᄒᆞ니 愛蘭의 獨立ᄒᆞᆷ은 或 甲處에 從ᄒᆞ야 ᄯᅡᄒᆞ며, 或 乙處에 從ᄒᆞ야 ᄯᅡᄒᆞ며 或 丙處에 從ᄒᆞ야 ᄯᅡᄒᆞ느니 吾人이 비록 政治上 獨立이 全치 못ᄒᆞ나 그 工藝的 産業의 獨立者는 全히 吾人 自身의 力이 存ᄒᆞᆷ에 在ᄒᆞᆷ을 信ᄒᆞᆷ이 甚히 深ᄒᆞ노라. 吾人이 日日마다 行動 處辨上에 戒愼恐懼ᄒᆞ야 薄氷을 履ᄒᆞᆫ 心으로써 行已ᄒᆞᆯ 時에 累足으로 進步ᄒᆞ야 國民이 此志을 一ᄒᆞ야 進ᄒᆞ면 愛蘭 國民에 不遠ᄒᆞ고 ᄯᅩ 他國民과 如ᄒᆞ야 可히 安寧 幸福의 獨立 地位에 達ᄒᆞᆷ을 得ᄒᆞ리라. (未完)

▲ 제2호 (前號續)

　自助 自立의 精神이 各個人의 日日 行爲上에 發現하난 거시라. 英國 全般에 到處마다 此特色이 顯現하니 是ㅣ 古今 英國 人民의 誇示하는 빈라. 英國에도 拔羣한 豪傑이 亦有하야 人民의 上에 位하야 一國 崇敬을 受하니 英國이 此人의게 負賴한 빈 甚多ᄒᆞᆫ지라. 然ᄒᆞ나 英國의 最大 進步난 乃是 多數한 人民의 作出한 빈라. 大戰爭에 其姓名을 永久히 記存한 者난 少數한 將校而已로ᄃᆡ 實際에 勝利를 得한 所以는 個人의 剛氣와 兵卒의 勇敢으로 由ᄒᆞᆷ이니 國家 各般 事情이 다 그러한지라. 自古

及今에 經營의 實力을 釀出한 거시 無名氏의게 多才하니 此等 無名氏의 文明進步에 貢獻한 비가 彼名聲 赫赫한 政治家와 實業家에 不讓한지라. 其位地를 比하면 雖甚低下하나 其行爲를 見하면 正直 勤勉하야 能히 社會의 模範이 되고 其影響이 國家 福祉에 及하난 者ㅣ 不鮮하니 其人의 生涯와 品性이 陰陰之中에 四圍을 感化하난 力이 水의 潤物과 如하니라.

個人의 奮鬪的 主義는 卽 自助精神의 發現한 비이니 社會 民衆에 向하야 應化하난 效力이 最爲强大하야 實地 敎育이 되나니 是는 吾人의 日日 經驗하난 비이라. 小學과 中學과 專門 人學가단 거슨 其感化 波及의 力이 一局部에 不過而已라. 吾人이 或 簿書 堆積하(난) 裡에나 或 農耕하난 場에나 或 商估(상고) 店頭에나 或 家庭에셔나 社會敎育에 負賴한 者ㅣ 太牛이오 到底히 學校敎育의 及한 비 아니라. 大詩人 시루레룬 云호디 人類 敎育은 人으로 하여금 社會 一員이 되야 自修克己하난 精神을 敎育할 거시니 此 敎育은 讀書 學問에 不在하고 實地 修鍊에 全在하다 하고 '베공'9)이 曰 學問은 只是 學問而已오, 實際 應用의 法은 不敎하나니 實際 應用의 法은 是ㅣ 自己가 省察하야 自得하난 거시니 自得의 力은 是ㅣ 勉學以上의 智慧라. 實際生活에셔 智를 修養한다 하니 此言이 甚眞하도다. 故로 人이 其讀書에 從事하난 것보담 勞作에 依하야 其人格을 鍛하며 其品性을 堅케 하난 거시 優勝하니라.

비록 然하나 <u>偉人傳과 義士傳 가탄 거슨 導人하난 力이 頗多하니 高尙한 生活과 高尙한 理想과 奮鬪하난 行爲가 其中에 皆在하야 人으로 不知不覺에 其境에 跳入하야 現在 吾心을 驅하야 偉人 意思에 近似케 하야</u> 其 片片 言行이 往日에 異하고 또 自重 自信하난 精神을 鼓舞하나니 人世에 成功하난 者난 自力을 發揮홈이 在ㅎ니라.

吾人의 目的은 吾人 所志한 力으로 奏功(주공)을 能得함이니 自古로

---

9) 베공: 배궁. 베이컨.

科學技術家 偉人과 或 絶大한 宗教家와 或 大詩人 大哲學家가 其出홈이 一定 階級이 無하니 學校에도 不必出彼等이며 工場에도 不必出彼等이며 富貴家에도 不必出彼等이라. 大宗教家가 兵卒에서 出한 者도 有하며 極貧한 人으로 極富한 地位에 到한 者도 有하니 當初에 此等人이 處世 奮鬪함이 困難 障害가 疊疊 橫途라. 傍人으로 觀하면 到底히 透過(투과)키 難할 듯하나 然하나 這個 困難痛苦가 拘碍(구애)함이 不無로딕 도로혀 其人의 勇氣 忍耐를 鼓舞하야 萎縮하던 氣力에 新生氣로 注射케 하야 써 成功을 促成(촉성)함이니라.

(세이구스비아)10)난 英國 思想界에 最偉最大한 人物이라. 英人이 到今까지 英國에 此人이 出産한 거슬 誇負하나니 세이구스비아 少壯之時에 如何한 境過를 經過하엿난지 何人이라도 確知치 못하거니와 但 其下層 社會에서 出한 거슨 無疑하니 彼의 父난 屠牛하한 者오, 또 牧畜의 家라. 彼ㅣ 少時에 其父의 業을 助하야 牧場에 在하고 後에 또 一學校 書記가 되고 또 金貸業者의 店丁이 되고 彼가 水夫의 言語를 能通하난 故로 壯時에 水夫가 되얏다 하난 者도 有하며 寺院 書記 되얏다 하난 者도 有하며 馬商이 되얏다 하난 者도 有하니 비록 다 有眞實한 言이라 謂치 못할 거시나 彼가 各樣 下級 社會에서 積其經驗하며 研其智識한 거슨 可히 掩치 못할 거시라. 故로 彼가 著書立言하면 英國 上下가 다 愛讀하야 國民의 品性을 養成한 力이 到今까지 衰치 아니하니라.

航海家(구-구)와 詩人(바ㅣ느스)난 其始에 日傭 勞働하던 者오 벤존손은 煉瓦 製造하던 人이오 生理學者(존한다-)와 東洋學者(리-)한 工匠이오 有名한 旅行博士(류인구스돈)과 詩人(단나루)난 織工이오, 水師提督(사-군로우데스례-)와 宣教師(모리손)과 科學者(도-마스, 예도와-)도 한 皆靴工이오 歷史家(존스도-)와 畵家(잣군손) 勳爵士(사-존호-군스웃만)와 北美 合衆國 大統領(안도리우-존손)은 是ㅣ 裁縫師라. (존손)이 華盛頓에셔 大演說할 時에 聽衆이 嘲叫(조규)하야 曰 汝난 是裁

---

10) 세이구스비아: 셰익스피어.

縫店 使丁而已라 한딕 (존손)이 昻然히 對하야 曰 今에 予를 裁縫店 使丁이라 譏評하난 者ㅣ 有하나 此言이 予의게 所恥가 毫無한지라. 予가 裁縫店에 在하야실제 裁縫이 頗巧하야 顧客의 信用하는 빅 되고 또 約束을 違치 아니하야 其職責에 對하야 忠實를 常保하여시니 政治家가 되야 政治에 忠實함과 如하다 하더라.

勤勞를 積하야 貧賤에 起身하며 後世에 揚名한 者ㅣ 各國 歷史上에 또한 甚多하니 羅馬 法王(구-레고리-)의 七世祖난 工匠이오, 法王(써구스스스)의 五世祖난 牧羊하던 者오, (아도리안) 六世祖난 貧賤한 舟子라. (아도리안)이 少時에 貧窮하야 欲讀書호딕 燈火가 無하야 不得已하야 街燈과 或 寺院 塔燈所在에 就하야 其 燈光을 借하야써 課書를 讀하니 此苦學貧生이 後年에 羅馬 法王位에 上하야 各國 帝王을 驅使할 줄을 誰가 知하얏시리오. (未完)

▲ 제3호

一兵卒의 出身으로 將官位地에 進한 者ㅣ 佛國이 英國보담 遙多하야 革命 以來로 比前特多하니 功名之道ㅣ 才能을 向ㅎ야 開라 하난 言을 佛國이 能히 證한지라. 吾 英國도 登庸하난 路ㅣ 一開하면 亦 佛國으로 相與角逐하기 無疑하니라.

(호-시) (훈베루도) (핑-스구루-) 氏 갓트니는 元是 一兵卒이라. (호-시) 軍隊에 在할 時에 兵學의 書를 欲購호딕 金이 無ㅎ야 不得已 短衣를 刺繡하야 少許 賃金을 獲하난 것스로 常職을 하고, (훈베루도)난 靑年無賴의 徒라. 十六歲에 脫家하여 或 商賈의 奴僕도 되며 或 工人에 奴隷도 되며 或 兎皮 行商人의 奴僕도 되얏다가 一朝에 義勇兵이 되고 軍籍에 入한지 僅 一年에 旅團長이 되니라. (무라스도) 者난 (베리고-루도) 一小旅店의 子로 以 飼牛爲事하더니 其初에 輕裝兵聯隊에 入하야 上官의 命令을 服ㅎ기를 不好하기로 除籍하얏다가 其後에 營에 再入하야

漸次 超遷하더니 (구레-볘루)가 (례-)의 軍功을 嘉하야 彼를 不屈綽名 (불굴작명)으로 擧하야 二十五歲에 副將軍에 登用하니라.

更見 一方에 (소-루도) 入營 後 六年에 君曹 位地에 達하고 (마스셰나)난 入營後 十四年에 始爲軍曹하야 後漸次 昇進하야 爲大佐 爲師團長 爲元帥하고 陸軍大臣 元帥 (란동)은 亦鼓手로셔 登庸한 人이라. 如此 實例가 佛國 軍人을 皷舞作興하야 使兵卒로 誰某던지 手德만 有하면 他日에 得爲元帥하기 無慮함을 確信케 홈이라.

(소-루도)가 靑年時에 敎育을 受한 거시 少하더니 後에 外務大臣이 되야 비로소 地理學을 學하니라.

堅忍不拔的 精神과 專向的 精力에 依하야 卑賤한 地에서 起身하야 社會 有力的 人物이 된 者ㅣ 英國과 他國에 其實例 不少한지라. 這等 卓絶한 人에 就하야 觀하건듸 少年時代에 困難 逆境을 遇하난 것이 昻戒防止(?)에 不可缺할 要件인 줄을 可知할 것이니라.

英國 下院에 此等 自己의 力으로 成功한 人이 甚多하니 彼等이 英國人 勤勉 性格을 代表한 者이라. 代議士 (죠세우) (부라자-돈)이 일즉 十時間 方案을 討議할새 感慨를 不禁하야 其綿布 製造場 職工 되어실 씨 經歷을 自陳하야 曰 予 當時 困苦를 于今思之라도 不覺悚然(불각송연) 이라. 若得意于世면 此勞働者의 境遇를 改善코져 하난 念이 其時에 萌動하얏노라 演說을 終치 못하야 (사-) (제에-무스) (구라와무)가 拍手 喝采하며 起立日 (부라자-돈) 君의 卑賤에 起身하야 今日 地位에 到達한 經歷을 予未及聞知러니 今幸得聞之라. 如斯한 卑賤하던 身으로셔 世襲 紳士로 竝肩而坐하니 其光榮이 彼紳士보담 勝하다 하더라.

代表 (오-루도와무) 代議士 故(호우즈구스) 氏가 過去 生涯의 回想을 陳述할 時에 반다시 몬져 其 (노루오오스지)에셔 機械屋 職工된 것을 言하니 氏와 갓치 卑賤에서 出한 代議士 尙今 生存한 者ㅣ 多하니라.

(산다-량도)를 代表한 代議士 有名흔 船主(링도세-) 氏가 일즉 其 經歷을 語하야 日 予ㅣ 十四歲에 孤兒되야 奮然히 志를 立하야 (구라슨고

-)에 去하랴고 (리우아푸-루)로 向호려 할서 囊中에 一錢도 無하야 船
賃을 給하기 不能하야 不得已 船役에 從事하야 石炭 掃除夫가 되야써
船賃을 辨(판)하려 하난듸 (리우아푸-루)에 到하야 七週間을 經하도록
未能得職하야 陋屋에 住居하야 生活이 慘怛(참달)하더니 漸漸 西印度
航行에 被傭하야 使喚이 되니 其品性이 正實善良한 緣故로 以함이라.
十九歲에 未及하야 拔摘(발적)을 被하야 一船 指揮의 任을 當하고 二十
三歲에 予ㅣ 船職을 去하고 海岸에 定居하니 予ㅣ 此로 自하야 光榮에
向하야 進步 發達이 迅速하얏다더라.

　(北데-루비-샤아)에서 選出한 代議士 (오오리아무 쟈즈구손) 氏ㅣ 二
十歲 時에 其父ㅣ 死한지라. 氏가 年少한 身으로 不可不 生活을 自營하
야 一船舶側에 坐하야 朝六時로 夜九時까지 勞役에 從事하다가 及主人
臥病에 彼ㅣ 算計所에 入하니 此處난 閒隙이 多한지라. 彼ㅣ 讀書할 機
會를 得하야 英國 百科全書 全部를 讀了하고 其後에 商業에 從事하야
勤勉積財하니 現今 彼所有한 船舶이 海灣到處에 有하야 世界 各國과
貿易하나니라.

　故(리쟈-도, 고부뎬)이 亦下層 貧賤에서 起身한지라. 少時 倫敦에셔
一倉庫稚丁이 되야 正確 勤勉하야 智識을 發達할 念이 甚熾(심치)하니
主人은 是頑固 保守人이라 (고부뎬)이 讀書함을 見하고 도로혀 戒而止
之호듸 (고부뎬)이 不顧하고 讀書益力하더라. 彼以歷訪 顧客 廣告 商品
으로 爲務하더니 相知하난 人이 漸多함이 遂於 (만지에스다)11)에셔 白
布 印刷業을 開始하니라. 彼-公共 問題와 敎育問題에 有味하야 漸漸 穀
物條例를 硏究함이 到達하야 此 條例 廢止함을 爲하야 其 財産 生命을
賭盡效力하니 此於歷史上에 有名한 事實이니라. 彼ㅣ 後日에 第一流 雄
辯家로 推稱하난듸 其始 公衆面前에서 處女演說을 하다가 辭令이 拙劣
하야 無一可聽하야 浚巡而退하니 其 慚忸(참뉴)를 可想也라. 常人에 在
하야 恐不再試할지여늘 彼資性이 剛毅精悍(강의정한)하야 一敗의 故를

---

11) 만지에스다: 맨체스터.

以하야 沮치 아니하고 精神이 愈爲振作하야 終得爲有力 演說家하니 (스-, 로바-도, 피-루)의 能辯으로도 彼의 演說을 賞讚無已하고 佛國 公使 (루우이-스) 일즉 (고부던)을 評하야 曰 彼의 所示한 勤勞 堅忍이 成功하난 道된다 한 것이 唯一 活的 證據也라. 社會 最賤한 地位로셔 起身하야 最高 位置에 到한 것이 오직 自己의 力으로 進한지라. 英人이 堅實한 性質이 固有호되 彼가 最完全히 發達하얏다 하더라.

◎ 自治論, 〈서우〉 제12호, 1907.11.
  (번역 문화, 서양 철학, 자조론)

  *스마일스 '자조론'의 일본어 역본: 나카무라 마사나오 번역본 / 아제가키 겐조
   의 역본 참고 = 다시 번역
  *자조론의 주요 내용을 간추려 소개한 글임
   〈참고〉 이 시기 자조론은 빈번히 번역되었음. 〈조양보〉 제1호~3호 참고

▲ 제12호

英國人 스마이루스 斯邁爾斯[12] 氏의 四大 著書 中에 '自助論론'이 最有名하니 實로 世界 不朽홀 大著인되 其 價値난 人의 共知하난 바라. 此書의 主되난 目的은 靑年을 鼓舞하야 正호 事業에 勤勉케 하야 勞力과 苦痛을 不避하고 克己 自制를 勉하야 他人의 幇助 庇護를 不依하고 專혀 自己의 努力을 賴홈에 在하니라.
日本 維新之初에 中村正直[13] 氏가 此書를 譯하야 國民의 志氣를 振

---

12) 사매이사(斯邁爾斯): 스마일스. 스마이루스. (한글과 한자 인명 차자 표기를 모두 기록한 사례임)
13) 나카무리 마사나오(中村正直, なかむら まさなお, 1832年6月24日 天保3年5月26日~ 1891年 明治24年 6月7日). 일본의 무사, 막신(幕臣), 계몽사상가. 도쿄 여자사범대학 교장(東京女

起호야 使日本青年으로 人人마다 自立 自重의 志氣를 有케 호니 其 譯文이 謹嚴的確호야 堂堂혼 大家의 筆致라. 然호나 漢文에 偏호야 靑年子弟가 了解키 苦難호야 金玉의 文字도 興味가 往往 索然호고 且 原文의 意를 略흠이 甚多호야 吾人의 遺憾이 되는지라. 於是乎 畔上賢造14)氏가 時文으로 飜譯호야 解讀에 易케 호고, 其略혼 바를 補호야 遺憾이無케 호니라.

今에 靑年의 志望을 鼓動호야 其 努力 忍耐 勇氣 精勵를 勉코져 호야畔上 氏의 譯혼 書를 譯호야 順次로 本報에 載호깃는뒤 몬져 中村 氏의本書에 對혼 總論 一篇을 左에 譯載호노라.

其 總論에 曰 國이 自主의 權을 有호는 所以는 人民이 自主의 權을有흠으로 由흠이오, 人民이 自主의 權을 有호는 所以는 其 自主의 志行이 有흠으로 由흠이라. 今 夫 二三十家의 民이 相團흠을 曰 村이라 호고, 數村이 相聯흠을 曰 縣이라 호고, 數縣이 相會흠을 曰 郡이라 호고, 數郡이 相合흠을 曰 國이라 호니, 故로 如日 某村 風俗이 純實호다 호면

子師範学校校長), 도쿄 제국대학 교수(東京帝国大学教授). 도지사(同人社) 창립자. 홍아회회원. 후쿠자와유키지, 모리 아리노리 등과 '명육사(明六社)를 결성함. 아명을 훈타로(訓太郞), 통칭 경보(敬輔)라고 하고 호는 경우(敬宇)이다. 〈일본 위키피디아〉 江戸에서 幕府同心의家에 生まれる. 昌平坂学問所에서 学び, 佐藤一斎에 儒学을, 桂川甫周에 蘭学을, 箕作奎吾에 英語를 習った. 後에 教授, さらには幕府의 儒官となる. 幕府의 イギリス留学生監督として渡英. 帰国後는 静岡学問所의 教授となる. 教授時代의 1870年(明治3年)11月9日에, サミュエル・スマイルズ의 〈Self Help〉를 〈西国立志篇〉의 邦題(別訳名〈自助論〉)で出版, 100万部以上을 売り上げ, 福澤諭吉의 〈学問のすすめ〉와 並ぶ大ベストセラーとなる. ジョン・スチュアート・ミル의 〈On Liberty〉를 訳した 〈自由之理〉(現在では同書를 〈自由論〉と称するの가 一般的)는, 「最大多数의 最大幸福」という 功利主義思想을 主張し, 個人의 人格의 尊厳이나 個性と自由의 重要性을 強調した. 1872年(明治5年), 大蔵省에 出仕. 女子教育・盲唖教育에도 尽力. 1873年(明治6年), 同人社를 開設. また, 福澤諭吉, 森有礼, 西周, 加藤弘之らとともに設立した明六社의主要メンバーとして啓蒙思想の普及に努めた. 機関誌「明六雑誌」의 執筆者でもあった. 六大教育家のうちの3名のクリスチャン(あと2人は森有礼と新島襄)のうちの1人.

14) 아제가미 겐조(畔上 賢造, あぜがみ けんぞう, 1884年10月28日~1938年6月25日): 内村鑑三門下(無教会派)のキリスト教独立伝道者. またミルトン, カーライル, ブラウニング等의 英文学을 積極的に翻訳・紹介した.

則 某村 人民의 言行 純實호 者의 作爲홈이오, 曰 某縣에 貨物이 多出호
다 호면 則 某縣 人民의 力農 勤工者의 作爲홈이오, 曰 某郡의 藝文이
蔚興이라 호면 則 某郡 人民의 嗜學講藝者의 作爲홈이오, 曰 某國이 福
祚(복조)昌盛이라 호면 則 某國 人民의 志行이 端良호야 克合 天心者의
作爲홈이니 蓋曰民 曰國이 殆無二致也라.

試호야 興地圖를 揭호야 觀호건디 自主의 國이 幾何며 半主의 國이
幾何며 覇屬의 國이 幾何오. 如 印度눈 古爲自主之國이러니 今則半屬於
法矣오, 如南洋 中 諸國이 今에 西國之屬이 되지 안이훈 者 無호니 人
或以爲西國에 英主 良輔가 有훈 故로 勢威가 遠方에 加훈다 호니, <u>殊不
知西國之民이 勤勉忍耐호야 自主의 志行이 有호야 暴君汚吏의 羈制를
不受호눈 故로 邦國景象이 駸駸日上호야 蓋有不期然而然者</u>오 且不獨此也
라 西國之君이 其 智를 大用호면 其 國이 大亂호고 其 智를 小用호면
其 國이 小亂호니 史冊에 載在호야 歷歷可徵이라 方今西國之君이 不得
以已意로 輒出一令이며 不得以已命으로 輒囚繫一人이오 財賦之數를
民으로 由호야 定호며 軍國大事를 民人의 公許가 안이면 不得擧行호니
蓋西國은 君을 譬則御者也오 民人을 譬則乘車者也니 其當向何方而發이
며 當由何路而進은 固從乘車者之意오 御者눈 不過乘車者의 意를 從호
야 控御의 術를 施홀뿐이라 <u>故로 君主의 權이란 것은 非其私有也라 全
國民人의 權을 其 身에 萃한 者</u>니 是故로 君主의 所令者눈 國人의 所欲
行也며 君主의 所禁者눈 國人의 所不欲也라 君民一體오 上下同情호야
朝野共好호고 公私無別호니 國의 昌盛호눈 所以가 其不在此歟아 余尙
記童子時에 淸英이 交兵에 英屢大捷이라 其國에 有女王 曰 維多利亞라
홈을 聞호고 驚호야 曰 眇乎島嶼에 出女豪傑乃爾어늘 堂堂滿淸으로 反
無一個是男兒耶아 後에 淸國圖志를 讀홈에 有曰英俗이 貪悍호고 尙奢
嗜酒호고 惟技藝가 靈巧라 호니 當時에 謂爲信然이러니 及前年에 英都
에 遊호야 留훈 二載에 國政俗을 徐察호고 有以知其不然이로라 今女王
이 不過尋常老婦로 含飴弄孫이오 而百姓議會가 權이 最重호고 諸候議
會가 亞之호니 其衆의 게 被選호야 民의 委官이된 者눈 必學明行修훈

人이라 敬天愛人ᄒᆞᄂᆞᆫ 心이 有ᄒᆞᆫ 者也며 克己頓燭의 工夫가 有ᄒᆞᆫ 者也며 世故를 多更ᄒᆞ야 艱難에 長ᄒᆞᆫ 人이오 而權詐儇薄ᄒᆞᆫ 人은 不與焉이며 酒色貨利의 徒ᄂᆞᆫ 不與焉이며 喜功生事의 人은 不與焉이오 其俗인즉 德義를 崇尙ᄒᆞ야 仁慈를 慕ᄒᆞ며 法律를 守ᄒᆞ며 貧病者를 調濟ᄒᆞ기를 好ᄒᆞ야 國中에 設ᄒᆞᆫ바 仁善의 規法을 不遑殫述이라 其一을 姑擧ᄒᆞ건ᄃᆡ 貧家子女의 往學ᄒᆞᄂᆞᆫ 바 學梡이 通計三萬有餘所인ᄃᆡ 學徒가 二百萬人이오 晝間에 職務가 有ᄒᆞᆫ 者의 往學ᄒᆞᄂᆞᆫ 바 夜學院이 二千有餘所인ᄃᆡ 學徒가 八萬人이라 凡此ᄂᆞᆫ 民人이 共同ᄒᆞ야 捐銀으로 設ᄒᆞᆫ者오 官府ᄂᆞᆫ 不與焉ᄒᆞ니 凡百之事가 官府의 所爲ᄂᆞᆫ 十居其一이오 人民의 所爲가 ㅣ居其九러라 然而其所謂官府者도 亦唯民人의 利便을 爲하야 設ᄒᆞᆫ 會所耳오 權勢를 貪ᄒᆞ여 威刑을 擅ᄒᆞᄂᆞᆫ 事와 如ᄒᆞᆷ은 毋有也라 抑以通國之廣과 人民之多로 姦宄不法之徒가 豈無其人 이리오마ᄂᆞᆫ 其 大體를 番ᄒᆞᆫ 즉 稱曰 政教風俗이 擅美西方이라도 可也어ᄂᆞᆯ 而魏氏之書에 獨稱其貪悍尙奢嗜酒라ᄒᆞ니 是蓋西國無賴의 徒의 東洋에 居ᄒᆞᆫ 者를 見ᄒᆞ고 槪言ᄒᆞᆷ이니 豈不謬哉아 余又近日에 西國古今 儁傑之傳記를 讀ᄒᆞ다가 其皆自主自立之志가 有ᄒᆞ며 艱難辛苦之行이 有ᄒᆞ며 敬天愛人ᄒᆞᄂᆞᆫ 誠意에 原ᄒᆞ야ᄶᅥ 濟世利民의 犬業을 能立ᄒᆞᆷ을 觀ᄒᆞ고 彼土에 文教昌明ᄒᆞ야 名이 四海에 揚ᄒᆞᄂᆞᆫ 者가 實로 其國人勤勉忍耐의 力으로 由ᄒᆞᆷ이오 淇 君主ᄂᆞᆫ 與키 不得ᄒᆞᆷ을 益有似知之로다 嘗聞之호니 善馬駕車ᄒᆞᆫ者ㅣ 有ᄒᆞ야 不何鞭策而自能行ᄒᆞ며 不待控御而自能馳러니 御者가 纏繩을 妄引ᄒᆞ며 撻責을 多加ᄒᆞᆷ에 及ᄒᆞ야 其馬가 扞挌抵捂ᄒᆞ야 頓致不能行이라 ᄒᆞ니 嗚呼라 坤輿之內에 何國不善이며 何民不良이리오 御者의 喜功滋事ᄒᆞᆷ으로 由ᄒᆞ야 不遂其性ᄒᆞᆷ을 致ᄒᆞ야 其 天良을 存키 不能ᄒᆞᆫ者 蓋亦多哉ᄂᆞ져.

　右總論을旣譯ᄒᆞ고 又同氏의 著ᄒᆞᆫ 諸序를 讀ᄒᆞᆷ에 令人不覺起舞라 鼎臠의 味를 共嘗코져 ᄒᆞ야鶴脛의 長을 不厭ᄒᆞ고 己停ᄒᆞᆫ 筆을 更擧ᄒᆞ야 左에 譯載ᄒᆞ노라.

其 邦國及人民의 自助를 論호 第一編의 序에 曰 余譯是書에 客이 過
호야 問호는者 有호야 曰 子何 故로 兵書를 譯지 안이호느뇨 余曰 子謂
兵强則國賴以治安乎며 且謂西國之强이 由於兵乎아 是大不然호니라 夫
西國之强은 人民이 天道를 篤信홈으로 由함이며 人民이 自主의 權이
有홈으로 由홈이며 政이 寬호고 法이 公홈으로 由홈이니 拿破倫이 戰
을 論호야 曰 德行의 力이 身體의 力에서 十倍라 호고 斯厲爾斯(卽스마
이루스)也라. 氏曰 國의 强弱은 人民의 品行에 關한다 호고 又曰 眞實良
善이 品行의 本이된다호니 蓋國者는 人衆이 相合홈을 稱홈이라 故로
人人 品行이 正혼 則風俗이 美호고 風俗이 美혼則 一國이 協和호야 合
成一體호리니 强을 何足言이리오 若國 人品行이 未美하며 風俗이 未美
호고 徒汲汲乎兵事之是講이면 其陷하야 好鬪嗜殺의 俗이 되지 안이 홀
者 幾希홀지니 治安을 尙何可望哉아 且天理로 由호야 論호면 强코져
호는 一念이 大悖於正矣라 何者오 强者는 對弱의 稱이라 天이 斯民을
生홈에 人人이 安樂을 同受호며 道德을 同修호며 知識을 同崇호며 藝業
을 同勉코져 호시느니 엇지 此는 强호고 彼는 弱호며 此는 優호고 彼는
劣케 코져 호시리오 故로 地球萬國이 當以學問文藝로 相交호야 利用厚
生의 道로 互相滋益호야 彼此安康호야 福祉를 共受홀지니 如此則强弱
을 較호며 優劣을 競홈이 何有哉며 夫人이 天命의 可畏를 知호고 眞實
혼 心으로써 良善혼 事를 行호야 一人이 如此호며 一家가 如此하며 一
國이 如此호며 天下가 如此호야 愛日 仁風에 四海合歡호며 慈雲和氣가
六合呈祥이니 如此則 甲兵銃礮의 用이 亦何有乎哉리오 古不云乎아 兵
者는 匈器오 戰者는 危事也라 仁者는 無敵이오 善戰者는 服上刑이라
호엿스니 一人의 命이 全地球에셔 重호고 匹夫의 善行이 國家天下에
關호는 者 有호거늘 乃以貪土地之故로 使至貴至重혼 人命으로 極慘極
毒의 禍에 橫罹케 호면 其皇天의 意를 違호여 造化의 恩을 負호야 罪를
可히 逭치 못홀지라 西國이 近世에 刑罰을 大省이나 然이나 獨未能全戢
干戈호나 豈右敎化가 有未洽者耶아 抑宇宙泰運之期가 未至耶아 嗚呼
라 六合之際에 禮敎盛而兵刑廢가 當有日也니 恨余與子가 未及見之也已

니라 客이 唯唯而退어늘 遂書而弁卷首ㅎ노라.

用心의 勤勉及作業의 耐久를 論ㅎ 第四編의 序 其略에 曰 眞正學士는 賤業ㅎ기를 不恥ㅎ느니 此를 恥ㅎ는 者는 眞正學士안이오 眞正文人은 俗務를 ㅎ기 不嫌ㅎ느니 此를 嫌ㅎ는者는 眞正 文人이 안이니 昔者에 趙岐가 北海市中에셔 賣餠ㅎ고 沈獜士가 織簾讀書ㅎ야 手口不惙ㅎ엿 는듸 天下後世가 此를 不菁不賤이라 而反更重之ㅎ고 程明道가 鎭南判官에 簽書되야 管庫細務를 無不盡心ㅎ고 重獄을 屢瑋平反ㅎ며 蘇子瞻이 鳳翔府에 簽書됨에 判官이 意其文人이라 ㅎ야 不以吏事責之러니 子瞻이 盡心其職에 老吏畏伏ㅎ야 二公之賢이 於是滋見焉이라 今之讀書者가 或 賤業으로써 治生ㅎ기를 恥ㅎ며 又爲俗務를 爲ㅎ기 不屑ㅎ다가 及不得已而賣屨販繒ㅎ며 或折腰五斗則一切束書不觀曰 我無暇矣라 ㅎ느니 人病無志耳라 果有志矣면 不病乎無暇也니라

其 機會及勉修藝業의 事를 論ㅎ 第五編序其略에 曰 天下之事가 不止 千萬이라 然ㅎ나 其成敗得失의 機를 察ㅎ면 一皆誠僞二字에 決홀 而已 矣라 以發於固政則公私之別也오 以要於人品則善惡之別也오 以顯於學術則邪正之別也오 以著於工藝則巧拙之別也니 今夫木의 大ㅎ 者가 霄漢을 凌ㅎ여 風雨를 戰ㅎ야 蒼皮黛色이 千年尙新이라 然이나 其始를 溯ㅎ면 則一粒種子가 地中에 根을 着ㅎ 而己오 川의 洪ㅎ者가 田野를 慨ㅎ며 朦艟을 汎ㅎ야 百折不絶ㅎ며 萬古不息이라 然이나 其源을 探ㅎ면 則一道活泉이 坌湧而出ㅎ니 是知種子者는 木之誠也오 活泉者는 川之誠也라 唯其有是誠이라 所以成其大니 物도 尙然커든 況於人乎아 人苟有 一片之誠이 存於胸中이면 則雖若甚微나 實爲萬事之根源ㅎ야 可以修藝事며 可以搏學識이며 可以治民人이며 可以交神明이니라.

其 職事를 務ㅎ는 人을 論ㅎ 第九編序 其略에 曰 學問之事는 衆異를 集ㅎ야써 思察을 備ㅎ며 舊見을 濯ㅎ야써 新得을 冀ㅎ이 貴ㅎ니 譬如

貯書에 若擁萬卷而同皆 一書也則奚貴於多며 譬如食大餐에 五昧八珍이
衆異幷備然後에 美於口니 不然而食前方丈이 所陳이 唯一種物也則其同
也豈不可厭乎아 眼鏡의 紅色者를 掛ㅎ고 物을 觀ㅎ면 森羅ㅎ 萬衆이
紅者안임이 無ㅎ고 碧色者를 掛ㅎ면 則乾坤이 一碧ㅎ고 黃色其를 掛ㅎ
면 則宇宙가 皆黃ㅎᄂ니 若一已之見을 先執ㅎ야 他人之論을 以聽ㅎ면
則其所謂同이 亦非其眞也니라.

▲ 제13호

第一章 國民 及 個人[15]

天은 自助ㅎᄂ 者를 助ㅎ시ᄂ니 自助의 精神은 個人에 眞正 發達ㅎ
ᄂ 根柢오, 多數ᄒ 人이 此 精神을 實行흠이 此實 國家 强盛ㅎᄂ 眞淵源
이니라.

外로 助흠은 其 結果가 其人의 力을 弱케 ㅎ고 中으로 助(卽 自助)흠은
其人의 氣力을 增益ㅎᄂ니 人人이 自助치 안이ㅎ고 外로 助케 ㅎ면 自爲
ㅎᄂ 奮發心이 必要가 無ㅎ야 畢竟 無能 無力흠을 免치 못ㅎᄂ니라.

비록 最良ᄒ 社會라도 人의게 實際的 帮助를 與키 不能ᄒ 것이라. 想
컨디 人을 束縛ㅎ지 안이ㅎ고 自由로 其 發達 改善을 ㅎ게 흠이 是 社會
의 個人에 對ㅎ야 可得爲ᄒ 最上인 故로 古往今來에 人이 自己의 幸福
安寧이 社會 國家의 力에 依ㅎ야 確保ㅎᄂ 者로 誤信ㅎ고 其 自身의
行爲로 依ㅎ야 確保ㅎᄂ 者됨을 不知ㅎᄂ지라 故로 人類의 進步를 助
ㅎᄂ 一物되ᄂ 法律의 價値가 常히 過重흠을 免치 못ㅎᄂ니 三年 或
五年에 一人 或 二人을 選擧ㅎ야 立法部의 一部를 作흠이 十分 正當히
ㅎ여도 各人의 生涯와 品性에 實際的 感化를 得與흠이 極小ㅎ니 法律를
善히 運用ㅎ야서 國民으로 ㅎ야곰 肉體上과 精神上에 其 勤勞ᄒ 成果를

---

15) 이 부분부터는 〈조양보〉 번역본과 대상이 동일함. 그러나 내용과 문제는 전혀 다름.

享케 홈은 可得이어니와 法律이 如何히 峻嚴ᄒᆞ야도 惰者를 勤勞者로 變ᄒᆞ며 放逸者를 節儉者로 變ᄒᆞ며 飮酒者를 禁酒者로 變홈은 不能ᄒᆞᆯ지라. 如此ᄒᆞᆫ 改善은 唯個人의 行動節儉克己 等으로 依ᄒᆞ야 成熟케 ᄒᆞᄂᆞᆫ 者니 卽 權力을 大히 홈에 不在ᄒᆞ고 習慣을 善化홈으로 依ᄒᆞᆯ 쓴이니라.

一國의 政府ᄂᆞᆫ 恒常 國民의 反映이라 其 人民보다 進步ᄒᆞᆫ 政府ᄂᆞᆫ 其 人民과 同列로 引下홈을 不免ᄒᆞ고 其 人民보다 在後ᄒᆞᆫ 政ᄂᆞᆫ 드듸여 人民과 同列로 引上ᄒᆞᆯ지니 國民의 品性과 其 國家의 政治 法律과ᄂᆞᆫ 正常 比例ᄒᆞᄂᆞ니 前者의 向上과 低落은 直히 後者의 向上과 低落을 來홈이 水의 水平올 求홈과 恰如ᄒᆞ야 高貴ᄒᆞᆫ 人民은 高貴로 支配ᄒᆞ고 無智ᄒᆞ야 腐敗ᄒᆞᆫ 人民은 恥辱的으로 支配ᄒᆞᄂᆞᆫ지라. 一國의 價値와 實力은 其 制度 法律의 上에 據홈이 小ᄒᆞ고 其 人民의 品性의 上에 據홈이 大홈은 幾多實驗ᄒᆞᆫ 吾人에 證ᄒᆞᄂᆞᆫ 바이라. 何以然也오 ᄒᆞ면 國家란 것은 只各 個人의 狀態의 綜合이오. 文明其者ᄂᆞᆫ 社會를 組織ᄒᆞᆫ 男子 女子 小兒 等의 個人的 改善이 如何ᄒᆞᆫ 問題에 不過ᄒᆞᆫ 故이니라.

國民의 進步ᄂᆞᆫ 個人의 勤勉과 精力과 正直의 總額이오. 國民의 退步ᄂᆞᆫ 個人의 怠慢과 私欲과 惡德의 總額이라. 個人이 正ᄒᆞ면 一國이 進ᄒᆞ고 個人이 惡ᄒᆞ면 一國이 衰ᄒᆞᄂᆞ니 吾人이 常히 社會的 害惡으로 認ᄒᆞᄂᆞᆫ 大部分은 但 是民衆의 不正ᄒᆞᆫ 生活의 結果됨을 知ᄒᆞ고 法律의 力을 依ᄒᆞ야 如何히 此 社會的 害惡을 撲滅根絶ᄒᆞ기로 努力ᄒᆞ야도 個人의 生涯及品性의 狀態에 根本的으로 改善ᄒᆞ지 안이ᄒᆞᆫ 以上은 其效가 無ᄒᆞᆯ지라. 비록 一時에 效를 收ᄒᆞᄂᆞᆫ 듯ᄒᆞ나 其 社會的 害惡은 其形을 變ᄒᆞ야 更以新勢力으로 再爲盛起ᄒᆞᆯ지니 故로 最高ᄒᆞᆫ 愛國과 最高ᄒᆞᆫ 慈善은 法律을 改ᄒᆞ며 制度를 更홈에 不在ᄒᆞ고 人을 勵ᄒᆞ며 人을 助ᄒᆞ야 各自의 自由獨立ᄒᆞᄂᆞᆫ 行動으로 依ᄒᆞ야 自己가 改善ᄒᆞ며 向上케 홈에 存ᄒᆞ니라.

凡國民의 其 今日이 有홈은 皆幾代人人의 思索勞作에 賜홈이라. 種種ᄒᆞᆫ 階級과 種種ᄒᆞᆫ 境遇에 在ᄒᆞᆫ 堅忍不拔ᄒᆞᄂᆞᆫ 勞作者, 土地의 耕作者, 鑛山의 發掘者, 發明家, 發見家, 製造家, 器機家, 工匠, 詩人, 哲學者, 政治家 等이 此 皆國家進步로 爲ᄒᆞ야 貢獻홈이오. 各 時代ᄂᆞᆫ 前代의 勞作

의 上에 築ᄒ야 更히 此를 高ᄒ 程度에 引上ᄒᄂ니 高貴ᄒ 勞作者와 建設者가 不斷連續ᄒ야 工藝에와 科學에와 藝術에 混沌ᄒ 中으로 秩序를 勉ᄒ야 現在의 種族은 豊饒ᄒ 土地의 繼承者된지라. 此 土地ᄂ 吾人의 祖先의 熟練과 勤勉으로 依ᄒ야 準備ᄒ 者인ᄃᆡ 吾人이 此를 耕耘ᄒ야 此를 低落케 안이ᄒᆯ ᄲᅮᆫ 안이라. 更히 此를 改善ᄒ야 子孫의게 讓渡ᄒᆯ 것이니라.

自助의 精神은 各 個人의 奮鬪的 行爲로 體現ᄒ야 古往今來 英人 氣質의 特徵이라 多數 人民의 上에 位ᄒ야 人人의 崇敬을 受ᄒᄂ 拔群의 士ᄂ 勿論이어니와 我國民의 進步ᄂ 是等拔群의 士보다 小ᄒ야 名이 無ᄒ 多數ᄒ 人人의 負ᄒ 바이라. 大戰에 記錄ᄒ야 存ᄒᄂ 者ᄂ 唯將帥의 名而已로ᄃᆡ 勝利ᄂ 其 大部分에 個人의 剛氣와 兵卒의 勇敢으로 依ᄒᄂ니 人生도 實亦軍人의 戰과 如ᄒ지라. 自古至今勞作者의 大ᄒ 者가 無名之人이 多ᄒ니 文明의 進步에 有力ᄒ면 歷史에 其名을 留ᄒ이 宜ᄒ나 其名이 드듸여 世에 見知치 못ᄒᄂ 多數人이 有ᄒ지라. 地位가 雖最低ᄒ 人이라도 勤勉ᄒᄂ 眞面目과 目的의 醇正誠直으로써 其 周圍 四方에 模範을 供ᄒ면 於今於後國家의 福祉上에 影響이 可及ᄒ지니 何則고 其人의 生涯와 品性이 不知不識의 間에 他人의 生涯에 偏及ᄒ야 善ᄒ 模範을 後世에 永傳ᄒᄂ 故이니라. (未完)

▲ 제14호＝第一章 續

他人의 生涯와 行動에 感化最深ᄒ야 最善ᄒ 實際的 敎育이 되ᄂ 者ᄂ 個人奮鬪主義로 日日經驗의 示ᄒᄂ 바 是也라 小學校와 中學校와 專門學校ᄂ 右에 比ᄒ면 只是修養ᄒᄂ 極小의 一端을 與ᄒ에 不過ᄒ니 吾等의 家庭에셔와 街頭에셔와 帳臺의 後에셔와 事務場에셔와 彈機를 用ᄒᄂ 際와 鋤를 使ᄒᄂ 際와 會計所에셔와 製造場에셔와 複雜ᄒ 人衆의 中에셔 日日吾人의게 與ᄒᄂ 人生敎育의 其 有力ᄒᆷ이 學校敎育의 可及ᄒᆯ 바 안이오 乃社會의 個人이 實行, 行爲, 自修, 克己 等으로 敎養ᄒᄂ

者也라 實行, 行爲, 自修, 克己의 敎養이 人을 訓鍊ᄒ야 人生의 職分과 事務의 完全을 遂行홈에 適케 홈이니 此 敎育은 書籍을 讀ᄒ야 可得홀 者안이며 單히 學問的 修養으로 獲得홀 者안이라 夫勉學은 學問의 應用을 不敎ᄒᄂ니 此ᄂ 觀察로 因ᄒ야 得ᄒᄂ 者라 勉學이 無ᄒ되 勉學以上의 智慧가 生ᄒᄂ니 何則고 凡經驗은 吾人에 在ᄒ 直理를 證明ᄒ며 主張ᄒ야 已치 안이ᄒᄂ 故也라 人을 完成케 ᄒᄂ 者ᄂ 學問보다 生活이오 勉學보다 實行이오 傳記보다 品性이니라.

雖然ᄒ나 偉人의 傳記와 善人의 傳記ᄂ 人을 助ᄒ야 導ᄒ며 勵ᄒᄂ 者니 高ᄒ 生活과 高ᄒ 思想과 及自己를 爲ᄒ며 社會를 爲ᄒᄂ 奮鬪的 實行을 敎ᄒᄂ니 此等傳記ᄂ 自助不屈의 志望과 決斷的 實行과 確乎ᄒ 誠直으로 高貴勇敢ᄒ 人格을 造成홈은 各自의 自力에 在홈을 表示ᄒ고 又 自重과 自己信賴라ᄂ 것은 社會의 最賤ᄒ 人이라도 可貴ᄒ 能力과 堅實ᄒ 名聲을 獲得케 홀 效力이 有홈을 說明ᄒ니라.

科學, 文學, 技術의 偉人과 大思想의 使徒와 大心情의 高士 等은 特別히 一定ᄒ 階級으로 出ᄒᄂ 者안이라 彼等이 學校로셔 出홈도 안이오 事務場으로 出홈도 안이오 農家로셔 出홈도 안이며 貧人의 小屋으로 又 富人의 邸宅으로 出홈도 안이라 兵卒로붓터 出ᄒ 者도 有ᄒ며 最貧ᄒ 者로 最貴ᄒ 地位를 占ᄒ 者도 有ᄒ니 彼等의 前塗에 橫ᄒ 困難이 一見打破ᄒ기 비록 難ᄒ나 決코 障碍ᄂ 되지 못ᄒ며 다맛 障碍되지 안이홀 쁜 안이라 是等困難이 實로 彼等의 勞動과 忍耐의 力을 鼓舞ᄒ며 萎縮치 안이ᄒᄂ 能力을 刺戟ᄒ야써 彼等의 成功을 助홈이 多ᄒ니 吾人은 意志로써 何事던지 成得ᄒᄂ니라.

호부손은 裁縫店의 一職工이라 一日에 一艦隊의 航行ᄒ다ᄂ 報를 聞ᄒ고 裁縫場에셔 飛出ᄒ야 海岸에 往ᄒ야 艦隊의 英姿堂堂ᄒ 光景을 觀ᄒ고 海軍軍人될 希望이 突然히 胸中에 燃ᄒᄂ닷 ᄒ야 輕舟를 漕ᄒ야 艦隊에 至ᄒ야 義勇兵이 되야 爾來幾星霜에 水師提督이되야 赫赫ᄒ 功名을 抱ᄒ고 故鄕에 歸ᄒ니라.

法務長 각구호와이도는 屠獸者의 子也오 蒸氣機關을 發明한 니육고
멩은 鍛工也오 同 스데이봉손은 蒸氣機關의 火夫也오 說敎家 항진돈은
石炭擔夫也오 航海者 밧즈후잉은 檣의 前에 立한 水夫也오 哲學者 第一
流에 位하야 自然科學의 隱을 闡하며 微를 極한 믹게루후아라데는 鍛工
의 子로 二十二歲싯지 製本屋의 職工也오 彼天文學에 卓越한 고페루닉
구스는 波蘭의 麵包屋의 子也니라.

右諸人이 早年에 其 境遇의 不良홈을 不抱하고 其 天賦한 才能을 善
用하야 全世界의 富로도 買키 不能홀 堅實恒久이 名聲을 購得하얏스니
彼等이 萬一富家에 生하야신 즉 其有한 富가 其 貧窮보다 도리여 彼等
의 障碍가 되리니 數學者 라구란지가 「自己의 名聲과 幸福은 太半貧境
界의 賜한 것이라」 恒言하며 又曰 「余가 若爲富人이면 余는 數學者되기
十分不能이라」 하니라.

羅馬法王아도리안六世의 父는 貧賤한 舟子也라 其 少時에 貧하야 書
를 讀호려 하나 灯火를 點하기 不能하야 街頭 又 寺院의 玄關의 長明灯
光을 借하야 課業을 準備홈으로 爲常하니 彼의 忍耐와 勤勉의 大홈을
可見홀지라 彼의 後年의 卓越한 名이 此로 由홈이니라.

지에스나는 革職人의 子也라 貧窮, 疾病, 家庭의 災禍로 因하야 種鍾
한 不利益을 被하되 彼가 此로 爲하야 勇氣를 沮喪치 안이하고 進步를
已치 안이하야 遂以博物學者로 著名하고 비-레라무스도 亦同樣엣 性
質의 人이라 幼時에 傭을 受하고 羊을 牧하더니 此職을 棄하고 巴里로
走往하야 許多한 艱難을 遭遇하고 後에 學僕이 되야 「나우아레」 專門學
校에 得入하야 學問을 勉하야 常時의 著名한 者의 一人이 되니라.

化學者 우아욱게에링은 산도앙도레짜 農夫의 子也라 幼時學校에 在
홈에 粗衣를 纏하얏스나 聰明한 智性이 有한지라 地方의 一製藥家가
偶然히 此 學校를 訪하얏다가 此兒의 强壯한 腕을 賞하야 製藥場에 共
往하야 藥을 搗碎하기를 請하거늘 우아욱게에링이 己의 勉學을 續得호
려 하야 製藥家의 請을 承諾하야 其家의 職人이 되니라 然이나 製藥家

가 彼의게 勉學홀 時間을 毫도 與치 안이ᄒᄂᆞᆫ 故로 彼가 산도앙도레로 去ᄒᆞ야 包를 背에 負ᄒᆞ고 巴里에 到ᄒᆞ야 貧窮과 疲勞의 襲ᄒᆞᆫ 바 되야 病에 臥ᄒᆞ야 其 病體를 病院으로 運ᄒᆞᆫ지라 彼가 自分必死라 ᄒᆞ얏더니 回復홈을 幸得ᄒᆞ야 一製藥舖에 傭人이 되얏다가 後에 有名ᄒᆞᆫ 化學者 후오룩구로이의 知ᄒᆞᆫ 바 되야 其 秘書役이 된지라 多年의 後에 후오룩 구로이가 死ᄒᆞ고 彼가 化學의 敎授되얏더니 맛ᄎᆞᆷᄂᆡ 一千八百二十九年 에 國會의 代表者로 被選ᄒᆞ니 幾年前貧賤無名으로 去ᄒᆞ얏던 우이우게 에링이 今은 錦衣를 着ᄒᆞ고 故鄕에 歸ᄒᆞ니라.

一兵卒로 登ᄒᆞ야 武官의 最高位에 進ᄒᆞᆫ 例ᄂᆞᆫ 佛國이 英國보다 多ᄒᆞ 고 佛國에ᄂᆞᆫ 革命以來로 多ᄒᆞ니 「功名의 道ᄂᆞᆫ 才能이 有ᄒᆞᆫ 人의게 開ᄒᆞᆫ 다」ᄂᆞᆫ 言이 其 顯著ᄒᆞᆫ 例證을 佛國에서 多得홀지라 후무베루도ᄂᆞᆫ 靑年 의 時에 無賴漢이라 十六歲에 家에 脫出ᄒᆞ야 或 商賈의 奴僕도 되며 或 工人의 奴僕도 되며 或 兎皮行商人의 奴僕도 되더니 一千七百九十二年 에 皮가 義勇兵이 되야 營에 入ᄒᆞ야 一年의 後에 旅團長이 되고 산시루 ᄂᆞᆫ 柔皮工의 子로 輕裝隊에 入ᄒᆞ야 不過一年에 大位에 登ᄒᆞ고 우익구도 루ᄂᆞᆫ 一千七百八十一年에 砲兵隊에 入ᄒᆞ얏ᄂᆞᆫᄃᆡ 佛蘭西革命前에 兵籍 을 解ᄒᆞ얏다가 忽然戰爭이 開始됨에 入隊ᄒᆞ야 雄才膽畧으로 不出數月 에 少佐되야 大隊의 指揮를 任ᄒᆞ고 現佛國陸軍大臣元帥 란돈은 軍隊에 入ᄒᆞᆫ 最初ᄂᆞᆫ 鼓手也라 우에루세루 繪畵展覽所에 在ᄒᆞᆫ 彼의 肖像이 其 手를 大鼓의 頭에 置ᄒᆞ엿스니 是彼의 好홈으로 由홈이러라 右와 如ᄒᆞᆫ 例가 甚多ᄒᆞ니 此ᄂᆞᆫ 佛國이 軍人을 鼓舞ᄒᆞ야 軍務에 熱心케 홈이러라.

堅忍ᄒᆞᆫ 專心 及 精力으로 依ᄒᆞ야 最卑賤ᄒᆞᆫ 地位로붓터 起ᄒᆞ야 社會 에 有用有力ᄒᆞᆫ 人이 된 者 英國 及 他國에 其例實多ᄒᆞ니 是로 由ᄒᆞ야 觀ᄒᆞ건ᄃᆡ 年少時에 困苦逆境을 會홈은 成功에 必要ᄒᆞ야 缺치 못홀 條件 이라 可謂홀지로다.

오루도를 代表ᄒᆞᆫ 代議士故 죠세후부라자돈이 嘗十時間을 討論홀 時 에 感慨를 不堪ᄒᆞ야 自己가 綿衣製造場의 職工이 되야 실찍에 受ᄒᆞᆫ 勞 苦와 困憊를 詳述ᄒᆞ고 若可能이면 勞動者의 境遇를 改善ᄒᆞ기로 勉ᄒᆞ랴

는 決心이 當時에 起ᄒ얏노라 述ᄒ는딕 語를 終치 못홈에 一人이 拍手喝采ᄒ며 起立ᄒ야 曰余는 부라자돈君이 若是卑賤ᄒ 地位로붓터 出ᄒ 人인쥴를 今日ᄭ지 知치 못ᄒ얏노라 然ᄒ나 身이 卑賤으로붓터 出ᄒ야 世襲의 紳士로 同等同列에 坐홈을 得ᄒ니 彼가 元來下院의 人됨보다 多誇ᄒᆯ지라ᄒ니라.

링도세氏는 상다란도를 代表ᄒ 國會議員이오 有名ᄒ 船持人이라 彼가 十四歲에 孤兒되야 現世에 邁進ᄒ려 ᄒ야 몬져 리우아푸루로 向ᄒ야 구라스고로 去ᄒᆯᄉᆡ 船賃을 拂ᄒ기 不能ᄒ야 船長과 約束ᄒ고 船賃代로 勞動ᄒ야 石炭庫에 石炭을 掃除ᄒ니라 彼가 리우아푸루에셔 七週間을 經ᄒ되 職을 得지 못ᄒ야 小屋에 住ᄒ야 可憐ᄒ 生活를 營ᄒ다가 艱辛히 西印度航行의 船에「보이」(奴僕)되야 入홈을 得ᄒ지라 然이나 其 行狀이 正確善良홈으로써 十九歲에 未及ᄒ야 一船의 指揮를 任홈에 至ᄒ고 二十三歲에 海로붓터 退ᄒ야 海岸에 居를 定ᄒ얏더니 後에 彼의 進步가 迅速ᄒ니라 彼嘗曰「余는 正確ᄒ 勤勉과 不斷의 勞作과 及余의 欲ᄒ는 바를 人의게 施홈이라 ᄒ는 大主義를 忘치 안이홈으로 由ᄒ야 榮ᄒ얏노라」ᄒ더라.

우웨리아무쟛구孫氏는 十二歲에 父를 喪ᄒ고 學校에 退ᄒ야 一般의 側에셔 朝六時로붓터 夜九時ᄭ지 勞役에 從事ᄒ더니 主人이 病에 臥홈에 及ᄒ야 彼가 計算所에 入ᄒ얏는딕 此處는 餘暇가 多ᄒ야 彼가 讀書ᄒᆯ 機會를 得ᄒ지라 於是에 大英國百科全書를 觀홈을 得ᄒ야 書에는 少讀ᄒ고 夜에는 多讀ᄒ야 遂自一部로 二部ᄭ지 全書를 通讀ᄒ니라 後에 彼가 商業에 從事ᄒ야 勤勉으로 成功ᄒ니 現今 彼의 有ᄒ 船舶이 何處海灣에던지 到ᄒ야 殆與世界各國으로 貿易ᄒᄂ니라.

故 리자도고부덴도 亦貧賤으로붓터 起ᄒ 人이라 少時倫敦에셔 一倉庫의 小僧이 되얏더니 彼가 勤勉ᄒ고 行正ᄒ야 知識을 得코져 ᄒ는 念이 熾烈ᄒ지라 舊思想이 有ᄒ 主人은 過度의 讀書를 戒ᄒ나 彼는 書中에셔 得ᄒ 知識의 富를 心에 儲積ᄒ야 依然히 其 勉學을 繼續ᄒ더라 彼가 其 地位가 漸高에 顧客이 日增이라 遂於 만지에스다에 白布印刷業

을 開始ᄒ니라 彼는 公共問題에 趣味를 有き 人인티 特히 民衆敎育에 特別의 趣味를 有き 人이라 彼가 漸次穀物條例의 問題에 注意ᄒ야 此 條例를 廢止ᄒ려 ᄒ야 其 財産生命을 賭ᄒ야 努力ᄒ얏다더라 彼가 嘗 於公衆의 前에서 演說ᄒ다가 全爲失敗き지라 然ᄒ나 彼元來剛毅, 專心, 精悍의 資, 不屈의 練習으로써 드듸여 有力き 演說家되니라 佛國公使 도루옹도루우이스가 嘗曰「고부덴은 堅忍과 勤勞가 成功ᄒ는 道되는 것을 示ᄒ는 活證據也라 社會의 最賤位로붓터 起ᄒ야 自己의 力과 自己 의 勤勞로 드듸여 人의 最高로 認ᄒ 位置에 達き 人의 最되는 者也니 彼는 英人固有의 堅實き 性質를 最完全히 有き 者也라 ᄒ니라. (未完)

(14호까지 발행됨: 15호부터 제호 바뀜 = 자조론은 더 이상 연재되지 않았음)

◎ 政治原論, 市島謙吉 著, 〈조양보〉 제9호, 1906.9. 제11호

*학문 방법론과 관련된 담론 포함

▲ 제9호

第一章 汎論 政治學

▲ 제11호(구호 속)

◎ 婦人宜讀 – 부잇이 맛당이 일글 뎨일회,
〈조양보〉 제1호, 1906.6.

    *이 자료는 가정학 관련 자료집에서 입력함

◎ 論愛國心, 日本人 幸德秋水 述, 〈조양보〉 제3호, 1906.7;
~제7호

    *팽창주의 입장에서 국가론, 애국심이 등장 = 그리스 로마 시대의 애국심 / 빈
    자의 입장 / 노예의 입장에서는 진정한 애국심이 될 수 없음을 강조
    *애국심은 사실 군국주의, 제국주의를 의미하는 것이라고 역설
    *영국 나폴레옹 워털루 전쟁 당시의 애국심이 빈민, 민중을 위한 것이 아님을
    주장하며, 애국심이 동포를 위한 것이 아니라는 논리를 전개함
    *외국인을 증오하지 말자는 논리는 이 시기 식민 침탈을 왜곡한 것임
    *일본인의 애국심이 갖는 폐해를 논했지만, 전반적으로 군국주의와 제국주의
    의 본질을 파악한 것은 아님

▲ 제3호

  我國民을 膨脹케 ᄒ고 我版圖를 擴張케 ᄒ야 大帝國을 建設ᄒ고 我國
威를 發揚케 ᄒ고 我國旗를 光榮케 홈은 是 所謂 帝國主義의 喊聲이니
彼等이 自家의 國家를 愛ᄒᄂ 心이 亦深矣로다.
  英國의 南阿를 伐홈과 美國의 比律賓을 占領홈과 德國의 膠州(교
주)16)를 取홈과 俄國의 滿洲를 奪홈과 法國의 呼亞鎖達17)을 征홈과 意

---

16) 교주(膠州): 중국 청도의 지명. 자오저우. 좀 더 고증이 필요함.
17) 호아쇄달(呼亞鎖達): 미상.

國의 馬卑亞尼[18]를 戰홈이 卽是 自己의 帝國主義를 將ᄒ야 行혼 바 較著의 現象이니 蓋 帝國主義의 向ᄒᄂ 바ᄂ 惟 軍備오, 軍備의 後援되난 바ᄂ 則 外交ㅣ 伴之ᄒᄂ니라.

애국심을 논함

우리 국민을 팽창하게 하고 우리의 판도를 확장하게 하여 대제국을 건설하고, 우리의 국위를 드높이게 하고 우리의 국기를 영광스럽게 함은 곧 제국주의의 함성이니 이들이 사기의 국가를 사랑하는 마음이 또한 심하다.

영국이 남아프리카를 정벌하고 미국이 필리핀을 점령한 것이며, 독일이 교주를 취하고 러시아가 만주를 약탈하며, 프랑스가 호아쇄달을 정복하고, 이탈리아가 마드리아(추정)와 싸움이 곧 자기 제국주의를 주장하여 행하는 바 저명한 현상이니, 모두 제국주의가 향하는 바는 오직 군비요, 군비의 후원은 곧 외교가 수반된다.

其發展의 迹에 現혼 者가 所謂 愛國心으로써 經을 作ᄒ고 所謂 軍國主義로써 緯를 作ᄒ야 織成혼 政策이 안인가. **名稱은 비록 愛國心이나 其實은 純然혼 軍國主義也니 現時 列國의 帝國主義에 共有혼 條件이 안인가.** 是以로 吾必曰 帝國主義의 是非 利害를 拒絶코져 할진딘 不可不 만져 所謂 愛國心과 所謂 軍國主義를 向ᄒ야 一層 檢覆을 加히야 될 줄노 認ᄒ노라.

然則 今의 所謂 愛國心이란 者ㅣ 만일 愛國主義가 何物됨을 知홀진딘 吾人이 何故로 一地를 擇ᄒ야 我의 國家됨을 認ᄒ리오. 若 國土者ᄂ 果然 可愛乎아. 果然不可愛乎아.

---

18) 마비아니(馬卑亞尼): 마드리아로 추정.

그 발전의 궤적에 나타나는 것은 소위 애국심이 씨줄이 되며 이른바 군국주의가 날줄이 되어 조직한 정책이 아니겠는가. 명칭은 비록 애국심이지만 사실은 순연한 군국주의니 지금 열국의 제국주의가 공유하는 조건이 아니겠는가. 이로 우리가 제국주의의 시비와 이해를 거절하고자 한다면 반드시 먼저 이른바 애국심과 이른바 군국주의를 향해 일층 자세히 살펴보아야 할 것으로 보인다.

그런즉 지금 소위 애국심이라는 것은, 만일 애국주의가 어떤 물건인지 알고자 할 때, 우리들이 어떤 이유로 한 지방을 택하여 우리의 국가됨을 깨닫겠는가. 만약 국토라는 것은 과연 가히 사랑할 수 있는가, 과연 사랑할 수 없는가.

夫孺子ㅣ 墮井ᄒ면 匍匐(포복)往救할시 其遠近을 不問ᄒ고 其親疎를 亦不問이라 ᄒ니 是子與[19]氏의 言이 不欺我者也ㅣ라. 若眞愛國心者ᄂᆫ 此孺子를 井底에 救흠과 如ᄒ야 惻隱의 念과 慈善의 心이 油然幷茂ᄒ리니 美哉라. 愛國心이여. 純然히 不雜乎一私也로다.

惟其然也ㄴ댄 果然 眞正 高潔ᄒ 惻隱의 心과 慈善의 心이 有ᄒ야 決코 一己의 遠近 親疎로써 異케 홈이 無ᄒ기를 반다시 人이 孺子를 救할 時에 決코 己子와 人子로써 異케 홈이 無흠과 如ᄒ리니 故로 世界 萬邦에 仁人義士ᄂᆫ 반다시 支蘭士瓦路[20]를 爲ᄒ야 復活의 勝利를 祈할 거

---

19) 자여: 맹자의 호.

20) 지란사와로(支蘭士瓦路): 트랜스발. 남아프리카 공화국의 최북단에 있는 주. 남아프리카 공화국에서 2번째로 큰 주이다. 북쪽은 보츠와나와 짐바브웨, 동쪽은 모잠비크와 스와질란드, 남쪽은 나탈 주와 오렌지 자유주, 서쪽은 케이프 주와 접경해 있다. 국제적으로 인정된 경계 안에 벤다 흑인공화국(이전의 반투홈랜드 : 남아프리카 공화국의 흑인분리 정책에 따라 설치된 반자치 흑인거주지역)과 보푸타츠와나 흑인공화국의 약 절반 정도가 자리잡고 있다. 주도인 프리토리아는 이 나라의 행정수도이기도 하다. 반투어를 쓰는 부족들이 원주민이었고, 백인 주민들의 정착은 1830년대 말에 시작되었다. 이 주는 1857년 남아프리카 공화국(South African Republic)의 핵심지역으로 부상했으며, 1870년대에 영국의 지배에 저항했다. 그러나 1899~1902년의 남아프리카 전쟁(보어 전쟁)에서 패한 후 남아프리카 공화국이 독립을 상실하자 트란스발은 영국의 직할 식민지가 되었다. 그후 1907년에 자치권을 회복하고 1910년에 남아프리카 연방의 주가 되었으며, 1961년

시오, 반다시 比律賓을 爲하야 獨立의 成功을 祈ᄒ야 英人을 視ᄒ기를 敵國과 如ᄒ고 美人을 視ᄒ기를 敵國과 如ᄒ게 할지니 所謂 愛國心이란 者ㅣ 果能如此乎아 否乎아.

대저 어린이가 우물에 떨어지면 급히 기어가 구하고자 할 때 원근을 불문하고 친소를 불문하니 이는 자여(子輿)의 말이 우리를 속이는 말이 아니다. 만약 애국심이라는 것은 어린이가 우물에 빠졌을 때 구하는 것과 같아 측은의 생각과 자선의 마음이 넘치고 무성할 것이니, 아름답도다, 애국심이여, 순연히 한 개인에게 잡스러운 것이 아니다.
오직 그러할진대 과연 진정하고 고결한 측은의 마음과 자선의 마음이 있어 결코 한 개인의 친근과 친소가 다르지 않게 함이 없기를, 반드시 사람이 어린이를 구할 때 결코 자기의 자식과 타인의 자식이 다르게 함이 없음과 같으니, 진실로 세계 만방에 어진 사람과 의로운 인사는 반드시 트란스발을 위하여 부활의 승리를 기도할 것이요, 반드시 필리핀을 위하여 독립의 성공을 기도하여 영국인을 볼 때 적국과 같이 하고, 미국인을 볼 때 적국과 같이 할 것이니, 이른바 애국심이라는 것은 과연 이와 같은 것인가, 아닌가.

今의 名爲愛國心者는 此와 反ᄒ야 純然히 軍國主義가 되나니 何則고. 英人은 반다시 支蘭士瓦路를 爲ᄒ야 其勝利를 祈치 안코 美人은 반다시 比律賓을 爲ᄒ야 其獨立을 祈치 아니홈은 다 自己의 愛國心을 損할가 慮홈이니 故로 彼等의 愛國心이 無ᄒ다 홈은 不可ᄒ나 然ᄒ나 彼等의 高潔ᄒᆫ 惻隱慈善의 心을 究홀진딘 果然 其 同情을 表示ᄒ기 難ᄒ도다. 然則 其 所謂 愛國心者는 奈何로 孺子를 救홈과 如ᄒᆫ 熱念이 無ᄒ야 마참닉 一致치 못ᄒᄂ뇨,

---

남아프리카 공화국(Republic of South Africa)의 주가 되었다. 〈다음백과〉

지금 애국심이라 명명된 것은 이와 반대로 순연히 군국주의가 되니 왜 그러한가? 영국인은 반드시 트란스발을 위하여 그 승리를 기도하지 않고, 미국인은 반드시 필리핀을 위해 그 독립을 기도하지 않음은 다 자기의 애국심을 손상할까 염려함이니 진실로 이들이 애국심이 없다 말하기는 불가하다. 그러나 이들의 고결한 측은 자선의 마음을 연구할진대 과연 그 동정을 표시하기 어렵다. 그러므로 소위 애국심이라는 것은 어찌 어린이를 구함과 같은 열렬한 마음이 없어 마침내 일치 하지 못하는가?

　然則 前述흔 所謂 愛國心者ᄂ 醇乎與惻隱慈善之心으로 相背者ㅣ니 彼의 愛國心에 所愛者ᄂ 自家의 國土에 限ᄒ고 國人에 限홀 而已니 他國을 愛홈만 不如ᄒ고 他人을 愛홈이 自身을 愛홈만 不若ᄒ야 다만 浮華의 名譽와 壟斷의 利益만 愛홈이니 果然公乎아. (未完)

그런즉 앞에 서술한 소위 애국심이라는 것은 측은 자선의 마음을 순수하게 하여 저들의 애국심에 소위 '애'라는 것은 자기 집의 국토에 한정하고 국민에 한정할 따름이니 다른 나라를 사랑함을 알지 못하고 타인을 사랑함이 자신을 사랑하는 것만 같지 못해 다만 부화한 명예와 농단하는 이익만 사랑할 뿐이니 과연 그것이 공적인 것인가?

▲ 제4호

　愛國心이 愛故鄕心과 相似흔 者가 有ᄒ니 故鄕을 愛ᄒ난 心도 雖可貴나 然이나 究其原因컨딘 實노 卑陋ᄒ야 不足道者ㅣ 有ᄒ니 幼穉之時에 竹馬를 騎ᄒ고 泥龍을 舞홀ᄉ 果然 能히 某山某水를 愛할 줄 知乎아. 否乎아. 旣而오. 殊方異國에 遠適ᄒ야 雙影無儔(쌍영무주)할 時를 當하야 비로소 懷土望鄕(회토망향)ᄒᄂ 念이 漸次而生ᄒᄂ니 此卽 外感으로써 激刺된 所以라. 故로 東西篷飄(동서봉표)ᄒ고 南船北馬ᄒ야 熱心

壯志가 幾許蹉跎(기허차타)ㅎ나니 世態炎凉과 人情冷煖을 無不躬焉歷之ㅎ다가 回憶少年의 鬪鷄走馬는 오작 昔日의 愉快ㅎ든 바이로되 往往히 其腦想中에 復發故로 故邱를 慕仰홈이 愈切ㅎ고 或 行旅의 艱苦로 風惡土異ㅎ야 停杯投著에 下嚥키 不能ㅎ고 萬人海裡에 反面交도 無ㅎ야 父母妻子의 愛念을 不能禁ㅎ야 其發達이 無極ㅎ리니 故로 故鄕을 愛ㅎ는 心이 實로 其他鄕을 嫌惡ㅎ는 데로 由ㅎ야 起홈이 아니나 盖其故鄕을 對ㅎ야 同情이 眞有흔 惻隱과 慈善의 心이 感홈이오, 他鄕을 對ㅎ야 愀懷(초회)가 有흔딕 不過ㅎ니 故로 오작 意를 失ㅎ고 境을 逆흔 人이 此情이 最甚ㅎ나니 他鄕을 忌惡ㅎ는 心이 愈甚할스록 故鄕을 愛戀ㅎ는 念이 또흔 獨切ㅎ니라.

애국심이 고향을 사랑하는 마음과 비슷한 데가 있으니 고향을 사랑하는 마음도 가히 귀하나 그 원인을 살펴보면 실로 비루하여 올바른 도가 되기에 부족함이 있으니, 어렸을 때 죽마를 타고 이룡(泥龍)을 출 때 과연 능히 어느 산 어느 물을 사랑할 줄 알았겠는가, 아니겠는가. 이미 특별한 지방이나 다른 나라에 멀리 가서 그림자가 희미할 때 비로소 고향을 그리워하는 마음이 점차 발생하니 이는 곧 외감으로 자극된 까닭이다. 그러므로 동서의 작은 배로 표랑하며 남북의 선마(船馬)로 열렬한 마음과 장한 뜻을 갖고 있더라도 어느 정도 어려움을 만나면 세태와 염량과 인정의 냉온을 경험하지 아니하다가 어렸을 때의 닭싸움이나 주마(走馬)는 오직 옛날의 즐거웠던 일로 그 머릿속에 다시 떠오르는 까닭에 고향을 사모함이 더욱 간절하고, 혹 여행의 간고로 풍토가 나쁘고 토질이 달라 잔을 기울여 드러내어 삼키기 어렵고, 모든 사람이 멀리 되돌아 사귀지도 못하여 부모처자를 사랑하는 마음을 금하기 어려워 그 피어나는 생각이 끝이 없으니 고향을 사랑하는 마음이 실로 타향을 싫어하는 마음을 일으키는 것은 아니나, 대개 고향을 대하여 동정(同情)이 진실한 측은과 자선의 마음을 느끼는 것이요, 타향을 대하여 초회가 있는데 불과하니 그러므로 오직 뜻을 잃고 경계를 거스르는 인은 이런 감정이 더 심하니 타향을 싫어하는 마음이 심할수록 고향을 애련하는 마음이 또한 간절한 것이다.

雖然이나 故鄕을 愛戀하는 念이 쏘흔 失意逆境흔 人쓴 아니라 得意順境흔 人도 亦有之하나 然하나 其所以然흔 바를 細譽하건디 得意人의 所謂 故鄕을 思慕흔다는 其心事는 一層 更卑하야 尤不足道者ㅣ 有하니 何者오. 彼等은 其所謂 得意흔 事를 鄕黨의 父老의 惻隱과 慈愛에서 出乎아. 不過其一身의 私意를 爲할 而已也니 然則 다만 虛榮과 虛誇와 競爭心에서 做出흔 私意의 專注흔 바이니 古人이 有言호디 富貴하고 故鄕에셔 不歸하면 곳 衣錦夜行(의금야행)과 如하다 흔 是語也ㅣ 其秘密의 隱裏을 揭하고 其汚穢의 鄙念을 破흔 語意가 洞然히 燭照하도다.

그러나 고향을 사랑하는 마음이 또한 실의 역경한 사람뿐만 아니라 득의 순경한 사람에게도 있으니 그 까닭을 자세히 말하면 득의인은 이른바 고향을 사모한다는 심사가 일층 더 비루하여 더욱 도리에 마땅하지 않으니, 왜 그런가. 소위 득의한 일이 향당 부로의 측은과 자애에서 나온 것인가. 불과 그 일신의 사의를 위할 따름이니 다만 허영과 과시와 경쟁심이 만들어 낸 사의에 오로지할 뿐이니 옛사람이 말하건대 부귀하고 고향에 돌아가지 않으면 곧 비단옷을 입고 밤에 다니는 것과 같다고 한 것이 이 말이니 그 비밀을 속에 담고 그 더럽고 비루한 관념을 깬 말뜻이 통연히 빛나는구나.

今의 故鄕을 愛戀하는 者ㅣ 曰호디 學校를 반다시 吾이 鄕里에 立하고, 鐵途를 반다시 吾의 府郡에 設흔다 하며, 或 甚흔 者는 且曰 總務委員이 반다시 吾鄕에셔 出하고 總務大臣이 반다시 吾州에셔 出흔다 하니, 彼等의 希望하는 一身의 利益이 虛榮 外에 不出하니 其鄕里를 對흠이 果然 同情의 惻隱과 慈愛의 心이 有호아. 故로 有識之士는 洞幽徹微하야 能히 仰天而太息할 쓴 不是로다.

지금 고향을 사랑하는 자가 말하기를 학교를 반드시 나의 향리에 세우고 철도를 반드시 나의 부군에 설립한다 하며, 혹 심한 자는 또 말하기를 총무위원이 반드시 우리 고향에서 나오고 총무대신이 반드시 우리 주에서 나와야 한다고 하니, 저들이 희망하는 바는 일신의 이익이 허영 이외에 나오지 않으니 그 향리를 대함이 과연 동정의 측은과 자애의 마음이 있는 것인가. 그러므로 유식한 인사는 철저히 통찰하여 하늘을 우러러 크게 탄식할 뿐이다.

惟其然也故로 彼의 愛國心이 其原因과 動機가 다 故鄉을 愛戀ㅎᄂ 心으로 더부러 一轍이 될지니 彼 虞芮(우예)의 爭21)이 진실로 愛國者의 好標本이 될가. 彼 蠻觸의 戰22)이 果然 愛國者의 好譬喩가 될가. 嗚呼噫嘻(희희)라. 실ᄉ 天下의 可憐ᄒ 一物인져.

오직 그런 연고로 저 애국심이 그 원인과 동기가 다 고향을 애련하는 마음과 더불어 하나가 될지니, 저 우예의 쟁이 진실로 애국자의 좋은 표본이 될 것인가? 저 만촉의 전이 과연 애국자의 좋은 비유가 될 것인가? 오호라. 사실 천하의 가련한 한 물건이구나.

古者 羅馬 詩人의 誇揚贊美ᄒᄃ 바ᄂ 皆是 黨派의 智識을 利用홈이오, 참 이른바 國家를 知홈은 아니니 彼의 所謂 國家란 者ᄂ 敵人을 因ᄒ야 觸感된 思想이니 迷信의 因導로 由ᄒ야 敵國과 敵人을 憎惡홈에

---

21) 우예의 쟁: 우(虞)나라와 예(芮)나라 간의 송사(訟事), 성인(聖人)의 교화를 입은 백성들의 사양하는 모습을 보고 소송 당사자들이 부끄러워하며 소송을 그쳤다.

22) 만촉의 쟁(蠻觸之爭): 작은 시시한 일로 다툼. 위나라의 혜왕이 제나라의 위왕에게 배반 당하고 군사를 일으키려 했을 때 대진인이라는 자가 "달팽이의 왼쪽 뿔에 촉 씨가 오른쪽 뿔에 만 씨가 나라를 세워, 서로 영토를 다투어 싸운 일이 있습니다. 우주의 광대함에 비하면 왕과 달팽이의 뿔 위의 만 씨와의 사이에 무슨 차이가 있겠습니까?"라고 사람의 일이 얼마나 보잘것없이 작은 것인가를 말한 우화에서 비롯된 말. 〈장자(莊子)〉 '척양'에 이 비유가 실려 있다고 전해짐.

不過ᄒ니라.

옛날 로마 시인이 과장하여 찬미한 바는 모두 당파의 지식을 이용한 것이요, 이른바 국가를 아는 것은 아니니, 저 국가라는 것은 적으로 말미암아 감촉된 사상이니 미신이 이끈 바로 말미암아 적국과 적국 사람을 증오하는 것에 불과하다.

吾輩가 所見이 無ᄒ고 云ᄒᄂ 비 아니라, 當時 羅馬의 多數ᄒ 貧困 農夫가 少數의 富人을 爲ᄒ야 所謂 國家의 戰爭에 奔走ᄒ며 亦其臨戰할 時에도 勇猛奮進ᄒ야 矢石을 冒ᄒ고 兵革을 躬ᄒ야 一身을 不顧ᄒ니 其忠義와 節烈이 果然 天地를 感動ᄒ고 鬼神을 泣ᄒ도다. 然이나 僥倖 (요행)이 戰捷ᄒ야 全身의 歸國흠을 得ᄒ야도 其從軍을 因ᄒ야 所負ᄒ 債務滯未償ᄒ야 드듸여 自身이 奴隷의 城에 陷ᄒ고, 또 戰役之間에도 富者의 田畝(전무)ᄂ 흐ᄉ 巨屬과 奴隷에 屬ᄒ야 其耕耘과 灌漑를 不失 ᄒ거니와 貧者의 田은 荒廢靡蕪(황폐미무)에 全委ᄒ야 債務가 由是而 生焉故로 往往 自賣爲奴隷ᄒ나니 <u>嗚呼라 彼羅馬人의 所謂 敵國敵人을 憎惡ᄒ다는 者가 果然 愚昧ᄒ 所見이로다. 彼 敵國敵人이 비록 彼等에 禍害가 될지라도 其 同胞 中 富者에게 被禍흠보담 出치 못ᄒ리니 彼等이 敵國敵人을 憎惡ᄒ기 爲ᄒ야 其自由를 見奪ᄒ고 其財産을 被損ᄒ야 浸 浸然 奴隷의 域에 陷케 ᄒ나니 果然 누가 彼等으로 ᄒ야금 此境에 至ᄒ 도록 ᄒ얏ᄂᄂ가. 實노 其同胞의 所謂 愛國心을 主唱ᄒᄂ 者ㅣ 使之然也</u> 오, 彼等 思想의 所及ᄒ 비 아니로다.

우리가 소견이 없이 말하는 바가 아니라, 당시 로마의 다수 빈곤한 농부가 소수의 부자를 위해 소위 국가의 전쟁에 분주하며 임전할 때 용맹 분진하여 돌과 화살을 무릅쓰고 병혁을 다해 일신을 돌아보지 아니하니, 그 충의와 절개와 열정이 과연 천지를 감동하고 귀신을 울렸다. 그러나 요행이 전쟁에 승리하여 온전히 귀국하더라도 그 종군한 것으로 인해 담당한 채무를 상환하지 못해 드디어 자신이 노예가 되고 또 전쟁 기간에도 부자의 토지는 항상 거대해지고 노예를 부려 경작과 관개를 잃지 않으나 빈자의 밭은 황폐하여 황무지가 되고 채무가 이로부터 발생하니 왕왕 스스로를 노예로 판다. 아아, 저 로마인이 이른바 적국 적인을 증오한다는 것이 과연 우매한 견해이다. 저 적국 적인이 비록 저들에게 화와 해가 될지라도, 그 동포 중 부자에게 화를 당하는 것보다 못할 것이니 저들이 적국 적인을 증오하기 위해 그 자유를 빼앗고 그 재산에 손해를 끼쳐 은연 중 노예가 되게 하니 과연 누가 저들로 하여금 이 경지에 이르도록 하였는가. 실로 그 동포가 애국심을 주창하는 것이 이렇게 만들고자 한 것이오, 저들 사상이 미친 바는 아니다.

富者는 戰爭을 因ᄒ야 益富ᄒ나니 臣屬과 奴隷가 日益增加홈을 因ᄒ는 故也오, 貧者도 亦因之而益貧ᄒ나니 若詰其何故인ᄃᆡ 必曰 國家의 戰事를 爲홈이라 ᄒᆞᆯ지니 彼等이 國家의 戰事를 爲ᄒ야 奴隷의 境에 沈淪ᄒ도록 오희려 討伐敵人ᄒ든 過去의 虛榮을 追想ᄒ야써 其勳業을 誇揚ᄒ며써 其功名을 銘紀ᄒ나니 是何等의 癡愚(치우)ᄒᆫ 思想인고. 嗚呼라, 古羅馬의 愛國心이 其實如此而已로다. 古希臘의 所謂 耶羅德의 奴隷者[23]ᄂᆫ 旣事於兵ᄒ고 又事於奴隷호ᄃᆡ 오희려 彼等 身體의 强健이 過度ᄒᆞᆯ가 慮ᄒ고, 彼等 人口의 增殖이 過度ᄒᆞᆯ가 慮ᄒ야 其主權된 者ㅣ 任意로 摧折焉 殺戮焉(최절언 살육언)이로되 彼等이 主權者를 爲ᄒ야 出戰ᄒ기를 不厭ᄒ나니 其勇敢과 忠義가 實無比於此나 然이나 맛참ᄂᆡ ᄒᆞᆫ번 倒戈(도과)ᄒ고 其天賦ᄒᆫ 自主의 權을 恢復ᄒᆞᆯ 줄 不知ᄒ니 悲夫悲夫여.

부자는 전쟁으로 인해 더욱 부유해지고 속해 잇는 가신과 노예가 나날이 증가하는 까닭이요, 가난한 자도 또한 이로 인해 더욱 가난해지니 만약 이를 힐난하면 어떤 이유이든 반드시 국가의 전쟁을 위함이라 할

---

23) 야라덕 노예(耶羅德 奴隷): 그리스의 노예. 고대 그리스 폴리스의 예속 농민.

것이니, 저들이 국가의 전쟁을 위해 노예의 지경에 빠지더라도 오히려 적인을 초벌하던 과거의 허영을 생각하여 그 공업을 과장하여 드러내며, 그 공명을 기록하니, 이는 어떠한 어리석은 사상인가. 아아, 고대 로마의 애국심이 실로 이와 같을 뿐이다. 고대 희랍의 이른바 폴리스 노예는 병무에 종사하고 또한 노예에 종사하되, 오히려 그들의 신체가 지나치게 강건할까 염려하고, 그들의 인구 증식이 지나칠까 염려하여 그 주권자가 임의로 그들을 꺾고 살육하되 저들이 주권자를 위하여 출전하기를 꺼리지 않았으니 그 용감과 충의가 이와 다르지 않으나 마침내 한번 창을 거꾸로 들어 그 천부의 자주권을 회복할 줄 모르니 슬프고 슬프도다.

彼等의 所以然흔 者는 何故오, 其外國과 外人을 視흠을 곳 所謂 敵國과 敵人과 如흐게 흐야 以爲憎惡흐며 以爲討伐흐야 當行할 義務로 誤信흐고, 無上흔 名譽로 誤信흐며, 無上흔 光榮으로 誤解흐야 맛춤늬 虛誇인 줄 不知흐고 虛榮인 줄 不悟흐나니 嗚呼라, 此等의 迷信은 진실로 彼等 所謂 愛國心의 虛誇的 虛榮的에 迷信이니 實로 腐敗흔 神水를 飮흐는 天理의 敎徒에 不過흐도다.

저들이 그렇게 한 것은 어떤 까닭인가. 외국과 외인을 볼 때 곧 적국과 적인과 같게 하여 증오하게 하며, 토벌하는 것을 당연히 행할 의무로 오신하고, 더없는 명예로 잘못 알며, 더없는 영광으로 오해하여 마침내 허영 과시인 줄 모르고 허영인 줄 깨닫지 못하니 아아, 그들의 잘못된 믿음은 진실로 그들의 이른바 애국심이 허과적 허영적 잘못된 믿음이니 실로 부패한 신수를 마시는 천리의 교도에 불과하다.

然이나 彼等의 敵人을 憎惡흠도 猶不足怪也니 盖人生이 未開化흔 時代를 當흐야 其智識이 禽獸에게 去흐기 不遠흐니 所謂 同仁과 篤愛가 無흔 故이라. 原始 以來로 愛憎의 糾繩(규승)의 相纏(상전)과 環鎖의 相

連과 如ᄒ니 禽獸의 原野에 在ᄒᆷ을 不見乎아. 瓜搏(과박)과 牙噬(아서)이 同類相殘ᄒ다가 一旦에 未相見者를 遇ᄒᆷ이 忽然이 畏懼ᄒ여 震恐(진공)ᄒ나니 畏懼와 震恐을 由ᄒ야 即是 猜忌(시기)와 憎惡가 生ᄒ고 猜忌와 憎惡를 由ᄒ야 於是乎 咆哮焉(포효언)ᄒ며 爭鬪焉ᄒ야 비로소 其相殘ᄒ든 同類를 締結ᄒ야 其公共의 敵과 抗爭ᄒ나니 彼等이 其公共의 敵과 抗爭할 時에는 其同類가 互相親睦ᄒᄂ 形狀이 恰然(흡연) 可掬ᄒ고 油然相親ᄒ나 彼等의 禽獸와 如ᄒ 愛國心이 是耶아, 非也아. 古代 人類의 野蠻的 生活이 非若是哉아.

그러나 저들이 적인을 증오함도 오히려 부족하여 이상하니 대개 인생이 미개화한 시대에 그 지식이 금수와 멀지 않으니 이른바 동인(同仁)과 독애(篤愛)가 없는 까닭이다. 원시 이래로 증오의 올무와 상전의 연쇄 사슬이 서로 이어짐과 같아 짐승이 들판에 있음을 보지 못하는가. 과박과 아서(牙噬)가 동류 상잔하다가 하루아침에 서로 보지 못하던 자를 만남에 문득 두렵고 몸이 떨리니 외구(畏懼)와 진공(震恐)으로 말미암아 곧 시기와 증오가 생겨나고, 시기와 증오로 말미암아 곧 포효하고 투쟁하여 비로소 상잔하던 동류가 연대하여 공공의 적과 항쟁하니, 저들이 공공의 적과 항쟁할 때에는 그 동류가 서로 친목하는 형상이 흡사 움켜쥘 만하고 서로 친목하나 저들의 금수와 같은 애국심이 옳은 것인가 그렇지 않은 것인가. 고대 인류의 야만적 생활이 이와 같지 아니한가.

野蠻人類의 生活은 同類相結ᄒ야 其自然의 戰으로써 其異種族의 戰을 釀出ᄒᄂ 것을 自以謂愛國心이라 ᄒ나니 其灼然可見할 者는 彼等 所謂 團體体者의 忽統親睦之同情者는 其所遇의 敵을 由ᄒ야 生ᄒ ᄇ니, 오직 敵人을 對ᄒᄂ 憎惡心의 反動力이라. 故로 其同病을 因ᄒ야 비로소 相憐의 心이 有ᄒᆷ과 如ᄒ도다.

오작 如此할진딘 即 所謂 愛國心이란 者는 外國人을 討伐ᄒᄂ 榮譽

의 好戰心에 不過ᄒ니 其好戰心者는 即動物的 天性也오, 此物的天性이 即是**好戰的 愛國心**이라. 故로 釋迦와 基督의 排斥ᄒᄂᆫ 바오, 文明 理想 의 目的에 能容치 못홀 者이로다.

야만 인류의 생활은 동류가 서로 결합하여 자연의 전쟁으로 그 다른 종족과의 전쟁을 빚어내는 것을 스스로 애국심이라고 일컬으니, 왕성 하여 볼 만한 것은 이른바 단체라는 것이 홀연 같은 감정으로 친목하는 것이니 그는 적을 조우하여 발생한 것이니, 오직 적인을 대하는 증오심 에서 생겨난 반동력이다. 그러므로 동병으로 인하여 상련의 마음을 갖 는 것과 같다.

오직 이와 같을진대 이른바 애국심이라는 것은 외국인을 토벌하는 명 예의 호전심에 불과하니 그 호전심은 곧 동물적 천성이요, 이 물적 천 성이 곧 <u>호전적 애국심</u>이다. 그러므로 석가와 그리스도가 배척하는 바 며, 문명 이상의 목적에서 용납하지 못할 것이다.

　哀哉라. 世界 人民이 如此ᄒ 動物的 天性의 競爭 場裡에 十九世紀를 送過하얏시니 更히 依然히 無涯無埃ᄒ <u>二十世紀의 新天地를 占有홀지</u> <u>어다.</u>
　社會 公理에 <u>適足ᄒ 者는 生存의 法則而已</u>거늘 進化가 日漸 發達ᄒ 야 其 統一의 境域과 交通의 範圍가 亦隨而擴大ᄒ나니 於是에 所謂 公 共의 敵이라는 異種族과 異部落이 亦漸減少ᄒᆷ을 因ᄒ야 彼等 憎惡의 目的을 亦失ᄒ고 旣失ᄒᆷ을 因ᄒ야 其所以結合親睦의 目的을 亦失ᄒ리 니 <u>是以로 彼等의 一 國家 一 社會 一 部落을 愛ᄒᄂᆫ 心이 變ᄒ야 一身</u> <u>一家 一黨을 愛ᄒᆷ이 不過ᄒ고 其 種族間 部落間에 野蠻의 好戰的 天性</u> 이 坐ᄒ 變ᄒ야 個人間 爭鬪와 朋黨間 軋轢과 階級間 戰鬪가 되나니 嗚呼라 純潔ᄒ 理想과 高尙ᄒ 道德이 盛行홀 時를 當ᄒ야 動物的 天性 을 오히려 除卻(제각)치 못ᄒ면 是時 世界 人民이 旣無所敵 故로 其憎愛 心을 施할 곳과 戰爭을 施할 곳이 無ᄒ야 但 競爭於無形之地而名之曰

愛國心이라 ᄒ고 自稱 爲美譽之行이라 ᄒ리니 不其惑歟아. (未完)

슬프다. 세계 인민이 이와 같은 동물적 천성의 경쟁 장소에서 19세기를 보냈으니, 다시 의연히 티끌이 없는 20세기 신천지를 점유할지어다. 사회 공리에 적합하지 않은 것은 생존의 법칙뿐이거늘 진화가 점점 발달하야 통일의 지경과 교통의 범위가 점차 확대됨에 따라 이른바 공공의 적이라는 다른 종족과 다른 부족이 점점 감소함에 따라 저들 증오의 목적이 또한 상실되고, 그 상실에 따라 결합 친목한 목적 또한 상실될 것이니 이로 저들의 국가, 사회, 부락을 사랑하던 마임이 변하여 일신, 일가, 일당을 사랑함에 불과하고, 그 종족 간 부족 간 야만의 호전적 천성이 또한 변하여 개인 간 쟁투와 붕당 간 알력과 계급 간 전투가 될 것이니, 오호라. 순결한 이상과 고상한 도덕이 성행할 시대를 당해 동물적 천성을 제거하지 못하면 이때 세계 인민이 이미 적이 없는 고로 그 증오 사랑하는 마음을 베풀 곳과 전쟁할 곳이 없어, 단지 무형의 지위와 명목과 경쟁하는 것을 일컬어 애국심이라 하고, 자칭 아름다운 명예라 일컬을 것이니 이 미혹되지 않겠는가.

▲ 제5호

自己를 愛홈은 可ᄒ거니와 他人을 惡홈은 不可ᄒ고 同鄕人을 愛홈은 可ᄒ거니와 異鄕人을 惡홈은 不可ᄒ며 自國을 愛홈은 可ᄒ거니와 外國을 惡홈은 不可ᄒ니 만일 其所愛홈을 爲ᄒ야 其所惡홈을 討ᄒᄂ 者ᄂ 웃지 可히 愛國心이라 謂ᄒ리오.

然則 愛國主義란 者ᄂ 最可憐ᄒ 者이니 웃지 彼等 迷信의 咎가 아니리오. 若非迷信이면 實是好戰의 心也오, 亦非好戰之心이면 實爲虛誇虛榮의 廣告的 賣品이니 如此主義ᄂ 實로 專制政治家가 自家의 名譽를 達코져 ᄒᄂ 野心으로 其手段을 供ᄒᄂ 利器로 認ᄒ노라.

자기를 사랑함은 가하지만 타인을 증오하는 것은 불가하고, 동향인을 사랑하는 것은 가하거니와 이향인을 증오하는 거은 불가하며, 자국을 사랑하는 것은 가하지만, 외국을 증오하는 것은 불가하니 만일 그 사랑하는 바를 위해 그 증오하는 것을 토벌하는 것을 어찌 가히 애국심이라 일컫겠는가.

그러므로 애국주의라는 것은 가장 가련한 것이니 어찌 저들 미신의 허물이 아니겠는가. 만약 이런 미신이 아니면 실로 호전의 마음이요, 호전의 마음이 아니면, 실로 허과 허영의 광고적 상품이니 이런 주의(이데올로기)와 같다면 실로 전제 정치가가 자가의 명예를 달성하고자 하는 야심으로 그 수단을 제공하는 편리한 기계라고 인식된다.

希臘 羅馬의 舊跡은 勿論ᄒ고 近代 東西洋 愛國主義의 流行ᄒᄂ 利用을 較之上古中古而更甚ᄒ도다.

國民의 愛國心者ᄂ 一旦에 忤其所好(오기소호)ᄒ면 可以箝人口(겸인구)ᄒ고 可以掣人肘(체인주)ᄒ며 可以束縛人之思想ᄒ고 可以干涉人之信仰ᄒ며 歷史의 評論을 亦可得禁이오, 聖書의 講究를 足能得妨이며 科學的 基礎를 可得破碎며 譯文明之道德을 則恥辱之ᄒᄂ니 若是等의 愛國心이 可以邀榮譽博功名也歟아.

희랍 로마의 구적은 물론하고, 근대 동서양 애국주의가 유행하는 이용을 상고 중고로 비교해 보면 더 심하다.

국민의 애국심이라는 것은 일단 그 좋아하는 바를 거스르면 가히 사람을 겸제하고 가히 팔을 잡아 끌며, 가히 사람의 사상을 속박하고, 사람들의 신앙을 간섭하며, 역사의 평론을 또한 금하며, 성서의 연구를 능히 방해하고, 과학적 기초를 파쇄하며, 문명 도덕을 욕되게 하는 것을 부끄럽게 만드니 이러한 애국심이 가히 명예롭고 공명되게 맞이할 수 있겠는가.

如英國 近代에 自由國이라 極稱ᄒ고 博愛國이라 極稱ᄒ고 平和國이

라 極稱ㅎ야도 其愛國心의 激烈할 時를 當ㅎ야는 自由를 主唱ㅎ는 者
와 革命을 請願ㅎ는 者와 普通選擧를 主張ㅎ는 者가 非皆 問以叛逆之罪
者며 非皆責以國賊之名者乎아.

영국과 같이 근대 자유국이라 극칭하고, 박애국이라 극칭하고 평화국
이라 극칭해도 애국심이 격렬할 때는 자유를 주장하는 자와 혁명을 청
원하는 자, 보통선거를 주장하는 자가 모두 반역죄로 문책 당하며, 국
적(國賊)이라는 이름으로 책임을 져야 하지 않는가.

英國人의 愛國心이 大發揚ㅎ 寢近(침근) 事例가 莫如如法國戰爭之時
ㅎ니 此戰爭이 一千七百十三年 大革命의 時運을 當ㅎ얏는되 自後로 雖
經多少의 斷續이나 一千八百十五年 拿破崙의 覆沒(복몰)할 時期를 延
至ㅎ야 비로소 大段落을 成ㅎ얏시니 彼等 昔日 思想과 今日 思想이 其
相距가 幾何며 彼等 所謂 愛國心者ㅣ 今日 所謂 愛國主義로 더부러 其
流行의 事情과 方法이 을마나 相異ㅎ고.

영국인의 애국심이 크게 발양된 최근의 사례는 프랑스와의 전쟁 시기
와 같은 것이 없으니, 이 전쟁이 1713년 대혁명의 시운을 당하여 일어
난 것으로 이로부터 다소 단절되는 경우도 다소 있었으나, 1815년 나폴
레옹이 다시 몰락할 때에 이르러 비로소 대단락이 지어졌으니, 이들의
옛날 사상과 금일 사상의 차이가 얼마나 크며, 이른바 애국심이라는
것이 금일 소위 애국주의와 더불어 그 유행하는 사정과 방법이 얼마나
서로 다른가.

法國의 戰爭도 當時 英國의 人民은 惟此一事而已오, 惟此一言而已矣
니, 其原因 如何와 結果 如何와 利害 如何와 是非 如何는 勿論ㅎ고 但以
愛國心으로 論할진되 만일 革命의 精神과 抗爭의 熱念과 批評의 宏議가
一旦에 休止ㅎ면 無何有之鄕으로 必歸ㅎ리니 國內의 黨爭이 亦遂 消滅

ᄒᆞ야 如哥魯利志24)者ᄂᆞᆫ 戰爭의 初年을 當ᄒᆞ야 亦頗非義라가, 旣而요 國民을 結合一致ᄒᆞ야 遂轉其方針ᄒᆞ고 又若呼阿志25)者ᄂᆞᆫ 以平和로 自由의 大義를 自持라가 已久不渝(이구불투)ᄒᆞᆷ이 旣知議會의 大勢를 不可挽回ᄒᆞ고 亦不能守其宗旨ᄒᆞ니 雖或有之라도 議場中 黨派的 討論은 不能抵制ᄒᆞ나니 嗚呼라 當時 英國을 皆謂 擧國一致云者ᄂᆞᆫ 卽 羅馬詩人의 所謂惟知有國家者와 如ᄒᆞᆯ 而已로다.

프랑스와의 전쟁도 당시 영국 인민은 오직 하나의 일일 뿐이요, 하나의 말일 뿐이니 그 원인이 어떠한지, 결과가 어떠한지, 이해 여하와 시비 여하는 물론하고 단지 애국심만으로 논할진대, 만일 혁명 정신과 항쟁의 뜨거운 관념, 비평이 일단 그치고 나면, 어떠한 곳 없이 반드시 돌아가리니 국내의 당쟁 또한 소멸하여, 가리로지(미상)와 같은 사람은 전쟁 초년을 당하여 역시 옳지 않다고 하다가 그만두고 국민을 결합 일치하여 그 방침을 바꾸었으며, 호아지(미상)와 같은 자는 평화로 자유의 대의를 지키다가 오래지 않아 이를 바꾸어 의회의 대세를 만회하지 못함을 알고 또한 스스로 그 뜻을 지키지 못하니, 혹시 그런 뜻이 있더라도 장중 당파적 토론은 그 제도를 거스르지 못할 것이니 오호라, 당시 영국이 모두 거국일치라고 일컫는 것은 곧 로마 시인이 오직 국가가 있음을 안다고 하는 것과 같을 뿐이로다.

雖然이나 吾輩思之컨듸 是時에 英國의 一般 國民을 擧ᄒᆞ야 問ᄒᆞ되 其 胸中에 果然 何者ㅣ 爲理想이며 何者ㅣ 爲道德이며 何者ㅣ 爲 同情이며 何者ㅣ 爲國家乎아 ᄒᆞ면 皆必曰愛國心이라 謂ᄒᆞ얏시리라.

當時 英國의 人民이 擧國이 若狂ᄒᆞᆫ 其宗旨의 所在를 叩(고)코져 하면 惟對法國을 憎惡ᄒᆞ며 惟對革命을 憎惡ᄒᆞ며 惟對拿破崙을 憎惡ᄒᆞᆷ이 不

---

24) 가로리지(哥魯利志): 미상.

25) 호아지(呼阿志): 미상.

過ᄒ니 果然 一毫라도 革命的 精神이 有ᄒ야 法人의 理想으로 더부러 關聯ᄒ 思想이 有乎아. 否라. 必然 嫌忌(혐기)할 뿐 不是라. 且必競相侮辱ᄒ며 侮辱할 쑨 不是라. 且必群起ᄒ야 全力을 注ᄒ야 攻擊ᄒ긔도 非難ᄒ리로다.

그러나 우리가 생각하건대 이때 영국 일반 국민 모두에게 묻되, 그 가슴 속에 과연 무엇이 이상이며, 무엇이 도덕이며, 무엇이 동정이며 무엇이 국가인가 하면, 모두 애국심이라고 말하였으리라.
당시 영국 인민이 모두 미친 듯 이 쉬시를 조아리며 오직 프랑스에 대해 증오하며, 혁명을 증오하며 나폴레옹을 증오하는 것에 불과하니 과연 조금이라도 혁명적 정신이 있어, 프랑스인의 이상과 더불어 관련된 사상이 있었는가? 아니다. 반드시 혐기(嫌忌)할 뿐 그렇지 않다. 또한 반드시 상대를 경쟁적으로 모욕하고, 모욕할 뿐이다. 또한 군중이 궐기하여 전력을 기울여 공격하는 것도 어렵지 않았다.

於是에 비로스 外國을 對ᄒᄂ 愛國主義의 最高潮가 卽是 內治罪惡을 對ᄒᄂ 最高潮인 줄 知ᄒ노라. 所謂 愛國의 狂熱者ㅣ 但於戰爭時代에만 其愛國心이 大發越ᄒ고 至於戰後ᄒ야난 其狀況을 非所計及者로다.
戰後 英國을 試觀컨ᄃᆡ 法國에 對ᄒ 憎惡의 狂熱이 已覺稍冷ᄒ야 軍費의 支出者ㅣ 隨而停止ᄒ고 大陸 諸國의 戰役中에 在ᄒ 者가 其工業界의 狀況이 亦隨兵役ᄒ야 其需用이 絶焉ᄒ고, 英國의 農工業이 亦隨之而一大衰退의 景狀을 逞出(영출)ᄒ며 下等 人民의 困乏饑餓者ㅣ 國中에 遍滿(편만)ᄒ야시니 當時 富豪 資本家가 果然 一毫라도 愛國心이 猶存이며 果然 一絲라도 慈悲 同情의 念이 猶存이며 亦或 擧國이 一致的 結合 親睦의 心이 果存乎아. 依然히 其同胞의 窮乏困餓ᄒ야 溝壑(구학)에 展轉ᄒ 者를 坐視 若漠然淡然ᄒ니 昔日에 讐敵(수적)을 憎惡ᄒ든 前轍과 如一치 아니한가. 然則 下等의 貧民을 憎惡홈이 法國 革命과 拿破崙을 憎惡ᄒ든 思想으로 더부러 果然 孰重孰輕乎아.

이에 비로소 외국을 대하는 애국주의의 최고조는 곧 내부의 죄악을 대하는 최고조인 줄 알 수 있다. 이른바 애국의 광열(狂熱)은 단지 전쟁시대에만 애국심이 크게 발달 고조하고, 전후에 이르러서는 그 상황이 토의할 바가 되지 못한다.

전후 영국을 보건대, 프랑스에 대한 증오의 광적 열기가 이미 식어 버리고, 군비 지출도 멈추었으며, 대륙의 여러 나라가 전쟁 중에 그 있었던 그 공업계의 상황이 또한 병역을 따라 수용이 사라지고, 영국 농공업이 또한 이에 따라 쇠퇴하는 경향을 보였으며, 하류 인민의 곤핍과 기아는 나라 전체에 퍼졌으나, 당시 부호와 자본가가 과연 조금이라도 애국심이 있었으며 조금이라도 자비와 동정심이 있었으며 또한 거국일치의 결합과 친목이 있었는가. 의연히 그 동포가 궁핍과 곤궁의 구렁텅이에 전전한 것을 막연하게 그리고 담담하게 바라보고 있으니, 옛날 원수를 증오하든 전철과 같지 않은가. 그런즉 하류의 빈민을 증오하는 것이 프랑스 혁명과 나폴레옹을 증오하는 사상과 견주어 과연 어느 것이 중하고 어느 것이 가벼운가.

至若 白多路羅(地名)26)의 事者ᄂ 尤堪功齒할 者ㅣ 有ᄒ니 烏阿德路羅(地名)27)에셔 拿破崙의 大軍을 旣覆ᄒ 後에 議院을 改革할 意로 請求ᄒ든 多數 勞働者를 白多羅呼伊路德28)(地名)에 集合ᄒ고, 悉踩躪(실유

---

26) 백다로라(白多路羅): 미상. 피털루를 의미하는 것으로 보임.

27) 오아덕로라(烏阿德路羅): 워털루.

28) 백다라호이로덕(白多羅呼伊路德): 미상. 피털루 학살(Peterloo Massacre)을 의미하는 것으로 추측됨. 이 사건은 맨체스터의 세인트피터스 광장에서 열린 급진적인 집회를 기병대가 잔인하게 해산한 사건(1819.8.16)을 의미한다. 나폴레옹 전쟁이 끝난 뒤 수년 동안 당시 영국의 특권 계급들이 자코뱅주의자들의 혁명이 임박했음을 느끼고 얼마나 두려워했는지를 여실히 보여준 사건으로, 워털루 전투에 빗대어 이같은 이름이 붙었다. 급진주의자나 개혁론자들은 <u>피털루 학살</u>을 토리당의 비정함과 폭정을 상징하는 것으로 받아들였다. 1819년에 접어들어 영국의 산업이 침체기를 맞고 식료품 값이 올라가자 여러 차례 정치집회가 열렸고 그 분위기는 8월 집회에서 절정에 달했다. <u>급진파 지도자인 헨리 헌트</u>가 이끈 이 집회는 사람들의 불만을 대규모 시위를 통해 나타내려 했던 것으로, 그 정치

린)而虐殺ᄒ니 時人이 稱ᄒ되 烏阿德路羅의 戰爭은 不滿一笑라 ᄒ고, 오작 白多路羅의 戰爭을 尚今稱轉ᄒ니 然則 敵軍을 烏阿德路羅에 擊破 ᄒ든 愛國者가 又一轉念ᄒ야 復縱於白多路羅而其同胞를 虐殺ᄒᄂᄃ 至ᄒ야시니 所謂 愛國心이란 者가 果然 同胞를 愛ᄒᄂ 心이 有乎아. 否 乎아. 所謂 一致의 愛國心을 結合ᄒ얏다든 愛國心者ㅣ 果然 戰塵이 方 息흠이 或於國家 國民의 利益을 過而問之者ㅣ 有乎아. 吾輩ᄂ 但見其國 民은 碎首敵人의 鋒鏑(봉적, 도둑을 만남)만 될 而已니, 然則 同胞의 血 만 空灑(공쇄)흠을 嘗試흠에 不過ᄒ도다.

백다로라(피털루: 추측)의 일은 더욱 감당하기 어려운 일이 있으니, 워 털루에서 나폴레옹의 대군을 뒤집어 엎은 후 의원을 개혁할 뜻으로 청 구하던 다수 노동자들을 백다라호이로덕(피털루?)에 모으고 모두 유린 학살하니 이 때 사람들이 일컫기를 워털루의 전쟁은 한번 비웃기에도 충분하지 않고 오직 백다로라의 전쟁을 지금까지 전해오니, 그런즉 적 군을 워털루에서 격파하던 애국이라는 것이 변하여 백다로라에 방자히 되돌아가 동포를 학살하는 데 이르렀으니, 이른바 애국심이라는 것이 과연 동포를 사랑하는 마음이 있는 것인가 없는 것인가. 이른바 일치의 애국심을 결합하였던 애국심이라는 것이 과연 전쟁이 그침에 혹 국가 와 국민의 이익을 묻는 자가 있는 것인가. 우리는 단지 그 국민이 적국 우두머리를 분쇄하는 것이 도적을 만나는 것만 될 뿐이니 그러므로 동 포의 피만 헛되이 씻어냄에 불과한 것이다.

적 목적은 의회 개혁이었다. 대략 6만 명에 달하는 사람들이 이 집회에 참석했으며 그 가운데에는 여자와 어린아이들도 많이 있었다. 아무도 무장을 하지 않은 채 평화적으로 움직였다. 집회가 벌어지기 전부터 신경이 곤두서 있던 시 당국은 군중의 규모와 분위기 에 놀라 맨체스터의 기병대에게 집회가 시작되는 즉시 연사들을 체포하라고 지시했다. 시위 진압 능력이 미숙했던 기병대는 주동자들을 잡는 데 그치지 않고 긴 군도를 휘두르 며 일제히 군중을 공격했다. 뒤이어 시 당국은 제15기병대와 체셔 주의 의용병까지 이 공격에 가담시켰다. 10분 뒤 광장에는 쓰러진 사람들 밖에는 아무도 남지 않았다. 사망자 와 부상자의 수가 논란이 되었으나 대략 500명이 부상하고 11명이 죽었다. 헌트 등 급진 지도자들은 체포되어 재판을 받았으며 헌트는 2년간 복역했다. 〈다음백과〉 참고.

哥魯利志 戰爭의 始를 當ᄒ야 國民一致의 主義를 大唱ᄒ야 舉國이 騷然ᄒ더니 此際에 至ᄒ야 所謂 一致者ㅣ 果安哉아. 다만 憎惡의 心으로써 憎惡의 心을 生ᄒ올 而已니 何則고. 敵國人을 憎惡ᄒ든 心으로써, 其國人을 憎惡ᄒᄂ 心이 幻出ᄒ야시니 然則 動物的 天性이 果然 斯如할 싸름인 故로 烏阿德路羅의 心은 即是 白多路羅의 心이니 虛僞者ㅣ라도 愛國心의 結合이여, 果然 如是할 而已로다.

가로리지(?)가 전쟁 초기에 국민일치의 주의를 크게 부르짖어 모든 나라가 소란하더니 이때에 이르러 이른바 일치는 과연 무엇인가. 다만 증오의 마음으로 증오의 마음이 생길 따름이니 어찌 그러한가. 적국인을 증오하던 마음으로 그 나라 사람을 증오하는 마음이 생겨났으니, 그런 즉 동물적 천성이 과연 이와 같을 따름인 까닭에 워털루의 마음은 곧 피털루의 마음이니, 허위로 애국심이 결합한 것이 과연 이와 같을 따름이다.

一轉眼而更觀德意志

英吉利의 事ᄂ 姑不必論이여니와 누구든지 慧眼을 更具ᄒ야 德意志의 情狀을 一察할지니 夫比斯麥公者ᄂ 實노 愛國心의 權化오, 惟德意志帝國者ᄂ 實노 愛國神垂迹의 靈場이니 即是 愛國宗의 靈驗이 果然 如何ᄒ게 赫然灼然ᄒ지 其威靈을 觀코져 ᄒᄂ 者ㅣ 有乎아. 試一詣(시일예) 此靈場ᄒ야 視之여다.

눈을 돌려 독일을 다시 보라.

영국의 예는 논할 필요도 없거니와 누구든지 혜안을 갖추어 독일의 상황을 살필지니, 대저 비르마르크 공은 실로 애국심의 권화요, 오직 독일 제국은 실로 애국 정신이 드리운 자취의 영험한 광장이니 곧 애국

종지의 영험이 과연 어떻게 혁혁하고 작렬한지, 그 권위와 영험을 보고자 하는 자가 있는가. 한 예를 들어 이 영험한 광장을 볼지어다.

日本 維新 以後로 貴族 軍人의 就學者가 以爲ᄒ되 凡世界萬國의 愛國主義와 帝國主義를 無不隨喜渴仰ᄒ되 더욱 德意志 愛國心에 注意ᄒ나니 盖德意志의 愛國心이란 者는 古代 希臘과 ᄌ못 羅馬와 近代 英國이 皆無其比로도 果然 迷信치 아닌 者는 誰也며 果然 虛誘虛榮이[不惑ᄒ 者는 誰也오.

故 比斯麥公者는 實歷代의 人豪라. 此公이 未起之前을 當ᄒ야 일쯕이 北部 日耳曼 諸邦의 紛紛分立흠을 灼見ᄒ고 一心에 以爲ᄒ되 言語가 同一ᄒ 國民이 반다시 結合지 아니ᄒ면 不可라 ᄒ고, 直時 帝國主義의 眼光을 先注射之ᄒ야 始試其運動而竟能聯合諸邦ᄒ야 以成一致ᄒ얏시니 此公의 大業이 진실노 千載의 光輝로다. 雖然이나 其帝國主義를 崇奉ᄒ야쎠 諸邦을 結合 統一할 目的이 반다시 諸邦 實際의 利益을 保護ᄒ야 其平和를 企圖코져 흠이 아니라 오즉 他日 武備의 準備的 思想에 出흠인져.

일본 유신 이후로 귀족이나 군인의 취학자가 그러하되, 무릇 세계 만방의 애국주의와 제국주의를 기쁘게 우러러 따르지 않음이 없되, 더욱 독일의 애국심에 주의를 기울이니 대개 독일의 애국심은 고대 희랍과 로마, 근대 영국이 모두 비교할 수 없을 정도로 과연 조금도 믿지 아니하는 자가 누구며, 과연 헛된 유혹과 영화에 유혹되지 않는 자는 누구인가.

그러므로 비스마르크는 실제 역대의 호걸이다. 그가 유명해지기 전에 일찍 북부 일이만 여러 나라가 분분히 존재함을 보고, 한 마음으로 하되, 언어가 동일한 국민이 반드시 결합하지 않으면 안 된다 하고, 곧 제국주의의 시선을 주입하여 이 운동을 시작하고 마침내 여러 나라를 연합하여 일치를 이루었으니, 그의 공이 진실로 천 년에 빛날 만하다.

그러나 그 제국주의를 숭봉하여 여러 나라를 결합 통일하고자 한 목적이 반드시 여러 나라의 실제 이익을 보호하여 그 평화를 도모하고자 하는 것이 아니라, 오직 후일 무비를 준비하고자 하는 사상에서 나온 것이다.

自由 平等의 義理를 咀嚼ᄒ고 法國革命의 壯視을 希望ᄒ든 人士의 一心에 以爲ᄒ되 蠻觸(만촉)의 爭을 暫止ᄒ고 平和의 福利를 永享ᄒ며 外敵의 侵寇를 備防ᄒ야 日耳曼의 結合 統一을 企望ᄒ얏시니 是可望也커든 孰不可望也리오. 實際의 歷史를 試觀컨듸 決코 此種 企望에 福된 者ㅣ 無ᄒ니 嗚呼奈何오.

자유, 평등, 의리를 곱씹고 프랑스 혁명의 장관을 보기를 희망하던 인사의 마음에 야만의 전쟁을 잠시 멈추고, 평화의 복리를 영구히 향유하며, 외적의 침입을 예방하여 일이만 결합 통일을 기도하였으니 이것을 가히 바라거든 누가 바라지 않겠는가마는 실제 역사를 보건데, 결코 이런 종류의 바람에 복된 것이 없으니 아아 어찌된 일인가.

若日耳曼을 統一ᄒᄂ 거시 果然 北部 日耳曼 諸邦의 利益이 되면 彼等이 何不以多數 德意志語 而結合墺太利乎아. 所以不爲此者ᄂ 比斯麥克公 一輩의 思想이 決코 德意志 一般 人民에 不在ᄒ고 又ᄂ 共同 平和 福利에 不在ᄒ야 다만 普魯士와 다못 自身의 權勢與榮光에 在할 而已니 夫徹始徹終(철시철종)ᄒ고 但以好戰之心으로 滿足ᄒ 手段을 周旋ᄒ야 써 結合提携를 求ᄒᄂ 거슨 是人의 動物的 常性이니 悲夫也로다. (未完)

만약 일이만을 통일하는 것이 과연 북부 일이만 여러 나라의 이익이 되면, 저들이 어찌 다수가 독일어를 사용하지 않고 오스트리아와 결합하고자 하는가. 이처럼 하지 않는 것은 비스마르크 무리의 사상이 결코 독일 일반 인민에 존재하지 않고, 또는 공동 평화 복리에 있지 않고 다만 프로이센과 자신의 권세와 영광에 있을 뿐이니 시작부터 끝까지 단지 호전심으로 만족할 만한 수단을 주선하여 결합 제휴함을 구하는 것은 사람의 동물적 일반 본성이니 안타까울 따름이다.

▲ 제6호

夫甲을 만일 親匿ᄒ면 乙은 반다시 憎惡ᄒ나니 彼를 愛ᄒᄂ 者ᄂ 此를 憎ᄒᄂ 緣故이라. 若是ᄒ게 終日토록 擾擾ᄒ야 安寧ᄒ 餘暇이 無흠은 其覇權을 誇揚고셔 흠이니 盖比斯麥公과 如ᄒ 俊才로 是等의 情態를 웃지 不知흠에 實(치)ᄒ리오. 故로 如此ᄒ 國民의 動物的 天性을 利用ᄒ야 其手腕을 試着ᄒ야시니 若欲賁言인ᄃ 無非彼等 國民의 愛國心을 煽揚ᄒ야 所謂 愛國宗을 創建코져 흠으로 無用의 戰爭을 挑發할 而已로다.

대저 갑을 가까이하면 을은 반드시 증오하니 저것을 사랑하는 것은 이것을 증오하는 연유이기 때문이다. 만약 이렇게 종일 혼란스러워 평안한 여가가 없음은 그 패권을 과시하여 드러내고자 하는 것이니 대개 비스마르크와 같은 준재가 이런 사정을 어찌 모른다고 하겠는가. 그러므로 이러한 국민의 동물적 천성을 이용하여 그 수완을 정착하였으니 만약 좀 분한 말로 하면 저들이 국민의 애국심을 선동 발양하여 이른바 애국 종지를 창건하조 하여 무용의 전쟁을 도발할 따름이다.

故로 彼 日耳曼의 統一ᄒ 者ᄂ 其獸力을 實由흠이니 盖亞波士德路ᄂ 鐵血政策의 祖師이로되,

▲ 제7호

盖所述과 如히 <u>愛國心의 弊害가 其極點을 已達ᄒ</u>즉 反動의 力이 突然而起ᄒ리니 吾恐其强敵이 將有捲土而來者일가 ᄒ노라. 然이나 吾所謂

強敵者는 非迷信的이라. 實義理的也며 非中古的이라. 實近世的也며 非狂熱的이라. 實組織的也니 其目的인즉 其愛國宗과 愛國的의 이른바 事業을 破壞혼 然後에 乃已할지니 是는 卽 近世 社會主義를 爲ᄒᆞᆫ 바이니라.

(…중략…)

日本人의 愛國心者가 至征淸之役ᄒᆞ야 其發越奫湧이 振古所 未曾有者ᄒᆞ니 彼等이 淸人을 憎惡ᄒᆞ야 侮蔑疾視ᄒᆞᆫ 狀態는 實非言語로 所能形容者나 然이나 其大槪則白髮의 翁嫗으로 自ᄒᆞ야 三尺의 嬰孩에 至ᄒᆞ도록 咸有懺殺四億生靈而後에 甘心之慨ᄒᆞ니 靜言思之컨딕 寧非類狂이라. 如餓虎然ᄒᆞ며 如野獸然ᄒᆞ니 寧不悲哉아.

(…하략…)

◎ 動物談, 梁啓超 著, 〈조양보〉 제8호, 1906.9.

◎ (論說) 滅國新法論, 〈조양보〉 제8호, 1906.9.

　　*양계초의 이론을 역술함

　청국 음빙실 주인 양계초 선생이 권권 이보전 동양으로 입언 저론자 ᅵ 심다이 기멸국신법론이 심비절강개하야 족이 제경구안지도고로 여ᅵ 역술여좌ᄒᆞ야 비오방지인으로 독지이자애언이라

▲ 제8호

인도의 멸망

▲ 제9호

◎ 갈소사, 흉가리애국자 전(헝가리), 음빙실 주인 양계초 탁여저, 〈조양보〉 제9호, 1906.9.

제일절 흉가리의 국체 급 기 역사

제이절 갈소가의 가세 급 기 유년시대

제삼절 갈소사 미출 이전의 흉구ᄂ 형세 급 기 전배

(미완)

◎ 愛國精神 談, 著作人 法人 愛彌兒拉, 盧伯麟 역술, 〈서우〉 제7호, 1907.6. (애국론, 국가론)

*애미아납(에밀)의 저서

▲ 제7호

西曆 一千八百七十年之秋에 普軍이 破竹之勢로써 漫山遍野ᄒ야 法國 一小部城 發斯伯(발사백, 베르사이유?)에 進逼ᄒ야 圍之ᄒ고 攻城砲

132

百門을 羅列ᄒ야 終日 攻擊ᄒ니 城中의 高樓大廈가 或 崩頹에 就ᄒ며 或 焚燒를 被ᄒ야 百姓이 落膽ᄒᄂᆞᆫ지라. 然이나 戍兵이 不過 千五百人으로 오히려 能히 鎗烟(쟁연) 彈雨之中에 奔馳(분치)ᄒ야 要害를 固守ᄒ고 堡壘와 地雷 等을 嚴設ᄒ야써 防禦之力을 盡ᄒ니, 其不至於破陷者ㅣ 能히 尺寸으로써 計치 못ᄒᆞᆯ지라. 普軍이 以爲ᄒ되 黑子彈丸之地에 寡小羸약弱之衆이 玆에 猛烈ᄒᆫ 砲擊을 當ᄒ야 必然 降旗를 指顧間에 樹ᄒ리라 ᄒ고, 翌日에 一個 軍使를 遣ᄒ야 發斯伯城에 入ᄒ야 要塞 司令官을 見ᄒ고, 其 降을 促ᄒ야 曰, 公이 萬若 武器를 棄ᄒ야 開關 納降치 아니ᄒ면 萬砲齊發之下에 瞬息間 全城이 塗粉을 成ᄒ리라. 司令官이 泰然 答曰, 貴軍을 任ᄒ야 爲爲欲爲ᄒ라. 吾ᄂᆞ 吾國을 爲ᄒ야 吾職을 盡ᄒ고 決코 不降ᄒ다 ᄒ고, 直히 其使를 逐回ᄒ다.

是時를 當ᄒᆞ야 城中粮秣이 粗糲ᄒᆞᆯ 쑨더러 ᄯᅩᄒᆞᆫ 絶食之慘이 有하고 銃砲彈藥이 雖 稍充盈하나 鍊達精良ᄒᆫ 砲手가 乏하야 오즉 上官의 指揮를 專仰하나 所可恃者ᄂᆞᆫ 오즉 上下一體하야 報國之精神이 不撓不屈ᄒᆫ 故로 敵의 攻擊이 愈厲하되 我의 防守가 愈堅하더라 翌日에 至하야 普軍의 攻擊이 愈烈하니 爆烈彈이 城中에 落하야 爆發ᄒᆫ 者ㅣ 五千餘處라 都府의 四隅가 莫不着火하고 加以風伯이 助虐하야 頃刻間에 全城이 化爲火海하야 黑烟이 橫空하고 黃灰가 捲地하야 咫尺을 莫辦ᄒ고 火聲砲聲이 交震於耳ᄒ니 父老와 孩童과 婦女가 莫不抱頭竄遁ᄒ야 哀聲이 動地라. 兄不暇顧弟ᄒ며 父不暇救子ᄒ고 壯者ᄂᆞᆫ 焦頭爛額이 東奔西馳하야 從事救火ᄒ나 火熱이 旣熾ᄒ니 海를 傾ᄒ야도 ᄯᅩᄒᆞᆫ 足히 其威를 減殺치 못ᄒᆞᆯ지라. 外窮於砲하고 內靡於火하야 死傷이 載道하더라.

然ᄒ나 戍兵이 能히 鼓勇作氣하야 防禦을 勉事하고 맛참ᄂᆡ 屈치 아니 하ᄂᆞᆫ지라. 是時를 當하야 外無援兵하고 粮秣의 缺乏은 日甚一日이라. 十月中旬에 至ᄒ야ᄂᆞᆫ 寒氣가 凜烈ᄒ고 白雪이 飛騰ᄒ야 河溝沿池가 皆被埋沒ᄒ니 冷絮浸衣에 朔風이 如刺ᄒ야 防守之策이 愈艱ᄒ더라. 玆

에 粮草缺乏之秋를 當ㅎ야 要塞司令官 戴揚氏가 居尼들 命ㅎ야 粮餉을 陣營에 請ㅎ나 擧城의 百物이 皆竭ㅎ야 莫之酬應ㅎ니 故로 兵士는 僅히 豆茶汁과 馬骨汁을 飮ㅎ고 間에 少許의 馬肉과 麵包를 食ㅎ 而已라. 被服等類도 또ㅎ 破爛을 不堪ㅎ야 兵卒이 獎褓과 窓幕으로써 補綴ㅎ야 僅蔽肢體홀 而已라. 數月의 困頓疲勞로써 飢寒이 交迫하고 遂至赤痢病이 乘隙而出하야 其害가 砲彈火燄에 較ㅎ면 更烈ㅎ더라.

十一月三日에 至ㅎ야 普營이 再遣使者하야 戴氏를 招降하거늘 戴氏ㅣ 儼然止色하야 曰 城中에 餘力이 尙在하니 何降爲리오 오즉 孤城을 嬰守하야써 報國홀 而已라 하니 普使가 無顔而去하더라. 拔山力盡하고 蓋 世心微하야 英雄垂暮之日과 烈子喪魄之年은 余가 不能不爲古人하야 悲之로다. 戴陽氏가 發城을 固守ㅎ지 四箇月之久에 延至하야 野無靑草하고 家畜이 亦空하니 戌兵과 府民이 莫不身心疲憊하야 無可如何오. 加之死傷의 狼藉가 逐日爲甚하니 司令官 戴揚氏가 事無可爲를 知하미 思하건딕 與城俱斃가 不如暫降하야 以全衆人이라 하고 遂不得已하야 城頭樹旗하고 普軍의게 納降홀식

戴氏가 普軍攻城 司令官의게 致書하야 曰 嗚呼라 我軍之降은 實出於萬無奈何라. 蕞爾孤城으로 外援이 斷絶하고 滿城兵民이 饑寒之餘에 復以勞頓으로 不能抗戰홈의 至홈이오 戰敗乞降이 아니라 伏惟鑑察區區하야 無傷百姓하면 幸甚이로다. 普將 點斯氏가 得書翌日에 入城하야 戴氏를 見하고 殷勤握手하야 敬意를 深表하고 其勇壯을 歎服한니 蓋其戰敗로 因하야 降홈이 아니오 飢寒所迫에 無可如何에 至하야 降홈을 爲홈이라.

戴揚氏가 臨別에 部下의 諸兵士를 諭慰ㅎ야 曰 勇猛活潑ㅎ 余에 部下諸君은 千五百人之衆으로써 黑子彈丸之地를 嬰守하야 飢를 耐하고 寒을 忍하야 本國을 爲하야 軍人의 責任을 克盡ㅎ 者는 非諸君而誰耶아

今에 不得已하야 降旗를 樹하고 諸君이 普國에 囚送하는 災를 罹하니 不亦慘耶아 然이나 此는 非戰之罪니 願컨되 諸君은 善保身體하야 爲國家自愛하라 하고 言終에 汍然淚下하니 部下가 亦悄然하야 闃如無人하더라.

一千八百七十年十二月十三日에 法兵이 皆 就擒하야 普國에 囚送코저 홀식 戴揚氏가 在城門하야 見之ᄒ고 悲憤이 交集하야 欲言不能言하고 怒氣塡胸하야 以至氣絶者ㅣ 數次라 法兵이 出城時를 當하야 普軍의 彈壓을 不顧하고 戴氏 前에 爭趣하야 握手揮淚에 訣別者ㅣ 縷縷不絶이라 戴氏가 法軍之去의 漸遠홈을 見하고 紅淚千行이 濕透重鎧라. 慨然歎曰 昊天이 不祚我法國하야 以此能戰能守之兵으로 陷於悲慘場裏하니 不亦哀乎아. 又發斯伯城을 回顧하야 曰 余等이 法國을 爲하야 死力을 竭하야써 君을 護하더니 奈其運盡命窮하야 能히 始終에 君을 全치 못하얏스니 惟期他日에 吾軍이 以普軍之待君者로 待普都하야 以雪君憤하고 以洗玆恥홀지니 辱을 忍하야 他日의 邂逅를 待하라 하니라. (未完)

▲ 제8호

第二章 普人의 虐遇法囚

法人 波德利氏가 學校의 教師가 되고저 ᄒ야 孜孜汲汲히 學術을 研究ᄒ야 其志를 將竟터니 맛참 法國이 普國과 開釁ᄒ는지라. 奮然 蹶起ᄒ야 以爲ᄒ되 丈夫가 亂世에 生ᄒ야 紙堆中에셔 碌碌埋沒ᄒ는 것이 不亦羞乎아 ᄒ고 投筆從軍ᄒ야 發斯伯城에 入ᄒ야 防禦에 從事홀식 一日은 防戰中에 敵彈이 頭上에 爆烈홈을 見ᄒ고 怒曰 普人의 砲가 我의 砲壘를 毀ᄒ되 我의 銃丸이 能히 制禦치 못ᄒ니 可恨이 孰甚고 ᄒ고 切齒裂眦ᄒ야 敵軍을 橫視ᄒ고 挺身ᄒ야 城上에 立ᄒ니 勇氣가 凜凜ᄒ야 利霜의 不可犯과 如ᄒ지라. 自是로 波氏의 聲譽가 漸次 軍中에 播揚ᄒ지라.

當時 波氏之側에 一個靑年兵이 有ᄒᆞ니 年僅十八인ᄃᆡ 勇猛이 不亞於波氏ᄒᆞ니 是ᄂᆞ 亞爾薩斯의 志願兵 阿巴留라. 敵彈이 雨注ᄒᆞᆯ 際에 阿氏가 敵狀을 欲覘ᄒᆞ야 攀壘而上이라가 不幸히 一彈이 飛來에 頭部를 適中ᄒᆞ야 死ᄒᆞ니 波氏가 怒不可遏ᄒᆞ야 曰 吾가 盟誓코 阿氏의 仇를 報復ᄒᆞ야 其 靈魂을 慰ᄒᆞ리라 ᄒᆞ고 翌日 午後에 普兵二人이 原野에셔 徘徊홈을 見ᄒᆞ고 發鎗擊之ᄒᆞ야 其一은 斃ᄒᆞ니 阿氏의 仇를 報ᄒᆞ다.

發斯伯城이 陷落ᄒᆞᆫ 後에 波德利氏가 ᄯᅩᄒᆞᆫ 被擒ᄒᆞ야 普國馬多鋪市에 至ᄒᆞ니 同囚者百餘人이 土牢中에 幽閉ᄒᆞ야 沮茹卑濕에 一束之藁를 亦不給與ᄒᆞ고 左右前後가 皆土壘라. 天日을 瞻望치 못ᄒᆞ니 空氣가 壞敗ᄒᆞ고 呼吸이 欲絶이라. 其能吸收淸氣ᄒᆞ야 獲覩天日之時ᄂᆞ 오작 出牢苦役之際而已라. 然이나 苦役時間은 每日 七八下鍾이라. 監視兵이 工事를 監督ᄒᆞ믹 殘酷이 異常ᄒᆞ야 一擧一動이 곳 生死攸關之地가 되ᄂᆞᆫ지라. 一日은 普兵이 法虜를 聚ᄒᆞ야 工役을 課홀ᄉᆡ 其時에 法步兵軍曹龔潑氏가 幕側에셔 信步徘徊ᄒᆞ고 伸首眺望ᄒᆞ더니 맛춤 背軍下士가 普語로써 幕內에 入홈을 命ᄒᆞ니 龔潑이 其語를 不解홈으로 盤桓自若ᄒᆞᄂᆞᆫ지라. 下士가 怒而捕之ᄒᆞ거늘 龔潑이 厲聲言曰 吾國下士ᄂᆞ 不妄撲無辜者어늘 汝何無狀至此오 ᄒᆞᆫᄃᆡ 普軍下士가 抗命ᄒᆞᆫᄃᆡ 謂ᄒᆞ야 上官의게 訴ᄒᆞ고 軍法會議에 拘引ᄒᆞ야 竟히 銃殺之宣告를 受ᄒᆞ니 遂히 龔氏를 近郊刑場으로 檻送홀ᄉᆡ 法虜六千人이 亦臨場視之라. 當其就刑ᄒᆞ야 人이 帨로써 其目을 縛코져 ᄒᆞ거늘 龔氏가 拒之曰 男兒가 엇지 死를 畏ᄒᆞ리요 目을 縛ᄒᆞ고 刑을 受홈은 決코 不受ᄒᆞ다 ᄒᆞ더라. 當時에 軍裝을 服ᄒᆞᆫ 普兵數名이 鎗을 執ᄒᆞ고 龔氏前에 逼ᄒᆞ거늘 龔氏曰 吾未嘗言擊이어든 其勿擊我ᄒᆞ라 ᄒᆞ고 又 呼同胞之囚徒ᄒᆞ야 曰 嗚呼라 余之同胞여 余의 最後一言을 聽ᄒᆞ라. 余等이 不幸ᄒᆞ야 今日이 有ᄒᆞ니 余ᄂᆞ 今將長逝홀지라. 願건ᄃᆡ 諸君은 余를 爲ᄒᆞ야 勇壯活潑的 法蘭西人이라 ᄒᆞᄂᆞ 一語를 唱ᄒᆞ면 余가 雖死나 猶生이라 ᄒᆞᆫᄃᆡ 六千餘衆이 齊聲唱之ᄒᆞ니 聲撼山岳이라. 於是에 龔潑이 令普兵發鎗ᄒᆞ니 轟然一聲에 殘烟이 繚繞ᄒᆞ야 遂爲泉下之客ᄒᆞ니 時年이 二十二러라.

臨場ᄒᆫ 法囚가 不忍覩此慘狀ᄒᆞ야 垂首失色에 滿場이 肅然이라 噫라 人非木石이면 寧不傷心이리오 含酸茹痛之餘에 復仇雪憤之念이 不知不覺에 充塞於五內ᄒᆞᆫ지라. 血氣之儔가 遽欲出復仇之擧ᄒᆞ야 一夕은 密會一室ᄒᆞ야 互相策畵ᄒᆞᆯᄉᆡ 憤溢을 不可遏이라 遂히 普軍의 下士를 殺ᄒᆞ야 龔澈의 靈을 慰ᄒᆞ자고 高叫ᄒᆞᄂᆞᆫ 者가 有ᄒᆞ니 波德利氏는 衆所瞻仰이라. 出而言 曰 今에 諸郡이 一朝之怒를 不忍하야 龔澈을 爲ᄒᆞ야 復讐코자ᄒᆞ니 復讐는 義擧라. 豈曰 不可리오마는 諸君은 余等所處之境遇를 試思ᄒᆞ라. 一朝에 此擧가 出ᄒᆞ면 普人이 虐待를 增ᄒᆞ야 諸君을 危殆케 홈이 昭昭ᄒᆞᆫ지라. 普軍의 下士를 殺ᄒᆞ면 吾輩의 宿怨을 稍洩ᄒᆞ겟스나 然이나 輕擧誤事ᄒᆞ면 但히 法蘭西의 名譽를 損ᄒᆞᆯ ᄲᅮᆫ 아니오 死亦無利於國家라. 凡事를 國家의 大局을 爲ᄒᆞ야 謀ᄒᆞᆯ지니 一個人을 爲ᄒᆞ야 一個下士를 擊殺ᄒᆞ면 恐컨듸 龔澈이 九泉之下에 斯擧가 有홈을 不願일가 ᄒᆞ노라. 今日 余儕의 急務는 一個人의 仇를 復홈에 不在ᄒᆞ고 恨을 飮ᄒᆞ고 怒를 忍ᄒᆞ야 勇氣를 鼓舞ᄒᆞ야 工役에 從事ᄒᆞ야 目下의 苦難을 求援ᄒᆞᆯ 而已라. 今日 余輩之身은 捕虜之身이라. 余輩의 性名은 余輩의 所有가 아니오 死生勞逸之權이 皆彼의 所操라. 諸君이 今日之怒恨으로써 銘諸五內라가 萬一歸國之期가 有ᄒᆞ면 諸君은 今日之情形으로써 諸君之子弟의게 遍告ᄒᆞ면 반다시 奮發鼓舞ᄒᆞ야 諸君을 爲ᄒᆞ야 復仇之日이 有할지라. 余儕는 臥薪嘗膽ᄒᆞ야 今日의 不幸ᄒᆞᆫ 本國으로 ᄒᆞ야곰 光榮을 後日에 煥發ᄒᆞᆯ 而已니 諸君은 試熟思之ᄒᆞ라 ᄒᆞᆫ듸 大衆이 聽畢의 皆其深謀遠慮를 服ᄒᆞ야 遂히 中輟ᄒᆞ다.

▲ 제9호

邇來法虜가 普兵의 暴虐을 蒙홈이 逐日更烈ᄒᆞᆫ지라. 衣則襤褸ᄒᆞ야 不足禦寒威요 食則粗糲ᄒᆞ야 僅足支生命이요 勞役之苦는 多不能堪이라. 然이나 大衆이 皆感波氏之言ᄒᆞ야 莫不瘁心竭力ᄒᆞ야 勉事工役ᄒᆞ더니 一夕은 諸衆이 圍坐敍話ᄒᆞᆯᄉᆡ 旣往을 慨ᄒᆞ며 將來를 嘆ᄒᆞ야 擧目山河에

物景이 全非라 空對楚囚之泣ㅎ더니 一人 曰 西塘之戰에 法人이 捕虜된 者가 八萬餘兵인덕 余 亦 其一이라. 今에 其 情況을 略述ㅎ노니 本年 十二月三日에 普人이 余等을 衣頭半島에 押送ㅎ니 俗에 稱ㅎ되 殘酷峯 者] 是라. 該時에 普人의 凶暴는 不可名狀일시 其遇余等이 不啻家畜이 라 帳幕之內에 寸藁를 不敷ㅎ고 惟裸地露天ㅎ야 以渡日夜而已라. 降雨 三日에 不舍晝夜ㅎ니 幕地가 儼若溝壑ㅎ고 寒氣가 凜烈에 皮膚皆裂이 라. 諸虜가 迫於飢寒ㅎ야 或 麵包를 呼ㅎ며 或 草藁을 呼ㅎ야 呻吟之聲 이 不絶於耳라. 老兵은 怒氣가 塡胸ㅎ야 睥睨普兵而言曰 與其乞憐於仇 敵으론 不如死之爲愈라 ㅎ니 於是에 或 劍鋒과 或 嚼舌로 憤死者] 不 知凡幾요 幼年之兵은 오작 仰天呼籲ㅎ야 死後에 冥福을 祈禱홀 而已라. 普人은 覩此慘狀ㅎ고 反嘲笑之ㅎ니 如此 者] 十有五日이라. 故로 凍餒 而斃者가 陸續不絶ㅎ니 普兵이 埋葬의 繁褥을 厭ㅎ야 集屍累累에 積高 如山을 待ㅎ야 비로소 原野의 合葬ㅎ더라. 次에 麥趾之虜가 有ㅎ야 捕 來혼 情狀을 陳述ㅎ야 麥趾城이 本年 十二月 二十八日에 陷落ㅎ얏는덕 守兵의 成擒者가 十七萬 三千人이라. 此軍이 困守日久에 粮秣이 欠乏ㅎ 고 衣服이 不給이라. 戎馬가 迫於飢寒ㅎ야 或 樹皮을 嚼ㅎ며 或 轅木를 嚼ㅎ고 終至於互食隣馬之鬣尾ㅎ야 以至於斃호되 人無顧馬之暇ㅎ야 反 히 死馬를 爭食ㅎ고 或 野鼠를 捕食ㅎ는지라. 時에 金風이 肅殺ㅎ야 冷 氣襲入호되 防遮之術이 絶無ㅎ고 오작 小舍을 營ㅎ야 殘喘을 僅保홀 而已러니 最後之期에 迨及ㅎ야는 遂히 不得不 敵前에 降服ㅎ얏스니 哀 哉라. 우리 生死의 將校여 遂히 不得不 與部下離別일시 此 離別은 不啻 慈母之於赤子라. 莫不唏噓流淚ㅎ고 黯然魂消로다. 我等이 激昂慷慨之 情은 勃不可遏일시 將校之四傍에 圍集ㅎ야 誓 曰 此恨에 綿綿은 無盡期 ㅎ니 生不見身受指揮之日이면 死當隸屬麾下ㅎ야 爲護國之鬼ㅎ야 以雪 今日彌天之大恥ㅎ리니 余等은 請從此別이라 ㅎ고 遂悄然而別ㅎ다.

  普人이 檢查降虜를 旣終에 乃營舍에 置ㅎ고 哨兵을 命ㅎ야 其 四圍를 嚴守ㅎ야 法虜로 ㅎ야곰 能히 雷池一步를 越치 못ㅎ게 ㅎ고 營舍之內 에는 糞尿滿地ㅎ야 穢氣滿室ㅎ고 衣食不足ㅎ며 霖雨霑衣ㅎ니 同僚之

死者가 數人이러니 翌朝에 至ᄒ야는 氣絶者가 百餘人에 達ᄒ지라. 數日을 經ᄒ야 押送ᄒ야 普國에 至ᄒ니 法蘭西 軍隊의 風威가 更挫ᄒ야 莫不顔色憔悴ᄒ며 形容枯槁ᄒ고 行步 蹣跚ᄒ야 倒地哀號ᄒᄂᄃᆡ 普兵은 反히 遁逃計를 作ᄒ다 ᄒ야 鞭扑이 交加에 殆히 人理가 無ᄒ지라. 於是에 乘間逃匿者도 有ᄒ며 或 法人이 何辜로 遭此荼毒고 ᄒ야 大聲一叫而絶ᄒᄂᆫ 者도 有ᄒ얏스니 此等 情形은 今猶歷歷在目이라 嗚呼 慘矣로다. (未完)

▲ 제10호

波德利ㅣ 繼起而言ᄒ야 曰 在普國之法囚가 約四十萬人인ᄃᆡ 其中에 疾病을 罹ᄒ고 苛刑을 遭ᄒ야 死흔 者가 凡 萬八千人이니 法人의 不幸이 可히 極點에 達ᄒ얏다 云흘지라 余가 一日은 法人의 送葬을 逢ᄒ야 最히 悲慘之談을 接ᄒ얏스니 願一述之ᄒ노라 其 葬式은 法蘭西軍隊의 儀式을 從홈이 아니요 오작 農夫 數十百人으로써 普兵의 監視를 屬ᄒ야 葬送ᄒᄂᄃᆡ 其中 數人은 衰老頹弱ᄒ야 顔色이 憔悴ᄒ고 鬢髮이 如雪ᄒ야 殆히 勞役을 不堪ᄒ지라 余가 其近에 臨ᄒ야 問ᄒ니 被葬者가 法人인ᄃᆡ 送葬者도 ᄯᅩ 捕虜라 余가 更詢ᄒᄃᆡ 旣非兵卒이어니 何得爲捕虜오 흔ᄃᆡ 其答에 曰 普軍이 當日吾鄕에 侵入ᄒ야 亂暴狼藉ᄒ야 無所不至라 掠奪財貨ᄒ며 姦淫婦女ᄒᄂᄃᆡ 該鄕이 無所掠取에 至ᄒ야ᄂᆫ 巨額의 償金을 强徵ᄒᄃᆡ 重要之任을 逮捕ᄒ야 質券을 삼고 武器를 貯藏ᄒ 者ㅣ 有ᄒ면 事之虛實을 不問ᄒ고 皆捕虜之ᄒ니 衰老如余가 엇지 能히 抗敵之力이 有ᄒ리오 乃普兵이 罪案을 橫加ᄒ야 身遂遭虜ᄒ니 不亦冤乎아 ᄒ고 言竟에 潸然泣下ᄒᄂᆫ지라 余ㅣ 聞之憤懣ᄒ야 不知所措ᄒ고 失聲呼曰 普人所爲ᄂᆫ 直禽獸之不若이라 ᄒ얏터니 其時에 普國監視兵이 注目於余ᄒᄂᆫ지라 某가 因謂余曰 足下ᄂᆫ 其 戒心ᄒ라 不然이면 不測之禍에 將罹ᄒ리라 ᄒ고 沿途에 低聲告曰 此 送葬者ᄂᆫ 那勒人과 英勒人인ᄃᆡ 該地의 被捕者가 三十七人이라 其中에 一家의 七人被囚者가 有ᄒ

고 博學士方德那氏도 坯호 捕虜之列에 在호지라 方氏는 容貌가 嚴正호고 名高鄕黨호 故로 普人의 注目호 바되야 因而被虜 호엿더라 我等이 初出法境호매 同行四十八人이 一列車之中에 堆積호야 立錐의 餘地가 無호디 互相壓迫호며 互相擁擠홈으로 空氣가 敗壞호야 數人을 致斃호니 비록 鐵輪의 駛行이 迅速호대도 坯호 拔關飛下코져 호는 者가 有호나 但 監視兵의 制止호 바 되고 坯 偶語를 嚴禁호며 비록 沿道停滯홀 際오도 下車를 不許호는지라 其中 一老人은 車隅에 屏息호야 二晝夜를 粒漿이 不入於口호니 衆虜가 莫不垂憐호야 看護不怠호는디 衛兵은 毫不顧及호더라 及其郞火德에 達호는 夕에二老가 停車場에 囚호야 突然히 其妻을 邂逅호니 欣喜之餘에 不覺失聲呼曰 吾人이 已爲虜호엿스니 普人이 將次家宅에 侵入호야 貨財를 掠取홀테이니 汝等은 警戒호라 호는디 普兵이 聞之호고 二人의 發聲은 禁호야 槍床으로써 擊之호는지라 二人이 雖 老나 崛强不下호야 擧拳反擊호니 普兵이 大怒호야 其 鞋帽를 褫호며 其 手足를 縛호고 或以槍釰擬之호며 或以釰鞘投之호야 凌虐을 備極호야 以爲娛樂호고 다시 호야곰 貨車下에 仰臥케 호야 巨炮로써 其胸을 壓호니 二老가 頭髮이 散亂호며 衣服이 破裂호고 手足은 繩索에 創傷호야 膿血이 狼藉호야 滿面斑痕이라 氣息이 奄奄호야 其不至於死者ㅣ 幾希호지라 步行旬日에 斯得廳에 始着호니 盖 衆虜을 出囚호는 目的地라 二老者는 手足之縛이 雖解호엿스나 首不笠帽호며 足不屨靴호고 顔爲瘡蔽호지라 時에 朔風이 颯颯호야 盛寒이 徹骨호니 卽 壯者라도 不堪其苦은 況風燭殘年之父老乎아 旣無遁逃之力호고 復不能邁步爭先일시 오작 擒列에 追尾호야 普兵의 叱咤搥撲을 供홀 而已라 後에 다시 監視兵에 所惡되여 抗命罪로써 斯得廳의 要塞司令의게 誣訴호야 錮禁을 遂被호니 其一은 凶殘을 不堪호야 竟至睡不起호니 哀哉로다. 余가 聽聞之下에 憤氣가 塞胸호야 淚下을 不能禁이라 及其墓地에 達호야는 疊疊者가 皆法人遺骸의 所在之地라 互相吁嗟호야 低回而不能去러니 忽聞霹靂一聲호니 普兵이 叱曰 汝等은 何不速歸오 欲從死於地下耶아 호니 於是에 皆嗒然喪氣而返호니라.

(10호까지 등장함)

◎ 子女 敎養에 就ᄒ야, 岡田朝太郞 氏 談話, 柳東作 譯述, 〈서우〉 제4호, 1907.3. (가정교육, 가정학)

*앞의 학교 위생의 문제에 대한 연재를 중단하고 일본 법학박사 오카다 아시타로(岡田朝太郞)[29]의 글을 역술하는 이유를 밝힘

本報 第一号 學校衛生의 問題에 未完을 懸錄ᄒ엿스나 此 以下의 所述이 生理學 及 物理學 等 科學에 涉ᄒ야 其煩瑣(번쇄) 長篇이 愛讀者 君의 忌厭을 反致홀가 恐ᄒ야 玆에 中斷홈을 告ᄒ고, 余의 崇仰ᄒᄂᆞᆫ 日本 法學博士 岡田朝太郞 氏의 家庭談話를 譯載ᄒ야 以供 一覽ᄒ노라.

乳汁은 親母의 것이던지 乳母의 것이던지 牛乳던지 時間을 定ᄒ야 給養홀 것이오. 容易히 其 規則을 破違치 아니홀 바ㅣ라 拘癖이나 負癖을 小兒의게 與홈은 可치 아니홈 此癖은 第一大人으로 ᄒ여곰 事爲가 自由로 되지 못ᄒ게 되고 且 兒孩가 其 希望ᄒᄂᆞᆫ 바ㅣ에 不滿ᄒ면 悲鳴을 擧呼ᄒ야 煩悶 等 種種의 不便을 生케 ᄒᄂᆞ니 雖不拘不擧라도 赤兒의 發育에 別般의 害가 無홈이라. ○三四歲頃에 盛愛를 受ᄒᄂᆞᆫ 것이 其 兒一生의 幸不幸의 岐路가 되ᄂᆞᆫ 時라. 過度히 惟言을 是從ᄒ며 惟願을 是聽ᄒ면 種種의 要求를 渠의 權利로 思하ᄂᆞᆫ 心理作用을 漸生ᄒ면 後에 改悛ᄒ기 極키 困難ᄒ야 七八歲頃에 痛憎을 見ᄒᄂᆞᆫ 것이 皆 三四歲頃에 其親의 養成ᄒ 佚氣의 反動에 不過홈 小兒의게 間食을 與ᄒ야도

---

29) 오카다 아시타로(岡田朝太郞): 일본 법학박사. 메이대 교수. 〈형법강의〉 등의 있음. 〈隨筆)虛心觀〉(磯部甲陽堂, 1927), 〈寬政改革と柳樽の改版〉(磯部甲陽堂, 1927), 〈日常の法律〉(誠文堂, 1927), 〈比較刑法〉(明治大學出版部, 연대미상), 〈日本刑法論〉(有斐閣, 1895), 〈刑法總論〉(明治大學出版部, 1906), 〈(改正)刑法講義案〉(有斐閣, 1905) 등의 저서가 있음.

無害ᄒ나 嚴格히 時間을 守ᄒ되 消化ᄒ기 易ᄒ 種類를 選擇홈이 可홈. ○ 人의 訪問을 受ᄒ 時에 其 小兒의게 過度히 飮食을 供與홈은 愛想ᄒ는 것이 아니오. 反히 一種의 罪惡이 될지라. ○ 學校로 브터 歸ᄒ 時는 渠의 履物及携帶品드른 다시 渠가 處理케 ᄒ되 其親이든지 下人으로 幇助及代行ᄒ는 便利를 與홈이 不可홈. ○ 每日 時間을 定ᄒ야 復習케 ᄒ되 學校成績을 檢見ᄒ야 其 劣拙ᄒ 科目을 特히 復習케 홈이 可홈. 此가 다만 學力을 增進케 ᄒᆯᄲᆞᆫ 아니라 其 長成ᄒ 後라도 自修復習의 慣習을 養成케 ᄒ려홈이라. ○ 小兒로ᄒ여곰 慢然히 下人을 使用홈은 不可홈. 下人은 主人의게 順從ᄒ야 可及的으로 其 命令대로 聽從ᄒᄂ니 事ㅣ 小ᄒ 듯 ᄒ야도 實로 大關係가 有홈. ○ 隱密히 惡事를 行ᄒ 時는 少라도 隱蔽치 말고 直告ᄒᄂ 性癖을 養成ᄒ되 實事대로 告ᄒ면 大端ᄒ 惡事가 아니어던 可及的으로 叱責치 말고 從容히 將來를 戒ᄒ면 遂히 叱責이 有ᄒᆯ가 恐怯지 아니ᄒ고 情實을 直告ᄒᄂ니라.

◎ 保護國論,

　일본 法學士 有賀長雄 著, 〈조양보〉 제9호, 1906.9; 제10호

　　*보호국 명목의 식민 담론

▲ 제9호

　總論

　窃按컨ᄃᆡ 國際間에 保護關係의 原因이 四種이 有ᄒ니 或 個個 單獨의 關係도 有ᄒ며 或 二個國 以上 聯亘 協作의 關係도 有ᄒ니 其詳을 左에 述ᄒ노라.

第一種 保護國은--

第二種 保護國은--

第三種 保護國은--

第四種 保護國은--

▲ 제10호

일한보호조약

제일절 일한협약 형식

제이절 일한협약의 효력

▲ 제11호

◎ 敎育政策私議, 飮氷室 梁啓超 著, 韋菴 張志淵 譯述, 〈대한자강회월보〉 제3호, 1906.9.

▲ 제3호

梁啓超先生은 淸人也라. 其 學術言論이 精邃淵博ᄒᆞ야 足以爲一世之表準而特於敎育에 尤惓惓致意者ㅣ 其旨可見也라 今取其敎育政策議 一篇ᄒᆞ야 以貢我當局者採覽而但其所議者ㅣ 專主諸國而言者故로 或有與我國으로 不無枘鑿齟齬之句則易以我國之時狀ᄒᆞ야 以譯述焉ᄒᆞ니 蓋取

其意想言論之眞實而己오 非純用其文字者也니 覽者는 宜恕也否아.

敎育次序議 第一

○ 頃者에 朝廷之所詔勅과 各省之所陳奏가 莫不有州郡의 小學과 府의 中學과 京師의 大學之議로딕 而至今토록 未見施設ᄒ고 惟以京師大學 堂之成立으로 聞ᄒ니 若循此以往이면 吾는 決其更越十年이라도 卒無 成效也니 求學이 譬如登棲ᄒ야 不經初級ᄒ고 欲飛昇絶頂이면 未有不 中途挫跌者ᄒᄂ니 今勿論遠者ᄒ고 請以日本留學生證之ᄒ리니 其始에 는 往往志高意急ᄒ야 驟入其高等學專門學ᄒ야 講求政治, 法律, 經濟, 物理, 化學, 工藝 等 諸學이나 然而 普通學이 不足 故로 諸事를 不能解悟 ᄒ야 名爲卒業云者ㅣ 類皆貿貿焉耳오 亦未免中途에 輟業以歸者ㅣ 不知 幾人이어던 況此內地에 遽集其所謂學擧業課章句者ᄒ야 茫然不識加減 幾何之數ᄒ며 夢然不解空氣升降之理者를 試之以分差理化之奧妙ᄒ면 是何異强扶牀之孫而使與龍伯大人으로 競走也哉아.

當十八世紀 以前에는 歐美 各國의 少學之制度가 未整이라가 至十九 世紀以後ᄒ야 巨眼之政治家ㅣ 始確認敎育之本旨가 在養成國民ᄒ고 普 之皮里達圬夏哥土等이 首倡小學最急之議ᄒᆷ이 自玆以往으로 各國이 從 風ᄒ야 德將毛寄가 於師丹戰勝歸國之際에 指小學生徒而語曰非吾儕之 功이라 實彼等之力이라 ᄒ니 蓋至言也라 今吾國이 不欲興學則己어니 와 苟欲興學인딕 必自以政府干涉之力으로 强行小學制度가 可也니 今 에 試取日本人所論敎育次第ᄒ야 撮爲一表以明之ᄒ리니

▲ 敎育期 區分表
〔廿二歲至廿五歲 大學校期 成人期〕〔十四歲至廿一歲 中學校期 少年 期〕
〔六歲至十三歲 小學校期 兒童期〕〔五歲以下 家庭敎育期〕〔幼稚園 期 幼年期〕

144

▲ 幼稚園期

(身體) 一歲 前後에 乳齒生ᄒ야 習步行ᄒ며 學言語ᄒ야 始與他動物로 全別이라. 具 人類之特性ᄒ야 有營養之求ᄒ며 有慾望之起ᄒ야 感覺之 力이 漸臻敏捷이오

(知) 感覺知識之動機가 極爲敏捷이오.

(情) 其 感情이 皆於 感覺ᄒ야 恐怖之情이 甚强이오.

(意) 只 有感覺底意志오.

(自觀力) 未自知有我ᄒ고 純然混沌未鑿境界오.

▲ 小學校期 六歲 以上

(身體) 此 期之始ᄂ 腦髓가 稱堅ᄒ야 能就一定之課業ᄒᄂ니 身體發育 之盛이 在於此時오.

(知) 記憶想像之動機가 最强ᄒ야 其 推理也에 每有持一端以槪全體之弊오.

(情) 情緒始動이오

(意) 前半期ᄂ 只 有 感覺底意志ᄒ고 後半期ᄂ 漸入於悟性底意志오

(自權力) 模倣長上而好自屈ᄒ야 漸欲通已意於人我相之觀念이 始生이오.

▲ 中學校期 十四歲 以上

(身體) 此 期之始에 性欲萌芽ᄒ야 體格이 漸成大人之型ᄒ고 音聲이 一 變ᄒ야 其

　自身體所起之慾望이 較前期에 益發達이오.

(知) 前半期ᄂ 偏於想像ᄒ고 後半期ᄂ 長於推理오.

(情) 前半期ᄂ 雖動於情緒나 後半期則情操ㅣ 漸發達이오.

(意) 前半期ᄂ 具有悟性底意志나 後半期ᄂ 漸爲理性的 意志오.

(自觀力) 前半期ᄂ 我相之觀念이 益强ᄒ야 幾知有我오 不知有人ᄒ다가 後半期ᄂ 始認他相ᄒ야 知人我協同之爲急이오.

▲ 大學校期 廿二歲 以上

(身體) 體格이 己定ᄒ야 全爲大人之型이오.

(知) 推理之力아 漸强ᄒ야 能尋究眞理ᄒ며 自搆理想이오.

(情) 情操―發達이오.

(意) 理想的 意志가 發達이오.

(自觀力) 成自治之品性이오 且能人我協成ᄒ야 爲一群內之我니라.

教育制度表

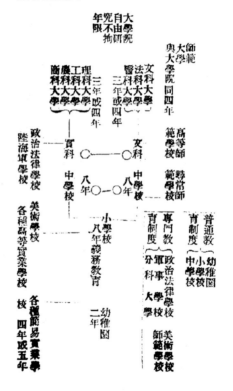

由此觀之면 教育之次第가 其 不可 蠟 等 也ㅣ 明矣라. 夫在教育已興之
國에도 其就學之級이 自能與其年相應이어늘 若 我國은 今日之學員이
當前 此 及 年之日ᄒ야 未受相當之教育ᄒ니 其 知德意情之發達이 自比
文明國之學童이면 低下數級이어늘 欲驟然授之ᄒ면 烏見其可也리오.

學校經費議 第二

抑學校之議 l 所以倡之屢年에 至今不克實施ᄒ고 或僅經營一省會學堂ᄒ고 己自足者 l 治亦有故焉이라. 則經費無出이 是也니 夫欲擧全國之中學小學而悉以國帑으로 辦之ᄒ면 無論財政蕩竭之我國ᄒ고 卽 極富如英美라도 亦不給焉矣라. 各國 小學이 皆行義務教育이라 ᄒ니 義務云者ᄂ 其一則及年之子第가 皆有不得不入學之義務也오 其二則團體之市民이 皆有不得不擔任學費之義務也라. 日本 明治廿二年所頒法律의 號稱地方學事通則者에 其 第二條 云.

凡 一區 或 數區의 相合所設ᄒ 小學校에 其 設立費와 及 維持費를 由居寓本區之人이 有實業(有土地家宅者) 及 營業(無舖店之行商은 不在內) 者가 其 負擔之ᄒ고 若 其 區에 原有公產이면 先以公產之所入으로 充之라 ᄒ니

此 制ᄂ 蓋 斟酌 各國 法規의 所 查定者라.

普國制度에 凡 小學校之設立費 維持費ᄂ 自昔으로 惟以直接受其利益者 l 負擔之ᄒ니 卽 有子弟之家長이 是也러니 近年以來則政府 l 設立少學校規條ᄒ야 頒諸各鄉市ᄒ야 使擔任其經費케 ᄒ며 若 所收修金이 不敷採用 則 別徵學校稅ᄒ야 以補之ᄒ고 以下次號

▲ 제4호 教育政策私議(續)

(위암 장지연이 중국의 음빙실 양계초의 논설을 번역한 사례)

○ 英國은 一千八百七十年으로 至七十三四等年ᄒ야 制定小學會ᄒ야 凡小學校之設立費維持費를 由各市各鄉各區의 自負擔之ᄒ고 其 徵稅난 約與恤窮稅相等ᄒ며 不足則以國庫金으로 補助之ᄒ고 又 建築學校時에 若其費不給則政府 l 時或貸與之ᄒ고

法國은 自停收小學校修金以後로 學費 l 益增加ᄒ야 前所收鄉稅市稅

가 尙不足給이라. 於是에 擧土地總戶人頭家屋營業等의 諸直接稅ᄒᆞ야 附增若干ᄒᆞ야 爲學校稅ᄒᆞ고 不足則以一省公産으로 補助之ᄒᆞ며 再不足則以國庫金으로 補助之ᄒᆞ나니.

此ㅣ各國辦小學校經費之大略也라. 由是觀之컨ᄃᆡ 凡小學校者난 大率由國家監督ᄒᆞ야 立一定之法而徵地方稅ᄒᆞ야 以支辦其財政者也라. 今我國도 亦依如左之辦法이니

一 下令ᄒᆞᄃᆡ 凡有千人以上之市場村落은 必須設小學校一所ᄒᆞᄃᆡ 其大鄕大市ᄂᆞᆫ 劃爲數區ᄒᆞ야 每區一所에 大約每二千或三千人이 輒遞增一校ᄒᆞ고 其小村落不足千人者난 合數村落ᄒᆞ야 共設一校ᄒᆞ며.

一 學校經費ᄂᆞᆫ 皆由本校本區自籌ᄒᆞᄃᆡ 其有公算者ᄂᆞᆫ 以公産所人으로 支辦之ᄒᆞ고 其無公産或不足者則徵學校稅ᄒᆞᄃᆡ 如田畝稅房屋稅營業稅丁口稅等을 或因其地之特別稅法ᄒᆞ야 以法律로 徵收之ᄒᆞ야 以刱設學校와 及維持學校之用ᄒᆞ고 惟其稅目은 不得過兩頂以上이오 其有餘者則積爲學校公産ᄒᆞ고 其仍有不足者則稟請地方官ᄒᆞ야 酌由官費補助ᄒᆞ며.

一 凡每一學校之區域에 皆設一敎育會議所ᄒᆞ고 由本地居民이 公擧若干人ᄒᆞ야 爲敎育議議員ᄒᆞ야 分司功課財政庶務等學校主權ᄒᆞ며 及財政出納을 一切歸本會議所管理ᄒᆞ고 長官은 不得干預之ᄒᆞ며.

一 國家ㅣ須速制定小學章程ᄒᆞᄃᆡ 詳定其管理法及所授課目ᄒᆞ야 頒之各區域ᄒᆞ야 使其遵行케 ᄒᆞ며.

一 敎科書난 毋論 爲官纂이나 爲民間私纂ᄒᆞ고 但能一依國家所定課目者를 皆可行用케ᄒᆞ며.

一 學校난 皆收脩金ᄒᆞᄃᆡ 必須極廉이니 國家ㅣ爲定一額ᄒᆞ야 不得逾額收取ᄒᆞ며 其有貧窶子弟가 無自備修金之力이면 經敎育會議所査驗ᄒᆞ야 屬實者난 豁免之ᄒᆞ고 子弟ㅣ及歲에 不遣就學이면 則罰其父母ᄒᆞ며.

一 旣定徵學校稅ᄒᆞ야 如有抗不肯納者면 由敎育會議所ᄒᆞ야 稟官究取케ᄒᆞ며.

一 每省에 置視學官三四人ᄒᆞ고 每年에 分巡全省各學區ᄒᆞ야 歲偏ᄒᆞᄃᆡ 視學官之職이 當初辦時난 則指授辦法ᄒᆞ고 旣立校後난 則査察其管理法

及功課ᄒᆞ야 教師之良者와 學生之優等者난 時以官費로 獎賞之ᄒᆞ고 其
學校의 所有公産之數와 及出納表난 皆呈繳視學官驗視호ᄃᆡ 但割其權限
ᄒᆞ야 不許干涉校中款項케흠.

此其大較也라. 至詳細規則ᄒᆞ야난 他日에 當悉心考索ᄒᆞ야 爲一專書
ᄒᆞ야 以備當道採擇ᄒᆞ리니 苟依此法이면 其利有四라.
一은 不勞公帑而能廣開學風也니 今日司農仰屋之時에 欲以國費興學이
면 其事ㅣ 不可望이니 政府난 以責諸觀察ᄒᆞ고 觀察은 以責諸守令ᄒᆞ나
守令이 亦有何術ᄒᆞ야 能羅掘巨款에 遍興其學校乎아 故로 雖明詔敦迫
이 一日十下나 亦不過視爲一紙空文ᄒᆞ고 終不奉行而亦無辞以責之也라.
非用此法則雖更歷十年이라도 決無全國興學之日ᄒᆞ리니 惟國勢利導而
使之自謀則不兩三歲而絃誦이 徧於陬滋矣리라.
二난 學制整齊而可與高等學級相接也니 官費를 旣不得辦이면 勢不得不
望民間之自開니 夫人有子第에 莫不欲教之爲將來計ᄒᆞ며 加以功令所詔
와 利祿所趨則雖不立定制而民間自創者ㅣ 固當所在多有나 然而其不整
齊甚矣라. 其 校舍ㅣ 或此地有而彼地無ᄒᆞ고 其 課目이 或此地多而彼地
減ᄒᆞ야 勞而小功ᄒᆞ니 雖辦之數十年이라도 決無成效나 苟用此法이면
全國之分配가 無或偏毗ᄒᆞ고 全國之學級이 無或叅差ᄒᆞ야 若網在綱에
遞進愈上ᄒᆞ리니 十年之內에 普通之才ㅣ 徧於天下리라.
三은 可以强民使就義務教育也니 旣以造成國民으로 爲目的則不可不擧
全國之子弟而悉教之 故로 各國通制에 及年不學이면 罪其父母ᄒᆞ나니
蓋子弟者는 一國所公有오 非父母의 所獨私也라. 然而國家學制未定이면
使民何所適從이리오. 故로 必用此法ᄒᆞ야 先使學校로 普及然後에 教育
이 可以普及이니 其有力者ᄂᆞᆫ 出其所入之一小部分ᄒᆞ야 以維持公益ᄒᆞ고
其貧寠者ᄂᆞᆫ 亦可豁免學費ᄒᆞ야 以成就其前途니 如是而猶不樂學焉은 未
之有也니라.
四ᄂᆞᆫ 養成地方自治之風ᄒᆞ야 爲强國之起点也니 今日에 欲立國於大地ᆫ
ᄃᆡ 舍公民自治ᄒᆞ면 無其術矣라. 雖然이나 驟擧今日 歐美 日本의 所謂
地方自治之權利義務ᄒᆞ야 悉以界之責之於我國民이면 無論爲政府의 所

不欲호고 恐吾民도 亦未能受之而推行盡善也라. 故로 莫如先從敎育著手
호야 凡一區域內에 關涉敎育之事는 悉歸會議所之自治호면 人民이 藉
此閱歷호야 得以鍊習其團體行政之法호리니 此後에 漸次授以他事호야
使自經理면 自可不迷厥途而政府도 亦可以知地方自治之事가 雖屬民權
이나 於君權國權에 不特無傷이라. 且能爲國家分任艱鉅호며 興擧庶務
호야 此後에 集權分權之政治를 可以確立호리니 此는 又不徒爲敎育計
라. 亦爲一切政體之本原計也니라.

  或曰今日我國租賦가 旣已繁重矣라. 腏削悉索에 鼠雀俱窮이어늘 復
欲益以學校稅호면 民其樂輸之乎아 曰是又不然호니 凡取諸民而入諸官
者를 民이 不知其所用之目的과 與其出納之會計 故로 雖極薄而猶怨焉이
어니와 取諸民而用諸民호고 且明示以所用之目的호야 使自司其出納之
會計호면 雖極重而民猶樂也라. 我國之稅를 比較列國이면 最稱輕減호
야 卽合其汚吏之婪索中飽라도 猶不及歐美文明國三分之一也라. 然而民
滋怨者는 何也오. 未嘗一用之호야 以治民事也니 今使之出其財호야 以
誨養其子弟케 호고 自徵之호며 自管之호며 自用之호며 自察之호고 官
吏는 一無所過問이오 惟助其定章程稽功課호야 匡所不逮耳라. 彼任議員
者ㅣ 功在桑梓而享榮名於鄕邑호고 有子弟者ㅣ 安坐成學而獲厚果於前道
호리니 有不趍令을 如流水者耶아 方今之世에 爲興學計컨딕 無以易此
호니라. (完)

  =점필재 연구소 / 제4부에서 번역함

◎ 論幼學, 支那 飮氷 主人 著室, 朴殷植 譯述, 〈서우〉 제6호, 1907.5. (아동교육)

*음빙실 주인(양계초) 저, 박은식 역술 = 아동 교육 자료

▲ 제6호

西人은 每歲에 新法을 創ᄒ며 新器를 製ᄒᄂ 者ㅣ 十萬으로써 計ᄒ고 新書를 著ᄒ며 新理를 得ᄒᄂ 者ㅣ 萬으로써 計ᄒ거늘 中國은 無一焉ᄒ고 西人은 每百人中에 識字者가 自 八十人으로 至 九十七人이어늘 中國은 不逮 三十人이라. 頂同圓也며 趾同方也며 官同丑也며 支同四也로ᄃᆡ 懸絶이 若此ᄒ니 嗚呼라. 殆히 天의 降才가 殊홈인가 顧吾ㅣ 嘗聞西人 之言矣라. 震朝之人이 學於彼土者ᄂ 才力智慧가 無一事弱於彼ᄒ고 其 居學數歲면 褒然試擧首者가 往往 不絶ᄒ니 人之度量相越이 蓋不遠也어 늘 而若是者ᄂ 何也오.

梁啓超曰 春秋萬法은 托於始ᄒ며 幾何萬象은 起於點ᄒ며 人生 百年 은 立於幼學이라. 吾ㅣ 嚮者에 吾의 鄕塾을 觀ᄒ고 其 學究를 接語ᄒ니 蠢陋野悍과 迂謬猥賤이 不可嚮邇라. 退而僛焉憂ᄒ며 愀然思ᄒ니 鄕人 의 終身爲鄕人이 無恠라 ᄒ얏더니 旣而오 他鄕과 他縣과 他道와 他省에 遊ᄒ야 其 塾을 觀ᄒ고 其 學究를 接語ᄒ니 其 蠢陋野悍과 迂謬猥賤이 擧皆嚮者의 所見과 無異ᄒ지라. 退而瞠然芒然皇然ᄒ야 日中國 四萬萬 人의 才와 學과 行과 識見과 志氣가 此 蠢陋野悍ᄒ고 迂謬猥賤之人의 手에 消磨ᄒᄂ 者를 何可勝道리오. 其 幸而獲免者ᄂ 蓋萬億中에 一二를 不得홀지라. 顧炎武ㅣ 日 國을 亡케 ᄒᄂ 者도 有ᄒ고 天下를 亡케 ᄒᄂ 者도 有ᄒ다 ᄒ얏스니 梁啓超ㅣ 日 强敵과 權奸이 擧皆足히 써 國을 亡 케 홈이 無ᄒ고 오직 吏胥가 可히 써 國은 亡케 ᄒ며 外敎와 左道와 鄕愿이 擧皆足히 써 天下를 亡케 홈이 無ᄒ고 오직 學究가 足히 써 天下

를 亡케 혼다 호노니 天下를 欲求홀진디 學究로부터 始홀지로다.

古之敎學者는 不可得見이나 顧其爲道가 七十子後學所記者에 散見호
얏스니 若曲禮와 少儀와 若保傳와 若學記와 若文王世子와 若弟子職이
何其詳也. 吾가 西城에 遊호야 其塾과 與其學究를 觀치 못호엿스나
顧嘗其書에 求호며 其人에 問호니 今日之中國으로 더부러 何相反也오.
其爲道也ㅣ先識字호며 次辨訓호며 次造句호며 次成文호야 不躐等也오.
識字之始에 必從眼前名物指點호야 不好難也오. 必敎以天文地學淺理호
디 如演戲法호니 童子의 所樂知也오. 必敎以古今雜事호디 如說鼓詞호
니 童子의 所樂聞也오. 必敎以數國語言호디 童子의 舌本이 未強호니 易
於學也. 必敎以算호니 百業所必用也오. 多爲歌謠호니 易於上口也오.
多爲俗語호니 易於索解也오. 必習音樂은 使無厭苦호고 且和其血氣也
오. 必習體操는 強其筋骨호고 且使人人可爲兵也오. 每日授學에 不過 三
時는 使無太勞호야 致畏難也오. 不妄施撲敎는 使無傷腦氣호고 且養其
廉恥也오. 父母가 不得溺愛荒學은 使無棄材也오. 學究가 必由師範學堂
은 使習於敎術호야 深知其意也라.

故로 西童이 出就外傳호야 四年之間에 其 欲爲士者는 卽 可以入中學
호야 就專門以名其家호고 其 欲爲農若工若商若兵者는 亦可히 天地人物
之理와 中外古今之跡을 略識호고 其學이 足히 써 仰事俯育之用이 되고
稍加閱歷호면 卽 可以致富貴호는 故로 用力少而畜德多호야 數歲之功
에 擧世가 受其用호는지라.

中國은 不然호야 未嘗識字에 卽 授之以經호고 未嘗辨訓호며 未嘗造
句에 卽 強之爲文호고 開塾이 未及一月에 大學之道ㅣ在明明德之語가
騰躍於口호며 洋溢於耳호니 夫記者가 明揭之曰 大學之道여늘 今乃乳
臭小兒의게 驟以施之는 何爲也오 明德二字는 漢儒가 爾雅를 据호고 宋
儒가 佛典을 襲호야 數千言에 至호디 未能懸解이거늘 今에 負忧之孫을

執ᄒᆞ야 語ᄒᆞ니 彼가 烏知其作何狀也리오. 大學之道ᄂᆞᆫ 至於平天下ᄒᆞ고 中庸之德은 極於無聲臭ᄒᆞ니 此 豈數齡之學童의 所克有事也리오. 今之 敎者가 姑以授之ᄒᆞ야 其 萬一能解ᄅᆞᆯ 希冀ᄒᆞ면 是ᄂᆞᆫ 大愚也오 其 必不能 解ᄒᆞᆯ 줄ᄅᆞᆯ 知ᄒᆞ고 猶然授之ᄒᆞ면 是ᄂᆞᆫ 驅其子弟ᄒᆞ야 使以學爲苦而疾其 師也라.

學究之言에 曰 童子ㅣ 入學之始에 必使誦經ᄒᆞ야 俾知聖敎ᄒᆞᆯ지니 如 梁氏言이면 是ᄂᆞᆫ 蔑經也오. 非聖也라 ᄒᆞ니 吾ᄂᆞᆫ 姑弗與辨ᄒᆞ고 吾ᄂᆞᆫ 但 히 天下의 學究와 黨於學究者ᄅᆞᆯ 群ᄒᆞ야 誓지 ᄒᆞ노니 在千人中ᄒᆞ야 一人 이 能히 以經以敎로 爲心者ᄅᆞᆯ 求ᄒᆞ면 有諸아 其 誦經也ᄂᆞᆫ 試題에 所自 出이오 科第의 所自來라. 假使佛敎로써 取士ᄒᆞ면 吾ᄂᆞᆫ 恐컨듸 如是我聞 一世佛在之語가 將充斥於塾舍ᄒᆞᆯ 것이오. 假使以耶敎取士ᄒᆞ면 吾ᄂᆞᆫ 恐 컨듸 天主造物七日而成之語가 將塡溢於黌序ᄒᆞ야 四書六經은 無過問者 矣라. 彼儀禮者가 亦六經之一이오. 先聖之所雅言이로듸 問ᄒᆞ건듸 今之 學者가 曾卒業者ㅣ 幾何人也오. 同一禮記로듸 喪服諸篇은 誦者가 幾絶 ᄒᆞ니 豈不以應試之無取乎此哉아. 夫以先聖制作之精과 經緯之詳으로 乃 此輩賤儒의 竊取甲第ᄒᆞ고 武斷鄕曲之用을 僅供ᄒᆞ니 誰가 蔑經이 되며 誰가 非聖이 되ᄂᆞᆫ고.

古人之爲敎ᄂᆞᆫ 由淺而深ᄒᆞ며 由粗而精ᄒᆞ더니 今則不然ᄒᆞ야 先後倒置 ᄒᆞ고 進退逆行ᄒᆞᄂᆞᆫ지라. 故로 四書六經者ᄂᆞᆫ 大道所在니 終身由之ᄒᆞ야 도 不能盡者어ᄂᆞᆯ 麥菽을 始辨에 卽以授之ᄒᆞ고 及其長也에 八股試帖으 로써 授ᄒᆞ니 文士之餘요 又 其長也에 大卷白摺으로써 授ᄒᆞ니 鈔胥之役 이라. 荀卿이 曰 始於爲士ᄒᆞ야 終於爲聖人이라 ᄒᆞ야ᄂᆞᆯ 今則不然ᄒᆞ야 始 於爲聖人이라가 終於爲鈔胥ᄒᆞ니 豈不恫哉아 然이나 特此ᄒᆞ야 以責賤 儒ᄒᆞ면 賤儒가 必不伏受ᄒᆞᆯ지니 吾ᄂᆞᆫ 但如其意ᄒᆞ야 爲其科第計라도 必 授學之始에 責其子弟ᄒᆞ되 必不能解之學으로 以ᄒᆞ고 其所能解者이 違 反ᄒᆞ야 撥置케 ᄒᆞ니 其 採術이 何其拙也며 取途가 何其迂也오.

人之生也에 大腦가 有ᄒ고 小腦가 有ᄒ니(卽 魂魄也라. 西人이 爲全體學者ᄒ야 魂은 譯言大腦요 魄은 譯言小腦라.) 大腦ᄂ 主悟性者也요. 小腦ᄂ 主記性者也니(佛氏言八識에 以眼耳臭舌身으로 爲前五識ᄒ고 意가 爲第六識ᄒ고 意根이 爲第七識ᄒ니 第六識ᄂ 卽 小腦也요. 第七識은 卽 大腦也.) 小腦ᄂ 一成而難變ᄒ고 大腦ᄂ 屢瀹而愈深ᄒᄂ지라 故로 敎童子者가 導之以悟性은 甚易ᄒ되 强之以記性은 甚難ᄒ니 何故오. 悟性은 主往ᄒ야(以說入爲主) 其 事順ᄒ고 其 道通ᄒ니 通故로 靈ᄒ고 記性은 主回ᄒ야(如反照然) 其 事逆ᄒ고 其 道塞이니 塞故로 鈍이라 故로 生而二性備者가 上也니 若不得兼이면 與其强記론 不如其善悟라 何以故오. 人之所以異於物者ᄂ 爲其有大腦也라. 故로 能悟가 爲人道之極이오. 凡有記也ᄂ 亦求悟也니 爲其無所記된 無以悟爲라. 悟가 贏ᄒ고 託가 絀ᄒ 者ᄂ 其 所記가 恒常 足히 써 其 所悟의 用을 佐ᄒ고 記가 贏ᄒ고 悟가 絀ᄒ 者ᄂ 蓄積이 雖多ᄒ나 皆爲棄材라. 惟其順也通也靈也故로 專以悟性導人者ᄂ 其 記性이 亦必隨之而增ᄒ고 惟其逆也塞也鈍也故專以記性强人者ᄂ 其 悟性이 亦必隨之而滅이라.

西國之 敎人은 偏於悟性者 故로 觀烹水而悟汽械ᄒ며 觀引芥而悟重力ᄒ고 侯失勒約翰은 婦人之貞者로 得力이 樹葉石子之喩에 在ᄒ을 自道ᄒ얏고 中國之 敎人은 偏於記性者 故로 古地理古宮室古訓詁古名物은 纖悉考據ᄒ야 字字有來歷ᄒ고 其 課學童也ᄂ 不因勢以導ᄒ며 不引譬以喩ᄒ고 惟苦口呆讀ᄒ야 必求背誦而後已ᄒ니 所得은 非不堅實이라. 雖然이나 人之姿禀은 英異ᄒ되 不善記誦者ㅣ 蓋有之矣라. 吾ᄂ 以爲ᄒ되 如其善記也면 上口十次ᄒᆯ 것이오. 若二十次면 不成誦ᄒᆯ 者가 未有ᄒᆯ지니 若過此而往에 不能이면 讀之至百回라도 亦無益也라. 試變其法ᄒ야 或卷中의 事物로써 示ᄒ며 或篇中에 義理로써 告ᄒ야 待其懸解ᄒ야 助其歌誦이면 不能記者가 未有ᄒᆯ지라.

人生 五六年에 腦顖이 初合ᄒ고 腦筋이 初動ᄒ니 宜因而導之오 無從

154

而窒之라. 眼前事物에 就ᄒᆞ야 隨手指點ᄒᆞ야 日敎數事ᄒᆞ면 數年之間에 於尋常天地人物之理에 可以盡識其崖略矣라. 其勢가 甚順ᄒᆞ고 童子之所 甚樂이여늘 今에 捨此不爲ᄒᆞ고 必取其能解者ᄒᆞ야 逼之以强記ᄒᆞ니 此 ᄂᆞᆫ 學記所謂苦其難而不知其益也라. 由前之說을 謂之導腦오. 由後之說 을 謂之窒腦니 腦를 導ᄒᆞᄂᆞᆫ 者ᄂᆞᆫ 腦가 日强ᄒᆞ고 腦를 窒ᄒᆞᄂᆞᆫ 者ᄂᆞᆫ 腦가 日傷ᄒᆞᄂᆞᆫ지라. 此ᄂᆞᆫ 西人의 新法을 創ᄒᆞ고 新器를 製ᄒᆞᄂᆞᆫ 者가 車載斗 量이오. 中國은 殆히 幾絶ᄒᆞᄂᆞᆫ 所以라.

雖然이나 近世에 專히 記誦으로써 敎人ᄒᆞᄂᆞᆫ 者가 亦有故焉ᄒᆞ니 彼其 讀書가 固爲科第오. 誦經이 固爲題目이라 吾觀ᄒᆞ니 學者者가 得第之後 에ᄂᆞᆫ 曾無一人이 復以記誦爲事者라 故로 知其意가 專爲是也라. 曰 然則 彼가 胡不示以事物ᄒᆞ며 告以義理ᄒᆞ야 以助其記也오. 曰彼其所誦之書의 事物과 義理를 數齡之童子가 能히 解諭홀 ᄲᅵ 아니라 然則 彼가 胡不易 一書而敎之오. 曰 凡書가 考試의 所有事者가 아니면 可無讀也니 故로 窒腦之禍ᄂᆞᆫ 考試로부터 始라 하노라. (未完)

▲ 제7호

古人은 言卽文也오 文 卽 言也러니 後世 言語文字가 分홈으로브터 비로소 言을 離하고 文으로써 稱하ᄂᆞᆫ 者가 有하얏스나 然이나 必言之 能達ᄒᆞᆫ 後에 文之能成은 有固然矣타 故로 綴文을 學하ᄂᆞᆫ 者ᄂᆞᆫ 必先造句 ᄒᆞ니 造句者ᄂᆞᆫ 古言으로써 今言을 易홈이라. 今之爲敎者ᄂᆞᆫ 訓詁도 未授 ᄒᆞ며 文法도 未授ᄒᆞ고 ᄒᆞ야곰 聖賢을 代ᄒᆞ야 立言케 ᄒᆞ되 朝甫聽講에 夕卽操觚ᄒᆞ니 顧野王之 記建安과 李長吉之 賦高軒이 自非夙根이면 寧 容躐進이리오 又 限其格式ᄒᆞ며 詭其題目ᄒᆞ야 連上犯下으로써 鈐之ᄒᆞ 며 擒鈎渡挽으로써 鑿之ᄒᆞ고 意已盡而敷衍之ᄒᆞ야 非三百字以上이면 勿進ᄒᆞ며 意未盡而桎梏之ᄒᆞ야 自七百字以外ᄂᆞᆫ 勿庸ᄒᆞ고 百家之書를 不必讀은 懼其用僻書也오 當世之務을 不必講은 懼其觸時事라. 此 所

以 學文 數年이 되도록 下筆에 不能成一字者ㅣ 比比然也이라.

論語에 曰 夫子ㅣ 循循然 善誘人이라 하시고 孟子ㅣ 曰 敎亦多術이라 ᄒᆞ섯스니 故로 夫 師也者ᄂᆞᆫ 以道得民이오 非以力服人이어늘 今之敎者ᄂᆞᆫ 鞭笞觸撻로 或破頭腦ᄒᆞ며 或 潰血肉ᄒᆞ야 飢不得食ᄒᆞ고 寒不得息케 ᄒᆞ니 七年同悼ᄂᆞᆫ 罪且減等이어늘 何物小子가 受此苦刑이리오. 故로 中國之人은 二大厄이 有ᄒᆞ니 男女罹毒이 俱在髮年이라. 女子ᄂᆞᆫ 纏足ᄒᆞ야 毀其肢體ᄒᆞ고 男子ᄂᆞᆫ 扑頭ᄒᆞ야 傷其腦氣하니 導之를 不以道하며 撫之를 不以術하야 地非理室이로ᄃᆡ 日聞榜揚ᄒᆞ며 敎非宗風이로ᄃᆡ 但憑棒喝일시 遂使視覺舍를 如豚笠之苦ᄒᆞ며 對師長을 若獄吏之尊이라. 學記에 曰 其施之也悖흠으로 其求之也拂이라. 故로 隱其學而疾其師ᄒᆞ며 苦其難而不知其益이라 ᄒᆞ니 夫豈特疾焉苦焉而已이리오. 古之聽訟에 猶禁笞楚ᄂᆞᆫ 所以養廉遠恥ᄒᆞ야 無令自棄어늘 今於鼓箧之始에 日以囚虜之事로 待之ᄒᆞ니 世之妾婦其容ᄒᆞ며 奴隷其膝ᄒᆞ야 科第를 應ᄒᆞ고 富貴를 求ᄒᆞᄂᆞᆫ 者가 日出而不可止흠이 無怪ᄒᆞ도다.

記에 曰 張而不弛ᄂᆞᆫ 文武不能이라 ᄒᆞ고 又 曰 藏馬修焉息馬遊焉이라 ᄒᆞ얏스니 此ᄂᆞᆫ 古今中外之通例라. 西人의 讀書執業은 皆有定時하야 當其時也엔 雖有重客要事라도 不以廢也오 逾其時也엔 則相從而嬉ᄒᆞ야 飮酒蹴踘를 所不禁也라 西人이 每歲戶口生死之數을 比較ᄒᆞᄆᆡ 每百人中에 英國死者가 恒逾於美國二人이라. 醫者가 推極其理ᄒᆞ야 曰 美之操工者ᄂᆞᆫ 日三時ᄒᆞ고 英之操工者ᄂᆞᆫ 日四時라 其率之差가 實起於此라 ᄒᆞ니 然則執業時刻之多寡가 其與人身之相關이 如此其重也어늘 中國之人은 不講斯義하야 其 惰者ᄂᆞᆫ 朝夕嬉逸하야 甘爲遊民하고 其勤者ᄂᆞᆫ 終日勤動하야 罔知節制라. 來往宴會가 曾靡定晷ᄒᆞ고 酬應無度ᄒᆞ며 叢脞是憂ᄂᆞᆫ 斯固然矣라 若夫學童者ᄂᆞᆫ 腦質이 未充하고 幹肉이 未强하니 操業之時가 益富減小라.

論語에 曰 學而時習이라 하고 記에 曰 峨子時述之라 하얏스니 但使敎之有方이면 每日伏案一二時에도 所學이 抑已不少오 自餘暇晷에는 或遊苑囿하야 以觀生物하며 或習體操하야 以强筋骨하며 或 演音樂하야 以調神魂이면 何事非學이며 何學非用이리오 其效가 宏多하거늘 必其 監佐史를 立하야써 涖ㅎ며 正襟危坐로써 圍ㅎ고 庭內가 湫隘ㅎ야 養氣가 不足ㅎ며 圈禁拘管이 有如重囚ㅎ고 對卷茫然ㅎ야 更無生趣라 以此而求其成學ㅎ니 所以로 師勞而功半ㅎ고 又從而怨之ㅎㄴ니라.

凡 此數端은 其 積習이 在千年以前하야 其 流毒이 編九州以內라. 或安焉而不知非하며 或知矣而憚於改하며 或思改而不得其道하며 或知道而難乎其人일시 是에 坐하야 謬種流傳이 日敎一日하야 儒者가 遂以無用으로 聞於天下라 若夫欲其爲農爲工爲商爲兵者는 其意가 임의 科第와 靑紫를 爲흠이 아니오 其勢가 又不能終身肆力於此聞이라. 七八齡間에 力貪就傳하니 發蒙益慧가 恃此數年이라가 過此以往은 與學絶矣니 爲之師者가 當如何히 悉心善誘하야 導其捷徑하고 去其阻力하야 以求其有成이어늘 乃天命謂性과 無聲無臭를 捨흔 外에는 所謂 讀本이 無하고 破承起講과 對偶聲病을 捨흔 外에는 所謂 文法이 無흔지라. 夫賤儒之學此也는 雖 云無用이나 然이나 能히 此을 藉하야 甲第를 竊取하고 鄕曲을 武斷하야 一生喫着이 不盡하니 彼固自以爲受用이 莫大라 하거니와 若夫爲農爲工爲商爲兵者之學은 此其學非所用이오 用非所學이 更顯而易見이라.

數百千年에 數萬萬人이 皆其覆轍을 沿蹈하야 變改를 不知라가 迨至弱冠以後에 始以不學無術로 自怨自艾하민 此數年之功이 若有若無하고 如烟如夢하야 曾無秋毫가 能受其用ㅎ니 蓋其向者之怠於學을 莫不自咎하되 實은 蠢陋野悍하고 迂謬猥賤흔 學究가 天下를 禍흠을 不知하는지라. 所以로 識字之人이 西國之中에 不及하고 農而士와 工而士와 商而士와 兵而士者는 千萬中에 一二를 不得하ㄴ니라. (未完)

然則 奈何오. 非盡取天下之學究以再敎之면 不可요 非盡取天下之蒙學
之書以再編之면 不可라. 大率自五歲 至十歲에 爲一種敎法ᄒᆞ고 自十一
歲 至十五歲에 爲一種敎法ᄒᆞᆯ지니 苟其慧非頂槖이오 痴非周子면 皆可
率由此道ᄒᆞ야 相與有成ᄒᆞᆯ지라.

그런즉 어떤 것인가. 천하의 학문 연구한 바를 다하여 이를 다시 가르
치지 않는다면 안 될 일이며 천하의 몽학 서적을 다시 편찬하지 않으면
안 될 일이다. 대개 5세부터 10세에 이르기까지 한 종류의 가르치는
법이 있고, 11세부터 15세까지 한 종류의 가르치는 법이 있으니, 진실
로 그 지혜가 주머니에 있지 않고, 어리석어 주자가 아니면 대개 이
도(道)로 통솔하여 더불어 이룸이 있을 것이다.

一曰 識字書니 今之說文의 九千三百五十三文에 加以徐氏新增字와 近人
所輯逸字外編等이면 蓋 萬餘字니 比於西文ᄒᆞ면 末爲繁也라. 雖然이나
其字之見於群經者는 僅二千有奇라. 漢初 儒者가 蒼頡篇을 作ᄒᆞᆯᄉᆡ 秦의
蒼頡과 爰歷과 博學의 三書를 合ᄒᆞ야 斷六十字爲一章ᄒᆞ니 凡五十五章
이요 都三千三百字라. 司馬相如가 凡將을 作ᄒᆞ고 史遊가 急就를 作ᄒᆞ고
李長이 元尙을 作ᄒᆞᄆᆡ 皆取材於是書ᄒᆞ엿슨 則 西漢以前文字는 實三千
餘라. 說文이 揚雄班固의 所續을 据ᄒᆞ야 增益ᄒᆞ엿스니 其字之眞出於古
與否는 不必深辨이라. 要之컨ᄃᆡ 今日通行文字가 實不過二千有奇니 苟
識此數ᄒᆞ면 卽以參悟天人ᄒᆞ며 經緯倫物에 恢恢乎有餘矣라. 西人之文은
以聲爲主故로 字雖多而識字가 易ᄒᆞ고 中國之文은 以形爲主故로 字雖少
而識字가 難이라. 雖然이나 亦有道焉ᄒᆞ니 以聲爲主者는 必失學字母而
後에 拼音ᄒᆞ고 以形爲主者는 必先學獨體而後에 合體라(獨體는 爲文이
오 合體는 爲字) 獨體之字는 象形指事가 爲多ᄒᆞ고 合體之字는 形聲會意
가 爲多라. 王菉友가 文字蒙求를 著ᄒᆞᄆᆡ 條理가 頗善ᄒᆞᆫ지라 自言ᄒᆞ되

以敎童子에 一月間이면 有用之字를 盡識이라 ᄒ니 顧其書가 於形事 二端에ᄂ 善矣나 古今文字가 獨體를 除ᄒ 外에ᄂ 形聲이 居其十之八九ᄒ니 必得簡法以取之라야 乃可便易홀지라 余가 頃在澳門홀시 葡萄牙人의 來從學者가 有ᄒ디 或不識字ᄒ고 或識矣而不能寫라 余가 先以文字蒙求와 象形指事兩門中의 獨體字로써 授ᄒ고 繼爲形聲字表ᄒ야 以編旁爲緯ᄒ고 以聲爲經ᄒ야 專取其有用字에 不過二千餘字라 爲表一紙ᄒ야 懸之堂中而授之ᄒ니 十餘日而盡識矣러라. 然이나 此ᄂ 字의 本義로써 敎홈이나 若假惜를 引伸ᄒ면 孳乳가 浸多ᄒ야 猶未足以馭之라. 西人之敎學童也ᄂ 先엔 實字요 次에 虛字요 次에 活字로 ᄒᄂ니 今亦宜用其意홀지라. 魏黙深의 蒙雅一書가 有ᄒ니 天篇과 地篇과 人篇과 物篇과 事篇과 詁天과 詁地와 詁人과 詁物과 詁事를 分ᄒ야 凡十門이라. 四字韻語가 各自爲類ᄒ야 急就章과 略同ᄒ야 頗便上口ᄒ나 惟所載字가 太多無用者ᄒ고 且虛字가 亦非韻語의 所能達이라. 今宜用其實字活字等篇ᄒ되 其虛字ᄂ 先識其字ᄒ고 文法을 敎홀 時에 至ᄒ야 乃詳其用ᄒ면 事甚順矣라 學者가 自離經辨志以後로 亦旣能讀一切書ᄒ며 能屬一切文ᄒ고 幼歲之事ᄂ 不復記憶이거를 今에 鰓鰓然以識字爲言이면 未有不匿笑之者나 然이나 中國의 識字人이 小ᄒ 것이 實坐斯弊ᄒ지라. 且旣無字書ᄒ고 假手俗師ᄒ니 當其初學書也에 僅令識其字ᄒ고 不令知其義라가 及其小進而再以其義로 授之ᄒᄂ 故로 其始也에 難記ᄒ고 其後也에 益繁이라 彼西人의 花士卜과 比林卜等 書ᄂ 眼前事物의 至粗極淺者를 取ᄒ야 旣綴以說ᄒ고 復繼以圖ᄒ니 其繁笨이 不誠이 笑乎아 然이나 彼中의 人人識字가 實賴此矣라. 又 聞ᄒ니 西人은 於三歲孩童에 欲敎以字ᄒ면 爲球二十六ᄒ야 字母를 分刻ᄒ야 俾作玩具ᄒ야 今日에 以兩球與之라가 明日에 從彼索一球ᄒ고 又 明日從彼索一球ᄒ면 二十六日而字母가 畢記矣러라.

<u>二曰 文法書니 中國이</u> 以文采로 名於天下ᄒ되 敎文法之書ᄂ 乃無傳焉ᄒ니 意者컨디 古人은 語言이 與文字合ᄒ야 儀禮左傳의 所載辭今이 皆

出之口而成文이라. 故로 曰 不學詩ᄒᆞ면 無以言이라 ᄒᆞ셧고 傳記에 亦屢言將命應待之事ᄒᆞ니 盖 學言이 卽學文也라 後世엔 兩事가 旣分ᄒᆞᆷ이 斯義가 不講이라 魏文帝劉彦和로부터 始有論文之作이나 然이나 工文者를 爲ᄒᆞ야 說法ᄒᆞᆫ 것이오 學文者를 爲ᄒᆞ야 問律홈이 아니라 故로 後世에 恒常 讀書萬卷ᄒᆞ얏스듸 下筆은 冗沓弇俗ᄒᆞ야 不足觀者가 有ᄒᆞ고 至於半塗輟學之商學等類는 其居學이 數年이로듸 不能達一字가 更不知丸幾라. 西人은 於識字以後에 卽有文法專書ᄒᆞ니 若何ᄒᆞ야 聯數字而成句ᄒᆞ며 若何ᄒᆞ야 綴數句而成筆ᄒᆞᄂᆞᆫ듸 深淺先後가 條理秩然이라. 余가 昔敎學童홀시 嘗口授俚語ᄒᆞ고 令彼以文言達之ᄒᆞ야 其不達者는 削改之ᄒᆞ야 初授粗切之事物ᄒᆞ고 漸授淺近之議論ᄒᆞ되 初授一句ᄒᆞ고 漸授三四句ᄒᆞ야 以至十句ᄒᆞ면 兩月之後는 乃至三十句以上ᄒᆞ니 三十句以上은 幾成文矣라 學者가 甚易ᄒᆞ고 敎者가 不勞ᄒᆞ더라.

三曰 歌訣書니 漢人의 小學之書는 如蒼頡急就 等 篇이 皆爲韻語요 推而上之ᄒᆞ야 易經과 詩經과 老子와 以及周秦諸子가 莫不皆然ᄒᆞ니 盖取諷誦이 莫善於此라. 近世 通行之書ㅣ 若三字經과 千字文은 事物이 不備ᄒᆞ고 義理가 亦少ᄒᆞ지라. 今宜就各種學問ᄒᆞ야 就其切要者ᄒᆞ야 編爲韻語ᄒᆞ되 或三字와 或四字와 或五字와 或七字 或三字七字로 相間成文홀지니 其已成書者는 若通行之步天歌와 十七史彈詞와 陳慶笙之州縣韻語와 粤人某君之歷代紀元歌와 葉浩吾之天文歌略과 地理歌略이 皆有用可讀이라. 今宜補著홀 것은 一曰 經學이니 其篇이 有四라. 一은 孔子立敎歌요 二는 群經傳記名目篇數歌요 二曰 史事니 其篇이 有七이라. 一은 諸史名目種別及撰人歌요, 二는 歷代國號及帝王種姓歌요 三은 古今大事歌요 四는 域外大事歌요 五는 歷代官制歌요 六은 歷代兵制歌요 七은 中外古今名人歌요. 三曰 子學이니 其篇이 有三이라. 一은 周秦諸子流派歌요 二는 歷代學術流沠歌요 三은 外敎流沠歌요 四는 曰 天文이니 其篇이 有四라.

一은 諸星種別名號歌요 二는 八星繞日及諸月歌요 三은 測候淺理歌요 四는 古今中外歷法異同歌요 五曰地理나 其篇이 有七이라. 一은 五洲萬國名目歌요 二는 中國內地屬地名目歌요 三은 中國險要各地歌요 四는 地球高山大河名目歌요 五는 歷代都邑과 萬國京城名目歌오 六은 中國大都會와 外國大商埠의 名目歌오 七은 地質淺理歌으 六曰 物理니 其目이 有四라. 一은 原質名目歌오 二는 動物情狀歌오 三은 植物情狀歌오 四는 微生物情狀歌라. 又別爲勸學歌와 贊揚孔敎歌와 愛國歌와 變法自全歌와 戒鴉片歌와 戒纏足歌等이니 令學子로 自幼佩誦ᄒ야 明其所以然ᄒ면 人心이 自新ᄒ고 人才가 自起ᄒ야 國未有不强者也니라.

<u>四曰 問答書니</u> 古人은 學을 言ᄒ면 學과 問을 幷學ᄒ얏고 孟子ㅣ 曰 有答問者라 ᄒ엿스니 盖 學者는 由外入이오 問者는 由內出이니 其勢가 盖有間焉이나 學記에 曰 善問者는 如攻堅木ᄒ야 先其易者ᄒ고 後其節目이어늘 不善問者는 反是라 ᄒ니 盖問亦非易言也라. 古之敎者는 恐人之不善問也故로 傳記之體에 代其問而自答之ᄒ엿스니 春秋의 公羊穀梁傳과 易의 文言傳과 大戴의 夏小正傳이 莫不皆然矣라 西人의 啓蒙之書는 專用問答ᄒ얏고 其餘一切書는 每篇之末에 亦多附習問ᄒ엿스니 盖人之讀書에 勢不能盡所讀而悉記之요 必提其要者라. 然이나 書中要義도 未必人人이 過目에 卽能提出이라 故로 莫如著者는 自摘ᄒ고 讀者는 自記니 此는 著書之良裁也라 西人의 問答專書가 譯成善文者는 啓蒙要津이 有ᄒ야 天文地學의 淺理를 言ᄒ 것이 次第秩然ᄒ야 一監可悟라 惜其爲書가 甚少ᄒ야 於他種學問에 尙從闕如ᄒ지라. 今宜略依歌訣ᄒ야 書之門目ᄒ되 條分縷析ᄒ야 由淺入深ᄒ고 由繁反約ᄒ야 一一設爲問答ᄒ야 以發明之라. 以歌訣로 爲經ᄒ고 以問答으로 爲緯ᄒ야 歌詠以助其記ᄒ고 問答以導其悟ᄒ야 記悟가 竝進ᄒ면 學者之能事畢矣라.

凡善著書者는 取義가 靡不宏畜ᄒ야 旣講體例ᄒ고 又 講文法ᄒᄂ 故로 條理가 隱伏ᄒ야 讀者易眩ᄒᄂ니 余는 以爲ᄒ되 雖繁重詳博이 如古

文尚書의 疏證과 明堂大道錄等書라도 使爲問答以演之하면 每書에 不過千字하야 其義를 已可大明이라. 故로 盡天下有用之學히야 編以問答하면 爲書가 不出三十本에 崖略이 卽已畢具니 學者가 雖有下質이라도 此編을 當可卒業이라. 又 師範學校가 未立에 求師爲難하니 旣有此編하면 雖冬烘學究라도 亦可按圖索驥하야 依所問以課其徒니 吾所謂盡天下之學究而敎之가 亦其一事也라.

五曰 說部書니 古人은 文字가 與語言合하고 今人은 文字가 與語言異하니 其 利病은 旣縷言之矣라. 今人이 出話는 皆用今語하되 下筆은 必效古言이라. 故로 婦孺農甿도 無不以讀書爲難ᄒ고 水滸三國紅樓之類는 讀者가 反多於六經이라. 夫 小說一家는 漢志에 列於九流ᄒ얏스니 古之士夫가 未或輕之요 宋賢의 滿紙ᄒᆫ 恁地這箇는 匪直不事修飾이요 抑亦有微意存焉이며 日本은 伊呂婆等 四十六字母를 創ᄒ야 平假名과 片假名으로써 分別ᄒ고 操其土語ᄒ야 以輔漢文ᄒᄂ 故로 識字讀書閱報之人이 日多焉이라. 今卽未能如是ᄒ나 但今之俗語에 有音有字者를 專用ᄒ야 以著一書ᄒ면 解者가 必多ᄒ고 讀者가 亦 愈夥ᄒ터인디 後世 學者가 文采를 務ᄒ고 實學을 棄ᄒ으로브터 莫肯辱身降志ᄒ야 弄此楮墨일식 小有才之人이 因而遊戲恣肆以出之ᄒ야 誨盜誨淫ᄒᆯ지라. 二者에 不出ᄒᆫ 故로 天下之風氣가 魚爛於此間而莫或知之가 非細故也타 今宜專用俚語ᄒ야 廣著群書ᄒ면 上之에 可以借闡聖敎ᄒ며 下之에 可以雜述史書요 近之에 可以激發國恥ᄒ며 遠之에 可以旁及舞情이오 乃至宦塗醜態와 試場惡趣와 鴉片頑癖과 纏足虐刑까지 皆可窮極異形ᄒ야 振厲末俗이니 其爲補益이 豈有量耶아.

六曰 門徑書니 學者於以上五種書에 旣已致力이면 可以覃精六經ᄒ고 汎濫群書矣라. 四庫之書가 已如烟海ᄒ되 加以古逸ᄒ며 加以近著ᄒ며 加以西書ᄒ야 汗萬牛ᄒ며 闐億室ᄒ니 數十寒署에 能讀幾河오. 故로 非有以導之ᄒ면 不可라. 四庫提要는 於諸學에 門徑이 略具로되 書頗繁重ᄒ

162

야 童蒙이 憚焉이라. 某는 本鄕人이라. 曾不知學ᄒ더니 年이 十一에 遊坊間ᄒ야 張南皮師에 輶軒語ㅣ 書目答問을 得ᄒ야 歸而讀之ᄒ니 始知天地間에 有所謂學問者 ᄒ얏고 稍長에 南海康先生之門에 遊ᄒ야 長興學記를 得ᄒ야 俛焉孳孳히 從事ᄒ지라.

歲甲午에 余ㅣ 授學於粵ᄒᆯ식 曾爲讀書分月課程ᄒ야 以訓門人ᄒ얏고 近復爲讀西學書法하야 以答問者호ᄃᆡ 皆演師友末說이오 靡有心得이나 童蒙之求는 所弗辭耳라 仁和葉瀚이 爲讀書要略ᄒ야 條理秩然ᄒ니 盖便初學이라. 學童 鼓篋之始(고슬지시)에 依此數書ᄒ면 當有塗徑ᄒᆯ지라. 嚮者에 每欲薈悴中外古今ᄒ야 爲群學源流一書ᄒ야 以敎學究ᄒ나 恨學淺才薄ᄒ야 僅成數篇이로니 海內君子는 庶幾成之ᄒ야 嘉惠來者ᄒᆯ지어다.

<u>七曰 名物書</u>니 西人은 有書一種ᄒ면 此 土譯者가 命之爲字典이라. 其最備者는 至數十巨冊ᄒ니 以二十六字母로 編次ᄒ야 古今 萬國의 名物이 皆具ᄒ 故로 旣通文法者는 據此篇ᄒ야 以讀一切書ᄒ면 罔有窒矣라 中土에ᄂᆫ 楊氏方言이 意盖近之라. 今宜用其意ᄒ야 盡取天下之事物ᄒ야 悉行編定ᄒ야 學者의 繙檢을 助ᄒᆯ지니 如云君天下를 三皇은 謂之皇이오 五帝는 謂之帝오 三代는 謂之王이오 秦後迄今은 謂之皇帝가 皆謂之君이오 亦謂之后요 亦謂之辟이요 亦謂之上이요 蒙古는 謂之汗이요 或 謂之貝勒이요 回部는 謂之沙요 俄도 謂之沙요 突厥은 謂之蘇魯丹이요 日本은 謂之天皇이오 西藏은 謂之贊普요 歐洲諸國은 謂之木那克이요 亦謂之愛伯勞요 亦謂之塞佛倫이오 亦謂之爾路漏오 亦謂之金이요 亦謂之伯理璽天德云云이니 其 餘一切도 竝同斯例라. 大抵 官制地理兩事가 最爲繁博ᄒ고 其餘各文은 殆易ᄒ이라. 學者가 旣通文法ᄒ고 明大義ᄒ엿스면 苟得此書에 可以盡讀群書ᄒ야 無不能解者라. 其所譯定ᄒ 西人의 名稱은 卽可爲他日國語解之用이니 非徒蒙師지助라. 學童이 得此ᄒ면 其 學이 更事半功倍也로다.

西文 西語의 當習은 今之談洋務者가 莫不言之나 然이나 欲學焉以爲通事爲買辦ᄒ야 以謀衣食者도 有ᄒ고 欲學焉以通古今中外ᄒ며 窮理極物ᄒ야 强國保敎者도 有ᄒ니 受學之始에 不可不 自審이라. 今 沿江 沿海 各省에 中西學館과 英文書塾을 標名ᄒ야써 敎授ᄒᄂᆞᆫ 者가 多至不可勝數로ᄃᆡ 彼其用意ᄂᆞᆫ 大抵 前說과 如ᄒᆞᆯ 而已요. 其由後之說者ᄂᆞᆫ 慨乎未始有聞이어ᄂᆞᆯ 昧者가 以爲是西學이 將興이라 ᄒᆞ되 吾ᄂᆞᆫ 謂若輩之所爲가 於亡中學則有餘ᄒᆞ나 至西學之能興興否ᄂᆞᆫ 非吾之所敢言이로다.

서양어와 서양 글을 마땅히 배워야 한다는 것은 지금 양무론자가 말하지 않는 자가 없으나 배워서 통역으로 매판하여 의식을 구하고자 하는 자도 있고, 배워 중외의 고금을 통해 사물의 이치를 궁극히 하여 나라를 강하게 하고 교육을 보존하고자 하는 자도 있으니, 배움의 시작에 스스로 판단해야 한다. 지금 강과 바다 연안의 각 성에는 중서학관과 영문서숙을 표명하여 교수하는 자가 셀 수 없을 정도이나 그 의도는 대개 앞에 말한 바와 같을 따름이요, 그 이후의 말은 대개 시작한 바를 들은 것이 없으니 우매한 자가 이로써 서학이 장차 흥할 것이라고 하나, 나는 그들의 행위가 중국 학문을 망하게 하고도 남음이 있다고 말할 것이나, 서학이 흥할지 여부는 내가 감히 말할 바는 아니다.

吾聞 西國學士가 非通拉丁文者면 不得與試라 ᄒᆞ니 盖拉丁文者ᄂᆞᆫ 英法俄德 諸文之所從出이라. 彼中績學之士가 著書發論ᄒᆞ면 篇中에 每帶拉丁文法ᄒᆞ니 (如 中國之能文者가 多用先秦漢魏語) 若未經從事면 讀之者 多不解焉이라. 聖祖仁皇帝ㅣ 每日에 召西人入內ᄒᆞ야 拉體請文을 二小時에 授ᄒᆞ시니 拉體諾은 即拉丁也라. 今之學者가 每於學英法文ᄒᆞ야 將成之時에 始習拉丁ᄒᆞᄂᆞᆫ지라. 然이나 聞之ᄒᆞ니 由英法 以上ᄒᆞ야 追拉丁ᄒᆞ면 學之甚難ᄒᆞ고 由拉丁以下ᄒᆞ야 通英法ᄒᆞ면 學之甚易라. 故로 學

童受學之始에 以先習拉丁으로 爲善이라 又 嘗見西人이 習華文之書ᄒ
니 大抵 皆日用應酬에 口頭常語요, 其究心訓詁義理者는 絶少ᄒ지라. 故
로 西人之旅中土者가 多能操華言ᄒ되 至其能讀者는 希ᄒ고 能以華文
으로 綴文著書者는 益希ᄒᆫ 것은 雖由華文之繁難이나 亦由彼之學者가
不得其書也니 今之敎授西文者가 其蔽亦坐是라.

내가 들으니 서국 학사는 라틴문자에 통하지 않으면 더불어 시험하기
어렵다 하니, 대개 라틴 문자는 영어 프랑스어 러시아어 독일어 등의
제 문자가 이로부터 나온 것이다. 이 중 학문을 쌓은 선비가 저서로
논의를 시작하면 편중에 매번 라틴 문법이 들어 있으니 (중국에서 학문
에 능한 자가 선진 한위의 어를 많이 사용하는 것과 같다.) 만약 이를
거치지 않는다면 읽는 자가 해득하지 못하는 경우가 많다. 성조 인황제
(청나라 제4대 강희제)가 매일 서인을 내정에 불러 납체(拉體)로 두 시
간씩 교육을 받으니, 납체락(拉體諾)은 곧 라틴 문자이다. 지금 배우는
자가 매번 영어 프랑스어를 배워 장차 이루고자 할 때 라틴어를 배우는
지라. 그러나 들으니 영국 프랑스 이상으로 유래하여 라틴어를 추구하
면 가장 좋다고 한다. 또 일찍이 보니 서양인이 중국문의 서적을 익히
니 대저 일용 응수에 일상 구두 언어요, 그 연구하는 것이 훈고 의리는
드문지라, 중국을 여행하는 서양인이 중국어에 능한 자가 많으나 능히
읽는 자는 드물고, 능히 중국 문자로 저서를 엮는 자가 더욱 희소한
것은 오직 중국 문자가 번잡하고 난해한 까닭이다. 또한 저들 학자로
말미암아 그 서적을 얻기 어려우니 지금 서양문을 가르치는 것은 그
폐 또한 뻔하다.

故로 造就通事買辦則有餘ᄒ되 培養人才則不足ᄒ니 有志於是者는 宜
學彼中學人之所學이요, 母學此間市井洋傭之所學ᄒ야 先其文言ᄒ고 後
其俚言ᄒ면 則庶幾矣로다.

그러므로 매판(買辦) 통역을 조성하는 데 충분하되 인재 배양은 부족하니 이에 뜻있는 사람들은 마땅히 저들 학인이 배우는 바를 배우고, 이들 사이의 시정에서 서양인을 고용하여 배우는 것을 하지 말며, 먼저 그 언문을 배우고 후에 속어를 배우면 충분할 것이다.

記에 日 十年이어던 出就外傅ᄒ야 學書計라 ᄒ고 六藝之目은 禮樂射御書數니 是知古人이 於數計一學에 與書幷重ᄒ야 無人不學ᄒ고 無人不能이러니 後世俗儒가 鄙爲小道ᄒ야 不復措意ᄒ고 挽近에 有專此以名家者ᄒ면 又群推爲絶學ᄒ니 皆陋之甚이라. 今宜令學童으로 自八歲以上은 卽 授之以心算ᄒ고 漸次 筆算의 加減乘除에 及ᄒ야 分小數와 比例開方等과 幾何之淺理를 通케 ᄒ야 令演之極熟ᄒ고 稍長以後는 以次로 代徵積稍深之法을 授ᄒ면 事半功倍ᄒ야 年未弱冠에 可以疇人으로 鳴於時矣라.

嘗見西人幼學之書ᄒ니 分工課爲一百分ᄒ야 由家中敎授者가 居七十二分이요 由同學薰習者가 居十九分이요 由師長傳授者가 不過九分이라 兒童이 幼時에는 母ㅣ 親於父ᄒ니 日用飮食과 歌唱嬉戲에 隨機指點ᄒ고 因勢利導ᄒ면 何在非學이며 何事非敎리요 孟母遷室ᄒ야 敎子俎豆가 其前事矣라. 故로 美國嬰兒學塾에 近年 敎習이 皆改用婦人은 以其閒靜細密ᄒ고 且能與兒童親也라. 中國은 婦學이 不講ᄒ야 爲人母者가 半不識字ᄒ니 安能敎人이리요 始基之壞가 實已坐此라 今 此事는 旣未克驟改나 至其就學之後에ᄂ 一切敎法을 亦宜稍變ᄒ야 無俾許多人才로 皆汩沒於學究之手ᄒᆯ지라.

記에 日 八歲에 入小學ᄒ고 又曰 十年이어던 出就外傅라 ᄒ엿스니 今에 八歲以上과 十二歲 以下를 將ᄒ야 略審中人之資의 所能從事者ᄒ야 擬爲一切課表ᄒ노니 世之愛子弟者는 或 有取焉ᄒᆯ지어다.

每日 八下鐘에 上學ᄒ야 師徒가 贊揚孔敎歌一遍을 合誦ᄒ 然后에 肄業이요

八下鍾에 歌訣書를 受ᄒ야 日에 一課를 盡ᄒ되(每課에 二百字) 每課에 二十遍을 誦ᄒ기로써 爲率이요.

九下鍾에 問答書를 受ᄒ야 日에 一課를 盡ᄒ되 不必成誦이라 師가 爲解其義라가 明日에 所問을 按ᄒ야 使學童答之ᄒ고 答竟엔 即授以下課ᄒ지요

十下鐘에 剛日은 算學을 受ᄒ고 柔日은 圖學을 受ᄒ지라.

凡受算學엔 先習筆算ᄒ고 一年以後에 漸及代數ᄒ지니 每日에 師가 二題를 命ᄒ야 學童으로 ᄒ여곰 布算ᄒ지니라.

凡受圖學엔 先習簡明總圖ᄒ고 漸及各國省縣分圖ᄒ야 以紙로 摹印寫之ᄒ되 日에 一縣을 盡ᄒ야 印畢에 師가 其所已習者를 擧ᄒ야 學童으로 ᄒ야곰 以文言達之ᄒ되 每日五句로 漸加至五十句니라.

十二下鐘에 學을 散ᄒ고

一下鐘에 復集ᄒ야 體操를 習ᄒ지니 大略 幼學操身之法을 依ᄒ야 或一月 或 兩月에 一課를 盡ᄒ되 師의 指授를 由ᄒ고 操畢에 其玩要를 聽ᄒ야 不禁ᄒ지니라.

二下鐘에 西文을 受ᄒ되 西人의 敎學童之書를 依ᄒ야 日에 一課를 盡ᄒ지니라.

三下鐘에 書法을 受ᄒ되 中文과 西文을 各半下鐘으로 ᄒ야 每日에 各二十字로 漸加ᄒ야 各 百字에 至ᄒ지니라.

四下鐘에 說部書를 受ᄒ되 師爲解說ᄒ야 多少를 不限ᄒ고 學童이 欲涉獵他種書者어던 亦聽ᄒ지니라.

五下鐘에 學을 散ᄒ매 師와 徒가 合ᄒ야 愛國歌 一篇을 誦ᄒ 然后에 各歸ᄒ지니라.

每十日에 一休沐ᄒ야 師와 徒가 晨集堂中ᄒ야 祀孔子畢에 贊揚聖敎

歌 一遍을 合誦ᄒ고 各 散歸ᄒᆯ지며 凡 孔子生卒日과 及萬壽日에 各休沐 五日ᄒᆯ지니라.

▲ 제10호

記에 曰 小成이 若天性이라 ᄒ니 謂其耳目이 未雜ᄒ고 習氣가 未久에 質地가 澄潔(형결, 맑음, 청결)ᄒ야 受教易易也라. 故로 曲禮와 少儀와 弟子職 等 篇이 謹其灑掃(쇄소) 對應ᄒ며 導以忠信篤敬ᄒ야 大抵 薰陶 其德性者ㅣ 十居八九라. 朱子曰 小學은 是做人的 樣子라 ᄒ고 陸子曰 雖 不識一字ᄒ나 亦須還我堂堂地做箇人이니 人而無教면 做人之道를 尙 不自知ᄒ니 雖謂之非人이라도 可矣라 ᄒ엿스니 今之學童이 其生長羅 綺叢中者ᄂᆫ 每聽其驕侈淫佚ᄒ야 日與燕朋狎客으로 相逐ᄒ되 而莫之禁 ᄒ고 三家村子ᄂᆫ 又 聽其跳野頑劣과 蠻俗襤縷ᄒ야 而莫之教ᄒ니 學舍 ᄂᆫ 如溷ᄒ고 學童은 如丐兒라 及其稍長에 授之以高頭講章과 翰苑楷格 ᄒ야 語之曰 如是則可以攫青紫ᄒ며 可以捷黃白이라 ᄒ니 學者가 自幼 至壯에 僥倖苟且와 誕詐汚賤을 捨ᄒ 外에ᄂᆫ 更無所聞ᄒ되 以爲是固然 이라 ᄒᄂᆫ지라 善夫라 吾友嚴又陵之言에 曰 八股之害가 智慧를 錮ᄒ며 心術을 壞ᄒ며 遊手를 滋ᄒᄂᆫ니 當其做秀才之日ᄒ야 務使其習爲勒絶 詭隨之事ᄒ야 致令羞惡是非之心이 朝暮梏亡ᄒ고 消磨歲月於無用之地 ᄒ며 墮壞志節於冥昧之中ᄒ야 長人虐驕ᄒ며 昏人神智ᄒ니 嗚呼라 幾 何其不率四萬萬之人ᄒ야 以盡入於無恥也오 吾聞泰西諸國은 雖皇子之 貴라도 亦入兵船ᄒ며 充水手ᄒ야 循循率教ᄒ야 事其師를 如長官이라 ᄒ니 以視吾之驕侈淫佚者ᄒ면 何如이며 又 聞諸國은 雖孤兒罪重이라 도 亦設校以敎之ᄒ야 無不衣服整潔ᄒ고 禮儀彬洽이라 ᄒ니 其視吾之 蠻俗頑劣者ᄒ면 何如이며 又 聞美國學童은 趾步必肅ᄒ며 言笑不苟ᄒ ᄂᆫ지라 詢其故ᄒ면 則曰 他日에 吾將爲大統領ᄒ야 長國家ᄒᆯ지니 恐有 失德이면 聲이 敗裂ᄒ야 爲衆所擯이라 ᄒ니[美國은 例凡經人告訟者不 得擧統領]其視吾之哦講章ᄒ며 摹楷格ᄒ야 以僥倖於富貴ᄒ며 武斷於鄉

曲者면 又 何如오.

古人有言曰 人不婚官이면 情慾이 失牛이라 ᄒ니 此는 至言也라 記에 曰 男子는 三十而娶라 ᄒ고 又曰 三十日 壯이니 有室이라 ᄒ니 今西俗이 亦然이라 弱冠 以後로 父母則不之養ᄒ고 使其自謀衣食ᄒ야 足資俯畜ᄒ 然後에 敢及婚事ᄒᄂ지라 盖 人生十五至三十에 力强年富ᄒ야 正受學之時라 苟以此十餘年之功으로 殫精以向學이면 其 高才는 可以通徹古今ᄒ야 經營四方이오 其 中人 以下는 亦能治生干祿ᄒ야 無憂飢寒矣라 今也에 不然ᄒ야 口尙乳臭가 卽 懷婚姻ᄒ야 早作夜想이 寤寐反側ᄒ니 雖或展卷이나 寧復措心이리오 年十七八이면 居然有室ᄒ니 日夕에 纏綿歌泣ᄒ야 疲精弊魂於牀第之側ᄒ고 未及三十에 兒女成行ᄒ야 家累日重이라 於是에 忽焉捐棄其疇昔之所欲學者ᄒ고 持籌握算ᄒ야 作家人語矣라 是故로 早婚之大害가 有三ᄒ니 縱欲溺志가 一也요 戕性夭年이 二也요 重累廢學이 三也라 擧國人才가 其潛銷暗蝕於此間者를 何可勝道리오 積重難返ᄒ야 習焉莫怪ᄒ니 非細故矣라. 傳에 曰 君子는 愛人以德ᄒ고 小人은 愛人以姑息이라 ᄒ니 爲人父母者는 宜何擇焉고 今之爲敎也는 欲其子弟之長而爲士者와 欲其子弟之爲農爲工爲商爲兵者가 其敎導之法이 大異ᄒ니 此最可笑之事라 彼其爲士者는 八股試帖律賦白摺을 不習ᄒ 者는 亦不能目之爲士ᄒ니 以故로 敎導之法이 劃然兩途라 今夫爲士者ᄂ 不敎以明庶物達世情故로 縫掖累億이 動如木偶ᄒᄃ 此를 藉ᄒ야 躋顯位致厚實者는 千人中에 不過一二人이오 其小得志ᄒ야 榮於鄕里者가 不過十人이오 其靑一襟으로 差足自養者가 亦不過數十人이오 其餘九百은 無以自給ᄒ야 欲農則不得擧耜ᄒ고 欲商則不能掘算ᄒ야 則不轉溝壑이라도 亦無人趣矣라 爲農爲工爲商爲兵者는 不敎以識大義通文法ᄒ니 愚者는 若海絨ᄒ며 悍者는 若野兒ᄒ야 算百十之數를 艱於演微積ᄒ며 聞孔孟之名에 詫若說鬼狐ᄒ니 名非野蠻이나 其實은 不能以寸이라 故로 善爲敎育者는 必使擧國之人으로 無貴賤無不學ᄒ고 學焉者는 自十二歲以下로 其 敎法이 無不同이라 入學之始에 敎以識字ᄒ야

慧者은 及八歲ᄒ고 鈍者는 及十歲ᄒ면 中西有用之字를 皆識矣오 然後에 按前者所列之表ᄒ야 以授之ᄒ니 慧者는 及十二歲ᄒ고 鈍者는 及十五歲ᄒ면 一切 學問에 大綱 節略은 略有所聞矣오 自此以往으로 其有欲習 專門者는 更入中學大學ᄒ야 研精數載ᄒ야 以求大成ᄒ고 其欲改就他業者도 亦旣飫道義濡文敎ᄒ야 大之에 必不爲作奸犯科之事ᄒ고 小之에 亦能爲仰事俯育之謀ᄒ니 於此而猶有爲盜賊爲奸細者乎아 無有也오 猶有爲遊手爲餓莩者乎아 無有也라 衣食足이면 禮義興이니 以此導民에 何民不智며 以此保國에 何國不强이리오 孟子曰 逸居而無敎면 則近於獸禽라 ᄒ엿스니 一國之子弟를 擧ᄒ야 蠢陋野悍ᄒ고 迂謬猥賤ᄒ 學究之手에 委任ᄒ니 欲不謂之無敎라도 不可得也라 夫以數千年 文明之中國으로 人民之衆이 大地에 甲ᄒ되 近於獸禽를 不免ᄒᄂ 것은 其誰之爲歟아 顧亭林이 曰 天下興亡은 匹夫之賤도 與有責焉이라 ᄒ엿스니 人人이 以爲吾無責也라 ᄒ면 其亡焉忽也오 人人이 以爲吾有責也라 ᄒ면 其興焉勃然也라 今與天下로 論變法ᄒ면 脣焦舌弊라도 聞者ㅣ 必曰 吾雖有志나 莫能逮也라 ᄒ려니와 若夫吾有子弟ᄒ야 吾自誨之ᄂ 肉食曰 可라 ᄒ야도 不能助我오 肉食曰 否라 ᄒ야도 不能阻我라 ᄒ야 轉圜之間에 天下改觀이니 孰爲無責이며 孰爲有責乎아 康誥에 曰 作新民이라 ᄒ니 國者은 民之積也라 未有其民不新ᄒ고 其國이 能立者 乎아 彼 法國과 日本의 維新之治ㅣ 其本原所自가 昭昭然矣라 詩에 曰 惟彼哲人은 告之話言에 愼德之行이어를 其惟愚人은 覆謂我譖ᄒ니 人各有이라 ᄒ니 是則 可爲慟哭流涕者로다.

(10호까지 연재)

170

◎ 廣新學 以補舊學說, 寓支那上海 美國 李佳白 著, 朴殷植 譯述,
〈서우〉 제3호, 1907.02.01.

*신학을 넓혀 구학을 보충한다: 신구 학문의 조화설
*이가백(李佳白)[30]: 길버트 리드(Gilbert Reid, 1857年 11月 29日~1927年
  9月 30日)

中華 士大夫의 持論이 每中外界에 斷斷(은은)ᄒᆞᄂᆞ듸 佳白은 美國人
이라. 乃勸國家ᄒᆞ야 廣立學堂ᄒᆞ니 闇於時局者ᄂᆞᆫ 곳 陰懷他意라고 排斥
지 아니ᄒᆞ면 非宜라고 相詆ᄒᆞ야 吾說이 未畢에 閱者가 已掩卷不欲觀홀
지라. 是以로 發端伊始에 中國의 應立學堂之故를 說明ᄒᆞ야 敬告ᄒᆞ노라.
伏念 中國이 自伏羲畫卦로 文教遂開ᄒᆞ야 迄今閱六千三百餘年이라.
孔子ㅣ 冊書에 斷自唐虞ᄒᆞ시고 贊易則溯始伏羲ᄒᆞ시니 繫辭下傳 第 二
章을 觀하미 伏羲畫卦ᄒᆞ야 通德類情ᄒᆞ심을 述ᄒᆞ셔고 因ᄒᆞ야 上古聖人
의 制器尙象諸事를 歷擧ᄒᆞ시니 自網罟耒耜交易으로 以及杵臼舟車弧矢

---

30) 이가백(李佳白): 길버트 리드(Gilbert Reid, 1857年11月29日~1927年9月30日). 美国在华社
   会活动家, 尚贤堂创办人. 1857年11月29日, 李佳白出生于美国纽约州长岛, 父亲是一位牧师.
   1882年, 李佳白毕业于纽约协和神学院, 同年受美北长老会差遣, 到中国山东省济南等地传教.
   1887年, 李佳白在济南购置教会地产时, 曾遭到当地士绅的大力阻挠. 1890年, 李佳白到上海
   参加第二届基督教在华传教士全国大会, 提出将传教对象转向中国的上层社会的设想. 1892年,
   李佳白回国休假期间, 向差会提出上述设想, 未获批准, 于是在1894年脱离美北长老会. 李佳白
   返回中国时, 正值中国在甲午战争中战败, 于是他前往北京, 大力鼓吹维新变法. 经总税务司赫
   德、美国驻华公使田贝和英国驻华公使窦纳乐的引荐, 他获得李鸿章的好感, 1897年2月, 由总
   理各国事务衙门批准, 在北京正式成立尚贤堂(The International Institute of China), 主要举办
   各种中外联谊活动. 1900年, 尚贤堂被义和团烧毁. 1903年, 李佳白在上海法租界霞飞路购地
   14亩, 重建尚贤堂. 除举办新年茶会等各种中外社交活动外, 还开设学堂、藏书楼和华品陈列
   所, 并邀请多种宗教的人士聚集在尚贤堂, 进行演讲和探讨, 宣扬宗教大联合的思想. 李佳白也
   因而受到许多传教士的批评. 1911年, 在北京, 支持宗社党, 反对共和革命. 1917年, 李佳白由
   于极力反对中国参战[1], 经美国驻华公使要求, 李佳白被中国当局驱逐出境, 尚贤堂关闭. 1921
   年, 李佳白再度来华, 1922年恢复北京尚贤堂, 致力于各种和平活动, 但是受欢迎程度已经大为
   下降. 1926年, 李佳白再将尚贤堂迁回上海. 1927年9月30日, 李佳白在上海去世. 其子李约翰
   将尚贤堂土地出售, 另租博物院路亚洲文会大楼办公, 维持到1950年代初.

171

宮室書契가 由漸而備ᄒᆞ얏고 堯典은 授時之命을 述ᄒᆞ야 全 地球談天學者의 最古之書가 되며 禹貢은 隨刊之 蹟을 紀ᄒᆞ야 全 地球談地學者의 最古之書가 되면 周體算經은 周公과 商高의 問答之語를 記ᄒᆞ야 又 全球談算數測繪者의 最古之書가 되고 他如管墨莊呂關尹亢倉諸子의 政治藝術을 言홈이 往往히 得 今日 西法之 精意를 得ᄒᆞ엿스니 盖 必當日에 此等 學業이 實有師傳曹習ᄒᆞ고 家諭戶曉ᄒᆞᆫ 而後에 乃能暢言其旨요 絶非偶然冥合이라. 且 勞人思婦가 感懷吟詠에 乃 觀星에 能擧其名ᄒᆞ며 賦物에 能盡其理ᄒᆞ며 卽事에 能達其意ᄒᆞ니 藉非格致之學이 精이면 何以篇什之美가 具ᄒᆞ리오. 盖 自伏羲로 至成周에 中土文明이 日盛一口ᄒᆞ며 學術이 亦日廣一日ᄒᆞ야 政多實政ᄒᆞ고 民多智民ᄒᆞ니 猗歟盛哉라. 迨至嬴秦이 焚詩書百家語ᄒᆞ야 以愚黔首ᄒᆞ니 當時 明備之 學이 寢以放失이라. 漢世에 掇拾燼餘ᄒᆞ니 所存이 幾何오. 武帝가 表章六藝ᄒᆞ고 罷黜百家ᄒᆞ니 夫表章六藝ᄂᆞᆫ 信善矣어니와 罷黜百家ᄂᆞᆫ 古來有用의 諸 學述을 擧ᄒᆞ야 隨之而俱廢ᄒᆞ니 豈不深可惜哉아. 文武之道ᄂᆞᆫ 賢者識大ᄒᆞ고 不賢者識小일식 六藝ᄂᆞᆫ 識其大ᄒᆞ고百家ᄂᆞᆫ 識其小어ᄂᆞᆯ 武帝가 擧一廢百ᄒᆞᆫ 故로 漢後著書者가 不復能自成一家라. 學人托業이 乃多蹈於虛無ᄒᆞ며 其在專精經術者ᄂᆞᆫ 往往히 墨守成法ᄒᆞ며 更有疲神性理者ᄂᆞᆫ 益復好爲高論ᄒᆞ고 詩文全集은 塞谷塡海ᄒᆞ며 書翰末技ᄂᆞᆫ 鬪巧爭姸ᄒᆞ니 實로 敎養의 實學이 缺焉不備를 由ᄒᆞ야 無所事事ᄒᆞᆫ 故로 相率ᄒᆞ야 畢力爲此ᄒᆞ고 星命과 風水와 占驗과 神仙과 浮屠와 與夫一切 惑世誣民之邪說이 乃得乘間抵隙ᄒᆞ야 傍見側出於其間ᄒᆞ고 上以之爲政ᄒᆞ고 下以之爲俗ᄒᆞ야 積非成非가 累千年에 終莫之悟ᄒᆞ니 嗚呼悲哉로다. 夫儒家宗主ᄂᆞᆫ 創標周孔ᄒᆞᄂᆞ니 周公은 以多才多藝로 擅美古今ᄒᆞ시고 孔子ᄂᆞᆫ 以多能鄙事로 鳴謙時宰ᄒᆞ엿스니 空談高理ᄒᆞ고 不包衆藝로써 稱爲聖哲者ㅣ 未有ᄒᆞ지라. 試擧漢後諸儒ᄒᆞ야 與周孔較컨ᄃᆡ 周孔之堂奧ᄂᆞᆫ 廓乎有容ᄒᆞ고 後儒之門庭은 漸多窘步라. 卽 事物以察理ᄒᆞ면 談理가 以得實而見精ᄒᆞ고 憑書冊以悟理ᄒᆞ면 談理가 雖近正而多蔽ᄒᆞᄂᆞ니 優劣所分이 固由天授나 亦人事使然이라. 泰西ᄂᆞᆫ 崇尙實學ᄒᆞ야 其 道學一科가 於 研究新

舊約全書之外에 乃復兼營藝事ᄒ니 明季에 徐光啓李之藻等의 所譯新法
曆算各書를 觀ᄒ면 率皆西來敎士의 利瑪竇龐迪我鄧玉函熊三撥諸人이
口授ᄒ바라. 歐洲의 巧算을 融ᄒ야 大統의 型模에 入ᄒ니 當時에 雖不
能用이나 淸朝ᅵ 入主中夏에 特許 施行ᄒ니 湯若望, 南懷仁, 紀利安, 戴
進賢等이 欽天監에 先後備員ᄒ얏고 中國地學이 失傳故로 地圖의 精本
이 無ᄒ엿더니 康熙四十五年間에 敎士雷李, 杜德美, 麥大成, 費隱 如輩
를 特命ᄒ야 滿洲와 蒙古와 十八行省에 前往ᄒ야 分道測繪ᄒ야 以地輿
로 合諸天度ᄒ니 道里遠近을 按圖可稽일ᄉ 卽 世所稱內府本地圖者가
是라. 厥後 陽湖李氏와 益陽胡氏의 所刻地圖가 號稱精善이나 實은 雷杜
諸敎士의 比例로 淵源ᄒ지라. 基督敎를 傳ᄒᄂ 者는 旣盖以道而兼藝어
늘 周孔之書를 讀ᄒᄂ 者는 不當聞風興起ᄒ야 實事求是ᄒ야 博而寡要
之恥를 一雪ᄒ고 勞而少功之憾을 更釋乎아. 中國의 格致技藝之學이 雅
有淵源인ᄃ 一厄於暴秦之焚ᄒ고 再厄於 漢武之罷黜ᄒ야 洪流未暢에
輒止半途라. 由是로 用其物호ᄃ 不能別其性ᄒ고 習其事호ᄃ 罕有知其
理ᄒ야 文人學士ᄂ 高而不切ᄒ고 拙匠巧工은 聊用謀食ᄒ니 盖失傳者ᅵ
二千年矣라. 西士가 東來에 各罄所長ᄒ야 不靳出示ᄒ거늘 華人은 耳目
未經으로 詑爲異物ᄒ나 卽 我 聖人이 備物致用ᄒ야 立成器ᄒ야 以爲天
下利之學問이 同源異脈ᄒ고 踵事加精ᄒ인줄을 不知로다. 歐洲의 格致
技藝를 夷考컨ᄃ 導源於希臘ᄒ고 遞盛於羅馬ᄒ얏ᄂᄃ 實託始於吉埃及
이라. 盖 古世의 歐羅巴洲가 獉狉未變이러니 亞細亞洲人이 抵希臘ᄒ야
敎以人事ᄒ얏스나 昏蒙을 猶未盡洗라. 商之世에 灑哥洛이 從埃及來ᄒ
야 建國於雅典ᄒ고 敎民以禮義文字ᄒ얏스니 是爲歐洲文學之祖라. 歷
代講求가 漸臻明備러니 迨至羅馬衰微ᄒ야 北狄이 分據於前ᄒ고 突厥
이 攻倂於後ᄒ니 比於秦灰漢劫에 正自相似ᄒ나 實學이 惟幸不廢者ᄂ
博雅名儒가 散布四方ᄒ야 相續不絶ᄒ으로 以ᄒ지라. 豈惟不絶이리오.
又 從而恢廓之ᄒ며 精硏之ᄒ야 或出藍而 謝靑ᄒ며 或舍筏而登岸이라.
降至前明中葉ᄒ야 荷蘭人의 望遠鏡이 出ᄒ인 測天航海의 術이 精ᄒ고
意大利士子가 各處의 土脈石類와 其 蘊藏之 跡을 考察ᄒ인 地球人物의

來歷이 顯홀지라. 由是ᄒ야 光電瀜化의 學이 相因竝起ᄒ니 日引月長ᄒ고 前傳後繼ᄒ야 以物較物ᄒ며 以事驗事ᄒ며 以理證理ᄒ야 務使進於確乎不拔之地흔 後에 已ᄒ니 馴至 今日에 民富國强ᄒ야 火輪舟車가 遍於大地ᄒ야 出㕙海滋가 咸戴聲靈ᄒ니 此ᄂ 無他라. 新學이 爲之라. 向使泰西諸國으로 希臘羅馬의 陳蹟을 墨守ᄒ고 新異를 罔求홀지라도 未嘗不足以自立이나 然이나 方量의 淺深과 境界의 闊狹과 人類의 智愚와 國勢의 興替ᄂ 不可同日而語者가 有흔지라. 中國의 格致技藝之 學은 失傳이 旣久ᄒ니 一朝에 欲求興復이면 豈能叩寂課虛ᄒ야 向壁而造리오. 幸有西人이 導其前路ᄒ니 倘肯虛心이면 不難坐獲이 어니와 若 仍聽其放失이면 今日 泰西諸國의 其 長駕遠馭之 謀를 無法以抵制ᄂ 無論ᄒ고 卽 周孔之學術에 返而證諸라도 己覺偏而不全ᄒ야 質諸往聖키 難흔지라. 夫方趾圓顱로 戴高履厚ᄂ 華人與西人이 同ᄒ고 備百物以自養ᄒ며 合諸器以爲用도 華人이 亦 與西人으로 同ᄒ되 試叩其所學ᄒ면 西人은 事事翻新ᄒ고 華人인 事事襲舊ᄒ고 西人은 事事徵實ᄒ야 可而坐言起行ᄒ거늘 華人은 事事蹈虛ᄒ야 口談則理高ᄒ나 躬行則事缺ᄒ니 欲彌其憾인딕 非兼采西學이면 斷斷不可흔지라. 夫中西幷立ᄒ고 新舊迭乘ᄒᄂ딕 專向西學ᄒ고 竟棄中學者가 非也라. 然이나 篤守中學ᄒ고 薄視西學者ᄂ 失之太隘라. 誠使翻然改圖ᄒ야 博學無方ᄒ야 見聞이 旣廣ᄒ면 自然 樂觀西書ᄒ고 喜迎西士ᄒ야 觀摩之益을 得ᄒ리니 才識을 開拓ᄒ야 文藝에 不囿ᄒ고 心源이 旣濬에 智慧가 流通ᄒ야 美在其中에 暢於四肢ᄒ고 發於事業홀지라. 更能推廣敎化ᄒ야 隨地有學堂ᄒ야 以訓童蒙ᄒ며 有閨塾ᄒ야 以課婦女ᄒ면 陰敎陽敎가 均受其益이니 更安有目不識丁之患哉아. 中國은 地大物博ᄒ야 富甲天下러니 近則官民이 交困은 取材於地를 不知홈으로 由홈이라. 新學을 試講ᄒ면 農有機器ᄒ야 以盡地方ᄒ며 官得鑛産ᄒ야 以濟 國用ᄒ며 通商惠工ᄒ야 以交易有無ᄒ리니 堂堂 中國이 豈患貧哉아. 然이나 孟子有言ᄒ사딕 無政事則財用이 不足이라 ᄒ시니 欲求財用之足인딕 必先通籌政治라. 華人이 能明西學ᄒ야泰西史鑑을 考ᄒ면 可히 借鑑之資를 삼을 것이오 各國 新聞紙를

觀ᄒ면 更能時局를 通知ᄒ리니 取彼所長ᄒ야 補我所短이고 有利必興
ᄒ며 有害必除ᄒ면 非獨政治가 煥然一新己也오. 儒先至敎가 愈以講明
ᄒ야 實際를 力求ᄒ고 虛誕을 屛去ᄒ야 雜偉難眞ᄒᄂ 邪說에 不感ᄒ고
天倫人倫을 一以貫之ᄒᆯ지라. 盖 實學은 本來 兩間의 公理요 萬國의 所
共學이니 非一國의 所可遺라. 故로 孔子ᄂ 中國之 至聖이사되 問官於
僻陋之 剡子ᄒ셨고 摩西ᄂ 猶太之敎祖也로되 從學於埃及之祭司ᄒ엿스
니 虛懷若谷ᄒ고 有容乃大ᄂ 古今稱美라. 豈可論甘而忌辛이며 是丹而
非素이리오. 孔子曰 黃帝와 堯舜은 通其變ᄒ야 使民不倦ᄒ시고 神而化
之ᄒ야 使民宜之라 ᄒ시고 孟子曰 大舜은 有大焉ᄒ사 善與人同ᄒ야 舍
己從人ᄒ야 樂取於人以爲善이라 ᄒ시니 盖 天地無外ᄒ고 帝王無外ᄒ
고 聖人이 亦無外어ᄂᆯ 惟抱殘守缺ᄒ야 重己輕人ᄒ고 知近古而不知遠
古之夫가 乃其內中國之說을 泥ᄒ야 於人에 多所外ᄒ니 實로 天地之 生
成과 聖人之 敎化와 帝王之 樂育에 自外ᄒᆯ 而己라. 尙乃大言不慙曰 吾
中國은 不與外 國同也라 ᄒ니 嗚呼라 華人의 智力을 竭ᄒᆫᆯ 엇지 能히
地球 外에 逃出ᄒ야 一世界를 自成ᄒ리오. 如不以 吾言으로 爲謬인되
請컨되 成周以前에 道術之 宏備와 秦漢 以後에 道術之 衰絕을 觀ᄒ며
ᄯᅩ 請컨되 華人의 智能은 事事遠不逮古人ᄒ고 西人의 智能은 事事直突
過古人ᄒᆷ을 觀ᄒᆯ지어다. 深思其故ᄒ고 反求 其本ᄒ야 偏枯의 空談을 息
ᄒ고 博通의 實學을 講ᄒ야 群籍을 焚ᄒ야 黔首를 愚케ᄒ든 惡趣에 勿
ᄧᅳᆯ지니 於是에 學堂이 隆起於國中ᄒ고 人才가 競長於 海外하면 赤懸
神州가 庶有鳩乎ᄂ져(鳩ᄂ 成也라)

*〈서우〉 제10~11호에는 곽포사의 정치학설이 게재됨 (성격 모호)

◎ 陸克의 自由談, 〈한양보〉 제1권 제1호, 1907.9.
  (로크의 자유론)

▲ 제1호

　陸克은 英人이라. 一千六百三十二年에 生ㅎ야 一千七百四年에 卒ㅎ니 近時 歐洲 各國에 自由의 說을 倡ㅎ는 者가 無慮 百數로되 陸氏가 最著ㅎ지라. 今에 其言을 譯載ㅎ야써 諸君子의 閱覽ㅎ심을 供ㅎ느이다.

　權利의 最要ㅎ 것이 自由에 莫踰ㅎ니 人의 斯世에 立흔 所由는 平等 而已라. 然ㅎ나 苟無自由면 不能平等이니 故로 自由란 것은 平等權의 由ㅎ야 出ㅎ는 바라. 重히 아니흠이 可乎아.

　昔에 霍布士가 言을 有ㅎ야 曰 '野蠻의 民이 權도 不知ㅎ며 義도 不知ㅎ고 强이 弱을 凌ㅎ며 衆도 寡를 暴ㅎ야 惟利是圖ㅎ느니 人世 自然흔 狀態가 固如是也라.' ㅎ니 是則 不然이라. 人世의 眞狀態가 人人이 其性의 自然을 各率ㅎ야 人으로 交接흠에 在ㅎ니 吾人 本性의 自然이 決코 暴力으로써 尙치 아니ㅎ고 自由로서 尙홀지니 人人이 自由로써 尙ㅎ면 此 平等의 由ㅎ야 出ㅎ는 바니라.

　假令 人與人 相接ㅎ는 際에 各其 暴功을 奮ㅎ면 所謂 自由도 無ㅎ며 所謂 平等도 無ㅎ고 强者가 其威服을 獨擅(독천)흠에 至홀지니 人世 自然의 狀態가 決코 不如是라. 蓋我도 其 自由를 保守ㅎ고 人도 亦其自由를 保守ㅎ면 人我의 間에 平等아니리 無홀지니 此 所謂 自然의 狀態니라.

　故로 邦國을 未建ㅎ며 制度를 未設흔 以前에 人世 自然의 交際와 人世 自然의 法律이 固有ㅎ니 所謂 邦國의 制度가 正히 此 自然의 法律 自然의 制度로 由ㅎ야 出흔 것이니라.

霍布士 又謂 邦國未立호 以前에 凡人의 欲호는 바는 皆取之無禁호야 其他를 不顧라 호니 夫邦國未立制度 未設호 以前에 凡土地畜産을 人人 得而有之는 固也라. 雖然이나 吾有吾身에 吾身을 居호야 惟吾의 所欲爲者ㅣ 權이라. 吾身이 旣惟吾所欲爲則吾身의 勞作이 吾의 自然權이오 吾가 吾勞作所得의 物을 取홈이 亦吾의 自然權이라. 故로 不論何人호고 其人의 勞作으로 由호며 或 其人의 智巧로 由호야 得호 者는 他人이 侵호기 不得홈은 何故오. 勞作은 我의 勞作이오 他人의 勞作이 아니며 智巧는 我의 智巧오 他人의 智巧가 아닌 故니라.

夫 我其勞作을 施호며 我其智巧를 運호고 我가 獨享홈이 此理最明호 지라. 況我가 所畜을 私有코져 호나 我의 故로 以호야 衆人으로 乏絶케 홈이 아니라 衆人도 亦其勞作을 施호며 亦其智巧를 運호기 綿綿(작작) 히 餘地가 有호즉 我의 私有權이 衆人의 權에 少도 害홈이 無호니 私畜 홈이 有何不可리오.

且 所謂 先得之權은 他人의 下手호기 前에 我가 獨得호 것이니 此 正所謂 勞作이니라. 他人에 先호야 得홈이 悉皆 辛苦 中으로 由호야 來 호나니 哥倫布(가륜포, 콜럼버스)의 航海호야 美洲에 至호야 其地를 占 홈과 如홈이 是也라. 豈惟是哉리오. 凡其力을 勞호 者는 卽 其勞가 至微 호나 勞가 有호면 權이 卽有호니 一枝를 折홈과 一果를 取홈과 如홈도 亦 未嘗不 勞인 故로 其果가 他人의게 不歸호고 我가 先取호야 有호니 所謂 自然權이니라.

故로 凡於土地에 勞作을 施호야 其地의 所生을 得홈인 皆折枝取果 (절지취과)의 類라. 且 土地所生의 物뿐 如是홀 것이 아니라 卽 土地를 擧호야 有홈도 其理亦如是호지라. 我의 力으로써 播種호며 我의 力으 로써 耕耨(경누)호야 石田이 되며--

▲ 제2호

人世 自然의 狀態가 皆 自由平等이라. 故로 不論何人ᄒ고 一人으로써 他人의 壓制ᄒᆯ 理가 萬無ᄒ니 故로 王侯의 權을 不論ᄒ며 嚴父의 權을 不論ᄒ고--

◎ 地球之過去及未來, 〈대한유학생회학보〉 제1호, 1907.3. (지문학, 지구과학)

*일본인 요코야마의 지구론 역등

本書ᄂ 日本 理學博士 橫山又次郎 氏의 述作ᄒᆫ 바 小冊子니 編秩은 簡約ᄒ나 理義ᄂ 核明ᄒ기로 特히 譯載ᄒ야 學海 多士의 淸覽을 恭俟 (공사)ᄒ노라.

▲ 제1호 = 學不厭生 記

吾人의 住居ᄒᄂ 此 地球가 其 始也엔 如何히 成立되고 成立當時에ᄂ 如何ᄒ 狀態로 在ᄒ얏스며 坐ᄒ 從玆以往으론 如何히 變遷ᄒᄂ디 此 實地理學上의 一大疑題로 世界學者의 討究不怠ᄒᄂ 바어니와 大蓋 此 等 疑問은 人智의 開進됨을 隨ᄒ야 스스로 念頭에 湧起ᄒᄂ 바니 從古 東西의 經典記籍中世界의 開闢을 紛然雜述흠도 坐ᄒ 這般思念의 驅使 흠이 分明ᄒ도다. 然이ᄂ 經典記籍中에 論述ᄒ 바 開闢說은 各國의 所 傳과 筆者의 所錄을 隨ᄒ야 多少差遠ᄒᆯ 뿐 아니라 且 其 所說을 直接으 로 證明ᄒᆯ 事跡도 存在ᄒ 者ㅣ 一無ᄒ 則 此等 傳說의 準據憑信티 못ᄒᆯ 것은 不庸多言이니 萬一 多少間這般理勢를 覺得코댜 흘딘듸 오즉 學術 場裡에 投身ᄒ야 그 硏鑽窮究ᄒ 結果를 基礎삼아 日常觸目ᄒᄂ 事項을

推考홀 外에 他道가 更無홀디니 大蓋學術上 推考는 事事物物을 都是實地觀測으로 爲主ᄒᆞᄂᆞᆫ 바인 則外他架空憑虛의 臆造說과는 其意가 懸殊ᄒᆞ고 더욱 地球의 過去 未來에 關ᄒᆞᆫ 學說에 至ᄒᆞ야 古來幾多學者의 硏究ᄒᆞᆫ 結果가 累積ᄒᆞ야 殆히 確定홀 斷案으로 看做홈도 可ᄒᆞ니라.

距今 百四十餘年 前에 日耳曼 哲學者(이만누엘컨트) 氏는 그 所著, 天然史 及 天之說이란 書中에 太陽系의 成立 及 變遷에 對ᄒᆞ여 有名ᄒᆞᆫ 星霧說, (Nobla and yssten)을 始道ᄒᆞ니 今其 大要를 說示ᄒᆞ건딕「太陽과 밋 其他 遊星 等은 原來 一團의 大氣體로 그 溫度가 極高ᄒᆞ더니 結集ᄒᆞᆫ 密度에 濃淡大小의 差로 因ᄒᆞ야 引力이 不均ᄒᆞ게 되믹 於是乎廻轉運動을 生ᄒᆞ야 自東而西로 轉轉不息ᄒᆞ드가 歲月의 經ᄒᆞᄂᆞᆫ딕로 漸次冷却ᄒᆞ여 容積도 ᄯᅩᄒᆞᆫ 收縮ᄒᆞ믹 廻轉ᄒᆞᄂᆞᆫ 速度도 一層增加ᄒᆞ야 드딕여 中央部가 膨張ᄒᆞ야 數重의 瓦斯環을 生ᄒᆞ니 此 瓦斯環이 各各團結ᄒᆞ야 獨立體를 成ᄒᆞᆫ 것이 卽 今日의 遊星이오. 獨立體의 冷却 收縮ᄒᆞ야 環을 生ᄒᆞ고 該環이 更히 團結ᄒᆞᆫ 것이 卽 今日의 衛星(月)이라」ᄒᆞ니 此說을 依據ᄒᆞ건딕 彼太陽은 舊日 大氣團의 收縮된 것이오. 地球의 밋 其他 遊星衛星은 都是太陽에서 分離ᄒᆞᆫ 氣體의 凝結ᄒᆞᆫ 것에 不外ᄒᆞ니 考案이 可히 巧妙ᄒᆞ다 謂ᄒᆞ리로다. 然而奇異ᄒᆞᆫ 事는 컨트氏가 此說을 立ᄒᆞᆫ 後 四十一年을 經ᄒᆞ야 佛蘭西天文學者라 풀나쓰氏가 그 所著世界解說이란 書中에 컨트氏의 說을 全然未知ᄒᆞ고 同一ᄒᆞᆫ 考說을 揭載ᄒᆞᆫ 것이니 是或學術硏究를 根據ᄒᆞᆷ아 案出ᄒᆞᆫ 考說은 多少同一ᄒᆞᆫ 地點에 歸着ᄒᆞᄂᆞᆫ 法理ᆫ 듯ᄒᆞ도다.

大抵 星霧說은 現今과 比較ᄒᆞ면 諸般學術이 尙且幼稚ᄒᆞᆫ 時에 出ᄒᆞ얏스ᄂᆞ 爾後此를 正確케 홀 事實이 益益發見ᄒᆞ야 到今ᄒᆞ야 世界學者中此說을 是認티 안ᄂᆞᆫ 者는 一人도 殆无ᄒᆞ게 되얏ᄂᆞ니 所謂 星霧說을 正確케 ᄒᆞᄂᆞᆫ 事實은 卽 (一) 太陽과 遊星, 衛星이 都是同一ᄒᆞᆫ 物體로 成立됨과 (二) 諸遊星이모다. 自軸(軸이란 것은 南北兩端의 直徑이니 自軸이

란 것은 諸遊星의 各自所有흔 軸)을 굴니여 同一흔 方向으로 回轉ᄒ고
흔 太陽을 周遊흠에도 同一흔 方向을 取흠과 (三) 遊星의 軌道는 모다
同一흔 平面에 在ᄒ고 坐흔 其形이 多少相背ᄒ게 楕圓形인 것과 (四)
太陽은 至今ᄭ디 高熱體되로 잇는 것과 (五) 遊星中一個되는 土星의 赤
道에는 至今ᄭ디 氣環이 遺存흔 等事이니라.

此 地球가 果然以上과 如히 成立되얏스며 如或果然ᄒ다 흘딘듸 從玆
以往으론 如何히 變遷흘는디 此 實不佞이 本編에 敍述코댜 ᄒ는 바이
라. 然이나 此等 問題를 十分解釋ᄒ랴 흘닌듸 爲先, 眼目을 廣遠히 宇宙
間에 放開ᄒ야 千列萬張흔 星辰을 不可不査察흔 然後에야 於是乎地球
의 古往 及 今來을 推知흘디니 大蓋 此等 累萬星辰中에는 地球가 曾往
歷來흔 狀態를 依樣保持흔 者도 有흘디며 地球보다 數步를 更進ᄒ야
地球의 將來變移흘 狀態를 現方顯出ᄒ는 者도 有ᄒ깃슴일ᄉ니라.

星辰世界

晴夜에 天空을 仰觀ᄒ면 許多흔 星辰이 燦燦然煌煌然히 羅列排布흠
을 見ᄒ리니 此等 星辰은 一見無數흔 듯 ᄒ되 肉眼으로 觀望ᄒ면 七千
以上에 不出ᄒ고 最强力의 望遠鏡이라야 一億五千以上에 達ᄒ리니 此
等 星辰은 僅少흔 部分을 除흔 外엔 모다 恒星이라 稱ᄒ야 太陽과 如히
放光散彩ᄒ는 者ㅣ라. 大蓋 太陽도 不過 是此等恒星中의 一個로 數個의
遊星을 引率ᄒ얏슨 則以此推之ᄒ면 外地恒星에도 幾多遊星이 附屬되
야슬 것이 分明ᄒ도다. 天狼 及 三南河二恒星에는 各各一個의 遊星이
有흠을 이믜 特見ᄒ니라.

各恒星間에 距離는 極히 遼遠ᄒ야 迨히 吾人想像力으로 計及티 못흘
비라. 我太陽에 最히 接近흔 恒星은 <u>쎈토-리</u> 宮의 <u>일파</u> 星이니 그 距離
가 海王星距離보다도 七千餘部인 卽 實로 太陽地球間距離의 二十九萬

倍이라 然則 一秒時에 七萬六千哩의 速力으로 疾走ᄒᆞᄂᆞᆫ 光線이라도 오히려 四箇年半을 不經ᄒᆞ면 此間을 通過치 못ᄒᆞᆯ 것이오. 許多恒星中에 光彩炳若ᄒᆞᆫ 天狼星은 前者에 比ᄒᆞ야 更一層遼遠ᄒᆞ니 그 光線이 散放ᄒᆞᆷ으로브터 十七箇年을 經ᄒᆞ여야 吾人眼目에 達ᄒᆞ며 其他 大角[二十五個年半]織女[十六箇年][車五二][七十個年]等, 그 距離를 뒤강 測知ᄒᆞᆫ 者ㅣ 二十假量이 有ᄒᆞᄂᆞ 此等은 모다 他恒星에 比ᄒᆞ면, 我太陽에 最히 接近ᄒᆞᆫ 者이오. 外地, 多大數에 至ᄒᆞ야 距離가 太遠ᄒᆞ야 槪算도 不得ᄒᆞᄂᆞ니 是故로 最遠ᄒᆞᆫ 恒星은 數千年 歲月을 經過티 아니ᄒᆞ면 그 光線이 吾人眼目에 得達티 못ᄒᆞ리니라.

天穹에ᄂᆞᆫ 最大圓形의 條白帶가 有ᄒᆞ야 周圍를 環繞ᄒᆞ얏ᄂᆞ니 此卽 所謂 銀河라 肉眼으로 望見ᄒᆞᆯ 時에ᄂᆞᆫ 全體가 모다 微白色으로만 見ᄒᆞᄂᆞ 望遠鏡으로 窺見ᄒᆞ면 無數ᄒᆞᆫ 小光體가 凝集ᄒᆞᆫ 것이니 大蓋銀河ᄂᆞᆫ 視線의 方向을 隨ᄒᆞ야 數百萬의 恒星이 互相重疊ᄒᆞᆷ으로 如斯히 被見ᄒᆞᆷ인 듯ᄒᆞ니라.

以上述來ᄒᆞᆫ 것과 如히 各恒星間에 距離ᄂᆞᆫ 非常히 遼遠ᄒᆞᄂᆞ 此等으로 塡充된 宇宙의 部分은 比較的 星辰이 만히 群聚ᄒᆞᆫ 一境域이나 其形은 平扁ᄒᆞᆫ 遠視鏡面과 近似ᄒᆞ고 銀河ᄂᆞᆫ 그 部分을 占居ᄒᆞ며 我太陽系ᄂᆞᆫ 略其中心에 定座ᄒᆞ엿스리라 ᄒᆞ며 此 星辰世界가 如何히 廣大ᄒᆞᆯ 것은 그 長直徑 二千五百星辰距離(星辰距離ᄅᆞᆫ 것은 卽 太陽과 最近恒星間의 距離를 云을이라)에 短直徑 四百星辰距離로 槪算ᄒᆞᆷ을 依ᄒᆞ야 可知ᄒᆞ리로다.

通常 太陽은 少不運動ᄒᆞᆷ과 如히 思惟ᄒᆞᄂᆞ 其實은 不然ᄒᆞ야 一秒時에 四哩半 乃至 十三哩 速力으로 天北에 定位ᄒᆞᆫ 帝座星에 向ᄒᆞ야 進行ᄒᆞ며 從來, 不動星으로 一般看做ᄒᆞ든 恒星 中에도 쏘ᄒᆞ 運動ᄒᆞᄂᆞ 者ㅣ 許多ᄒᆞᆷ을 發見ᄒᆞ얏스니 太槪 此等을 不動體로 思惟ᄒᆞ기ᄂᆞᆫ 그 距離가 太遠ᄒᆞ

야 極精極密훈 觀測이 아니면 그 運動을 認破키 難훈 故이라. 推此而觀
호면 諸他恒星도 皆此通則에 密호야 모다 運動호는 것으로 看做홈도
似可호도다. 然이느 太陽과 밋 外他恒星의 運動이 直線일느디 抑且曲線
일느디 쏘 數星이 相合호야 我太陽系와 如훈 星系를 形成홈인디 此等
事에 至호얀 深遠훈 學術의 硏鑽으로도 姑且確答티 못호는 빈너라.

大槪 我地球는 巨萬恒星 中에 一個되는 太陽에 隨伴호는 遊星 中에
一小星이라 故로 此를 我星辰世界의 廣大훈데 比호면 滄海의 一滴과
九牛의 一毛만로 不如호며 然而此外에도 天에는 如雲如霞훈 數千의 小
點이 有호니 此等은 霞雲星이라 稱호야 居半은 最强力의 望遠鏡이 아니
면 測知티 못호는 것이오. 이믜 其 一部는 無數훈 小光體의 凝成훈 것임
을 判然明知호얏슨 則 此等은 應當我星辰世界以外의 星辰世界리라 호
느니 以此測之컨딕 宇宙間은 浩大無疆호야 그 廣闊홈이 人智로는 測知
리 못홀배니라. (以下次號)

▲ 제2호

自此 吾人은 我遊星界에 下호야 光과 熱을 給與호는 中心體되는 太陽
을 査察호리로다. 光學上에 一大 刷新을 加훈바 所謂 스펙토루 分折이
란 것이 發見된 以來로 天體에셔 發호는 光을 三角柱形玻璃鏡에 受호야
分析호야 此等天體가 如何훈 物質노 成훈 것을 明白히 홈으로 그 便益
이 不敽호니 일즉 伊太利亞 星學者 셱기-氏가 此法을 用호야 天의 連聯
훈 累萬恒星을 三大類에 區別훈 事이 有호니 卽, 第一類는 玉色光을 發
放호는 것이니 其光의 分析을 據훈則 大體, 水素瓦斯의 存在홈을 示호
는 者라 天狼, 織女, 河鼓等諸恒星이 此에 屬호고 第二類는 車五二, 北河
三, 大角, 畢宿五等의 恒星이니 黃色光을 發放호고 我太陽과 如히 大體,
金屬瓦斯의 存在를 示호는 것시오. 第三類는 帝座, 參宿, 室宿等 恒星이
니 赤色光을 發放호며 亞金屬及各種 化學的 金物의 存在를 示호는 者라

此三類中에, 第一類는 恒星數의 半을 占ㅎ고 他一半의 三分二는 第二類 가 占ㅎ고 其餘는 第三類가 占ㅎ엿다 ㅎ니라.

以上 三類의 星이 光色이 各殊홈은 比卽 其物質이 相異ㅎ 所致며 또 는 星體가 年月을 經過홀스록 其 狀態에 變化가 生ㅎ야 階級을 表示ㅎ 는 者이니 大蓋 白光星은 其光輝가 最强ㅎ즉 其 熱度도 最高홀것이오 由是로 這裏에 存ㅎ 物質은 으모리 ㅎ여도 化學的化合物을 形成티 못 홀 것임으로 不得己다. 元素딕로 存在ㅎ고 且元素中原子量의 極輕ㅎ 것 스 水素瓦斯인則 此物이 其大都를 古ㅎ얏슬 것이며 黃色星도 其 熱度가 尙今甚高ㅎ깃고 由是로 化合物도 姑未成立ㅎ얏슬다나 白光星에 比ㅎ 면 이믜 大段 冷却된 것슨 分明ㅎ니 此 事實은 其 中에 水素는 少ㅎ고 도로혀 重ㅎ 金屬瓦斯가 多存홈을 因ㅎ야 可히 推知홀것이며 至若赤星 ㅎ야 亞金屬及各種의 化合物이 其 大氣中에 有ㅎ則 黃色星에 比ㅎ야 更一層冷却된 것이 明確無疑ㅎ니라.

大槪 我太陽은 上述홈과 如히 第二類 恒星中에 列ㅎ는 者인즉 그 이 믜 第一類星의 狀態를 經過ㅎ야 大段冷却ㅎ 것임은 不庸贅言이어니와 아직 신디도 漸次冷却ㅎ여 감은 太陽面에 時時斑點이란 것이 出現ㅎ는 것을 依ㅎ야 可知홀디니라.

斑點이란 것은 形狀不定ㅎ 黑點이니 太陽面에 出現ㅎ미 必也 東邊으 로 出ㅎ야 西邊으로 入ㅎ니 此는 分明 太陽의 回轉에 基因홈이로다. 斑 點 中에는 太陽과 共히 回轉ㅎ야 數年間 同一ㅎ 處所에 存在ㅎ는 者도 有ㅎ고 又半道에 消去ㅎ는 者도 有ㅎ니 其 大는 吾人의 眼에는 些小ㅎ 點文又티 見ㅎ는 實狀은 直徑이 數十萬哩나 되는 者도 不尠ㅎ니라. 持 히 附記홀 一件事가 有ㅎ니 此斑點의 發見이 實느 千萬 意外에 吾人이 太陽의 廻轉運動을 硏究ㅎ는 媒介가 된 事이라. 大蓋 此로 因ㅎ야 太陽 이 我二十五日十二時間으로 其 自軸을 廻ㅎ야 地球와 同方向으로 一回

轉ᄒᆞᄂᆞᆫ 것이 判然히 되엿ᄂᆞ니라.

斑點은 如何ᄒᆞᆫ 者인ᄃᆡ 此點에 對ᄒᆞ야ᄂᆞᆫ 諸說이 頗多하ᄂᆞ 就中有勢力ᄒᆞᆫ 者ᄂᆞᆫ 下記ᄒᆞᆫ 二說이니 其一은 德國星學者 <u>테루에루</u>氏의 考究ᄒᆞᆫ 것이오 又 一은 伊太利亞 星學者 <u>ᄭᅥ기-</u>氏의 唱道ᄒᆞᆫ것이니 테루네루氏ᄂᆞᆫ 日ᄒᆞ되 太陽의 心部ᄂᆞᆫ 炎炎ᄒᆞᆫ 溶液體로되 表面諸處에 冷結ᄒᆞ야 固形體의 漑滓를 生ᄒᆞ면 其 直上에 浮遊ᄒᆞᄂᆞᆫ 太陽의 大氣가 此로 因ᄒᆞ야 얼마콤 冷却ᄒᆞ야 其光을 失ᄒᆞ게되니 此卽 暗黑ᄒᆞ게 見ᄒᆞᄂᆞᆫ 斑點이라ᄒᆞ고 <u>ᄲᅥ기</u>-氏ᄂᆞᆫ 太陽의 心部를 瓦斯體라 ᄒᆞ야 該瓦斯가 處處에 破裂ᄒᆞ야 宇宙間에 抛出된 것이 此處의 寒氣(攝氏 零下百四十二度, 一說에ᄂᆞᆫ 零下二百七十二度)를 遭ᄒᆞ야 冷却ᄒᆞ고 冷却ᄒᆞᆷ으로 因ᄒᆞ야 明光을 失ᄒᆞ야 斑點이 될 것이라 ᄒᆞ니 兩者가 다 太陽의 某一部分이 冷却ᄒᆞ여ᄀᆞᄂᆞᆫ 것이라ᄂᆞᆫᄃᆡ 兩說이 互相符令ᄒᆞ얏도다.

白色光을 發放ᄒᆞᄂᆞᆫ 一厚氣層이 有ᄒᆞ야 太陽體中斑點의 生ᄒᆞᄂᆞᆫ 部分을 圍繞ᄒᆞ얏스니 此를 光氣라 稱하야 平常吾人이 肉眼으로 太陽을 望見할 時에 見ᄒᆞᄂᆞᆫ 者라 此光氣ᄂᆞᆫ <u>스펙토루</u>分析을 據ᄒᆞᆫ 則諸種의 金屬瓦斯로 成立ᄒᆞ얏ᄂᆞᆫᄃᆡ 就中最多ᄒᆞᆫ 者ᄂᆞᆫ <u>칼시움</u>이오 此外에ᄂᆞᆫ <u>민그네시움</u>, <u>소듸움, 부켈, 크로미늬윰, 디다늬움,</u> 銅 <u>重素,</u> <u>코셀트, 카리윰 세리윰,</u> <u>우라늬윰, 스트론틔윰,</u> <u>키드미움,</u> 白金(拉原子) 等이 有ᄒᆞ고 光氣의 外側에ᄂᆞᆫ 比較的 稀薄ᄒᆞᆫ 一氣層이 有ᄒᆞ니 此를 色氣라 稱ᄒᆞ야 紅色을 帶ᄒᆞ고 其 大部ᄂᆞᆫ 光輝燦爛ᄒᆞᆫ 水素로 成ᄒᆞ얏스며 尙且此層側에 一氣層이 有ᄒᆞ니 此卽 冠氣라 稱ᄒᆞᄂᆞᆫ 者니 太陽의 大氣中, 最外層을 形成ᄒᆞ고 其厚ᄂᆞᆫ 太揚面外八十萬里에 達하며 此物은 大體, <u>헤리윰</u>이란 瓦斯로서 成ᄒᆞ고 外에 水素와 소듸움이 混同ᄒᆞᆫ 것이니 日食皆旣時에만 可히 得見ᄒᆞᆯ지니라.

色氣中에ᄂᆞᆫ 奇態의 現象이 有ᄒᆞ니 卽 處處에 濃紅皎光을 發出ᄒᆞᄂᆞᆫ

것이라. 此는 皆旣日食時에 最히 易觀홀 者니 其形或, 紅色火柱와 如ᄒ기도 ᄒ며 或 紅舌과 如ᄒ기도 ᄒ며 或 紅雲과 如ᄒ기도 ᄒ야 數十万里 高遙ᄒ게 冠氣中으로 奔騰ᄒ야 不久에 離散消滅ᄒ며 又或, 更히 太陽面上에 墮下하는 者도 有ᄒ니 蓋此紅燄은 如何ᄒ 者인디 此應炎炎赫赫ᄒ 瓦斯의 破裂에 不外홀 것이오. 此를 地球上 事物에 比喩홀딘듸 火山噴火와 如ᄒ 者일듯 ᄒ며 그 宏大ᄒ고 壯快ᄒ 것은 最大 火山의 最强 噴火라도 可히 相擬터 못 홀 쑷ᄒ 디리라. 玆에 如斯ᄒ 紅燄이 生ᄒ는것을 因ᄒ야 推測홀딘듸 現今 太陽의 色氣가 沸騰攪亂ᄒ야 非常ᄒ 大變動을 ᄒ는 것이 的然無疑ᄒ도다.

太陽의 熱度에 對ᄒ야는 아즉 確知티 못ᄒ니 現存ᄒ 學說노 言ᄒ면 테루네루氏는 日 心部는 攝氏六萬八千四百度, 氣層은 二萬七千七百度의 溫度를 有ᄒ얏다 ᄒ고 셕기-氏의 說은 此計算과 大相不同ᄒ야 氣層의 溫度는 攝氏五百萬乃室一千萬度는 되리라 ᄒ니라.

如斯히 太陽의 熱度는 非常히 高ᄒ느 然이느 太陽은 其熱을 間斷티 안코 宇宙間에 散放ᄒ느니 極히 精密ᄒ 算計를 據ᄒ 則此放散ᄒ는 熱의 分量이 一年間少ᄒ야도 攝氏一, 八度는 되리라 ᄒ니 此 比例로 放熱홀딘듸 有史期以後로만 이믜 一萬餘度의 熱을 失ᄒ 細音이니 더욱이 此 放熱은 數百萬年前브터 繼續ᄒ는 者인則 此外에 熱源이 有ᄒ야 塡補티 아니ᄒ면 業己冷却凝結ᄒ야 其光을 失ᄒ얏슬 디느 幸히 此에 放熱을 補充ᄒ는 者ㅣ 有ᄒ니 第一, 無數ᄒ 流星과 隕星이 太陽面上에 墮下ᄒ는 것이 卽是라, 流星이른 것슨 小天體가 非常ᄒ 速力으로 我大氣中에 入ᄒ야 此와 磨擦ᄒ야 放光ᄒ는 者이오 此 隕星이른 것은 流星이 地上에 落來ᄒ는 者이라. 此等天體가 大氣와 磨擦홈으로 因ᄒ야 高熱度를 生ᄒ는 것은 地上에 落來ᄒ 隕星이 非常ᄒ 高熱度를 有함에 照ᄒ야 明瞭ᄒ디라 我地球와 如ᄒ 小遊星의게도 流星이 該引力에 被引ᄒ야 其 大氣中에 入ᄒ는 者ㅣ 一個年에 數億에 達ᄒ고 其中地上에 落下ᄒ는

隕星만 尙且 一個年六七百에 及혼다 호니 而況太陽은 地球보다 大홈이 幾萬倍인즉 其 引力도 隨大호고 引力이 大혼즉 流星隕星의 被引호는 數도 地球보다 越多홀 것은 不須多言이며 且其牽引호는 力이 大호면 被引호는 者의 運力도 大할 것은 理數의 固然혼 것인데 則應當 此 等物의 生熱호는 것도 隨大홀디니 故로 太陽은 流星과 隕星으로 因호야 大段히 其 消散혼 熱을 補充호여 긔며 <u>第二</u>는 物理學上에 通則으로 凡物이 收縮호면 此로 因호야 其 內部에 壓力을 生호여 熱氣를 發호느니 太陽이 現方冷却호여 곰은 前述홈과 如호니 物이 冷却호면 必也收縮호는 故로 太陽노 此로 因호야 非常히 熱을 生호야 此 熱노만도 其消失호는 分量을 數百萬年間을 足히 補充호리라 호며 <u>第三</u>은 悠遠혼 未來事이느 尙且 太陽이 多量의 熱을 得홀 可望이 有혼디라 아직 實地上으로 證明키 難호는 遊星이 太陽을 回遊호는 速力이 歲月의 經過홈을 隨호야 不可不 減少홀 理由가 有호니 大蓋 宇宙間에는 精氣느것이 有호니 此氣가 아모리 稀薄호다 호여도 遊星의 運動에 多少間抵抗을 與홈은 分明한디라 隕星도 亦然호니 此等 天體가 地上에 落下호면 그 結果도 遊星의 運動이 얼마콤 沮碍될 터인則 滴水成 海른 俚言과 如히 此等微少혼 抵抗도 畢竟遊星의 速力을 遲鈍케 호야 太陽의 引力으로 호여곰 遊星의 遠心力을 勝過홈에 至케 홀디라 果然홀 時에는 遊星이 楕圓形軌道를 取티 아니호고 狹隘혼 螺旋狀(나스모양)의 經路를 取호야 漸次太陽에 近着호야 終乃衝突호리니 勿論, 如斯혼 境遇에는 가댱 太陽과 接近혼 遊星이 先登者가 되고 次次循序及遠홀디라. 然則此等遊星이 太陽과 衝突홀 時다다 非常혼 熱度를 生홀 것시 分明호도다

以上 述來홈과 如히 太陽이 散放호는 熱을 補充호는 者ㅣ 有홈은 明確無疑호느 然이느 何年何日에 든디 必也一次는 冷却死滅티 아니리 못홀디라. 遊星의 數에는 限이 有호고 收縮호는 度에도 限이 有호여 又收縮호야 容積을 減호면 此에 準호야 流星隕星의 落來호는 것도 其 數를 減홀 것이며 太陽이 死滅호가 前에 必也一次表面에 生혼 固體의 皮殼이

頻頻히 內部에 火狀體로 因ᄒ야 破裂ᄒ야 明滅靡定ᄒᆯ 時期가 有ᄒᆯ디니 實地上如斯ᄒᆫ 時期가 有ᄒᆯ 것은 恒星中에 此와 類似한 擧動을 示ᄒᄂᆫ 者가 有ᄒᆷ에 照ᄒ야 可知ᄒᆯ디니라. 今에 一例를 擧示ᄒ건딕 時維 千五百七十二年十一月 某夜에 丁抹星學者 딕-유, 싹라헤이氏가 策良星座中에 突然히 一大星의 出現ᄒᆷ을 發見ᄒ니 此星이 同月十一日夜에ᄂᆫ 白色光을 發放ᄒᆷ이 甚ᄒ야 殆히 金星과 彷彿ᄒᆷ에 至ᄒ더니 從此로 漸次光明을 失ᄒᆯ뿐아니라 其體가 漸小ᄒ여지고 翌年三月에ᄂᆫ 白光이 變ᄒ야 黃色光이되고 쏘 其 大도 普通一等星과 無異ᄒ다가 同月末에 及ᄒ야 黃色光은 赤色光이 되고 又 四月晦五月初間에ᄂᆫ 二等의 體大로 七八兩朔에ᄂᆫ 三等星의 體大로 十一兩朔에ᄂᆫ 四等星의 體大로 遞減ᄒ야 更히 五等星을 經ᄒ야 十二月브터 翌年二月에 至ᄒᆯ 사이에 六等星에 體大를 成ᄒ엿다가 此 時에 至ᄒ야 更히 一時白光을 發放ᄒ다가 厥後에 消滅ᄒ야 다시ᄂᆫ 出現티 아디ᄒᆷ에 至ᄒ니 如斯ᄒᆫ 恒星은 我太陽이 悠久ᄒᆫ 未來에 遭遇ᄒᆯ 運命을 先當ᄒᆷ일듯 ᄒ도다.

然則 太陽이 全혀 冷却ᄒᆫ 後에ᄂᆫ 그 化去할 狀態가 如何할ᄂᆫ디, 或者, 龜裂을 生ᄒ야 自然破滅ᄒᆯᄂᆫ디 或者, 他天體와 衝突ᄒᆯᄂᆫ디 此等 問題를 解釋ᄒ랴면 不可不 想像力을 假借할 外에 他道가 更無ᄒ겟슴으로 玆에ᄂᆫ 深邃히 追究티 아니 ᄒ리로다. (以下次號)

(제3호에는 실리지 않음)

◎ 水星의 人類(太陽報 譯), 李相旭(이상욱), 〈공수학보〉 제4호, 1907.9. (천문학)

水星에 人類가 춤 生存ᄒᆯ가. 萬一 生存ᄒ야 잇다 ᄒᆯ지면 그 形狀은 果然 如何ᄒᆯ가. 이는 벌셔붓험 科學者들이 硏究ᄒᄂᆫ 중인딕 그 水星의

質量, 容量, 密度, 氣壓, 酷熱 等으로 算定ᄒ야 自然法을 適用ᄒ야 推測을 試흔즉 水星의 人類ᄂ 大段히 形狀이 奇怪罔測흘 거이니 엇쟈 그런고 ᄒ면 水星의 氣壓은 決코 人類의 頭蓋骨이 圓形으로 發達되지 못흘지라.

然則 水星人의 頭顱(두로)ᄂ 扁平ᄒ고 其大ᄂ 周圍가 六呎餘의 四角形이요, 頭蓋骨은 鐵石갓치 堅固흘지며--

◎ 胎敎新記, 柳 夫人 原著, 〈기호흥학회월보〉 제2호, 1908.9.
(가정학, 태교)

    *조선시대 〈규범〉, 〈여범〉 등의 저서가 비교적 많았음＝유씨 부인 저서의 〈여범〉에 대해서는 추후 조사가 필요함

▲ 제2호

女範에 曰上古 賢明의 女ㅣ 有娠에 胎敎의 方을 必愼이라 ᄒ니(女範은 明節婦 劉氏의 所著) 今에 諸書를 考컨듸 其法이 莫有詳焉이나 自意求之에 盖或可知矣라. 余가 數四娠育에 嘗試흔 바로써 錄爲一編ᄒ야 諸女에게 以示ᄒ노니 敢히 擅自著述ᄒ야 人目에 荂耀코져 흠이 안이나 猶內則(禮記篇名)의 遺厥을 可備흘지라. 故로 名之曰 胎敎新記라 ᄒ노라.

人生의 性은 天에 本ᄒ고 氣質은 父母에게 成ᄒᄂ니 氣質이 偏勝이면 性을 蔽흠에 馴至(순지)ᄒ리니 父母ㅣ 子를 生育흠에 可히 謹愼치 안니흘가.
父의 生흠과 母의 育흠과 師의 敎흠이 其 意ㅣ 一也라. 善히 醫ᄒᄂ 者ᄂ 未病에 治ᄒ고 善히 敎(효)ᄒᄂ 者ᄂ 未生에 敎ᄒᄂ니 故로 師敎十年이 母의 十月을 育ᄒ니만 未若ᄒ고 母育 十月이 父의 一日에 生ᄒ

니만 未若ㅎ니라.

夫 告諸父母ㅎ고 聽諸媒氏ㅎ고 命請使者ㅎ야 禮를 備ㅎ고 夫婦가 되
엿거던 日以恭敬으로 相接ㅎ고 無或褻押(척압)으로 相加ㅎ야 屋宇(옥
우)의 下와 床席의 上에 口의 未出홀 言이 猶有ㅎ며 內寢이 안이어던
入處키 不敢ㅎ고, 身에 疾病이 有ㅎ거던 入寢키 不敢ㅎ고 陰陽이 不調
코 天氣가 失常이어던 安息키 不敢ㅎ고 虛慾으로 ㅎ야금 心에 不萌케
ㅎ며 邪氣로 ㅎ야금 體에 不設케 ㅎ야 其子를 以生ㅎᄂ 者ᄂ 父의 道也
ㅣ니 詩에 曰 相在爾室ㅎ야도 尙不愧于屋漏니 無曰不顯이라. 莫予云--

▲ 제3호

夫 木은 秋에 胎ㅎᄂ니 비록 蕃茂ㅎ나 挺直의 性이 猶有ㅎ고 金은
春에 胎ㅎ나니 비록 勁利ㅎ나 流合의 性이 猶有ㅎ니 胎也者ᄂ 性의 本
이라 其形이 一成흔 後에 敎ㅎᄂ 者ᄂ 末也니라.

南方에서 孕胎ㅎ면 其口ㅣ 閎ㅎ나니 南方人은 寬ㅎ야 仁을 好ㅎ고
北方에셔 孕胎ㅎ면 其鼻ㅣ 魁ㅎ나니 北方의 人은 掘强ㅎ야 義를 好흠은
氣質의 德이라. 十月의 養으로 感應흠이니 故로 君子ㅣ 반다시 胎됨에
愼ㅎ나니라.

古者에 聖王이 胎敎의 法이 有ㅎ사 懷흔 지 三月이면 別宮에 出居ㅎ
야 目으로 邪視치 아니ㅎ며 耳로 妄聽치 아니ㅎ며 音聲과 滋味를 禮로
以ㅎ야 節ㅎ더시니시 愛흠이 아니라, 其豫에 敎코저 흠이로다. 生子에
其祖를 不肖ㅎ면 不孝에 比흘지라. 故로 君子ᄂ 其豫에 敎ㅎᄂ니 詩에
曰 孝子 不匱ㅎ야 爾類를 永錫이라 ㅎ니라.

今의 妊者ᄂ 恠味를 必食ㅎ야 써 口를 悅ㅎ며 涼室에 必處ㅎ야 써
體를 泰ㅎ며, 閒居ㅎ야 樂흠이 無ㅎ거든 人으로 ㅎ야금 諧語케 ㅎ며,
其始엔 家人을 誆ㅎ고 其終엔 久臥ㅎ며 恆眠ㅎᄂ니 家人을 誆흠으로

其養을 得盡치 못ᄒ며 久臥커나 恆眠홈으로 榮衛가 停息ᄒᄂ니 其攝홈이 悖ᄒ고 待홈이 慢ᄒ지라. 故로 其病을 滋ᄒ야 其産이 難ᄒ며 其子가 不肖ᄒ야 其家를 墮ᄒ 然後에ᄂ 命에 歸怨ᄒᄂ니라.

夫 獸가 孕홈엔 其牧를 必遠ᄒ며 鳥가 伏홈엔 其食을 必節ᄒ고 裸贏가 子를 化홈엔 尙히 類我의 聲이 잇ᄂ니 是故로 禽獸의 生이 다 其母를 能肖호ᄃ 人의 不肖홈은 或 禽獸만 不如ᄒ 故로 聖人이 惕然(쳑연)의 心이 有ᄒ사 胎敎의 法을 作ᄒ시니라.

▲ 제4호

胎를 養ᄒᄂ 者ㅣ 오즉 自身쑨 아니라 一家의 人이 恆常 洞洞ᄒ야 敢히 忿事로써 들이지 못ᄒᄂ니 其怒홈을 恐홈이오 敢히 凶事로써 들이지 못ᄒᄂ니 其憂홈을 恐홈이오 敢히 急事로써 들이지 못ᄒᄂ니 其驚홈을 恐홈이라. 怒ᄒ면 子로 ᄒ야곰 血이 病되고 懼ᄒ면 子로 ᄒ야곰 神이 病되고 憂ᄒ면 子로 ᄒ야곰 氣가 病되고 驚ᄒ면 子로 ᄒ야곰 癲癎의 病이 되ᄂ니라.

友로 더부러 久處ᄒ야도 오히려 其爲人을 學ᄒ거든 況 子와 母의 七情이 肖홈이여. 故로 姙婦를 待ᄒᄂ 道ᄂ 喜怒哀樂으로 ᄒ야곰 或 其節을 過케 홈이 不可ᄒ니 是以로 姙婦의 傍에 恆常 善人이 有ᄒ야 其起居를 輔ᄒ며 其心志를 怡ᄒ며 可師의 言과 可法의 事로 其耳의 不聞ᄒ 然後에야 惰慢邪癖(타만사벽)의 心이 自生치 아니ᄒᄂ니라.

姙娠ᄒ 지 三月에 形象이 보로소 化ᄒ야 屛角紋(병각문)과 如히 物을 見ᄒ고 變ᄒᄂ니 必 使 貴人과 好人과 白璧(백벽)과 孔雀의 華美ᄒ 物과 聖賢 訓戒ᄒ 書와 神仙에 冠佩의 畫를 見케 홀지오, 倡優의 侏儒(주유, 난쟁이 주, 선비 유)와 猿猴의 類와 戲謔 爭鬪(희학쟁투)의 狀과 刑罰, 曳縛, 殺害의 事와 殘刑, 惡疾의 人과 虹, 霓(예), 震, 電과 日月 薄蝕(박

식)과 星隕(성운), 慧孛(혜패, 살별)과 水漲(수창), 火灾(화재)와 木折, 屋崩과 禽獸의 淫泆(음일)홈과 病傷홈과 밋 可히 汚흔 汗穢(오예)의 虫을 見케 홈이 不可ᄒ니라.

人心의 動홈과 聲을 聞ᄒ고 感ᄒᄂ니 姙婦ㅣ 可히 淫흔 樂과 淫흔 唱과 市井의 喧譁와 婦人의 詬罵매(수매)홈과 밋 醉酗(취후, 술주정)와 忿辱(분욕)과 哀哭의 聲을 聞케 홈이 不可ᄒ고 婢僕으로 ᄒ야곰 遠外의 無理흔 言을 入傳 못ᄒ게 ᄒ고, 오즉 맛당이 詩를 誦ᄒ며 書를 說ᄒ고 否則 琴瑟을 彈ᄒ야 聞케 홀지니라.

▲ 제5호

醫를 延ᄒ야 藥을 服홈이 止病홈엔 能호ᄃᆡ 子의 貌를 美케 홈엔 不能ᄒ고 室을 汛(신, 물뿌리다)ᄒ야 靜處홈이 安胎홈엔 能호ᄃᆡ 子의 才를 養홈엔 不能ᄒ니 子는 血을 由ᄒ야 成ᄒ고 血은 心을 因ᄒ야 動ᄒᄂ니 其心이 不正ᄒ면 子의 成이 ᄯᅩ흔 不正흔지라. 姙婦의 道는 敬홈으로써 存心ᄒ야 害人과 殺物의 意를 或 有홈이 毋케 ᄒ며, 奸詐와 貪竊과 妬毀(투훼)의 念을 胷中에 蘖芽(얼아)치 아니케 흔 然後에야 口의 妄言이 無ᄒ며 面의 歉色(겸색)이 無ᄒᄂ니 만일 斯須라도 敬홈을 忘ᄒ면 血을 已失ᄒ얏ᄂ니라.

姙婦의 言語ᄒ는 道는 忿ᄒ야도 厲聲(여성)이 無ᄒ며 怒ᄒ야도 惡言이 無ᄒ여 語홈에 搖手홈이 無ᄒ며, 笑홈에 見矧(견신)홈이 無ᄒ며 人으로 더부러 戲言을 不爲ᄒ며 婢僕을 親詈(친리, 친히 꾸짖음)치 안이ᄒ며, 鷄狗를 親叱치 아니ᄒ며 人을 勿誑ᄒ며 人을 勿毀ᄒ며 耳語를 不爲ᄒ며 言이 無根이어던 勿傳ᄒ며 常道가 아니어던 勿言홀지니라.

居養홈을 不謹ᄒ면 胎의 保홈이 甚危흔지로 姙婦가 旣姙이어던 夫婦

ㅣ 同寢치 아니호며, 衣호딕 太溫이 無케 호며, 食호딕 太飽가 無케 호며 睡臥홈을 不多케 호고, 時時로 行步호며 寒冷호딕 不坐호며 穢處(예처)에 不坐호며 惡臭를 勿聞호며 高厠에 勿登호며 外에 出門치아니호며 風雨에 不出호며 山野에 不適호며 井과 塚을 勿窺호며 古祠에 勿入호며 高에 升치 勿호며 深에 臨치 勿호며 涉險(섭험)을 勿호며 擧重을 勿호며 勞力호야 過傷홈을 勿호며 鍼灸(침자)를 妄用치 勿호며 湯藥을 妄服치 勿호고 恆常 心을 淸호며 處를 靜케 호야 溫和홈이 適中호면 頭와 身과 口와 目이 端正호야 한갓갓홀지니라. (未完)

▲ 제6호

姙婦가 만일 聽事홀 人이 無호거든 其可者만 擇홀 것이오, 蠶工을 不親호며 織機에 不登호고 縫事를 必謹호야 鍼으로 傷手홈이 無케 호며 利刀를 勿用호며 刀로 生物을 勿割호며 割홈에 短細를 勿要홀지니라.

姙婦가 端坐호야 側載홈이 無케 호며 倚壁홈이 無케 호며 箕踞를 勿케 호며 堂에 無邊호며 坐호야 高物을 不取호며 立호야 在地홈을 不取호며 取左에 右手로 不以호며 取右에 左手로 不以호며 肩顧치 아니호며 彌月이어든 頭를 不洗호느니라.

姙婦가 或 立 或 行호딕 一足에--

▲ 제7호

姙婦가 當産홈에 飮食을 充如케 호며 徐徐히 行호딕 頻頻히 호고 襍人을 無接케 호며 子師를 必擇이오 痛호딕 扭身(유신)이 無케 호며 偃臥(언와)호면 産홈이 易호니라.

子를 腹혼 母는 血脈이 牽連ᄒ고 呼吸이 隨動ᄒ야 其 喜怒ᄒᄂ 바ㅣ 子의 性情이 되며 其 視聽ᄒᄂ 바ㅣ 子의 總名이 되며, 其寒暖ᄒᄂ 바ㅣ 子의 氣候가 되며 其 飮食ᄒᄂ 바ㅣ 子의 肥膚가 되ᄂ니 母된 者ㅣ 엇지 不謹ᄒ리오.

胎教를 不知ᄒ면 足히 人 母가 될 수 업스니 必也 正心홀진저. 正心이 術이 有ᄒ니 其 見聞을 謹ᄒ며 其 坐立을 謹ᄒ며 其寢食을 謹호ᄃ 褻홈이 無혼즉 可ᄒ니 無褻의 功이 오즉 正心홈에 在ᄒ되 더욱 謹홈에 在ᄒ니라.

十月의 勞을 憚ᄒ야써 其子를 不肖케 ᄒ고, 小人의 母를 自爲홈보다, 十月의 功을 勉强ᄒ야써 其子를 賢케 ᄒ고, 君子의 母를 自爲홈이 何如ᄒ뇨. 此는--

▲ 제8호

醫人이 有言曰 寒兒로 俱寒홈을 無得ᄒ며 熱兒로 俱熱홈을 無得ᄒ다 ᄒ니 此理를 知홀진ᄃ 子가 母에 在홈은 瓜과 蔓에 在홈과 如ᄒ야 其潤燥生熟(생숙)은 其根을 灌코 不灌홈에 在ᄒᄂ니 吾ㅣ 母의 身을 不攝ᄒ고 胎를 能養ᄒ며 胎를 能養치 못ᄒ고, 子ㅣ 能히 才 且 壽혼 者를 未見케ㅣ라.

孿子(연자, 쌍둥이)ㅣ 面目이 必同홈은 胎養이 同홈을 由홈이오, 一邦의 人이 習尙이 相近홈은 養胎의 食物이 敎홈이오, 一代의 人에 稟格이 相近홈은 養胎ᄒᄂ 見聞이 敎홈이니 此 三者ᄂ 胎教의 見ᄒᄂ 바ㅣ라. 君子ㅣ 胎敎의 其皦(기교)홈이 如是홈을 旣見ᄒ고 오히려 不行ᄒᄂᄂ도다.

胎敎ᄂ 周末에 至ᄒ야 廢ᄒ얏ᄂ니 昔者에ᄂ 胎敎의 道를 玉版에 書

ᄒ고 金櫃에 藏ᄒ야 宗廟에 治ᄒ야 써 後世 戒를 삼앗ᄂ니 故로 太妊이 文王을 娠ᄒ사 目으로 邪色을 不視ᄒ시며 耳로 淫聲을 不聽ᄒ시며 口로 敖言(오언)을 不出ᄒ더시니 文王을 生ᄒ사 明聖커시늘 太姙이 敎之ᄒ사ᄃᆡ 一로 以ᄒ야 百을 識ᄒ사 맛춤ᄂᆡ 周宗이 되시고 邑姜이 成王을 姙ᄒ사 立ᄒᄃᆡ 不跛(불파)ᄒ시며 坐ᄒᄃᆡ 不蹉(불차)ᄒ시며 獨處ᄒᄃᆡ 不踞ᄒ시며 비록 怒ᄒ나 不罵ᄒ더시니라.

胎敎에 曰ᄒᄃᆡ 치(音 치 誕 同) 成은 子孫을 爲ᄒᄃᆡ 妻를 婚ᄒ며 女를 嫁홈에 孝悌와 世世로 行義ᄒᆫ 者를 必擇ᄒ다 ᄒ얏스니 君子의 敎ㅣ 치성(*成)에셔 先홈이 업게거늘 其責이 婦人에게 乃在ᄒ지라. 故로 賢者를 擇ᄒ고 不肖者ᄂᆞᆫ 敎홈은 子孫을 爲ᄒ야써 慮ᄒᄂᆞᆫ 바이니 진실노 聖人의 道를 知ᄒᄂᆞᆫ 者ㅣ 안이면 其誰가 能與ᄒ리오. (完)

*태교신기는 제8호까지 실림 (完)

1908	대한학회월보	편집자	신발명 마병 치료 방법 (야마우에)	제7, 8호 (2회)	번역	야마우에	위생학

◎ 新發明 痲病 治療方法, 山上萬太 氏 著, 友洋 譯述, 〈대한학회월보〉 제7호, 1908.9. (의학)

*일본인 의사---

▲ 제7호

日本人 醫士 山上萬大氏ᄂᆞᆫ 多年淋病科를 專攻ᄒ야 一大發明을 得ᄒ

야 一時 日本 醫學界를 猛省케흔 事實이 有흔데 其 新發明은 消息子(尿
道用機械)를 使用ㅎ야 病根을 斷絶흠에 在흔지라. 此 治療方法이 發明
된 以后로 多年淋病에 吟呻ㅎ던 病者가 救濟를 受ㅎ야 該病界의 活佛이
라 ㅎ는 名聲이 有ㅎ기로 一日은 山上氏를 本鄕 新花町 九四番地 本邸
에 尋訪ㅎ야 其 學說을 韓國에 傳播ㅎ기를 請흔즉 同氏가 快諾ㅎ기로
該 病者를 救助흠에 萬一의 補益이 有흘가 ㅎ야 左에 紹介ㅎ노라.

淋病 治療에 對ㅎ야 尿道消息子의 用法

(一) 生理 尿道에만 消息子 揷入을 記ㅎ고 病的尿道에는 消息子揷入法
을 說明치 아니흔 著書

佐藤進博士及菊地常三郎博士의 著書에 記載흔 것은 生理的 尿道에
對흔 消息子揷入法뿐이오. 病的尿道에 適用흘 것은 아니라. 如許흔 生
理的 尿道 消息子 使用方法으로써 病的尿道에 接ㅎ면 한갓 病者의 尿道
를 刺激ㅎ야 苦痛을 生케 ㅎ도다. 余(山上氏)ㅣ 病的尿道 消息子 使用技
術을 左에 論흠.

(二) 現在諸氏의 淋毒性 尿道狹窄에 行ㅎ는 消息子 應用의 理想과 余의
理想과 相違흠.

諸家의 著書及他報告를 見흔즉 大部分은 淋毒性 狹窄이라는 名稱을
用ㅎ는 余는이것을 淋菌性 浸潤病竈라 稱흠, 何則고 狹窄은 他 原因으
로도 起ㅎ는 所以라. 淋菌이 襲來ㅎ는 部位는 大槪 一定ㅎ고 또 狹窄狀
態도 他 原因으로 從來ㅎ는 狹窄 狀態와 大異흠. 淋毒菌浸潤의 部位 中
最多흔 것은 尿道球部 其次는 舟狀窩及攝護腺部라. 浸潤病竈의 形狀은
其 部位의 異흠을 從ㅎ야 其 形狀을 異케흠, 尿道球部의 病竈는 輪狀의
浸潤이 多ㅎ고 前部尿道舟狀窩의 部는 半輪狀及瓣狀의 浸潤이 多ㅎ고
其他 攝護腺部의 浸潤은 凹凸不定ㅎ야 一定의 形狀을 有치 아니흔 것이
最多흠, 然ㅎ나 是等浸潤은 一般 普通이오. 是等 浸潤 部位及形狀 强弱

은 職業的 關係를 有흔 것인데 其 職業的關係의 一二를 左에 述홈.

乘馬나 自轉車에 乘ᄒᆞᄂᆞᆫ 者ᄂᆞᆫ 前部 尿道及球部ᄭᅡ지 瀰蔓性의 浸潤을 起케 홈이 最多홈.

故로 病的 尿道 消息子 使用法과 生理的 消息子 使用方法은 兩者之間 에 使用의 方法을 區分치 아니면 其 目的을 達커 難홈, 尿道內에 消息子 使用法에 就ᄒᆞ야 諸家ᄂᆞᆫ 大槪 彈力性 消息子를 使用ᄒᆞᄂᆞ 余의 實驗에 徵컨듸 彈力性 消息子ᄂᆞᆫ 其 用法에 不當홈, 何則 고彈力性 消息子로 尿 道內 病疾을 探求ᄒᆞ면 自己의 彈力에 依ᄒᆞ야 極徵흔 抵抗도 곳 强度의 抵抗에 感기 易ᄒᆞ고 形狀을 詳知기 不能흔 故라. 萬一 此 彈力性을 强用 코져 ᄒᆞ면 抵抗의 部分에 至ᄒᆞ야 力을 用치 아니치 못홈. 若如此行之면 반다시 尿道를 刺激ᄒᆞ야 一時攣縮을 起케 ᄒᆞ야 맛츰ᄂᆡ 目的을 達치 못 홈에 至홈. 假使 目的을 達ᄒᆞ더라도 彈力性 消息子ᄂᆞᆫ 病的 浸潤에 對ᄒᆞ 야 効力이 少ᄒᆞ고 한갓 時日을 要ᄒᆞ야 浸潤病竈을 治기 難홈. 現在 諸家 의 大部分은 淋毒性 尿道狹窄에 消息子를 使用ᄒᆞ야 다못 尿道를 擴張ᄒᆞ 다 論ᄒᆞᄂᆞ 余ᄂᆞᆫ 其 論據를 相異케 홈.

余ᄂᆞᆫ 淋毒性 尿道狹窄에 對ᄒᆞ야 消息子 使用의 目的에 此 浸潤 病竈 破碎를 倂ᄒᆞ야 尿道內 機械的 刺激으로 淋毒性 病原을 根治코져 홈.

金屬性 消息子로 黴菌浸潤의 部位及其 形狀浸潤의 程度를 測量ᄒᆞ야 得ᄒᆞ면 其 浸潤 病竈의 가쟝 抵抗力의 少흔 部分으로 漸次 破碎ᄒᆞ야 順次 逍息子의 大흔 것을 用홈. 反是病竈의 如何를 探知치 아니ᄒᆞ고 不 適當흔 消息子로써 一時에 消息子를 揷入ᄒᆞ면 病者의 苦痛은 姑舍ᄒᆞ고 또 尿道內ᄂᆞᆫ 곳 急性의 炎症에 變ᄒᆞ야 한갓 治療의 時期를 遷延케 홈이 라. 消息子로 一部分의 病竈를 破碎ᄒᆞ야 消息子ᄂᆞᆫ 반다시 膀胱ᄭᅡ지 揷 入ᄒᆞ야 普通 三十分間 尿道 內에 消息子를 停留케 홈. 然則 消息子의 刺激으로써 尿道 內의 血行及麻巴行이 더욱 强盛케 되야 其 結果로 病 的 組織의 浸潤力은 生理的 組織의 細胞와 相鬪ᄒᆞ야 맛춤ᄂᆡ 病的 組織 細胞가 敗滅홈. 此期를 乘ᄒᆞ야 生理的 組織細胞가 더욱 新生機를 强케 ᄒᆞ야 비로소 病的 組織이 全滅홈에 至홈. 이것이 卽 生理的 尿道에 反歸

ᄒᆞᄂᆞᆫ 好機니라. 此期에 達ᄒᆞ면 醫家가 注意ᄒᆞ야 患者의 小便을 三器에
分ᄒᆞ야 尿의 沈分을 顯微鏡으로 二三回乃至十餘回 檢查ᄒᆞ야 一個淋菌
도 無ᄒᆞ면 是가 即 根治期니라. (未完)

▲ 제8호

(三) 尿道消息子挿入技術

　現在 諸家의 著書를 見ᄒᆞᆫ즉 消息子挿入法은 大槪 生理的 尿道에 適當
ᄒᆞᆫ 法이오 病的尿道에 適用ᄒᆞᆫ 것은 아니라. 故로 無驗者ㅣ 生理的消
息子挿入法만 知ᄒᆞ고 곳 病的 尿道에 接ᄒᆞ면 弱度의 狹窄이라도 한갓
尿道를 刺戟ᄒᆞ야 尿道ᄂᆞᆫ 此刺戟에 反應ᄒᆞ야 一時攣縮을 起ᄒᆞ야 곳 攣縮
性狹窄을 起ᄒᆞ야 맛츰ᄂᆡ 目的을 達치 못ᄒᆞᆷ.

　完全히 尿道內病竈를 破滅코져ᄒᆞ면 金屬性消息子를 用ᄒᆞᆷ이 最良ᄒᆞᆷ.

　金屬性消息子ᄂᆞᆫ 煮沸 消毒器內에서 消毒ᄒᆞ야 그러케 ᄒᆞᆫ 后에 殺菌ᄒᆞᆫ
華攝이던 지 硼酸オレーフ油를 消息子全部에 塗ᄒᆞ야 施術者ᄂᆞᆫ 患者의
左側에서 直角에 位置를 두고 左上肢의 拇指及示指로써 陰莖의 冠狀溝
部를 撑ᄒᆞ고 右側上肢의 拇指及示指로써 消息子把柄部의 扁平側을 微
力으로 把ᄒᆞ야 消息子의 先端을 外尿道口에 入ᄒᆞ야 徵然히 陰莖을 消息
子進行과 反對方向에 引ᄒᆞᆯ 것이니라. 如此後 消息子가 漸進ᄒᆞ야 尿道의
狹窄部에 至ᄒᆞ면 陰莖의 緊引法을 止ᄒᆞᆯ 것이라. 消息子가 狹窄部에 來
ᄒᆞ면 把持ᄒᆞᆫ 陰莖은 其 原位置를 保ᄒᆞ야 消息子가 自己의 重力으로 進
行ᄒᆞ면 消息子가 반다시 狹窄部에서 抵抗이 最弱ᄒᆞᆫ 部分에 進行ᄒᆞᆷ에
至ᄒᆞᆷ 그갓치 ᄒᆞ면 病竈形狀及浸潤의 程度를 把持ᄒᆞᆫ 兩指의 尖端으로
明確히 感知키 易ᄒᆞ도다. 此時에 病竈가 左壁으로 形成되야스면 消息子
의 先端은 右側에 進行ᄒᆞ고 消息子把柄部ᄂᆞᆫ 微微히 左側에 傾斜ᄒᆞᆷ을
感知ᄒᆞᆷ 此時에 消息子의 先端이 全혀 浸潤部를 通過ᄒᆞᆯ 時에ᄂᆞᆫ 消息子의
把柄部ᄂᆞᆫ 右側에 傾斜ᄒᆞᆷ을 感知ᄒᆞᆷ 其他尿道가 後壁으로 形成된 病竈가
有ᄒᆞ면 强ᄒᆞᆫ 抵抗은 前壁에 感知ᄒᆞᄂᆞᆫ 것인데 微力을 不加ᄒᆞ고 消息子

自己의 重力에 任훈 時에는 消息子는 抵抗力이 弱훈 後壁에 沿호야 進行홈 此時에 術者의 感覺은 消息子先端이 空所에 落홈과 恰似홈을 知홈 反是호야 後壁으로 形成훈 病竈가 有홈을 知호는데는 陰莖을 될 슈 잇는되로 直立케 홈이 可홈.

浸潤部에 消息子先端挿入홀 際에 刺激으로 一時的 痙攣을 起호는 事가 有훈데 是는 神經質患者에 多호도다. 未熟훈 者는 攣縮性狹窄과 浸潤狹窄과 混同호는 故로 鑑別을 左陳홈.

(四) 攣縮性狹窄과 浸潤狹窄의 鑑別

消息子의 刺激으로 起호는 攣縮狹窄은 施術者의게 與호는 感應이 細竿에 小魚가 餌를 引食코져 호는 時에 其 引力의 緩急이 有홈과 恰似홈 故로 余는 是를 纖維緊引的 感覺이과 稱홈 然而浸潤性狹窄은 如此훈 感應이 無홈 此痙攣을 鎭靜케 호는 法은 消息子挿入時에 術者는 消息子를 尿道內에 保호고 一二三을 順唱호야 病者의게 其數를 使讀케 홀지라. 如此히 호면 約一分間에 鎭靜이 되느니라. 鎭痙훈 後前部尿道를 全過하면 消息子의 先端이 球部에 至하면 尿道彎曲度에 對하야 消息子의 攣曲度가 適合호는 未熟者는 消息子回轉이 太速하야 痙攣을 起홈이 多하니 注意를 要홈 球部를 過하면 其次는 攝護腺部라. 此部의 毒性病竈는 凹凸不定홈이 多하니라. 故로 術者는 消息子把持의 方法을 變하야 消息子把柄部의 左右邊緣을 微力으로 把持하야 把持部分을 腹壁과 反對로 漸漸運轉하야 消息子가 膀胱內에 至하면 消息子와 腹壁의 角度가 消失홈 右와 갓치 金屬性消息子를 挿入하면 반다시 尿道狹窄狀態를 明檢홈을 得홈 余는 如此히 消息子로 癩疾을 根治홈.

(五) 淋毒性尿道炎에 對하야 消息子應用의 時期

淋毒性尿道炎에 對하야 消息子를 使用하라면 爲先 急性의 炎症을 消홀 것이라. 急性炎症을 消하라면 左의 方法을 行홀 것이라.
第一 尿道內藥液注入其他刺戟性物의 注入을 嚴禁홈.

第二 身體의 體絶對的安靜을 嚴守흘 事

第三 淡薄茶ㄴ 麥湯을 多飮하야 一晝夜에 二十餘回放尿을 흘 事.

第四 刺戟飮食品은 嚴禁흘 事.

第五 尿道內에 刺戟症狀이 有흘 時에ㄴ 百檀油及「バルサム」劑其他「サリチル」酸 ウワウルン葉이 服用에 有效흠.

第六 每回消息子挿入留置時間은 卅分이 最良흠.

第七 消息子挿入反覆月數ㄴ 例言컨딘 最小一號로 始作하야스면 五六號신지ㄴ 四日마당 一號式 增加하야 十號신지ㄴ 五日마당 挿入하야 十一號十二號 金屬消息子挿入反覆을 行흠 輕症은 五六回挿入에 根治하고 難症이라도 二十回反覆에 尿道內에 異常이 無하고 五回乃至十餘回를 檢菌하야 菌이 不見하면 이것이 卽 癩病根治의 期니라.

斷定

一 淋質性尿道炎은 急性慢性의 區別이 有하ㄴ 多數의 淋病은 慢性에 經過흠.

二 現今尿道內이 注入藥으로 應用하ㄴ 治療法은 淋病을 根治치 못흘 섄 아니라 도리혀 合倂症을 發케 흠.

三 現今諸家의 應用하ㄴ 治療法은 根治키 不能흠.

四 余ㄴ 間短흔 處置로 鎭炎흔 後消息子로써 潛伏病竈를 破碎하야 全治케 흠.

附言譯者曰 名醫山上氏의 學說을 日文的으로 直譯흔 所以ㄴ 譯者가 本是醫學術語를 韓譯흘 能力이 無흘 섄더러 도리여 其 眞意를 誤傳흘가 恐하야 直覽하야 直譯하엿스니 다힝이 山上氏에게 過免하얏사오니 讀者諸氏ㄴ 怒宥하시웁.

◎ 斯賓塞論日本憲法語,
　편집자,〈대한협회회보〉제1호, 1908.4. (정치학)

　　*스펜서의 일본 헌법에 관한 논의＝한문 논문 / 양계초의 논문과 관련을 맺고
　　있음

　余以爲一國之憲法及其附屬法律必須與本國之歷史及國體有同一之精
神同一之性質苟不爾者則當其憲法法律施之時其困難必不可思議終不能
達立憲之目的而已余懷此意見旣久故曩者曾與駐英之日本公使森有禮氏
有所語謂日本若欲制定憲法必當採漸進保守主義以本國之歷史習慣爲基
礎而旁採歐美各國之所長使日本遺傳之政體與歐美立憲主義相調和此其
最要也若破壞舊體而創設新制則殊非我之所望何則以物質界論之凡齎外
國之草木以移殖於本國者勢不能與外國結同一之花實此植物學之原理也
惟憲法亦然歐美諸國之憲法各各因其國體歷史及習慣而成立決非取他國
之法文翻譯之而執行之也余當時所以語森氏者若此今見足下所示之日木
憲法讀其註解知一本於日本古來之歷史習慣以漸進保守主義爲宗此余之
所最贊成也顧吾更有一言欲爲日本政府告者則將來實行此憲法比於制定
憲法時尤爲困難此不可不深察也制定憲法者不過以少數人士之精勤而可
以成就若實行憲法則國民全體之大事業其難有什伯倍於其初者試以美國
之實例證明之美國憲法之精神在人民平等上下皆有同一之權利乃行之數
十年而美之憲法政治漸集於政黨之掌握中其政黨亦多由政治家之利己主
義良民不勝其苦質而言之美國人於憲法之空文上得有平等之權利其在實
事上乃不得享之也.

　以政治學之原理論之政府之事業當漸次輕減使人民各以個人自營之故
政府最終之目的則放任主義也此論爲余生平所最主張君之所知也雖然以
今日社會之實際未足語於是放任主義者不過立乎今日以指將來謂具足圓
滿之世界當如是耳故論政府權力範圍之廣狹必使國民人人皆養成自立自

動之精神無需政府之誘導而自能各守其義務又無湏政府之禁遏而自能不侵他人之權利不害社會之安寧夫如是則政府之事業可以縮至極狹隘之區域於是乎政治學之原理乃可實行試以埃及金字塔譬之則未開化國之政府猶塔之初階也余所主張放任主意之政府猶塔之絕頂也政治之進路由初階漸次以達絕頂其進步程度一依其國民智德力之程度以爲定欲不經初級二級三級之順序一躍而達於絕頂固不可得達卽達矣亦隨而躓耳故吾所望於貴國政府者依此學理而熟察日本國現時之地位在金字塔之第幾級据現在所立之地而漸升焉苟欲爲躐等之進步不特於憲法之實行諸多窒礙而其不利於國家及國民者更遠且大也.

梁<u>啓超曰斯氏所論</u>可謂博深切明昔天演學者通用語皆曰物競天擇優勝劣敗而斯氏則好用「適者生存」一語誠以天下事無所爲優無所爲劣其不適於我也雖優亦劣其適於我也雖劣亦優夏之裘冬之葛美非不美而服之皆足以生病則不適而以爲害也不解此義而以之掌持議論國家事其危亦甚矣斯氏所忠告於日本政府者曰自審其國民地位在第幾級吾以爲凡自愛其國者皆不可不三復斯言矣斯氏又斷斷然以本國之歷史習慣爲言母亦以進化之公例從無突然發生之物皆循其遺傳而遞變焉經若干年而其狀態乃大異耶然則吾國民之所以愛吾國者其亦有道矣苟不審吾之歷史若何習慣若何而曰是物者現時各國行之而最優者也吾攘而取之夫如是則吾亦可以自厠於優勝之林豈知一頑事物固有在彼爲優而在我反爲劣者耶乃知不健全之理想非徒無益而又害之吾願我政論家平心靜氣以一聽前賢之遺訓也.

橘柚之美聞於天下而渡淮則樹藝者不能施其術稻粱之甘長於百穀而入遼薊則良農不能成其性此理之不可奪者也今之論政治法律者聚首於政席抵掌於演壇一概斷之以革舊而就新捨我而從人此雖曰進化之勢固爾然矯枉而過直究末而忘本效嚬於薄物細故而鑄錯於深謀遠計使頑固輩望門而却走進化之道因是而阻碍此心醉外風者之責也此二氏之論深中近日切肌之病故願與同好者讀之

編輯者識

◎ (小說) 動物談, 梁啓超 著, 〈대한협회회보〉 제1호, 1908.4.
(동물학, 양계초)

○ 梁啓超隱几而臥러니 有甲乙丙丁 四人者ㅣ 呪呪爲動物談ᄒ니 客이
傾耳而聽之ᄒᆫᄃᆡ 甲曰 吾가 昔遊日本之北海道ᄒ야 與捕鯨者로 爲伍ᄒ
니 鯨之體不知其若千里也라. 其背之凸者ㅣ 暴露於海面ᄒ니 面積 且 方
三里라. 捕鯨者ㅣ 割其背以爲居ᄒ야 食於斯寢於斯ᄒ야 日割其肉ᄒ야
以爲膳ᄒ고 夜燃其油ᄒ야 以爲燭ᄒ니 如是者ㅣ 殆五六家焉이라. 此 外
에 魚蝦鱉蟲貝蛤이 緣之嚼之者ㅣ 又 不下千計로ᄃᆡ 而彼鯨者 冥然 不自
知ᄒ야 以游以泳ᄒ며 自以爲海王也라. 余가 語漁者ᄒᆞᄃᆡ 是惟大者라 且
且 伐之ᄒᆞᄃᆡ 而曾無所於損ᄒ야 將與北海로 比壽哉아 漁者ㅣ 語余ᄒᆞᄃᆡ
是ㅣ 惟無腦氣筋故로 旦旦 伐之ᄒᆞᄃᆡ 而曾無所於覺ᄒ니 是ㅣ 不及五日
ᄒ야 將陳於吾肆矣리라 ᄒ더라. 乙曰 吾ㅣ 昔游意大利ᄒ니 意大利之歷
睥多山에 有巨壑ᄒ니 名曰 亢子ㅣ라. 壑이 黑暗ᄒ야 不通天日ᄒ고 有積
水ᄒ니 方數十里라 其 中에 有盲魚ᄒ야 孳乳充斥이어ᄂᆞᆯ 生物學 大儒達
爾文이 解之曰 此魚之種이 非生而盲者라 蓋 其壑之地가 本與外湖로 通
이러니 後因火山의 迸裂ᄒ야 折而爲壑ᄒ야 溝絶而不通일ᄉᆡ 其湖魚之
生於壑中者ㅣ 因黑暗之 故로 目力이 無所用ᄒ야 其 性質이 傳於子孫ᄒ
야 日積日遠ᄒ야 其目이 遂廢ᄒ니라. 自數十年前으로 以開鑛故로 湖壑
之界가 忽通ᄒ야 盲魚與不盲者로 復相雜處ᄒ야 生存競爭之力이 不足
以相敵ᄒ야 盲種이 殆將絶矣리라. 丙曰 吾ㅣ 昔游於巴黎之市ᄒ니 有屠
羊爲業者ᄒ야 不以刀俎ᄒ고 不以束縛ᄒ고 置電機ᄒ야 以電氣로 吸群
羊ᄒ면 羊이 ──自入於此端이면 少頃自彼端出에 則已伐毛洗髓ᄒ고
批竅析理ᄒ야 頭胃皮肉骨角이 分類而列於機矣라. 房觀者ㅣ 無不爲群羊
憐ᄒᆞᄃᆡ 而彼羊者前追後逐ᄒ며 雍容雅步ᄒ야 以入於機ᄒᆞᄃᆡ 意甚自得ᄒ

야 不知其死期之已至也ㅣ러라. 丁曰 吾ㅣ 昔游倫敦ᄒᆞ니 倫敦之博物院에 有人製之怪物ᄒᆞ야 狀若獅子ᄒᆞ나 然偃臥無生動氣어늘 或이 語余曰 子ᄂᆞᆫ 無輕視此物ᄒᆞ라. 其 內에 有機焉ᄒᆞ야 一撥戾之ᄒᆞ면 則 張牙舞瓜ᄒᆞ야 以搏以噬ᄒᆞ면 千人之力으로도 未之敵也니라. 余ㅣ 詢其名ᄒᆞ니 其人曰 英語謂之佛蘭金仙이니라. 昔支那公使 曾紀澤이 譯其名ᄒᆞ야 謂之睡獅라 ᄒᆞ고 又謂之先睡後醒之巨物이라. 余試撥其機ᄒᆞ니 則動力이 未發而機忽拆ᄒᆞ야 螫吾手焉ᄒᆞ니 蓋其機廢置已久ᄒᆞ야 既就鏽蝕ᄒᆞ고 而又有他物이 梗之者ᄒᆞ니 非更易新機則此佛蘭金仙者ㅣ 將長睡不醒矣리니 惜哉로다. 啓超歷歷備聞其言ᄒᆞ고 默然而思ᄒᆞ고 愀然而悲ᄒᆞ다가 瞿然而興ᄒᆞ야 曰 嗚呼是可以爲我四萬萬人告矣로라. 大韓子曰 請爲二千万人告

◎ 氷集節略, 洪弼周 譯, 〈대한협회회보〉 제2호, 1908.5.
(교육학, 양계초)

*대한협회회보에도 다수의 양계초 논문이 역술되었다. 빙집절략은 양계초의
 문집을 설명하고, 문집에 수록된 글을 역술한 것이다.
*대한협회회보에 수록된 홍필주 역 음빙실 논설을 한 곳에 편집한다.
*변법통의, 학교총론, 논학회, 논사범, 논유학, 국민 10대 원기가 역술되었다.

▲ 제2호

清儒梁啓超는 號를 飮氷子라. 今 東洋維新派之 第一指也니 蓋 其 議論이 宏博辯肆ᄒᆞ야 出入古今ᄒᆞ고 通貫東西ᄒᆞ야 剖析之精細則透入毛孔ᄒᆞ고 範圍之弘大則包括天壤ᄒᆞ되 要皆切中時宜ᄒᆞ니 洵可謂經世之指南也라. 余於乙巳秋間에 相遇於日本橫濱之 旅舍ᄒᆞ야 茶酒旣說에 傾倒頗盡이러니 其 別也에 又悄然有不忍相捨之意라가 已而曰 公이 今衰老ᄒᆞ니 聰明之用과 肢體之勞는 恐無以爲力於天下矣라. 願歸航之日에 多譯

西書ㅎ야 以惠國人則後必有收效者矣리니 幸公은 勉之ㅎ라. 余甚腹其言
이나 然旣不解歐文ㅎ고 又 無財可辦하야 齎志未遂를 今且數年하니 不
獨自失於國民之責이라. 亦 復有孤於知已之望ㅎ야 以是惴惴然懼焉이러
니 近日諸同志ㅣ 謬以會報之役으로 相託하야 日以硏墨으로 從事ㅣ할식
每念 梁氏之言ㅎ고 未嘗不留意於西書이나 然恨其洋海絶遠하고 習慣亦
殊하야 多有與東亞不侔者라. 獨韓淸兩國은 文軌本同ㅎ고 流弊亦同ㅎ
니 其 矯捄之道ㅣ 又不得不同이라 故 輒就梁氏所著飮氷室集하야 更加
節略하야 載之會報ㅎ야 以供同好君子之一覽焉.

청나라 선비 량치차오(梁啓超)는 호를 음빙자라 한다. 지금 동양 유신
파의 가장 두드러진 자니 대개 그 의론이 굉박변사(宏博辯肆)하여 고금
을 꿰뚫고 동서를 관통하여 정밀히 분석하니 곧 모공(毛孔)에 투입될
만하며, 범위가 넓고 홍대하여 곧 천하를 포괄할 만하니 그 요지는 대
개 때에 적절하여 가히 경세의 지남이 될 만하다고 일컫는다. 내가 지
금 을사년 가을에 일본 요코하마에 머물며 그 학설에 경도되었으니,
그 것은 다름 아니라 초연하여 서로 버릴 뜻이 없는 것일 뿐이었다.
이에 공이 노쇠하니 총명의 쓰임과 지체 노고는 천하의 힘되지 아니하
는 바 없다. 유학에서 돌아오던 때 서양 서적을 다수 역술하여 국인에
게 혜택을 베푼 뒤 그 효과를 거두고자 하니 여러 사람들은 힘써 행하
라. 내가 진심으로 말하나 그 문장을 해석하지 못하고 또 능히 변별할
재능이 없어 서실의 뜻을 이루지 못하고 지금까지 수년 동안 홀로 국민
으로서의 책임을 스스로 잃고 있었다. 또한 다시 홀로 그 뜻을 알고자
하여 그것이 두렵더니 근일 여러 동지가 회보의 임무를 맡겨 날로 연구
하고 글 쓰는 일에 종사하되, 매번 양계초의 말을 생각하고 미상불 서
양 서적에 관심을 갖게 되나 서양은 거리가 멀고 습관이 달라 동아와
더불어 같지 않은 것이 많음을 한탄하였다. 오직 한국 중국 두 나라는
문장 발달이 동일하고 그 폐단 또한 같으니 그 교정 방법이 또한 갖지
않을 수 없다. 그러므로 양계초가 지은 음빙실문집을 취하여 다시 간추

려 회보에 등재하여 여러 군자들에게 제공하니 일람하시기를 바란다.

變法通議序, 飮氷子

法을 何以必變고. 凡 在天地之間者ㅣ 莫不變ᄒ나니 晝夜ㅣ 變而成日ᄒ고 寒暑ㅣ 變而成歲ᄒ고 大地ᄂ 肇起ᄒ야 流質이 炎炎ᄒ야 熱鎔氷遷ᄒ야 累變而成地球ᄒ고 海草 螺蛤과 大木 大鳥와 飛魚 飛鼉와 袋獸贅獸가 彼生 此滅ᄒ야 而成世界ᄒ고 紫血紅血이 流注體內ᄒ고 呼炭吸養이 刻刻 相續ᄒ야 一日 千變ᄒ야 而成生人ᄒ니 藉曰不變이면 則天地 人類도 幷時而息矣라. 故로 夫 變者ᄂ 古今之公理也라. 上下千歲에 無時不變ᄒ며 無事不變은 公理ㅣ 有固然이요 非夫人之爲也라. 爲不變之說者ㅣ 動曰 守古守古라 ᄒ니 詎庸知自太古上古中古近古로 以至今日에 固已不知萬百千變ᄒ야 今日所目爲古法而守之者ㅣ 其 於古人之意에 相去ㅣ 豈可以道里計哉아. 今 夫 自然之變은 天之道也어니와 或變則善ᄒ고 或變則敝ᄂ 有人道焉ᄒ니 則智者之所審也라. 語曰 學者ᄂ 上達이요 不學은 下達이라 ᄒ니 惟 治도 亦 然ᄒ야 委心任運하야 聽其流變ᄒ면 則日趨於敝ᄒ고 振刷整頓ᄒ야 斟酌通變ᄒ면 則日趨於善ᄒ나니 吾ㅣ 揆之於古컨대 一姓이 受命ᄒ야 創法立制라가 數葉以後에 子孫之所奉行이 必有異於其祖父矣라. 而彼君臣上下ㅣ 猶瞵焉以爲吾今日之法은 吾祖ㅣ 前者에 以之治天下ᄒ야 而治라 ᄒ야 黹然守之ᄒ고 因循不察ᄒ야 漸移漸變ᄒ야 百事廢弛ᄒ야 卒至疲弊ᄒ야 不可收拾일셔 代興者審其弊而變之면 斯爲新王矣오 苟其子孫이 達於此義ᄒ야 自審其弊而自變之면 斯號中興矣니라. 詩曰 周 雖 舊邦이나 其命 維新이라 ᄒ니 言治舊國을 必用新法也라. 其 事ㅣ 甚順ᄒ고 其 義ㅣ 至明ᄒ야 有可爲之機ᄒ고 有可取之法ᄒ고 有不得不行之勢ᄒ고 有不容少緩之故어늘 爲不變之說者ㅣ 猶曰 守古守古라 ᄒ야 坐視因循廢弛而漠然無所動於中ᄒ니 嗚呼라 可不謂大或不解者乎아. 易曰 窮則變ᄒ고 變則通ᄒ고 通則久라 ᄒ고 伊尹曰 用其新ᄒ고 去其陳이라야 病乃不存이라 ᄒ니 夜不炳燭則昧ᄒ고 冬不

御裘則寒ᄒᆞ고 渡河而乘陸車者ᄂᆞᆫ 危ᄒᆞ고 易證而嘗舊方者ᄂᆞᆫ 死ᄒᆞᄂᆞ니 今專標斯義ᄒᆞ야 大聲疾呼ᄒᆞ야 上循士訓誦訓之遺ᄒᆞ고 下依矇諷瞽諫之 義ᄒᆞ니 言之無罪오 聞者足興이라. 知我罪我에 其無辭焉ᄒᆞ노라.

▲ 제3호 = 學校總論, 氷集節略(續), 洪弼周 譯

吾ㅣ 聞之호니 春秋 三世之義에 據亂世ᄂᆞᆫ 以力勝ᄒᆞ고 升平世ᄂᆞᆫ 智力 이 互相 勝ᄒᆞ고 太平世ᄂᆞᆫ 以智勝이라 ᄒᆞ니 草昧伊始에 蹄跡이 交於中國 ᄒᆞ야 鳥獸之害ㅣ 未消ᄒᆞ니 營窟懸巢라야 乃克相保ᄒᆞ니 力之强也오. 顧 人雖文弱ᄒᆞ야 無羽毛之餙과 爪牙之衛라도 而卒能檻縶虎兕ᄒᆞ고 駕役駝 象은 智之强也라 數千年來로 蒙古之種과 回回之裔가 以攎掠爲功ᄒᆞ고 以屠殺爲樂ᄒᆞ야 屢蹂各國ᄒᆞ며 幾一寰宇ᄂᆞᆫ 力之强也오. 近 百年間 歐羅 巴之衆과 高加索之族이 藉製器以滅國ᄒᆞ고 借通商以關之ᄒᆞ야 於是全球 十九가 歸其統轄은 智之强也라. 世界之運은 由亂而進於平ᄒᆞ고 勝敗之 原은 由力趨於智ᄒᆞᄂᆞ니 故로 言自强於今日인디 以開民智로 爲第一義 니라. 智ᄂᆞᆫ 惡乎開오 開於學고. 學은 惡乎立고 立於敎니라. 學校之制ᄂᆞᆫ 惟吾三代爲最備ᄒᆞ니 家有塾黨有庠州有序國有學은 立學之等也요 八歲 에 入小學ᄒᆞ고 十五而就大學은 八學之年也요 六年이어든 敎之數與方 名ᄒᆞ고 九年이어던 敎之數日ᄒᆞ고 十年이어던 學書記ᄒᆞ고 十有三年이 어던 學樂誦詩ᄒᆞ고 成童에 學射御ᄒᆞ고 二十에 學禮ᄂᆞᆫ 受學之序也라. 比 年入學ᄒᆞ고 中年考校ᄒᆞ야 以離經辨志로 爲始事ᄒᆞ고 以知類通達로 爲 大成은 課學之程也요 大學一篇은 言大學堂之事也요 弟子職一篇은 言小 學堂之事也요 內則一篇은 言女學堂之事也요 學記一篇은 言師範學堂之 事也라. 管子言農工商이 群萃而州處ᄒᆞ야 相語以事ᄒᆞ고 相示以功 故로 其 父兄之敎ㅣ 不肅而成ᄒᆞ고 其 子弟之學이 不勞而能이라 ᄒᆞ니 是ᄂᆞᆫ 農學 工學 商學이 皆有學堂也라. 孔子言以不敎戰이면 是謂棄民이라 ᄒᆞ 시고 晉文而始入而敎其民三年以後에 用之라 ᄒᆞ고 越王이 捿於會稽ᄒᆞ 야 敎訓十年이라 ᄒᆞ니 是ᄂᆞᆫ 兵學이 有學堂也요 其 有專務他業ᄒᆞ야 不能

就學者도 猶以十月事訖이어던 使父老로 敎於校室이라가 有不帥敎者면
鄕官이 簡而以告라 ᄒᆞ니 其視之重而督之嚴也ㅣ 如此라. 故로 使一國之
內로 無一人不受敎ᄒᆞ며 無一人不知學ᄒᆞ야 兎置之野人이 可以備捍城ᄒᆞ
고 小戎之女子ㅣ 可以敵王氣汽고 販牛之鄭商이 可以退敵師ᄒᆞ고 災輪之
齊工이 可以語治道ᄒᆞ고 聽輿人之誦에 可以定覇ᄒᆞ고 采鄕校之議에 可
以聞政ᄒᆞ야 擧國之人이 與國爲體ᄒᆞ야 塡城溢野가 無非人才니 所謂以
天下之目으로 視ᄒᆞ고 以天下之耳로 聽ᄒᆞ고 以天下之慮로 慮ᄒᆞᄂᆞ니 三
代盛强이 蓋以此也ㅣ니라.

▲ 제4호＝學校總論, 氷集節略(續), 洪弼周 譯

馬貴與曰 古者엔 戶口少而才智之民이 多ᄒᆞ고 今엔 戶口多而才智之
民이 少라 ᄒᆞ니 余悲其言ᄒᆞ노라. 雖然이나 蓋有由也니 先王은 欲其民智
ᄒᆞ고 後世ᄂᆞᆫ 欲其民愚ᄒᆞ나니 天下旣定ᄒᆞ고 敵國外患이 旣息예 其 所慮
者난 草澤之豪傑이 乘時以起ᄒᆞ야 與議論之士로 援古義以非時政也라.
於是乎爲道以鈐制之ᄒᆞ야 國有大學ᄒᆞ며 省有學院ᄒᆞ며 郡縣에 有學官ᄒᆞ
니 考其名히 猶夫古人也며 視其法이 猶夫古人也로ᄃᆡ 而問其所以爲敎
ᄒᆞ면 則曰 制義也오 詩賦야오 楷法也니 必讀書通古今而亦能之라. 卽
中材以下ᄂᆞᆫ 求讀書求通古今者ㅣ 希矣니 非此一途면 不能自進이라. 則
奇才異能之士ㅣ 不得不輟其所學ᄒᆞ고 以俛焉而從事矣나니 其取之也無
定이라. 其得之也甚難ᄒᆞ야 則儻個之士ㅣ 必有十年不第ᄒᆞ야 窮愁感歎ᄒᆞ
야 消磨其才氣ᄒᆞ야 而無復餘力ᄒᆞ야 以成其學矣나니 如是則豪傑與議論
之士ㅣ 必少니 而於馴治天下也에 甚易라. 故로 秦始皇之燔詩書와 明太
祖之設制藝ᄂᆞᆫ 遙遙兩心이 千載同揆ᄒᆞ야 皆所以愚黔首ᄒᆞ며 重君體ᄒᆞ야
御一統之天下ᄒᆞ야 弭內亂之道ㅣ 未有善於此者也나 譬之居室에 慮其童
僕이 竊其寶貨ᄒᆞ야 扃彼嚴室ᄒᆞ고 加扃鐍焉이면 則可以高枕而臥ᄒᆞ야
無損其秋毫矣로ᄃᆡ 獨惜强寇忽至예 入門無門ᄒᆞ며 入閨無閨ᄒᆞ야 悉索所
有ᄒᆞ야 席卷以行애 而受縛之人이 徒相對咋舌ᄒᆞ고 見其主之難호ᄃᆡ 而

無以爲求也ㅣ러라.

凡 國之民이 都爲五等ᄒ니 曰士 曰農 曰工 曰商 曰兵이라. 士者ᄂ 學者之稱이니 夫人而知也ㅣ라. 然이나 農有農之士ᄒ고 工有工之士ᄒ고 商有商之士ᄒ고 兵有兵之士어날 農而不士ㅣ라. 故로 美國은 每年 農産値銀이 三千一百兆兩이오 法國은 値一千八白兆兩이어날 而中國은 只値三百兆兩이오 工而不士ㅣ라. 故로 美國은 每自 創新藝로 報官領照者ㅣ 二萬二百十事오 法國은 七千三百事오 英國은 六千九百事어날 而中國은 無聞焉이오 商而不士ㅣ라. 故로 英國은 商務價値가 二千七百四十兆兩이오 德國은 一千二白九十六兆兩이오 法國은 一千一百七十六兆兩이어날 而中國은 僅二百十七兆兩이오 兵而不士ㅣ라. 故로 去歲之役에 水師軍船이 九十六艘로딕 如無一船이오 楡關防守兵아 幾三百營이로딕 如無一兵ᄒ니 今夫有四者之名ᄒ고 無士之實이면 則其害ㅣ且至於此온 矧於士而不士ᄒ고 聚千百帖括卷摺考據詞章之輩ᄒ야 於歷代掌故에 曠然未有所見ᄒ며 於萬國形勢에 瞢然未有所聞者로 而欲與之共天下ᄒ며 任庶官行新政禦外侮ㄴ들 其 可得乎아.

▲ 제5호=學校總論, 冰集節略(續), 洪弼周 譯

今之言治國者ㅣ 必曰 倣效西法ᄒ야 力圖富强이라 ᄒ나니 斯固然也라. 然이나 非其人이면 莫能擧也ㅣ니 今以有約之國十有六으로 依西人例ᄒ야 每國이 命一使ᄒᆯ진딕 今之周知西國ᄒ며 嫻於辭令ᄒ야 能任使才者ㅣ 幾何人矣며 歐美澳洲와 日印緬越南洋諸島에 其有中國人民僑寓之地ㅣ 不下四百所ᄒ니 今之熟悉商務ᄒ며 明察土宜ᄒ야 才任領事者ㅣ 幾何人矣며 教案界務와 商務가 紛紛屢起나 今之達彝情ᄒ며 明公法ᄒ며 熟約章ᄒ야 能任總署章京과 各省洋務局者ㅣ 幾何人矣며 泰西大國은 常兵이 皆 數十萬이오 戰時앤 可調之數百萬이너ᄂᆯ 中國之大로 練兵이 最少ᄒ나 亦當及五十萬爲千營이오. 每營營哨官六員이나 今之習於地圖ᄒ며 曉暢軍事ᄒ야 才任偏裨者ㅣ 幾何人矣며 嫻練兵法ᄒ며 諳習營制ᄒ

야 能總大衆ᄒ며 遇大敵ᄒ야 才任統帥者ㅣ 幾何人矣며 中國이 若整頓
海軍ᄒ야 但求與日本相敵이라도 亦須有兵船百四十餘艘라. 今之能諳海
戰ᄒ며 能任水允者ㅣ 幾何人矣며 久歷風濤ᄒ며 熟悉沙繕ᄒ야 堪勝船主
大剖二副者ㅣ 幾何人矣며 陸軍海營과 水師每船에 皆需醫師二三人이어
늘 今之練習醫理ᄒ며 精達傷科ᄒ야 才任軍醫者ㅣ 幾何人矣며 每造鐵路
十英里에 需用上等工匠二員과 次等六十員이어늘 今之明於器機ᄒ며 習
於工程學ᄒ야 才任工師者ㅣ 幾何人의며 中國礦産이 封鐍千年타가 得旨
開采이 設局이 漸多나 今之能察礦苗ᄒ며 化分礦質ᄒ야 才任卯人者ㅣ
幾何人矣며 各省에 設商務局ᄒ야 以保利權이나 今之明商理ᄒ며 習商
情ᄒ야 才任商董者ㅣ 幾何人의며 能製造器機라야 乃能致强ᄒ며 能製造
貨物이라야 乃能致富어늘 今之創新法ᄒ며 出新製ᄒ야 足以方駕彼族ᄒ
며 衣被天下者ㅣ 幾何人矣오. 坐是之故로 往往有一切新法ᄒ야 盡美盡
善을 人人皆知로ᄃᆡ 而議論數十年에 不能擧行者ᄂ 苟漫然擧之ᄒ면 則
債輒立見ᄒ야 卒爲阻抑新法者의 所詬罵라. 其稍有成效之一二事면 則任
用洋員者也ㅣ니 而輪船招商局과 開平礦局과 漢陽鐵廠類의 每年開消之
數에 洋人薪水가 幾及其半이오 海關整稅ㅣ 歲入三千萬ᄒ야 爲國餉源이
여늘 而聽彼族盤據ᄒ야 數十年不能取代ᄒ니 卽此數端論之컨ᄃᆡ 任用洋
員之明效를 大略可賭矣라. 然猶幸而藉此而成就一二事어늘 若決然捨旃
則將竝此一二事而亦無之로다. 嗚呼라 同是圓臚方趾戴天履地而必事事
俯首拱手待命他人이 豈不可爲長太息矣乎아. 若夫四海之大와 學者之衆
으로 其一二識時之彦과 有志之士欲矢志獨學求中外之故ᄒ고 成一家之
言者ㅣ 蓋有人矣라. 然不通西文則非己譯之書면 不能讀ᄒᄂ니 其 難成
이 一也며 格致諸學은 皆藉儀器라. 苟非素封이면 末由購置ᄒᄂ니 其 難
成이 二也며 增廣學識은 尤藉遊歷이어늘 尋常寒士ㅣ 豈能遠遊리오. 其
難成이 三也며 一切 實學이 如水師ᄂ 必出海操練ᄒ며 礦學은 必入山察
勘이어늘 非藉官力이면 不能獨行ᄒᄂ니 豈難成이 四也며 國家ㅣ 豈不
以此取士ᄒ니 學成이ᄂ 亦無所用이라 猶不足以贍妻子ᄒ며 免饑寒이라.
故로 每至半途이 廢然而返ᄒᄂ니 其 難成이 五也라. 此所以通商數十年

에 而士之無所憑藉ᄒ야 能卓然成異材ᄒ야 爲國家用者ㅣ 殆幾絶也라. 此 又 馬貴與 所謂 姑選其能者로ᄃᆡ 而無能之人은 則聽其自爲不肖而已오 姑進其用者로ᄃᆡ 而未用之人은 則聽其自爲不遇而已로라. 豚蹄滿篝之祝을 傍觀에 猶以爲笑어든 況復束縛之馳驟之ᄒ며 銷磨而鈐制之라가 一旦有事이 乃欲以多材로 望天下면 安可得耶아. 安可得耶아. (未完)

▲ 제6호 學校總論, 冰集節略(續), 洪弼周 譯述

然猶曰 洋務爲然也어니와 若夫內外各官은 天子所以共天下也而今日之士ᄂ 他日之官也라. 問國之太學省之學院郡縣之學官及書院에 有以歷代政術로 爲敎者乎아 無有也라. 有以國家掌故로 爲敎者乎아 無有也라 有以天下郡國利病으로 爲敎者乎아 無有也라 當其學也에 未嘗爲居官之地ᄒ고 其得官也에 卽 當盡棄所學ᄒ고 而從事於所未學ᄒ나니 傳에 曰 吾聞學而後入政이오 未聞以政學也라 ᄒ니 以政學도 猶且不可온 況今之旣入官而仍讀書者能有幾人也오 中國孔子之敎ㅣ 歷數千載ᄒ야 受敎之人이 號稱四百兆ᄒ니 未爲少也나 然而婦女ㅣ 不讀書ᄒ니 去其半矣오 農工商兵이 不知學ᄒ니 去其十之八九矣라. 自餘一二에 佔畢呻嚘ᄒ야 以從事於四書五經者ᄂ 彼其用心則爲考試之題目耳오 制藝之取材耳라 於經에 無與也며 於敎에 無與也니 其有通人志士ㅣ 或 箋注校勘ᄒ야 效忠於許鄭ᄒ며 或束身自愛ᄒ야 歸命於程朱나 然於古人之微言大義에 所謂 誦詩三百에 可以授政과 春秋經世先王之志者ㅣ 蓋寡能留意ᄒ니 其亦不過學其所學이라 於經에 仍無與也며 於敎에 仍無餘也라. 故로 號爲授敎者가 四萬萬人이로ᄃᆡ 而究其實이면 能有幾人고 卽非吾之所敢言也라. 故로 吾嘗謂今日之天下ㅣ 幸而猶以經義取士耳오 否則讀吾之經者ㅣ 殆幾絶也라. 此言似過나 然有鐵證焉ᄒ니 彼禮經 十七篇은 孔子之所雅言이라. 今試問綴學之子ᄒ노니 能誦其文ᄒ며 言其義者ㅣ 幾何人也ᄂ 何也오 科擧의 所不用也라. 然其堂堂大敎ᄂ 乃反藉此疲敝之科擧以圖存ᄒ니 夫藉科擧之所存者와 其與亡也ㅣ 相去幾何오 而況今之科擧ㅣ 其 勢

가 必不能久ᄒ리니 吾向者所謂變亦變ᄒ며 不變亦變이라. 與其待他人
之變ᄒ야 而一切漸滅以至於盡이온 則何如吾自變之ᄒ야 而尚可以存其
一二也오. 記에 曰 下無學이면 賊民興ᄒ며 喪無日矣라 ᄒ며 傳에 曰 小
雅盡廢면 則四彞交侵ᄒ야 而中國이 微라 ᄒ니 愾我儒教ㅣ 爰自東京으
로 卽已不競ᄒ야 晉宋之間은 陷於老ᄒ고 隋唐以來ᄂᆞᆫ 淪於佛ᄒ니 外教
一入에 立見侵奪이온 況於彼教之徒ㅣ 强聒不舍ᄒ고 挾以國力ᄒ야 奇悍
無倫ᄒ니 今吾蓋見通商各岸之商賈와 西文學堂之人士컨ᄃᆡ 攘臂弄舌動
曰四書六經이 爲無用之物이라 ᄒ며 而教士之著書發論에 亦侃侃言曰 中
國之衰弱이 由於教之未善이라 ᄒ니 夫以今日帖括家之所謂經과 與考据
家之所謂經은 雖 聖人이 復起사도 不能謂其非無用也니 則惡能禁人之不
輕薄之而遺棄之也리오. 故로 準此不變이면 吾恐二十年 以後에 孔子之
教가 將絶於天壤ᄒ리니 此則可爲痛哭者也라.

亡而存之ᄒ고 廢而擧之ᄒ며 愚而智之ᄒ고 弱而强之ᄂᆞᆫ 條理萬端이
皆歸本於學校ᄒ나니 西人의 學校ᄂᆞᆫ 之等差之名號之章程之功課ᄒ나니
彼士所著德國學校와 七國新學備要와 文學興國策等書ᄂᆞᆫ 類能言之ᄒ니
無取吾言也ㅣ라. 吾所欲言者ᄂᆞᆫ 采西人之意ᄒ야 行中國之法ᄒ고 采西人
之法ᄒ야 行中國之意ᄒ노라.

抑今學校之議不行이 又有由也니 經費甚鉅ᄒ야 而籌措ㅣ 頗難ᄒ니 雖
知其急이나 莫克任也라. 今夫農之治疇也에 逾春涉夏토록 以糞以漑ᄒ
야 稱貸苦辛ᄒ야 無或辭者ᄂᆞᆫ 以爲非如是면 則 秋成이 無望也니 中人之
家ᄂᆞᆫ 猶且節衣縮食以敎子弟ᄒ야 冀其成就ᄒ야 光大門閭ᄒ나니 今國家
而不欲自强則已어니와 苟欲自强이면 則悠悠萬事의 惟此爲大라. 雖百擧
未遑이나 猶先圖之니 吾聞泰西諸大國의 學校之費ㅣ 其多者ᄂᆞᆫ 八千七百
餘萬이오 其 小者ᄂᆞᆫ 亦 八百萬이라. (小學堂費 英國 每年 二千三百萬元
法國 一千四百萬元德國 三千四百萬元俄國 五百萬元美國 八千四百萬元
中學大學 共費 英國 每年 八百六十萬元德國 二百萬元俄國 四百餘萬元
美國 三百餘萬元也) 日本은 區區三島로ᄃᆡ 而每年所費ㅣ 亦 至八九百萬
ᄒ니 人之謀國者ㅣ 豈其不思撙節之義而甘擲黃金於虛牝乎아. 彼日人二

十年興學之費ㅣ 取償於吾之一戰而有餘矣라. 使吾로 向者에 擧其所謂二萬萬而百分之ᄒᆞ야 取其一二以興群學이면 則二十年間에 人材大成ᄒᆞ리니 去年之役이 寧有是乎아. 嗚呼라 前事不忘은 後事之師라 ᄒᆞ니 及今不圖면 恐他日之患이 其 數ㅣ 倍於今之所謂二萬萬者ㅣ 未有己時ᄒᆞ리니 迨痛創復至ᄒᆞ야 始悔今之爲誤면 又奚及乎아. 今不惜糜重帑以治海軍ᄒᆞ며 而不肯舍薄費以營學校ᄒᆞ야 重其所輕ᄒᆞ고 而輕其所重이 譬之孺子컨ᄃᆡ 懷果與金示之ᄒᆞ면 則棄金而取果ᄒᆞ고 譬之野人컨ᄃᆡ 持寸珠與百錢示之ᄒᆞ면 則遺珠而攫錢ᄒᆞ나니 徒知賊人勝我之具而不知所以勝之具ᄒᆞ고 曠日窮力ᄒᆞ야 而從事於目前之所見ᄒᆞ고 而蔽於其所未見ᄒᆞ니 究其歸宿이면 一無所成ᄒᆞ나니 此其智ㅣ 視孺子野人에 何如矣오.

西人之策中國者ㅣ 西國之人數與中國之人數로 爲比例ᄒᆞ야 而算其應有之學生과 與其學校之費면 謂小學之生이 宜有四千萬人이오 每年에 宜費二萬二千六百萬元이며 中學之生이 宜有一百十八萬四百餘人이오 每年에 宜費五千九百萬餘元이며 大學之生이 宜有十六萬五千餘人이오 每年에 宜費七千一百萬餘元이어늘 今에 不敢爲大言ᄒᆞ고 請如百分之一이면 則亦當有小學生四十萬人과 中學生一萬一千八百四千人과 大學生一千八百五十餘人이오 每年에 當費 三百五十六萬元이니 中國房屋 衣食等費로 視西人僅三之一이면 則每年不過一百餘萬元이라 猶有一義於此ᄒᆞ니 中國科第之榮이 奔走天下ㅣ 久矣라. 制藝楷法은 未嘗有人獎勸而驅策之로ᄃᆡ 而趨者ㅣ 若鶩ᄂᆞᆫ 利祿之路然也라. 今 創辦之始에 或 經費未充ᄒᆞ니 但使能改科擧ᄒᆞ야 歸於學校ᄒᆞ야 以號召天下ᄒᆞ고 學中에 惟定功課ᄒᆞ고 不給膏火라도 天下豪傑之士ㅣ 其群集而俛焉從事者ㅣ 必不乏人ᄒᆞ리니 如是則經費又可省三之一이니 歲費七十餘萬이 足矣라 而學中所成之人材를 卽 以拔十得五로 計之ᄒᆞ면 十年之後에 大學生之成就者ㅣ 已可得八千人이니 用以布列上下ᄒᆞ야 更新百度ㅣ 沛然有餘矣라. 夫以日本之小로도 每年 此費가 尙至八百九百萬이온 而謂堂堂中國으로 欲得如日本十二分之一之費ᄃᆡㄴ 而憂其無所出邪아 必不然矣로다.

▲ 제8호＝氷集節略(續) 論學會＝洪弼周 述

道莫善於群이오 莫不善於獨이니 獨故로 塞ᄒ고 塞故로 愚ᄒ고 愚故로 弱ᄒ며 群故로 通ᄒ고 通故로 智ᄒ고 智故로 强ᄒᄂ니 星地相吸ᄒ야 而成世界ᄒ고 質點相切ᄒ야 而成形體ᄒ고 數人이 群而成家ᄒ고 億萬人이 群而成國ᄒ고 兆京陔秭壤人이 群而成天下ᄒ나니 無群焉ᄒ면 曰 鰥寡孤獨이라 是謂無告之民이오 虎豹獅子象駝牛馬ᄂ 龐大傀碩호ᄃ 人이 檻之駕之ᄂ 惟不能群也오 非洲之黑人과 印度之椶色人과 美洲南洋澳島之紅人은 所占之地가 居地球十六七이로ᄃ 歐人이 剖之鈐之를 若檻獅象而駕駝馬ᄒᄂ니 亦曰惟不能群之故니라.

群之道ᄂ 群形質이 爲下요 群心智가 爲上이니 群形質者ᄂ 蝗蚊蜂蟻之群이니 非人道之群也라 群之不已면 必盡天下ᄒ야 而卒爲群心智之人에 所制ᄒ고 蒙古回回種人이 皆以衆力으로 橫行大地로ᄃ 而不免帖耳於日耳曼之裔ᄒ니 蝗蚊蜂蟻之群이요 非人道之群也니라.

群心智之事ㅣ 則蹟矣라. 歐入이 知之而行之者三이니 國群은 曰 議院이오 商群은 曰 公司오 士聲은 曰 學會니 而議院公司ᄂ 其識論業藝가 罔不由學이라. 故로 學會者ᄂ 又二者之母也니라. 學校ᄂ 振之於上ᄒ고 學會ᄂ 成之於下ᄒᄂ니 歐洲之人이 以心智로 雄於天下者ㅣ 自百年以來也니라.

學會ᄂ 起於西乎아. 曰 非也라. 東洋二千年之成法也니 易에 曰 君子ᄂ 以朋友講習이라 ᄒ고 論語에 曰 有朋이 自遠方來라 ᄒ고 又 曰 君子ᄂ 以文會友라 ᄒ고 又 曰 百工이 居肆以成其事ᄒ며 君子ᄂ 居學而致其道라. 孔子의 養徒三千과 孟子의 從者數百人과 夏西河와 曾子武城과 荀卿祭酒於楚宋과 史公講業於齊魯와 樓次子之著錄九千과 徐遵明之會講逾萬과 鵝湖鹿洞之盛集과 東林幾復之大觀이 凡玆前謨에 具爲左證이라. 先聖之道ㅣ 所以絶於地ᄒ야 而中國稱類ㅣ 不至夷於蠻越은 曰 惟學會之故라.

今 天下之變이 亟矣라 稍達時局者ᄂ 必曰 興鑛利ᄒ며 築鐵路ᄒ며 整

商務ᄒᆞ며 練海軍이라 ᄒᆞᄂᆞ니 今試問驅八股八韻考據詞章之士ᄒᆞ야 而屬之以諸事면 能乎아 否乎아 則曰有同文館水師와 學堂諸生이 在ᄒᆞ니 今且無論諸學生徒之果成學與否ᄒᆞ고 試問以區區之生徒로 供天下十八行省變法之用이면 足乎아 否乎아. 人才乏絶ᄒᆞ야 百學俱廢ᄒᆞ니 此ᄂᆞᆫ 中國所以講求新法三十年而一無所成ᄒᆞ고 卒爲一孔守舊之論의 閒執其口也라. 今海內之大와 四萬萬人之衆에 豪傑之士의 聰明材力이 足以通此諸學者ㅣ 蓋有之矣라. 然此諸學者ᄂᆞᆫ 非若考據詞章之可以閉戶獺祭而得也니 如鑛利則必遊歷各省ᄒᆞ야 察驗鑛質ᄒᆞ며 博求各國開鑛分鑛鍊鑛之道ᄒᆞ고 大購其機器儀器而試驗之ᄒᆞ며 盡購其鑛務之書而繙譯之ᄒᆞ고 集陳萬國之所有鑛產而比較之ᄒᆞ며 練軍則必集萬國兵法之書而讀之ᄒᆞ고 集萬國製造槍砲藥彈築修營壘船艦之法而學之ᄒᆞᆯ지니 學此諸法인ᄃᆡ 又非從手而學也라. 必游歷其國ᄒᆞ야 觀其操演ᄒᆞ며 徧觀各廠ᄒᆞ야 察其製造ᄒᆞ며 大陳汽機ᄒᆞ야 習其用式ᄒᆞ고 自餘群學은 率皆類是라. 故로 無三十七萬金之天天文臺와 三十五萬金之千里鏡이면 則天學을 必不精ᄒᆞ며 不能環游地球오 卽遊矣로ᄃᆡ 而不能徧各國省府州縣에 皆有車轍馬跡이면 則地學을 必不精ᄒᆞ리니 試問一人之力이 能任否乎아. 此所以雖有一二有志之士나 不能成學ᄒᆞ며 不能致用ᄒᆞ고 廢棄以沒世也라.

西人之爲學也ㅣ 有一學이면 卽 有一會라. 故有農學會ᄒᆞ며 有鑛學會ᄒᆞ며 有商學會ᄒᆞ며 有工藝會ᄒᆞ며 有天學會ᄒᆞ며 有地學會ᄒᆞ며 有算學 化學 電學 聲學 光學 重學 力學 水學 熱學 醫學 動植學 敎務學과 乃至於照像丹靑浴堂之瑣碎히 莫不有會ᄒᆞ고 其入會之人은 上自后妃王公으로 下至一命布衣히 會衆이 有集至數百萬人者ᄒᆞ며 會資가 有集至數百萬金者ᄒᆞ고 會中에 有書以繙閱ᄒᆞ고 有器以便試驗ᄒᆞ며 有報以便佈知新藝ᄒᆞ고 有師友以便講求疑義라. 故로 學無不成ᄒᆞ고 術無不精ᄒᆞ며 新法日出ᄋᆡ 以藉民用ᄒᆞ고 人才日衆ᄒᆞ야 以爲國幹ᄒᆞᄂᆞ니 用能富强ᄒᆞ야 甲於五洲ᄒᆞ고 文治ㅣ 軼於三古로다.

▲ 제9호＝論師範 冰集節略＝洪弼周 譯

善矣哉라 日人之興學也여. 明治 八年에 國中에 普設 大學校ᄒ니 而三年之前에 爲師範學校以先之라. 師範學校ㅣ 與小學校並立ᄒ니 小學之敎習은 卽師範學校之生徒也라. 數年 以後로 小學之生徒ㅣ 升爲中學大學之生徒ᄒ며 小學之敎習이 卽可升爲中學大學之敎習이라. 故로 師範學校ㅣ 立而群學之基ㅣ 悉定이로다.

書曰 作之君作之師라 ᄒ고 記曰 人其父生而師敎之라 ᄒ니 是以로 民生於三에 事之如一이라. 其重之也如此ᄒ니 非苟焉而已이로다. 古者學校는 皆 國家所立이오 敎師는 皆 朝庭所庸이라. 故로 大戴七屬에 言學則任師ᄒ고 周官九兩에 言以賢得民이라 ᄒ고 而學記一篇은 乃專標誨人之術ᄒ야 以告天下之爲人師者ᄒ니 然則 師範學校之制ㅣ 徵之三代ᄒ면 雖書闕有間이나 若乃其意則可推而見矣로다. 後世學校旣癈ᄒ고 天子ㅣ 不復養士이 於是에 敎師之權이 散於下ᄒ야 巖穴鉅子ㅣ 各以學倡焉이라가 及其衰也엔 乃至如叔孫通之講學에 敎以面諛ᄒ고 徐邈明之敎徒에 利其修脯ᄒ니 師道之弊ㅣ 極於是矣라. 坐是謬種流傳ᄒ야 每下流況ᄒ야 風氣가 日以下ᄒ고 學術이 日以壞ᄒ야 人才ㅣ 日以亡이라. 故로 夫 師道也 者는 學子之根核也니 師道不立ᄒ고 而欲學術之能善ᄒ면 是猶種穢莠而求稻苗에 未有能穫者也니라.

今之州府縣學官은 號稱冷官이라 不復事事ᄒ니 固無論矣어니와 此外握風氣之權者ㅣ 爲書院長ᄒ며 爲蒙官學究를 車載斗量에 趾踵相接이라. 其 六藝를 未卒業ᄒ며 四史를 未上口ᄒ며 五洲之勿知와 八星之勿辨者ㅣ 殆十而八九也라. 然而 此百數十萬之學子를 方將帝之天之ᄒ며 圭之臬之ᄒ야 以是爲學問之極則이라 ᄒ야 相率而踵襲之ᄒ니 今夫山木有擇의 必待大匠이오 美錦在御이 不使學製는 懼其有棄才也니 中人之家에 聘師誨子를 周詳審愼ᄒ야 必擇其良은 懼子弟之失學也어늘 若夫士人者는 帝王之所與共天下也라. 其 貴也ㅣ 非直大木美錦이며 其 重大ㅣ 過於中人之家之子弟也ㅣ 萬萬이어늘 今乃一擧而付之不通六藝ᄒ며 不讀四

215

史ᄒᆞ며 不知五洲ᄒᆞ며 不識八星之人ᄒᆞ야 使之圭之臬之刊琢之ᄒᆞ야 欲於
此間焉求人才면 烏可得也리오. 是故로 先王은 患人才之寡ᄒᆞ고 後世엔
患人才之多ᄒᆞ니 患才寡故로 立爲學校ᄒᆞ야 定其敎法而成就之ᄒᆞ고 患才
多故로 設爲不待學不待敎之帖括ᄒᆞ야 以籠絡天下之士ᄒᆞ니 而士之敎焉
學焉於其間者ㅣ 亦終身盤旋於胯下ᄒᆞ야 而不復知有天地之大ᄒᆞ니 師範
之不立이 自數百年以來矣라.

　是故로 今日而言變法인ᄃᆡ 其無遽立大學堂而已其必自小學堂始ᄒᆞ야
自京鄕으로 以及各省府州縣히 皆設小學而輔之以師範學堂ᄒᆞ야 以師範
學堂之生徒로 爲小學之敎習ᄒᆞ고 而別設師範學堂之敎習ᄒᆞ야 使課之以
敎術ᄒᆞ야 卽以小學堂生徒之成就로 驗師範學堂生徒之成就ᄒᆞ면 三年之
後엔 其可以中敎習之選者ㅣ 每一縣에 必有一人ᄒᆞ리니 於是薈而大試之
ᄒᆞ야 擇其尤異者ᄒᆞ야 爲大學堂中學堂總敎習ᄒᆞ고 其稍次者는 爲分敎習
ᄒᆞ며 或 小學堂 敎習ᄒᆞ면 則天下之士必爭自鼓舞ᄒᆞ야 而後起之秀를 有
所稟式以底於成ᄒᆞ면 十年之間에 奇才異能이 編行省矣리라. 不由此道ᄒᆞ
면 時曰 無本이니 本之旣撥에 而曰灌漑其枝葉ᄒᆞ야 以求其華實이면 時
曰 下愚니라.

▲ 제10호＝論幼學 冰集節界(續), 洪弼周 述

　西人은 每歲에 創新法ᄒᆞ며 製新器者ㅣ 以十萬計오 著新書ᄒᆞ며 得新
理者ㅣ 以萬計로ᄃᆡ 而中國은 無一焉ᄒᆞ며 西人은 每百人 中에 識字者ㅣ
自八十人으로 至九十七八人이로ᄃᆡ 而中國은 不逮三十人ᄒᆞ니 頂同圓也
ㅣ며 趾同方也며 官同五也며 支同西也어늘 而懸絶이 若 此로다. 嗚呼라
殆天之降才ㅣ 爾殊哉아 顧吾嘗聞西人之言矣로니 震旦之人의 學於彼土
者ㅣ 才力智慧가 無一事弱於彼라. 居學數歲에 裵然試擧首者ㅣ 往往 不
絶ᄒᆞ니 人之度量相越이 蓋 不遠也어늘 而若是者는 何也오. 梁啓超 曰
春秋萬法이 託於始ᄒᆞ고 幾何萬衆이 起於點ᄒᆞ고 人生百年에 立於幼學
ᄒᆞ나니 吾ㅣ 嚮者觀吾鄕塾에 接語 其 學究이 蠢陋野悍ᄒᆞ고 迂謬猥賤ᄒᆞ

야 不可嚮邇라 退而儳焉憂ᄒ고 愀然思ᄒ니 無惑乎鄉人之終身爲鄉人也
로다. 旣而오 遊於他鄉ᄒ며 而他縣ᄒ며 而他道ᄒ며 而他省ᄒ야 觀其塾
ᄒ고 接語 其 學究ᄒ니 其 蠢陋野悍과 迂謬猥賤이 擧無以異於嚮者之所
見이라. 退而瞠然芒然皇然 曰 中國 四萬萬人의 之才之學之行과 之識見
之志氣가 其消磨於此蠢陋野悍迂謬猥賤之人之手者를 何可勝道리오 其
幸而獲免焉者는 蓋 億萬中不得一二也로다. 顧炎武 曰 有亡國ᄒ며 有亡
天下라 ᄒ니 梁啓超 曰 强敵權奸流寇는 擧無足以亡國이오 惟吏胥ㅣ 可
以亡國이며 外敎左道鄉愿이 擧無足以亡天下ㅣ오 惟學究ㅣ 足以亡天下
니 欲究天下之亡인된 自學究始니라.

　古之敎學者를 不可得見矣로딕 顧其爲道ㅣ 散見於七十子後學所記者
ᄒ니 若曲禮若儀少若保傅若學記若文王世若子弟子職이 何其詳也오 吾
未克遊於西域ᄒ야 觀其塾與其學究로딕 顧嘗求之於其書ᄒ며 問之於其
人ᄒ니 其與今日之中國으로 何相返也오 其爲道也ㅣ 先識字ᄒ며 次辨訓
ᄒ며 次造句ᄒ며 次成文ᄒ야 不躐等也ᄒᄂ니 識字之始엔 必從眼前名
物指點이 不好難也라. 必敎以天文地學淺理를 如演戲法ᄒᆫ 童子所樂知
也오 必敎以古今雜事를 如說鼓詞는 童子所樂聞也오 必敎以數國語言ᄂ
童子舌本末이 强ᄒ야 易於學也오 必敎以算ᄂ 百業所必用也오 多爲歌謠
ᄂ 易於上口也오 多爲俗語ᄂ 易於索解也오 必習音樂ᄋ 使無厭苦ᄒ며
且和其氣也오 必習體操ᄂ 强其筋骨ᄒ며 且使人人可爲兵也오 日授學不
過三時ᄂ 使無太勞ᄒ며 致畏難也오 必不妄扑敎ᄂ 使無傷腦氣ᄒ며 且
養其廉恥也오 父母ㅣ 不得溺愛荒學ᄋ 使無棄材也오 學究를 必由師範學
堂ᄒ야 使習於敎術ᄋ 深知 其 意也라. 故西童이 出就外傅ᄒ지 四年之間
에 其欲爲士者ᄂ 卽 可以人中學ᄒ며 創專門以名其家ᄒ고 其欲爲農若工
若商若兵者도 亦可以略識天地人物之理와 中外古今之跡ᄒ며 其 學이 足
以爲仰事俯育之用이라. 稍加閱歷이면 而卽可以致富貴라. 故로 用力少
而畜德多ᄒ야 數歲之功而畢世受其用也어니와 中國則不然ᄒ야 未嘗識
字ᄒ야 而卽授之以經ᄒ며 未嘗辨訓ᄒ며 未嘗造句ᄒ야 而卽强之爲文ᄒ
며 開塾이 未及一月ᄒ야 而大學之道ᄂ 在明明德之語ㅣ 登躍於口ᄒ고

洋溢於耳ㅎ면 夫 記者ㅣ 明揭之 曰 大學之道라 ㅎ야날 今乃驟以施之幼
臭小兒ㅎ니 何爲也오 明德二字를 漢儒는 据爾雅ㅎ며 宋賢은 襲佛典ㅎ
야 動數千言이로딕 未能懸解여날 今執負床之孫而語之ㅎ면 其烏知其作
何狀也오 夫大學之道는 在於平天下ㅎ고 中庸之德은 極於無聲臭ㅎ니
此 豈 數齡之學童의 所克有事也리오. 今之敎者는 其 姑以授之ㅎ고 而希
冀其萬一能解也ㅎ면 卽是 大愚也오 知其必不能解ㅎ고 而猶然授之ㅎ면
是는 毆其子弟ㅎ야 使以學爲苦而疾其師也라 學究之言 曰 童子入學之始
에 必使誦經은 俾知聖敎오 如梁氏言이면 是蔑經也오 非聖也라 ㅎ니 不
與辨이어니와 吾徂群天下之學究와 與黨於學究者而誓之ㅎ노니 任千人
中에 能以經以敎로 爲心者有者乎아 則 非吾之所敢云也로라 其 誦經也는
試題之所自出耳오 科第之所自出이라 假使以佛敎로 取士ㅎ면 吾恐如是
我聞과 一時佛在之語ㅣ 將充斥塾舍ㅎ며 假使以耶敎로 取士ㅎ면 吾恐天
主造物을 七日而成之語ㅣ 將塡溢於黌序而四書六經은 無過問者矣리니
此 非吾深文之言也라 彼儀禮者는 亦六經之一이오 先聖之所雅言이니 問
今之學子의 曾卒業者能幾何人也며 同一禮記而喪服諸篇은 誦者ㅣ 幾絶
ㅎ니 豈不以應試之無取乎此哉아 夫以先聖制作之精과 經緯之詳이 乃僅
供此輩의 竊取甲第와 武斷鄕曲之用ㅎ니 夫誰爲蔑經而誰爲非聖矣오.

　古人之言은 卽 文也ㅣ오 文은 卽 言也러니 自後世로 言語文字ㅣ 分ㅎ
야 始有離言而以文稱者ㅎ나 然이는 必言之能達이라야 而後文之能成ㅎ
나니 有固然矣라. 故로 學綴文者는 必先造句니 造句者는 以古言易今言
也어늘 今之爲敎者는 未授訓詁ㅎ며 未授文法ㅎ고 闖然使代聖賢立言ㅎ
야 朝甫聽講ㅎ고 夕卽操觚ㅎ느니 顧野王之記建安과 李長吉之賦高軒이
自非夙根이면 寧容躐進이리오 又限其格式ㅎ며 詭其題目ㅎ야 連上犯下
而鈐之ㅎ며 擒鈎渡挽以鑿之ㅎ야 意已盡而敷演之에 非三百字以上이면
勿進也ㅎ며 意未盡而桎梏之ㅎ야 自七百字 以外는 勿庸也ㅎ라 ㅎ면 百
家之書를 不必讀홀지니 懼其用僻書也라. 當世之務를 不必講홀지니 懼
其觸時事也라 以此道敎人ㅎ니 此 所以 學文數年이라도 下筆의 不能成
一字者ㅣ 比比然리라. (未完)

▲ 제11호=論幼學 氷集節略(續)=洪弼周 譯

論語에 曰 夫子는 循循然善誘人이라 ᄒᆞ시며 孟子ㅣ 曰 敎亦多術矣라
ᄒᆞ시니 故로 夫師也 者는 以道得民이오. 非以力 服人者也어늘 今之敎者
는 毀齒執業ᄒᆞ며 鞭笞觥撻ᄒᆞ며 或 破頭腦ᄒᆞ며 或 潰血肉ᄒᆞ야 飢付得食
ᄒᆞ고 寒付得息ᄒᆞᄂᆞ니 是故로 中國之人은 有二大厄ᄒᆞ니 男女罹毒이 俱
在髫年이라. 女者는 纏足ᄒᆞ야 毀其肢體ᄒᆞ고 男者는 扑頭ᄒᆞ야 傷其腦氣
ᄒᆞᄂᆞ니 導之不以道ᄒᆞ며 撫之不以術ᄒᆞ고 地非理室이어늘 日聞榜楚ᄒᆞ고
敎匪宗風이어늘 但 憑棒喝ᄒᆞ야 遂使視黌舍를 如豚笠之苦ᄒᆞ며 對師長
을 如獄吏之尊ᄒᆞ나니 學記에 曰 其施之也ㅣ 悖ᄒᆞ면 其 求之也ㅣ 拂이라
ᄒᆞ니 夫然故로 隱其學而疾其師ᄒᆞ고 苦其難而不知其益也로다. 夫豈特疾
焉苦焉而己리오 古之稱訟에도 猶禁笞楚는 所以養廉遠恥어늘 今於 鼓
篋之始而日以囚 虜之事로 待之ᄒᆞ면 無惑乎妄夫其容而奴 隷其膝ᄒᆞ야 以
應科第求富貴者ㅣ 日出而不可止也ㅣ로다.

記에 曰 張而不弛는 文武不能也라 ᄒᆞ며 又 曰 藏焉修焉息焉游焉이라
ᄒᆞ니 此는 古今中外之通例也라. 西人의 讀書執業이 皆有定時ᄒᆞ니 當其
時也에는 雖有重客要事라도 不以廢也ᄒᆞ고 逾其時也에는 則相從而 嬉
ᄒᆞ야 飮酒蹴踘은 所弗禁也라. 西人이 每歲에 比較戶口生死之數ᄒᆞ면 英
國死者는 恒逾於美國二人이라. 醫者ㅣ 推極其理 曰 美之操工者는 日三
時ᄒᆞ며 英之操工者는 日四時ᄒᆞ니 其率之差ㅣ 實起於此라. 然則 執業時
刻之多寡ㅣ 其與人身之 相關이 如此具重也어늘 中國之人은 不講斯義ᄒᆞ
고 其 惰者는 旦 夕嬉逸ᄒᆞ야 甘爲遊民ᄒᆞ며 其 勤者는 終日勤勤ᄒᆞ야 罔
知節制ᄒᆞ며 來往 宴會에 曾靡定晷ᄒᆞ며 酬應無度에 叢挫是憂ᄒᆞ나니 斯
固然矣로다. 若夫學童子는 腦質이 未充ᄒᆞ고 幹肉이 未强ᄒᆞ야 操業之時
에 益當減少리라. 論語에 曰 學而時習이라 ᄒᆞ며 記에 曰 蛾子時術之라
ᄒᆞ니 但 使敎之有方이니 每日 伏案一二時라도 所學이 抑己不少라 自餘
暇隙에는 或游苑囿以觀 生物ᄒᆞ며 或 習體以强筋骨ᄒᆞ며 或 演音學以 調
神魂이면 何事非學이며 何事非用이리오 其 功이 多矣어늘 而必立監佐

219

史以笠之ᄒᆞ고 正襟危坐以圍之ᄒᆞ야 庭內湫隘은 養氣不足ᄒᆞ고 圈禁抱管은 有如重囚라 對卷茫然ᄒᆞ야 更無生趣ᄒᆞ니 以此而求其成學ᄋᆡ 所以師勞而功半이어ᄂᆞᆯ 又從而怨之也로다.

▲ 제12호=國民十大元氣(氷集節略)=洪弼周 述

緖論

爰有大物ᄒᆞ니 聽之無聲이오 視之無形이라. 不可以假借ᄒᆞ며 不可以强取나 發榮而滋長之ᄒᆞ면 則可以包羅地球ᄒᆞ야 鼓鑄萬物ᄒᆞ고 摧殘而壓抑之ᄒᆞ면 忽焉萎縮ᄒᆞ야 蹤影이 具絶ᄒᆞᄂᆞ니 其爲物也ㅣ 時進時退ᄒᆞ며 時榮時枯ᄒᆞ며 時汚時隆ᄒᆞ야 不知其由天歟아 由人歟아 雖然이나 人이 有之則生ᄒᆞ고 無之則死ᄒᆞ며 國有之則存ᄒᆞ고 無之則止ᄒᆞ나니 不寧惟是라. 苟其有之면 則死而必生ᄒᆞ고 已亡而復存ᄒᆞ며 苟其無之면 則雖生而猶死ᄒᆞ고 名有而實亡이라 斯物也ㅣ 無以名之ᄒᆞ니 名之曰 元氣라.

今所稱識時務之俊傑이 孰不 曰 泰西者ᄂᆞᆫ 文明之國也리오마ᄂᆞᆫ 欲進吾國ᄒᆞ야 使與泰西各國相等인ᄃᆡ 必先求進吾國之文明ᄒᆞ야 使與泰西文明相等이라 ᄒᆞᄂᆞ니 此 言이 誠當矣로다. 雖然이나 文明者ᄂᆞᆫ 有形質焉ᄒᆞ며 有精神焉ᄒᆞ니 求形質之文明은 易로ᄃᆡ 求精神之文明은 難ᄒᆞ니 精神이 旣具ᄒᆞ면 則 形質이 自生ᄒᆞ며 精神이 不存ᄒᆞ면 形質이 無附라 然則 眞文明者ᄂᆞᆫ 只有精神而已로다. 故로 以先知先覺自任者ᄂᆞᆫ 於此二者之先後緩急에 不可不 留意也라. 遊於上海香港之間에 有見目懸金圈之鏡ᄒᆞ고 手持淡巴之捲ᄒᆞ며 晝乘四輪之馬車ᄒᆞ고 夕噉長卓之華宴ᄒᆞ면 如此者를 可謂之文明乎아 決不可로다.

陸有石室ᄒᆞ며 川有鐵橋ᄒᆞ며 海有輪舟ᄒᆞ며 竭國力以購軍艦ᄒᆞ며 浚民財以效洋操ᄒᆞ면 如此者를 可謂之文明乎아 決不可로다. 何也오 皆 其 形質也오. 非精神也니 求文明ᄋᆡ 而徵形質入은 如行死港ᄒᆞ야 處處遇窒礙ᄒᆞ야 更無他路可以別通ᄒᆞ니 其 勢ㅣ 必不能達其目的이오. 至盡棄其前

功而後己홀지며 求文明의 而從精神入은 如導大川ᄒ야 一淸其源ᄒ면 則千里直瀉ᄒ야 沛然莫之能禦也니라.

所謂 精神者는 何오. 卽 國民之元氣ㅣ 是矣라. 自衣服飮食器械宮室로 乃至 政治法律이 皆耳目之所得聞見者也라. 故로 皆謂之形質이나 而形質之中에도 亦有虛實之理ᄒ니 如政治法律은 雖耳可聞目可見이나 然이나 以手不可握之오 以錢不可購之라. 故로 其得之也ㅣ 亦稍難ᄒ니 衣食器械者는 可謂形質之形質이오. 而政治法律者는 可謂形質之精神也라. 若夫國民元氣는 則 非一朝一夕之所可致오 非一人一家之所可成이오 非政府之力의 所能强逼이오 非宗門之敎의 所能勸導라. 孟子ㅣ 曰 以直養而無害면 則塞乎天地之間이라 ᄒ니 是之謂精神之精神이라. 求精神之精神者는 必以 精神으로 感召之니 若支支節節이 模範其形質이면 終不能成이라. 語예 曰 國於天地에 必有與立이라 ᄒ니 國所與立者는 何오. 曰民而己며 民所以立者는 何오. 氣而己니라.

獨立論 第一

獨立者는 何者오. 不藉他力之扶助ᄒ고 而屹然自立於世界者也라. 人而不能獨立이면 時 曰 奴隸니 於民法上에 不認爲公民이오. 國而不能獨立이면 時 曰 附庸이니 於公法上에 不認爲公國이라. 嗟乎라. 獨立之不可以己ㅣ 如是也로다. 易에 曰 君子는 以ᄒ야 獨立不懼라ᄒ고 孟子ㅣ 曰 若夫豪傑之士ㅣ 雖無文王이나 猶興이라 ᄒ고 又 曰 彼丈夫也며 我丈夫也니 吾何畏彼哉아 ᄒ니 人苟不自居君子而自居細人ᄒ며 不自命豪傑而自命凡民ᄒ며 不自爲丈夫而甘爲妾婦이면 則亦己矣어니와 苟其不然이면 則當自養獨立之性으로 始니라.

人有三等ᄒ니 一曰 困縛於舊風氣之中者오 二曰 跳出於舊風氣之外者요 三曰 跳出於舊風氣而後에 能造新風氣者니 夫世界之所以長不滅而日進化者는 賴有造新風氣之人而己라. 天下事ㅣ 往往 有十年 以後에는 擧世之人이 人人能思之能言之能行之로되 而十年 以前에는 思之言之行之

ㅣ 僅一二人이라 而舉世ㅣ 自爲狂悖ᄒ고 從而非笑之ᄒᄂ니 夫同一思想
言論行事也로ᄃ 而在後則爲同ᄒ고 在前則爲獨ᄒ니 同之與獨이 豈有定
形哉아. 旣曰 公理면 則無所不同이나 而於同之前에 必有獨之一界ᄒ니
此ᄂ 因果階級之定序의 必不可避者也라. 先於同者則謂之獨이니 古所稱
先知先覺者ㅣ 終其身 立於獨之境界者也라. 唯先覺者ㅣ 出其所獨ᄒ야
以公諸天下면 不數年而獨者ㅣ 皆爲同矣리니 使於十年前에 無此獨立之
一二人以倡之면 則 十年以後之世界ᄂ 猶前世界也라. 故로 獨立性者ᄂ
孕育世界之原料也니라.

　俗論에 動曰 非古之法言이면 不敢道ᄒ며 非古人之法行이면 不敢行
이라 ᄒ니 此ᄂ 奴隷根性之言也라. 夫 古人은 自古人이오. 我ᄂ 自我니
我有官體ᄒ고 我有腦筋이어ᄂᆯ 不自用之ᄒ고 而以古人之官體로 爲官體
ᄒ고 以古人之腦筋으로 爲腦筋이면 是我不過一有機無靈之土木偶니 是
不啻世界上에 無復我之一人也라. 世界上에 缺我一人이라도 不足惜이
로다. 然이나 使世界上人人으로 皆 如我ᄒ야 人人이 皆不自有其官體腦
筋ᄒ고 而一以附從之他人이면 是ᄂ 率全世界之人而爲土木偶요 是ᄂ
不啻全世界에 無復一人也라 若是者ᄂ 吾名之水母世界라 ᄒ노라. (水母
ᄂ 無目而以蝦目으로 爲目) 故로 無獨立性者ᄂ 毁滅世界之毒藥也니라.

　陽明學之眞髓曰 知行合一이라 ᄒ니 知而不行이면 等於不知니 獨
立者ᄂ 實行之謂也라. 或者ㅣ 曰 我欲行之나 惜無同我而助我者ᄒ야 行
之無益也라 ᄒ니 吾以爲此亦奴隷根性之言也라. 我望助於人ᄒ고 人亦望
助於我ᄒ며 我以無助而不行ᄒ고 人亦無助而不行이면 是ᄂ 天下事ㅣ 終
無行之時也라. 西諺에 曰 天은 常助自助者라 ᄒ고 又曰 我之身은 卽我
之好幇手也라 ᄒ니 凡事를 有所待於外者면 則其精進之力이 必減ᄒ야
而其所成就ㅣ 必弱이라. 自助者ᄂ 其責任이 旣專一ᄒ야 其所成就가 亦
因以加厚ᄒᄂ니 故로 天助自助者라ᄒ니 孤軍이 陷重圍ᄒ야 人人이 處
於必死ᄒ면 怯者도 猶能決一鬪ᄒᄂ니 而此必死之志로 決鬪之氣가 正
乃最後之成功也라. 獨立云者ᄂ 日日以孤軍으로 衝突於重圍中者也니 故
로 能與舊風氣戰而終勝之라. 孔子ㅣ 曰 天下有道에 丘不與易라 ᄒ고 孟

子ㅣ 曰 當今之世에 舍我其誰오 ᄒ니 獨立之謂也요 自助之謂也니라.

天下에 不能獨立之人이 其 別이 亦 有二ᄒ니 一曰 望人之助者요 二曰 仰人之庇者니 望人之助者ᄂ 蓋凡民也라. 猶可言也어니와 仰人之庇者ᄂ 眞奴隸也라. 不可言也로다. 嗚呼라. 吾一言及此而不禁太息痛恨於我中國ᄒ노니 奴隸根性之人이 何其多也오. 試一思之ᄒ라. 吾中國四萬萬人이 其不仰庇於他人者ㅣ 幾何哉오. 人人이 皆有其所仰庇者ᄒ고 所仰庇之人이 又有其所仰庇者ᄒ야 層積而上之ᄒ야 至於不可紀極ᄒ니 而求其眞能超然ᄒ야 與世界直接者ᄂ 殆幾絶也로다. 公法에 凡國之仰庇於他國者ᄂ 則其國應享之權利가 盡歸於所仰庇國之內라 ᄒ나 而世界上에 不嘗無此國이라. 然則 人之仰庇於他人者ㅣ 亦不嘗世界上에 無此人이 明矣라. 而今吾中國四萬萬이 皆仰庇於他人之人이니 名雖四萬萬이나 實則無一人也라. 以全國之大로 而至於無一人ᄒ니 天下可痛之事ㅣ 孰過此也리오. 孟的斯鳩 曰 凡君主國之人이 每以斤斤之官爵名號로 爲性命相依之事ᄒ야 往往望貴人之一顰一笑를 如天帝如鬼神者라 ᄒ니 孟氏言之를 慨然有餘痛焉이로ᄃ 而不知我中國之狀態ᄂ 更有甚於此百倍也로다. 今夫畜犬이 見其主人ᄒ고 擺頸搖尾ᄒ며 前趨後躍者ᄂ 爲求食也오. 今夫游妓가 遇其所歡ᄒ야 塗脂抹粉ᄒ며 目挑心招者ᄂ 爲纏頭也라. 若夫以有靈覺之人類와 以有血性之男子로 而其實이 乃不免爲畜犬游妓之所爲ᄒ니 擧國이 如是ᄒ며 猶謂之有人焉이라 ᄒᄂ 不可得也로다. 吾ㅣ 今爲此言ᄒ니 人必坐吾以刻薄之罪라도 吾亦固不忍言之ᄒ노라. 雖然이나 試觀今日所謂士大夫者ㅣ 其於求富貴利達之事에 與彼畜犬游妓之所異者ㅣ 能幾何也오. 士大夫ᄂ 一國之代表也어늘 而竟如是ᄒ니 謂國之有人이나 不可得也로다. 夫彼求富貴利達者ㅣ 必出於畜犬遊妓之行은 何也오. 以有所仰庇也ᆯ시라. 此一種仰庇於人之心이 習之成性ᄒ야 積數千年銘刻於腦筋而莫或以爲怪ᄒ야 稍有倡異議者여든 不以爲大逆不道면 則以爲喪心病狂也ᄒ야 彼其論이 殆謂人이 不可一日不受庇於人者ᄒ야 今日에 不受於甲이면 明日에 必當受庇於乙을 如彼史家所論ᄒ야 謂不可一日無正統이 是也라. 又 其 人이 但 能庇我면 吾則仰之ᄒ야 不論其

爲何如人을 如彼史家所記載ᄒ야 今日에 方目之爲盜賊이라가 明日에
己稱之爲神聖文武太祖高皇帝ㅣ 是也라. 故數千年來로 受庇於大盜之劉
邦朱元璋ᄒ고 受庇於纂賊之曹丕司馬師劉裕趙匡胤ᄒ고 受庇於賤種之
劉淵石勒耶律完顔成吉思ᄒ야 皆靦然不之怪ᄒ고 從其擺頸搖尾ᄒ며 塗
脂抹粉ᄒ야 以爲分所宜然ᄒ야 但 求無一日無庇我之人이 足矣니 嗚呼
라. 吾不知我中國에 此種畜根奴性을 何時始能剗除之而化易之也리오.
今來庇我者ㅣ 又將易他人矣라 不見乎入耶蘇敎入天主敎者ㅣ 偏於行省
乎아 不見乎求入英籍日本籍者ㅣ 接踵而入乎아. 不見乎上海香港之地皮
가 漲價至百數十倍乎아 何也오. 爲求庇耳라. 有心者ᄂ 方欲售川分革命
之慘禍ᄒ야 致動衆人이여늘 而不知彼畜根奴性之人은 營狡兎之三窟이
固己久라. 此 根性이 不破면 雖有國이나 不得謂之有國이오 雖 有人이나
不得謂之有國이로다. 哀時客 曰 今之論者動曰西人이 將以我爲牛馬爲奴
隸라 ᄒ듸 吾特患同胞之自爲牛馬自爲奴隸而己니 苟不爾면 則必無人이
能牛馬之奴隸之者ᄒ리니 我國民은 盍興乎來오.

◎ 梁氏學說, 李沂 譯述, 〈호남학보〉 제1호, 1908.6.
　(교육학, 양계초)

　　　*양계초의 교육설을 이기가 역술함

　　　*역술자의 태도: 략가증산(略加增刪)

　梁啓超 先生은 淸之大儒也라. 其 學術言論이 精邃淵博ᄒ야 足以爲一
世標準이라. 而今其文集中에 有敎育政策私議一篇ᄒ니 蓋參考近世諸國
所通行者ᄒ야 而立其區界耳리 此可以供諸公一覽이라. 然但 其所議專主
諸國言故로 或與我韓으로 不無柄鑿矣라. 余不揆僭妄ᄒ고 遂取其文ᄒ
야 略加增刪ᄒ야 以附於左ᄒ노라.

教育次序議 第一

頃者에 朝廷之所詔勅과 各省之所陳奏가 莫不有州郡의 小學과 府의 中學과 京師의 大學之議로디 而至今토록 未見施設ᄒ고 惟以京師大學堂之成立으로 聞ᄒ니 若循此以往이면 吾ᄂ 決其更越十年이라도 卒無成效ᄂ니 求學이 譬如登樓ᄒ야 不經初級ᄒ고 欲飛昇絶頂이면 未有不中途挫跌者ᄒ니 今勿論遠者ᄒ고 請以日本留學生證之ᄒ리니 其 始에ᄂ 往往 志高意急ᄒ야 驟入其高等學 專門學ᄒ야 請求政治 法律 經濟 物理 化學 工藝 等이나 然而普通學이 不足故로 諸事를 不能解悟ᄒ야 名爲卒業云者ㅣ 類皆貿貿焉耳오 亦未免中途에 輟業以歸者ㅣ 不知幾人이어던 況此 內地에 遽集其所謂學舉業課章句者ᄒ야 茫然不識加減幾可之數ᄒ며 夢然不解空氣升降之理者를 試之以分差理化之奧妙ᄒ면 是何異强未木之孫而使與龍伯大人으로 競走也哉아.

當十八世紀 以前에ᄂ 歌美各國의 小學之制度가 未整이라가 至十九世紀 以後ᄒ야 巨眼之政治家ㅣ 始確認敎育之本旨가 在養成國民ᄒ고 普之皮里達埒法夏哥士 等이 首倡小學最急之議홈이 自玆以往으로 各國이 從風ᄒ야 德將毛寄가 於師丹戰勝歸國之際에 指小學生徒而語曰 非吾儕之功이라 實彼等之力이라 ᄒ니 蓋至言也라. 今吾國이 不欲興學則已어니와 苟欲興學인디 必自以政府干涉之力으로 强行小學制度ㅣ 可也니 今에 試取近日所通行敎育次第ᄒ야 撮爲一表以明之ᄒ리니

教育期 區分表

幼稚園期	幼年期
家庭敎育期	五歲以上
小學校期 兒童期	六歲 至十三歲
中學校期 少年期	十四歲 至廿一歲
大學校期 成人期	廿二歲 至廿五歲

幼稚園期

(身體) 一歲 前後에 乳齒生ᄒᆞ야 習步行ᄒᆞ며 學言語ᄒᆞ야 始與他動物로 全別이라. 具人類之特性ᄒᆞ야 有榮養之求ᄒᆞ며 有慾望之起ᄒᆞ야 感覺之力이 漸臻敏捷이오.

(知) 感覺知識之動機가 極爲敏捷이오.

(情) 其 感이 皆於感覺ᄒᆞ야 恐怖之情이 甚強이오.

(意) 只有感覺底意志오.

(自觀力) 未自知有我ᄒᆞ고 純然混沌未鑿境界오.

小學校期 六歲以上

(身體) 此期之始ᄂᆞᆫ 腦隨가 稍堅ᄒᆞ야 能就一定之課業ᄒᆞᄂᆞ니 身體發能之盛이 在於此時오.

(知) 記憶想像之動機가 最強ᄒᆞ야 其 推理也에 每有持一端以槪全體之弊오.

(情) 情緒始動이오.

(意) 前半期ᄂᆞᆫ 只有感覺底意志ᄒᆞ고 後半期ᄂᆞᆫ 漸入於悟性意志오.

(自觀力) 模倣長上而好自屈ᄒᆞ야 漸欲通己意於人我相之觀念이 始生이오.

中學校期 十四歲以上

(身體) 此期之始에 性欲萌芽ᄒᆞ야 體格이 漸成大人之型ᄒᆞ고 音聲一變ᄒᆞ야 其自體所起之慾望이 較前期에 益發達이오.

(知) 前半期ᄂᆞᆫ 偏於想像ᄒᆞ고 後半期ᄂᆞᆫ 長於推理오.

(情) 前半期ᄂᆞᆫ 雖動於情緒나 後半期則情操ㅣ 發達이오.

(意) 前半期ᄂᆞᆫ 只有悟性底意志나 後半期ᄂᆞᆫ 漸爲理性的意志오.

(自觀力) 前半期ᄂᆞᆫ 我相之觀念이 益強ᄒᆞ야 幾知有我오 不知有人ᄒᆞ다가 後半期ᄂᆞᆫ 始認他相ᄒᆞ야 知人我協同之爲急이오.

大學校期 廿二歲以上

(身體) 體格이 已定ᄒ야 全爲大人之型이오.

(知) 推理之力이 漸强ᄒ야 能尋究眞理ᄒ며 自搆理想이오.

(情) 情操ㅣ 發達이오.

(意) 理想的 意志가 發達이오.

(自觀力) 成自治之品性이오 且 能人我協成ᄒ야 爲一群內之我니라.

敎育制度表

普通敎育制度	幼稚園 小學校 中學校
專門敎育制度	政治法律學校 家事學校 分科大學 美術學校 師範學校

自由硏究 不拘年限	大學院		
政治法律學校 陸海軍學校 美術學校 各種高等實業學校 各種簡易實業學校 四年 或 三年	理科大學 工科大學 農科大學 商科大學 三年 或 四年	文科大學 法科大學 醫科大學 三年 或 四年	師範大學 與 大學院 同四年
	實科	文科	高等師範學校 尋常師範學校
	中學校 八年	中學校 八年	
小學校 八年 義務敎育			
幼稚園 二年			

由此觀之면 敎育之次第가 其不可躐等者ㅣ 明矣라. 夫在敎育已興之國
에도 其就學之級이 自能與其年相應이어늘 若我國은 今日之學員이 當

前此及年之日ᄒ야 未受相當之教育ᄒ니 其知德情意之發達이 自比文明國之學童이면 低下數級이어늘 欲驟然授之ᄒ면 烏見其可也리오.

◎ 政治學說, 李沂 譯述, 〈호남학보〉 제2호, 1908.7.
(정치학, 양계초 저서 역술)

*정치학설은 이기(李沂)가 양계초의 저서를 중심으로 역술한 자료이다. 이 자료는 제2호~제4호까지 이기의 저술이며, 제5호부터는 양계초의 저술을 번역하여 수록한 자료이다. 제9호까지 번역 수록하였으며, 미완 상태이다.

▲ 제2호

愚嘗以政治로 爲士之學이나 此乃一時配屬而已오. 非許於士而不許於他業者也라. 況近世四民은 却命兵農商工이오 而無所謂士者乎아. 蓋今立憲諸國은 則其民이 皆有選擧權議法權ᄒ야 莫不得與於政治라. 故로 君不敢以非法으로 虐其民ᄒ고 民不敢以非法으로 犯其君ᄒ야 文明之基와 富强之業이 未有不起于是者矣로딕 但 其 爲術이 有便於西ᄒ고 而不便於東ᄒ며 亦有宜於古ᄒ고 而不宜於今ᄒ야 其 論政治學者ㅣ 非一二家로딕 而獨梁啓超氏所述이 頗爲完備라. 故로 愚就原書ᄒ야 略加修整ᄒ야 以供諸君子觀覽焉ᄒ노라.

政治學

立憲法議

有土地人民ᄒ야 立於大地者를 謂之國이라. 世界之國이 有二種ᄒ니 一曰 君主之國이오 二曰 民主之國이며 設制度施號令ᄒ야 以治其土地人

民을 謂之政이라. 世界之政이 有二種ㅎ니 一曰 有憲法之政 亦名立憲之政 이오 二曰 無憲法之政 亦名專制之政 이며 採一定之政治ㅎ야 以治國民을 謂之政體라. 世界之政體ㅣ 有三種ㅎ니 一曰 君主專制政體오 二曰 君主立憲政體오 三曰 民主立憲政體니 今日 全地球에 號稱强國者ㅣ 十數에 除俄羅斯爲君主專制政體와 美利堅法蘭西爲民主憲法政體 外에 自餘各國은 則皆有君主立憲政體也라. 君主立憲者는 政體之最良者也니 民主憲立政體는 其施政之方略이 變易太數ㅎ고 選擧總統時에 競爭太烈ㅎ야 於國家幸福에 未嘗不間有阻力이오 君主專制政體는 朝廷之視民이 如草芥ㅎ고 而其防之ㅣ 如盜賊ㅎ며 民之畏朝廷이 如獄吏ㅎ고 而其嫉之如仇讐라. 故로 其 民이 極苦ㅎ고 而其君與大臣이 亦極危ㅎ야 如彼俄羅斯者ㅣ 雖有虎狼之威於一時나 而其國中이 實杌陧ㅎ야 而不可終日也라. 是故로 君主立憲者ㅣ 政體之最良者也라. 地球各國이 旣行之而有效ㅎ고 而按之支那歷古之風俗과 與今日之時勢컨되 又採之而無弊者也라. (三種政體舊譯爲君主 民主 君民法主 名義不合故更定今名)

憲法者는 何物也오. 立萬世不易之典憲ㅎ야 而一國之人이 無論爲君主爲官吏爲人民ㅎ고 皆共守之者也라. 爲國家一切法度之根源ㅎ니 此後는 無論出何令更何法ㅎ고 百變而不許離其宗者也라. 西語原字를 今譯其意컨되 猶言元氣也니 蓋謂憲法者는 一國之元氣也라. 立憲政體를 亦名爲有限權之政體也오. 專制政體를 亦名爲無限權之政體也니 有限權云者는 君有君之權ㅎ야 權有限ㅎ고 官有官之權ㅎ야 權有限ㅎ고 民有民之權ㅎ야 權有限ㅎᄂ니 故로 各國憲法에 皆首言君主統治之大權과 及 皇位繼襲之典例는 明君之權限也오 次言政府 及 地方政治之職分안 明官之權限也오 次言議會職分 及 人民自由之事件은 明民之權限也라. 我東洋學者ㅣ 驟聞君權有限之義면 多有色然而驚者ㅎ리니 其意若曰 君也者는 一國之尊無二上者也오 臣民은 皆其隷屬者也니 只聞君能限臣民이오 豈聞臣民이 能限君이리오. 臣民이 而限君이면 不幾於叛逆乎아 ㅎ야 不知君權有限云者ㅣ 非臣民이 限之오 而憲法이 限之也라. 且 東洋에 固亦有此義

矣니 王者之立也에 郊天而薦之ᄒ고 其 崩也에 稱天而謚之ᄒ니 非以天 爲限乎며 言必稱 先王ᄒ고 行必法祖宗ᄒ니 非以祖爲限乎아. 然則 古來 之聖師哲王이 未有不以君權有限으로 爲至當不易之理者니 卽 歷代君主 ㅣ 苟非殘悍이 如秦政隋煬이면 亦斷無敢以君權無限으로 自居者어늘 乃 數千年來에 雖有其意나 而未擧其實者는 何也오. 則以無憲法故也라. 以 天爲限이라도 而天不言ᄒ고 以祖宗爲限이라도 而祖宗之法이 不過 因 襲前代舊規오 未嘗採天下之公理ᄒ며 因國民之所欲ᄒ야 而勒爲至善無 弊之大典ᄒ니 是故로 東洋之君權이 非無限也라. 欲有限이라도 而不知 所以爲限之道也라. 今也에 內外愛民族矣勵精圖治之聖君ᄒ고 外有文明 先導可師可法之友國ᄒ야 於以定百世可知之成憲ᄒ며 立萬年不拔之遠 猷ㅣ 其在斯時乎, ᄂ뎌. 各國憲法이 旣明君與官之權限ᄒ고 而又必明民之 權限者는 何也오. 民權者는 所以擁護憲法ᄒ야 而不使敗壞者也라. 使天 下古今之君主로 其 仁慈 睿智ㅣ 皆如我.

今上 皇帝면 則求助於民도 亦 可也오 不求助於民도 亦 可也라. 雖然 이나 以禹湯之權으로도 不能保子孫無桀紂오 以高光之明으로도 而不能 保子孫無桓靈이니 此實千古之通軌라 不足爲諱者矣로다. 使不幸而有如 桀紂者出ᄒ야 濫用大權ᄒ고 恣其暴戾ᄒ야 以蹂躪憲法이면 將何以待之 며 使不幸而有如桓靈者出ᄒ야 旁落大權ᄒ고 好庸竊取ᄒ야 以蹂躪憲法 이면 又將何以待之오. 故로 苟無民權이면 則雖有至良極美之憲法이라 도 亦不過一紙空文이오 毫無補濟ᄒ리니 其事ㅣ 至易明也로다. 不特此 也라. 卽使代代之君主로 聖皆如湯禹ᄒ고 明皆如高光이라도 然一國之大 를 非一人이 能獨治之也ᆯᄉᆡ 必假手於官吏오 官吏ㅣ 又非區區小數之人 己也라. 乃至千萬焉億兆焉ᄒᄂ니 天下에 上聖은 少而中材ㅣ 多ᄒ니 是 故로 勉善은 難ᄒ고 而從惡은 易ᄒ니 其所以不敢爲非者는 有法之限而 己오 其所以不敢不守法者는 有人以監之而己니 乃東洋이 未嘗無法以限 官吏오 亦未嘗不設人以監官吏之守法이나 而卒無效者는 何也오. 則所以 監之者ㅣ 非其道也니라. 懼郡縣之不守法也에 而設道府而監之ᄒ고 道府

不守法이면 又 將若何오. 懼道府之不守法也에 而設府部以監之ᄒ고 府部ㅣ 不守法이면 又 將若何오. 所謂 法者를 旣不盡可行ᄒ고 而監之之人이 未必賢於其所監者ᄒ야 掣肘則有萬能ᄒ고 救弊則無一效ᄒ며 監者ㅣ 愈多而治體愈亂ᄒ니 有法이 如無法이면 法乃窮ᄒ리니 是故로 監督官吏之事ㅣ 其勢不得不責成於人民이니 蓋由利害ㅣ 關切於己身ᄒ면 必不肯有所循庇오 耳目이 皆屬於衆論ᄒ야 更無所容其舞文也라. 是故로 欲君權之有限也ᆫ딕 不可不用民權이오 欲官權之有限也ᆫ딕 更不可不用民權이니 憲法與民權二者ㅣ 不可相離ᄒ니 此實不易之理오. 而萬國所經驗而得之也라.

▲ 제3호

孟子ㅣ 曰 天下之生이 久矣라 一治一亂이라 ᄒ시니 此爲專制國言之耳라. 若夫立憲之國은 則一治而不復亂ᄒ고 專制之國은 遇令辟則治ᄒ고 遇中主則衰ᄒ고 遇暴君則亂ᄒ며 卽不遇暴君이오 而中主與中主相續이라도 因循廢弛之旣久에 而亦足以致亂ᄒᄂ니 是故로 治日이 常少ᄒ고 亂日이 常多ᄒ니 歷觀支那數千年致亂之道ᆫ딕 有亂之自君者ᄒ니 如嫡庶爭立과 母后擅權과 暴君無道 等이 是也오 有亂之自臣者ᄒ니 如權相簒弑와 藩鎭跋扈 等이 是也오 有亂之自民者ᄒ니 或爲暴政所迫ᄒ며 或爲飢饉所驅로딕 要之컨딕 皆朝廷이 先亂然後에 民亂也라. 若立憲之國은 則無慮是ᄒ니 君位之承襲과 主權之所屬이 皆有一定ᄒ야 而豈有僉壬이 得乘隙以爲奸者乎아. 大臣之進退ㅣ 一由議院贊助之多寡ᄒ야 君主ㅣ 察民心之所向然後에 授之ᄒ니 豈有操莽安史之徒ㅣ 能坐大於其間者乎아. 且君主之發一政施一令이 必謀及庶人ᄒ야 因國民之所欲ᄒ야 經議院之協贊ᄒ야 其有民所未喩者면 則由大臣이 反覆宣布於議院ᄒ야 必求多數之共贊而後行ᄒ야 民間所有疾苦之事를 皆得提訴于議院ᄒ야 更張而利便之ᄒ니 而豈有民之怨其上者乎아. 故로 立憲政體者ᄂ 永絶亂萌之政體也라. 館閣頌揚通語에 動曰 國家億萬年有道之長이라 ᄒ니 若立憲

政體는 眞可謂國家億萬年有道之長矣라.

卽如今日 英美德日 諸國이 吾敢保其自今以往으로 直至天荒地老토록 而國中에 必無內亂之憂也라. 然則 謀國者 ㅣ 亦何憚而不採此政體乎아. 吾儕之倡言民權이 十年於玆矣라. 當道者 ㅣ 憂之嫉之畏之를 如洪水猛獸然ᄒᆞ니 此無怪其然也로다. 蓋由不知民主之別ᄒᆞ고 而謂言民權者 ㅣ 必與彼所戴之君主로 爲仇라 ᄒᆞ니 卽其憂之嫉之畏之也 ㅣ 固宜로다. 不知有君主之立憲ᄒᆞ며 有民主之立憲ᄒᆞ야 兩者 ㅣ 同爲民權이로듸 而所以馴致之道 ㅣ 亦有由焉ᄒᆞ니 凡國之變民主也이 必有迫之使不得已者也라. 使英人으로 非虐待美屬이면 則今日之美國이 猶澳州加拿人也오 使法王으로 非壓制其民이면 則今日之法國이 猶波旁氏之朝廷也라. 故로 欲翊戴君主者 ㅣ 莫與興民權이니 不觀英國乎아. 英國者는 世界中民權最盛之國也라 而民之愛其皇이 若父母焉ᄒᆞ니 使英廷으로 以疇昔之待美屬者로 待其民이면 則英之爲美續이 久矣오. 不觀日本乎아. 日本者는 亞洲民權濫觴之國也라. 而民之敬其皇이 若天帝焉ᄒᆞ니 使日皇으로 如法國路易 第十四之待其民이면 則日本之爲法續이 久矣라. 一得一失과 一榮一瘁에 爲君者 ㅣ 宜何擇焉ᄒᆞ며 愛其君者 ㅣ 宜何擇焉고.

抑今日之世界는 實專制立憲兩政體 新陳嬗代之時也라. 按之公理에 凡兩種反比例之事物이 相嬗代면 必有爭이니 爭則舊者必敗오 而新者必勝이라. 故로 地球 各國이 必一切同歸於立憲之後已ᄒᆞ니 此理勢所必至也라 以人力으로 而欲與理勢爲敵ᄒᆞ니 譬猶以卵投石ᄒᆞ고 以蜉撼樹ᄒᆞ야 徒見其不知量耳라. 昔距今百年以前에 歐洲 各國이 除英國外에 皆專制也라. 壓之旣極에 法國에 大革命이 忽焉爆裂ᄒᆞ야 聲震天下ᄒᆞ야 怒濤 ㅣ 遂波及全歐ᄒᆞ야 民間求立憲者 ㅣ 各國이 皆然ᄒᆞ니 俄普奧三國之帝 ㅣ 結同盟以制其民ᄒᆞ야 有內亂則互相援助ᄒᆞ야 而奧相梅特涅이 以陰鷙狡悍之才로 執歐洲大陸之牛耳三十年에 日以壓民權爲事라가 卒不能敵ᄒᆞ야 身敗名裂ᄒᆞ야 距今五十年頃에 而全歐皆立憲矣오. 尙餘一土耳其ᄒᆞ야 則各國이 目之爲病夫ᄒᆞ야 日思豆剖爪分之者也오. 尙餘一俄羅斯ᄒᆞ야 雖國威赫赫於外나 然其帝王之遇刺者 ㅣ 三世矣오. 至今猶鉏魔滿地ᄒᆞ야 寢息不

安ㅎ야 爲君之難이 一至於此ㅎ니 容何樂耶아. 故로 百年以來에 地球各國之轉變이 凡有四別ㅎ니 其一은 君主ㅣ 順時勢而立憲法者ᄂᆞᆫ 則 其 君이 安榮ㅎ며 其 國이 寧息ㅎ니 如普奧日本 等國이 是也오. 其二ᄂᆞᆫ 君主ㅣ 不肯立憲ㅎ야 民迫而自立ㅎ야 遂變爲民主立憲者ㅎ니 如法國 及 南美洲 諸國이 是也오. 其三은 民思立憲ㅎ되 君主不許ㅎ고 而民間이 又無力革命ㅎ야 乃日以謀刺君相으로 爲事ㅎ니 如俄羅斯ᄂᆞᆫ 是也오. 其四ᄂᆞᆫ 則 君民이 皆不知立憲之美ㅎ야 擧國이 昏蒙ㅎ고 百政이 廢弛ㅎ야 遂爲他族의 夷以滅之ㅎ니 如印度安南 諸國이 是也라. 四者之中에 孰吉孰凶이며 何去何從고. 不待智者而決矣라. 如彼普奧之君相이 初以爲立憲之有大害於己也라. 故로 出死力以爭之라가 及旣立憲之後에 始知非惟無害라.

又大利焉ㅎ니 應爽然失笑ㅎ야 悔前者之自尋煩惱矣리라. 然猶勝於法國之路易 第十六은 欲悔而無及也로다. 今西方之嬗代ㅣ 旣己定矣라. 其 風潮ㅣ 逐環捲而及於東土ㅎ야 日本이 於風氣之先에 趨善若渴ㅎ야 元氣一立ㅎ야 遂以稱强이어늘 支那ᄂᆞᆫ 彼昏이 日醉ㅎ야 凌夷衰微ㅎ야 情見勢絀ㅎ야 至今而極矣라. 日本之役이 一捧之ㅎ고 膠旅之警이 一喝之ㅎ고 團匪之禍ㅣ 一撚之ㅎ니 識者ㅣ 己知國家元氣ㅣ 爲湏臾不可緩이니 蓋 今日은 實支那立憲之時機ㅣ 己到矣라. 當局者ㅣ 雖欲阻之나 烏從而阻之리오 頃當局者ㅣ 旣知興學育材ㅣ 爲務矣라. 學校中에 多一少年이면 卽 國民中에 多一立憲黨ㅎ니 何也오. 彼其人이 苟有愛國心ㅎ고 而略知西人富强所由來者면 未有不以此事로 爲第一義也라. 故로 中國究竟이 必與地球文明國으로 同歸於立憲이 無可疑也라. 特今日而立之면 則國民而蒙福更早ㅎ야 而諸先輩ㅣ 尸其功ㅎ고 今日沮之면 則國家之進步稍遲ㅎ야 而後起者ㅣ 爲其難ㅎ야 如斯而己니 苟眞有愛君國心者ㅣ 不可不熟察鄙言也라.

問者ㅣ 曰 然則 支那 今日에 遂可行立憲政體乎아. 曰 是不能이니 立憲政體者ᄂᆞᆫ 必民智稍開以後에 能行之니 日本維新이 在明治初元이로딕 而憲法實施ᄂᆞᆫ 在二十年後ㅎ니 此其證也라. 支那最速이라도 亦湏十年

或 十五年이라야 始可以語此이라. 問者ㅣ 曰 今日에 旣不可遽行이어늘 而子ㅣ 汲汲然論은 何也오. 曰 行之在十年以後면 則定之當在十年以前이니 夫一國은 猶一身也라. 人人이 初就學也이 必先定吾將來에 欲執何業然後에 一切學識과 一切材料를 皆儲之ᄒ야 爲此業之用이라. 故로 醫士ㅣ 必於未行之醫前數年에 而自定爲醫ᄒ고 商人이 必於未經商之前數年에 而自定爲商ᄒᄂ니 此事之至淺者也라. 惟國도 亦然ᄒᄂ니 必先定吾國將來에 採用何種政體然後에야 凡百之布置와 凡百之預備ㅣ 皆從此而生焉ᄒᄂ니 苟不爾爾면 則如航海而無南針과 縫衣而無量尺ᄒ야 亂流而渡에 不知所向ᄒ고 彌縫補苴에 不成片段ᄒ야 未有能濟者也라. 故로 採定政體ᄒ고 決行立憲이 實維新開宗明義第一事니 而不容稍緩者也라.

　旣定立憲矣면 則其立之之次第ㅣ 當如何오. 曰 立憲法者ᄂ 萬世不易者也오 一切法度之根源也라. 故로 當其初立也이 不可不精詳審愼ᄒ야 而務止於至善이니 日本之實行憲法也ㅣ 在明治二十三年이로되 其頒憲法也ㅣ 在明治十三年而草創憲法也ㅣ 在明治五年ᄒ니 當其草創之始에 特派大臣五人ᄒ야 游歷歐洲ᄒ야 考察各國憲法同異에 斟酌其得失ᄒ야 旣歸而後에 開局而制作之ᄒ니 蓋其愼之又愼ᄒ고 預而又豫也ㅣ 如此ᄒ니 今支那而欲行之면 則吾以爲其辦理次第를 當如左라 ᄒ노라.

第一은 首請 皇上ᄒ야 渙降明詔ᄒ샤 普告臣民ᄒ야 定中國爲君主立憲之帝國ᄒ야 萬世不替오.

第二ᄂ 宜派重臣三人ᄒ야 游歷歐洲 各國과 及 美國日本ᄒ야 考其憲法之同異得失ᄒ야 何者宜於中國이며 何者當增이며 何者ㅣ 當棄ᄒ야 帶領通曉英法德日語言文字之隨員十餘人同往ᄒ되 其 이 必須有學識이오 不徒解方言者오 并許隨時向各國ᄒ야 聘請通人ᄒ야 以爲參贊에 以一年滿回國이오.

第三은 所派之員이 旣歸이 卽 當開一立法局於宮中ᄒ야 草定憲法ᄒ야 隨時進呈御覽이오.

第四ᄂ 各國 憲法原文과 及 解釋憲法之名著를 當由立法局譯出ᄒ야 頒布

天下에 使國民으로 咸知其來由ᄒ고 亦得增長學識ᄒ야 以爲獻替之助오.
第五는 草稿旣成에 未卽以爲定本ᄒ고 先頒之於官報局ᄒ야 令全國士民
으로 皆得辨難討論ᄒ야 或 著書ᄒ며 或 登新聞紙ᄒ며 或 演說ᄒ며 或
上書於立法局ᄒ야 逐條辨析ᄒ야 如是者ㅣ 五年 或 十年 然後에 損益制
定ᄒ야 定本이 旣頒이 則 以後는 非經全國人投票면 不得擅行更改憲法
이오.
第六은 自下詔定政體之日노 始ᄒ야 以二十年爲實行憲法之期라.

本篇은 乃論憲法之當速立과 及 其 辨法이오 <u>至各國憲法之異同得失
과 及 中國憲法之當如何는 余亦略有管見이로딕 但 今玆論之尙非其時
라. 願以異日ᄒ노라.</u>

▲ 제4호

= 제4호의 입법권은 양계초의 저술인지 아니면 이기가 직접 쓴 것인지 미상

立法權論

立法 行政 司法 諸種이 分立ᄒ야 在歐美日本에 旣成陳言ᄒ야 婦孺ㅣ
盡解矣라. 然吾中國은 立國數千年에 於此等政學原理를 尙未有發明之者
라. 故로 今以粗涉平易之文으로 略詮演之ᄒ야 以期政治思想이 普及國
民ᄒᄒ노라. 篇中에 雖間祖述泰西學說이ᄂ 然所論者ㅣ 大率皆西人은
不待論而明之理라. 自稱通此學者로 觀之면 雖殆如遼東之豕와 宋人之曝
ᄒ야 祗覺詞費耳라. 然我四萬萬 同胞中에 並此等至粗極淺之義ᄒ야 而
不解者ㅣ 殆十而八九焉이니 吾又 安敢避詞費而黙然也리오. 學者ㅣ 苟
因此以益求精焉深焉者면 則 管蒯之棄라도 固所願矣로다.
國家者는 人格也(人之資格을 謂之人格也)라. 凡人이 必有意志然後에
有行焉이니 無意志ᄒ고 而有行爲者는 必瘋疾之人也오 否則其夢囈時也
라. 國家之行爲는 何오, 行政이 是己오, 國家之意志는 何오, 立法이 是已라.

235

泰西政治之優勝於東亞者ㅣ 不一端이로ㄷㅣ 而求其本原이면 則立法部
早發達이 爲最要著也라. 泰西ㅣ 自上古希臘으로 卽有所謂長者議會ㅎ니
由君主ㅣ 召集貴族ㅎ야 制定法律ㅎ야 頒之於民ㅎ고 又有所謂國民議會
ㅎ니 凡君主貴族의 所定法律을 必報告於此會ㅎ야 使民으로 各出其意
ㅎ야 以可否然後施行ㅎ고 其 後에 雅典之拔倫과 斯巴達之來喀格士가
皆以大立法家로 爲國之楨ㅎ고 羅馬도 亦然ㅎ야 其 始에 有所謂百人議
會ㅎ야 以軍人組織之ㅎ야 每有大事면 皆田其議決이러니 及王統이 中
絶之際에 有所謂羅馬元老院과 羅馬平民會者ㅣ 角立對峙ㅎ야 爭立法權
이러니 久之오. 卒相調和ㅎ야 合爲國民評議會ㅎ니 故로 後雖變爲帝政
이나 而羅馬法之發達이 最稱完備ㅎ야 至今日各國이 宗之ㅎ고 及條頓
人이 與羅馬代興에 卽有所謂人民總會와 有所謂賢人會議者ㅎ니 皆集合
人民ㅎ야 而國王이 監督之ㅎ야 以行立法之事ㅎ야 逐漸進化ㅎ야 遂成
爲今日之團會ㅎ니 所謂 巴力門者ㅣ 是也라. 十八世記以來로 各國이 互
相仿效ㅎ야 愈臻完密ㅎ야 立法之業이 益爲政治上第一關鍵ㅎ니 覘國家
之盛衰强弱者ㅣ 皆於此焉ㅎㄴ니 雖其立法權之附屬과 及其範圍之廣狹
은 各國이 不同이나 要之컨ㄷㅣ 上自君相으로 下及國民히 皆知此事가 爲
立法之大本大原은 則一也라.

耗矣哀哉라. 吾國이 建國數千年이나 而立法之業이 曾無一人留意者也
라. 周官一書頗有立法之意ㅎ야 歲正에 懸法象魏ㅎ야 使民讀之ㅎ니 雖
非制之自民이나 猶有與民同之之意焉ㅎ고 漢興에 蕭何制作이 雖其書今
佚ㅎ야 不知所制者ㅣ 爲何如ㄴ 然卽 以漢制之散見於群書者로 觀之면
其爲因沿秦舊ㅎ야 無大損益을 可斷言也오. 魏明帝時에 會議大集朝臣ㅎ
야 審定法制러니 亦不果行ㅎ고 北周宇文明時에 蘇綽得君이 斐然有制
度考文之意나 而所務ㅣ 惟在皮毛오 不切實用ㅎ니 蓋自周公으로 迄今三
千餘年에 惟王荊公이 創設制置條例三司ㅎ야 能別立法於行政ㅎ야 自爲
一部ㅎ니 實吾國立法權現影一瞥之時代로ㄷㅣ 惜其所用이 非人이오 而頑
固虛憍之徒가 又群焉掣其肘ㅎ니 故로 斯業이 一墜千年에 無復過問者

ᄒ니 嗚呼라. 荀卿의 有治人無治法一言이 誤盡天下ᄒ야 遂使中華數千年에 國爲無法之國ᄒ고 民爲無法之民ᄒ며 并立法而無之ᄒ니 而其權之何屬은 更靡論也오. 并法而無之ᄒ니 而法之善不善은 更靡論也. (未完)

▲ 제5호=政治學 續, 淸儒 梁啓超 著

立法權論

夫 立法者ᄂ 國家之意志也라. 就一人論之면 昨日之意志ㅣ 與今日之意志와 今日之意旨ㅣ 與明日之意志로 常不能相同ᄒᄂ니 何也오. 或內界之識想이 變遷焉ᄒ며 或外界之境遇ㅣ 殊別焉ᄒ야 人之不能以數年前或數十年前之意志로 以束縛今日이 甚明也라 惟國도 亦然이라. 故로 必須常置立法部ᄒ야 因事勢從民欲ᄒ야 而立制改度ᄒ야 以利國民ᄒᄂ니 各國之有議會也이 或年年開之ᄒ며 或間年開之ᄒ니 誠以事勢ㅣ 日日不同이라. 故로 法度ㅣ 亦屢屢修改也라. 乃吾中國은 則 今日之法이 沿明之法也오 明之法이 沿唐宋之法也오 唐宋之法이 沿漢之法也오 漢之法이 沿秦之法也니 秦之距今이 二千年矣라. 而法則惟是ᄒ니 是何異三十壯年에 而被之以錦綳之服ᄒ며 導之以象勺之舞也오 此其弊ㅣ 皆生於無立法也라. 君相이 旣因循苟且ᄒ야 憚於皆措ᄒ고 復見識이 隘陋ᄒ야 不能遠圖ᄒ고 民間은 則不在其位라. 莫敢代謀ᄒ야 如塗附塗ᄒ야 日復一日ᄒ니 此眞中國特有之現象이니 而腐敗之根原所從出也라.

彼祖述荀卿之說者曰 但得其人이 可矣라 何必斷斷於立法이리오 ᄒ야 不知一人之時代ᄂ 甚短ᄒ고 而法은 則 甚長ᄒ며 一人之範圍ᄂ 甚狹ᄒ고 而法은 則 甚廣ᄒ니 恃人而不恃法者ᄂ 其人이 亡이면 則其政이 息焉ᄒᄂ니 法之能立에 賢智者ᄂ 固能神明於法ᄒ야 以增公益ᄒ고 愚不肖者ᄂ 亦束縛於法ᄒ야 以無大尤ᄒᄂ니 靡論吾中國之乏才也ᄒ고 卽使多才라도 而二十餘省之地에 一切民生國計之政務ᄅ 非百數十萬人이

237

면 不能分任也라. 安所得百數十萬之賢智ᄒᆞ야 而薰治之리오. 旣無人焉ᄒᆞ고 又無法焉이오 而欲事之擧ᄒᆞ니 安可得也리오. 夫人之將營一室也이 猶必先繪其圖估其材然後에 從事焉커든 曾是一國之政으로 而顧一室之不若乎아. 近年 以來로 吾中國變法之議ㅣ 屢興ᄒᆞ되 而效不覩者ᄂᆞᆫ 無立法部故也라. 乃今不此之務면 吾知更閱數年數十年이라도 而效之不可覩ㅣ 仍如故也라. 今日에 上一奏ᄒᆞ고 明日에 下一諭에 無識者ㅣ 歡欣鼓舞ᄒᆞ야 以爲維新之治를 可以立見이로딘 而不知皆紙上空文이라 羌無故實이오 不寧惟是라. 條理錯亂ᄒᆞ고 張脈僨興ᄒᆞ야 宜存者를 革ᄒᆞ고 宜革者를 存ᄒᆞ고 宜急者를 緩ᄒᆞ고 宜緩者를 急ᄒᆞ야 未見其利에 先受其弊ᄒᆞ니 無他라 徒觀夫西人政效之美ᄒᆞ고 而不知其所以成其美者ㅣ 有本原在也니 本原維何오. 曰 立法部而己라.

▲ 제6호=政治學(續)(立法權論(續)), 淸儒 梁啓超 著

立法 行政 分權之事ᄂᆞᆫ 泰西에 早已行之ᄒᆞ니 及法儒孟德斯鳩ㅣ 益闡明其理ᄒᆞ고 確定其範圍ᄒᆞ야 合國政治ㅣ 乃益進化焉이라. 二者之宜分不宜合이 其事ㅣ 本甚易明ᄒᆞ니 人之有心魂以司意志ᄒᆞ고 有官支以司行爲ᄒᆞ야 兩各有職ᄒᆞ야 而不能混者也라 彼人格之國家ㅣ 何獨不然이리오. 雖然이나 其利害所存이 猶不止此ᄒᆞ니 孟德斯鳩曰 苟欲得善良政治者ᄂᆞᆫ 必政府中之各部ㅣ 不越其職然後에 可라. 然居其職者ㅣ 往往 越職ᄒᆞ니 此亦 人之常情이오 而古今之通弊也라. 故로 設官分職ᄒᆞ야 各司其事ᄒᆞ야 必當使互相牽制ᄒᆞ야 不至互相侵越이라 ᄒᆞ고 又曰 立法行法二權이 同歸於一人ᄒᆞ고 或同歸於一部면 則 國人이 必不能保其自由權이니 何則고. 兩權相合이면 則 或藉立法之權ᄒᆞ야 以設苛法ᄒᆞ고 又藉其行法之權ᄒᆞ야 以施此苛法ᄒᆞ야 其弊ㅣ 何可勝言이리오. 如政府中一部ᄒᆞ에 有行法之權者ᄒᆞ야 而欲奪國人財産이면 乃先賴立法之權ᄒᆞ야 預定法律ᄒᆞ야 命各人財産이면 皆可歸之오 政府에 再藉其行法之權ᄒᆞ야 以奪之면 則 國人이 雖欲起而與爭이나 亦力不能敵ᄒᆞ야 無可奈何而已云云ᄒᆞ니 此ᄂᆞᆫ

孟氏分權說之大概也.

孟子 此論이 實能得立政之本原이라. 吾中國之官制ㅣ 亦最講牽制防弊之法이나 然皆同其職而掣肘也오 非能釐其職而均平之라. 如一部而有七堂官호고 一省而有督有撫有兩司有諸道ᄒᆞ야 皆以防侵越相牽制也로ᄃᆡ 而不知徒相掣肘相推諉ᄒᆞ야 一事不擧오 而弊ㅣ 卒不可防호ᄃᆡ 西人은 不然ᄒᆞ야 凡行政之事를 每一職에 專任一人ᄒᆞ야 授以全權ᄒᆞ야 使盡其才ᄒᆞ야 以治其事ᄒᆞ야 功罪를 悉以屬之ᄒᆞ니 夫是謂有責任之政府라. 若其所以防之者ᄂᆞᆫ 卽以立法司法兩權으로 相爲犄角(司法權別論之)ᄒᆞ야 立法部議定之法律이 經元首裁可然後에 下諸所司之行政官ᄒᆞ야 使率循之ᄒᆞ야 行政官이 欲有所興作이면 必陳其意見於立法部ᄒᆞ야 得其決議라야 乃能施行ᄒᆞ고 其有於未定法에 而任意恣行者면 是謂侵職이니 侵職도 罪也오 其有於已定之法에 而奉行不力者면 是謂溺職이니 溺職도 亦罪라. 但 使立法之權이 確定ᄒᆞ고 所立之法이 善良이면 則 行政官이 斷無可以病國虐民之理니 所謂 其 源이 潔者ᄂᆞᆫ 其流必澄이라 何必一一而防之리오. 故로 兩者 分權이 實爲制治最要之原也라.

吾中國은 本幷立法之事ᄒᆞ야 而無之ᄒᆞ니 則 其無分權을 更何待言이리오. 然古者에 猶有言坐而論道를 謂之三公이오 作之行之를 謂之有司라 ᄒᆞ야 亦似稍知兩權之界限者나 然漢制에 有議郞有博士ᄒᆞ야 專事討議나 但 其 秩이 抑末이오 其 權이 抑微矣라. 夫所謂分立者ᄂᆞᆫ 必彼此之權이 互相均平ᄒᆞ야 行政이 不能強立法者ㅣ 以從我ᄒᆞᄂᆞ니 若宋之制置條例司ᄂᆞᆫ 雖可謂之有立法部로ᄃᆡ 而未可謂之有立法權也라 何也오. 其立法部ㅣ 不過 政府之所設ᄒᆞ야 爲行政官之附庸ᄒᆞ야 而分權對峙之態度ㅣ 一無所存也오 唐代之給事中에 常有封還詔書之權ᄒᆞ야 其所以對抗於行政官ᄒᆞ야 使不得專其成柄者ㅣ 善矣美矣나 然所司者ㅣ 非立法權이오 僅能摭拾一二小故ᄒᆞ야 救其末流오 而不能善其本也라. 若近世에 遇有大事이 亦常下大學士六卿九部翰詹科道督撫將軍會議나 然各皆有權ᄒᆞ고 各皆

無權ᄒ야 旣非立法이오 亦非行政이라 名實이 混淆ᄒ야 不可思義라. 故로 今日欲興新治로ᄃᆡ 非劃淸立法之權ᄒ야 而注重之면 不能爲功也라. (未完)

▲ 제7호=政治學(立法權論(續)), 淸儒 梁啓超 著

立法權之不可不分은 旣聞命矣어니와 然則 此 權을 當誰屬乎아 屬於一人乎아 屬於衆人乎아 屬於吏乎아 屬於民乎아 屬於多數乎아 屬於少數乎아. 此等問題ᄂᆞᆫ 當以政治學之理論으로 說明之ᄒ리라.

英儒邊沁之論政治也이 謂國民最多數之最大幸福으로 爲正鵠이라 ᄒ니 此 論을 近世之言政治學者ㅣ 多宗之ᄒ니 夫立法은 則 政治之本原也라. 故로 國民之能得幸福與否와 得之者爲多數人與否를 皆不可不於立法에 決定ᄒ니 夫利己者ᄂᆞᆫ 人之性也라. 故로 操有立法權者ㅣ 必務立其有利於己之法은 此理勢所不能免者也라. 然則 使一人으로 操其權이면 則 所立之法이 必利一人이오 使衆人으로 操其權이면 則 所立之法이 必利衆人이니 吏之與民도 亦然이오 小數之與多數도 亦然ᄒ니 此事ㅣ 固非可以公私로 論善惡也라. 一人之自利ᄂᆞᆫ 固私어니와 衆人之自利ᄂᆞᆫ 亦何嘗非私리오마ᄂᆞᆫ 然而善惡이 判焉者ᄂᆞᆫ 循所謂最多數最大幸福之正鵠이니 則 衆人之利ㅣ 重於一人ᄒ고 民之利ㅣ 重於吏ᄒ고 多數之利ㅣ 重於少數를 昭昭明甚也라. 夫誹謗寓語者를 棄市ᄒ고 謀逆者를 夷三族은 此不問而知爲專制君主所立之法也오 婦人은 可有七出이오 一夫ᄂᆞᆫ 可有數妻ᄂᆞᆫ 此不問而知爲男子所立之法也오 奴隷ㅣ 不入公民ᄒ고 農傭이 隨田而鬻(俄國舊例如此)은 此不問而知爲貴族所立之法也오 信敎를 不許自由ᄒ고 祭司를 別有權利ᄂᆞᆫ 此不問而知爲敎會所立之法也라. 以今日文明之眼으로 視之면 其爲惡法이 固無待言이니 雖然이나 亦不過立法者而自顧其利益而已니 若今世所稱文明之法은 如人民 參政權, 服官權, 言論, 結集, 出板, 遷利, 信敎, 各種之自由權 等이 亦何嘗非由立法人自顧其利

益而來리오마는 而一文一野ㅣ 判若天淵者는 以前者之私利ㅣ 與政治正鵠으로 相反ᄒ고 而後者之私利ㅣ 與政治正鵠으로 相合耳라. 故로 今日 各 文明國은 皆以立法權으로 屬於多數之國民ᄒᄂ니

然則 雖以一二人으로 操立法權이라도 亦豈必無賢君哲相의 忘私利而 求國民之公益者리오. 曰 斯固然也나 然論事者ㅣ 語其常이오 不語其變 이니 恃此千載一遇之賢君哲相이 其不如民之自恃也ㅣ 明矣라. 且 記不 云乎아 代大匠斷者ㅣ 必傷其手라 ᄒ니 卽使有賢君哲相이 以代民爲謀라 도 其必不能如民之自謀之尤周密而詳善은 有斷然也오 且 立法權이 屬於 民이면 非徒爲國民箇人之利益而已오 而實爲國家本體之利益ᄒ니 何則 고. 國也者는 積民而成이니 國民之幸福은 卽 國家之幸福也라. 國多貧民 이면 必爲貧國이오 國多富民이면 必爲富國이니 推之百事에 莫不皆然 이라. 美儒斯達因이 曰 國家發達之程度는 依於一箇人之發達而定者也라 ᄒ니 故로 多數人이 共謀其私ᄒ야 而大公이 出焉矣니 合多數人私利之 法ᄒ야 而公益之法이 存焉矣니라.

立法者는 國家之意志也라. 昔以國家로 卽君主所私有ᄒ니 則君主之意 志ㅣ 卽爲國家之意志ᄒ야 其 立法權이 專屬於君主ㅣ 固宜로되 今則政 學大明ᄒ야 知國家ㅣ 爲一國人之公産矣오 且 內外時勢ㅣ 寢逼寢劇ᄒ야 自今以往은 彼一人私有之國家ㅣ 終不可以立優勝劣敗之世界니 然則 今 日而求國家意志之所在된 舍國民奚屬哉리오. 況以立法權으로 畀國民이 면 其 言은 於君主之尊嚴에 非有所損也니 英國日本이 是其明證也라. 君 主는 依國家之尊嚴ᄒ고 國家는 依國民之幸福이라. 故로 今日之君主ㅣ 不特爲公益計라 當畀國民以立法權이 卽爲私利計ㅣ 亦當爾爾也라. 苟不 畀之면 而民이 終必有知此權이 爲彼所應有之ᄒ야 一日에 及其自知之而 自求之면 則 法王 路易 第十六之覆轍이 可爲寒心矣라. 此는 歐洲 日本 之哲后ㅣ 所以汲汲焉此之爲務也라. (未完)

▲ 제8호 = 政治學(學理撼言), 清儒 梁啓超 著

近世 歐美 各國 憲法 及 其他 法律所規定之諸條件이 大率應用最新最確之學理ᄒ야 驟視之면 其 言이 簡單平淡ᄒ야 若無以大異於古昔이나 深以味之면 皆有其邃且遠者ㅣ 存ᄒ니 其專門治斯學者ㅣ 自能領會라 不待喋喋矣니 顧吾國人士ㅣ 知此者ㅣ 希ᄒ야 不揣檮昧ᄒ고 因涉獵所及ᄒ야 輒引伸之ᄒ야 以下解釋이 一彼一此ᄒ야 首尾不具ᄒ야 不足以稱著述이라. 故로 名曰 撼言이라.

凡立憲君主國之憲法에 皆特著一條ᄒ야 曰 君主ᄂ 無責任이라. 君主ᄂ 神聖에 不可侵犯이라 ᄒ니 此其義何오. 曰 此過渡時伐之絶妙法門也니 此防杜革命之第一要著也라. 君主者ᄂ 一國之元首니 而當行政機關之衝者也라. 凡行政者ㅣ 不可負責任이니 行政者ㅣ 而不負責任이면 則 雖有立法機關이라도 亦爲虛設ᄒ야 所公立之法度ㅣ 終必有被蹂躪之一日ᄒ야 而治者與被治者之間에 終不得協和ᄒ리니 是立憲國所大忌也라. 然則 行政首長之君主ㅣ 反著明其無責任ᄒ야 以使之得自恣ᄒ니 母乃與立憲精神으로 相矛盾耶아. 而豈知立憲政體之所以爲美妙者ㅣ 皆在於此ᄒ니 憲政之母ᄂ 厥惟英國이니 英國人이 有恒言曰 君主ᄂ 不能爲惡이라 ᄒ니 以皮相論之면 此可謂極無理之言也라. 夫君主도 亦猶人耳라. 人性而可使爲不善也어ᄂ 豈其履此九五而遂有異也리오. 雖然이나 考諸英國今日之實情이면 則 此 言이 良信矣라. 於何證之오. 夫所謂君主之惡者ᄂ 則 任用不孚民望之大臣ᄒ야 以病民이 一也오 民所欲之善政을 而不擧ㅣ 二也오 民所惡之秕政을 而强行이 三也니 英國則何如오.

英國憲法은 皆不成文이라. 故로 各種 權力範圍之消長과 及 其 沿革을 不可不 徵諸歷史니 今考英國任命大臣之成例컨ᄃ 自千六百八十九年 維廉 第三이 納桑達命之言ᄒ야 命下議院最占多數之黨派之首領ᄒ야 使組織政府ᄒ야 以後에 沿爲成崇ᄒ니 凡非得議院多數之贊成者면 不得在政

府ᄒ고 至后安時代ᄒ야 其例ㅣ 蓋定ᄒ야 當時 首相 瑪波羅ᄂ 本保守黨 首領이라 及戰事起에 保守黨이 雖反對나 而進步黨이 贊成之ᄒ야 政府 ㅣ 卒不更易ᄒ니 是其證也라. 及占士第三ᄒ야 雖欲自攬政權ᄒ고 任用 私人이나 卒爲議會所抗ᄒ야 不能行其志ᄒ고 至占士第四와 維廉第四時 代ᄒ야 王權之限制ㅣ 無嚴ᄒ야 逮前皇城多利亞六十年中ᄒ야 此例ㅣ 遵 鐵案如山ᄒ야 不能動矣라. 爾後 格蘭斯頓的士黎里 兩立時代에 每當 總 選擧時ᄒ야 在朝黨이 察視議會中不及敵黨之多數면 則不待開國會ᄒ고 而自行辭職ᄒ니 由此觀之컨딕 英國政府各大臣이 非得以君主之意로 而 任免之者也라.

其任免之權이 皆在國民ᄒ니 是君主不能任用失民望之大臣ᄒ야 以病 民이 有斷然也라 其不能爲惡者ㅣ 一也오. 英國이 當查里士第二維廉第 二時代ᄒ야 凡政府會議에 則 君主亦列席ᄒ야 而置可否焉이러니 占士 第一以後에 此例遂廢ᄒ야 一切 政略이 由大臣行之ᄒ고 君主ᄂ 絶不過 問ᄒ니 夫大臣之辦理政務非經君主畵諾이면 不能施行이 固也라. 雖然이 나 若大臣이 以不能實行其政略之故로 欲去其職이면 而國會ㅣ 贊成大臣 ᄒ야 必欲要求其實行ᄒ야 乃至各選擧ㅣ 皆贊成國會之要求ᄒ야 則 君主 ㅣ 例不得拒라. 故로 名士安遜嘗言이 曰 英國이 自一千七百十四年以 後로 君主與大臣이 其 實權이 易位ᄒ야 前者則君主ㅣ 經大臣之手ᄒ야 以治國ᄒ고 後此則大臣이 經君主之手ᄒ야 以治國也云云ᄒ니 由此觀之 컨딕 則 英國君主ㅣ 不能阻民所欲之善政이 有斷然也라. 其不能爲惡者 ㅣ 二也오. 自亨利第八以來로 君主ㅣ 屢獨斷以辦外交之事러니 及 占士 第三以後로 至於今日ᄒ야 凡君主ㅣ 引見外國使臣에 必以外務大臣으로 陪席ᄒ고 其與外國君主로 來往書簡에 不經首相或外務大臣一覽이면 不 能發出ᄒ니 而君主特權之自由ㅣ 殆皆喪失이오 又不徒於外交爲然耳라. 於內治에 亦然ᄒ야 占士第四時에 嘗有愛爾蘭人受死罪之公判者ᄒ야 王 欲自行特權ᄒ야 命愛爾蘭總督赦之ᄒ니 首相羅拔比爾ㅣ 反對之ᄒ야 謂 非經責任大臣之手면 不能行此權이라 ᄒ야 其事ㅣ 遂止ᄒ니 自玆以往으

로 王者ㅣ 益無敢自恣矣라.

由此觀之컨티 則 英國君主ㅣ 不能强行民所惡之秕政이 有斷然也라 其
不能爲惡者ㅣ 三也니 質而言之면 則 英國君主ㅣ 豈徒不能爲惡而已리
오. 雖善이라도 亦不能爲ᄒᆞ니 顧稱此不稱彼者ᄂᆞ 惡則歸大臣ᄒᆞ고 善則
歸其君耳라. 雖然이나 彼君主ㅣ 既肯盡委其權於國民所信用之大臣ᄒᆞ
야 而不與之爭ᄒᆞ니 斯ㅣ 良善之大者也라. 則 雖謂英國君主ㅣ 能爲善이
오 不能爲惡이라도 誰曰 不宜리오. (未完)

▲ 제9호＝政治學(學理摭言(續)), 清儒 梁啓超 著

夫 人이 至於不能爲善ᄒᆞ며 不能爲惡이면 則 其萬事ㅣ 毫無責任을 豈
待問哉아. 故英國國民은 無貴 無賤 無貧 無富 無老 無幼 無男 無女히
無不皆有責任호티 惟君主ᄂᆞ 則 眞無責任ᄒᆞ니라 英國 憲法者ᄂᆞ 各國 憲
政之母也라. 故로 凡立憲國之有君主者ㅣ 莫不以[無責任]之一語로 泐爲
憲文ᄒᆞ니 雖其行用特權之範圍가 不無廣狹之殊나 要其精神컨티 則 皆自
英國來也라. 所謂 君主無責任者ㅣ 如是而已오 如是而已로다.

君主所以必使之無責任者ᄂᆞ 何오. 曰 避革命也니라(此 義가 本甚淺顯
ᄒᆞ야 人人意中에 所有也로티 而在立憲君主國之學者ᄂᆞ 多不肯揭破言之
오 日本人이 尤大忌焉ᄒᆞ야 則 美其名曰君主ᄂᆞ 神聖故로 無責任ᄒᆞ고 有
特權故로 無責任이라 ᄒᆞ니라) 凡有責者ㅣ 不盡其責이어든 則 去오 不盡
其責호티 而不去면 則 夫立於監督之地位者ㅣ 例得科其罪ᄒᆞ야 而放逐之
ᄒᆞᄂᆞ니 此ᄂᆞ 天地之通義也ㅣ라. 儒教之言 君主政體ᄂᆞ 則 有責任之君主
야라. 故曰 殘賊之人을 謂之一夫라 聞誅一夫오 未聞弑君이라 ᄒᆞ니 故曰
君之視民을 如草芥면 則 臣視君을 如寇讐라ᄒᆞ고 故曰 湯武革命이 順乎
天而應乎人이라ᄒᆞ니 (春秋之義에 凡君主ㅣ 爲孔子所絶者ㅣ 不一而足ᄒᆞ
니 絶之者皆以其不盡責任也라. 孟子言責任之義ㅣ 又浹切著名ᄒᆞ시니 其

244

語齊王云友人이 凍餒妻子ᄒ면 則如之何오 士師ㅣ 不能治事면 則如之何오 四境之內不治면 則如之何오 ᄒ야 皆以喚惺責任觀念也오 又云 求牧與芻而不得이면 則 反諸其人乎아 抑亦立而待其死乎아 ᄒ니 皆責任之義也라) 凡以示夫監督人의 所應行之權利也라. 夫代表一國ᄒ야 而當行政之衝者ㅣ 其 責任이 非猶夫尋常責任也라. 十事에 九盡責而一不盡焉ᄒ면 則 固已不得以尸其位어늘 而彼君主者ᄂ 終其身而當此衝者也니 短者ᄂ 數年이오 長者ᄂ 數十年에 雖舜禹ㅣ 復生이라도 豈能保無百一之失乎아.

有에 而民이 隱忍焉ᄒ야 今日이 可隱忍其一ᄒ고 他日이 卽 可隱忍其百ᄒ면 而政其縈國其頹矣오. 有에 民이 不隱忍焉이면 則 是ᄂ 革命이 終無已時也리라. 夫 一人之身 數十年之久에 而其責任之難完이 固已如是온 而況世及以爲禮ᄒ야 卜世가 至數十ᄒ고 卜年이 至數百者耶아. 若是乎 君主與責任이 勢固不能幷行이니 重視君主면 則 不可不 犧牲責任이오 重視責任이면 又 不可不 犧牲君主이어늘 而孔孟이 乃欲兩利이 俱存之ᄒ시니 此 所以中國數千年君主ㅣ 有責任之名ᄒ고 無責任之實ᄒ야 而革命之禍ㅣ 亦 不絶於歷史也로다.

泰西之人은 知其然也ᄒ야 以爲凡掌一國行政之實權者ㅣ 不可不 負責任이니 旣負責任인딕 卽 必隨時ᄒ야 可以去之留之오 而不能以一人一姓으로 永尸其位라. 而所謂實權者 或 在元首焉ᄒ며 或 在元首之輔佐焉ᄒ니 苟在元首딕 則 其 元首가 不可不 定一任期ᄒ야 及期而代ᄅ 如古羅馬之[孔蘇]와 今合衆國法蘭西之[伯理璽德]이 是也오 苟或元首之不屢易인딕 則 其 實權을 不可不 移諸元首以下之一位이니 今世 立憲君主國의 所謂 責任大臣이 是也라. 夫一國之元首ᄂ 惟無實權者라야 乃可以有定位오 惟無定位者라야 乃可以有實權이니 二者이 任取一焉ᄒ야 皆 可以立國이니 混而兼之면 國未有能立者也오 卽 立矣라도 未有能久存於今日物競天擇之場者也리니 善哉라. 君主無責任이여. 點哉라. 君主ㅣ 無責任

이여.

君主ㅣ 無責任이라. 故 其 責이 皆在大臣ᄒ니 凡君主之制一法布一令에 非有大臣之副署면(副於君主而署名也) 則 不能實行ᄒᄂ니 故로 其 法令之 不愜民望者ᄂ 民得以攻難之ᄒ야 曰 吾君이 本不能爲惡이라. 今其 爲惡이 皆 副署者ㅣ 長之逢之也라ᄒ니 故로 雖指斥其政이라도 不爲不敬ᄒ며 廢置其人이라도 而不爲犯上이오 而彼副署者ㅣ 亦 不得不 兢兢於十目十手之下ᄒ야 以自撿自亶ᄒ야 而一國之政務ㅣ 乃完ᄒᄂ이 善之至也라. 君主ㅣ 無責任이 使然也니라. (以下次號)

◎ 大學新民解/楊墨辨, 李沂, 〈호남학보〉 제6호, 1908.11.
 (양계초 관련)

余少而讀大學首章에 曰 大學之道ᄂ 在明明德ᄒ며 在新民ᄒ며 在止於至善이라 ᄒ니 其 新民 二字ㅣ 出於明德至善之間ᄒ야 前後辭意ㅣ 不相接續ᄒ야 足以令人發推究之想이나 然及其釋義ᄒ야ᄂ 則 不過引詩에 曰 周雖舊邦이ᄂ 其命維新과 湯之盤銘에 曰 苟日新이면 日日新이오 又日新이라 ᄒ야 而并不言新民之用何法何術也라. 旣已오. 見尙書에 曰 人惟求舊오 器惟求新이라 ᄒ고 論語에 曰 因舊貫이 如之何오 何必改作이리오 ᄒ야 皆與新民之說로 一切 相反ᄒ고 又見甲子以來로 大行新法호ᄃ 而政治ᄂ 愈益腐敗ᄒ고 風俗은 愈益渝惰ᄒ고 國勢ᄂ 愈益墮落ᄒ야 以至今日ᄒ야 而亦與新民之義로 一切 相違ᄒ니 夫參之於經言이 旣相反ᄒ고 考之於時事이 又相違ᄒ니 則吾安得不疑且怪哉아. 思之不獲ᄒ야 耿耿在中者數十年이러니 而至于今日ᄒ야 乃覺大學之教ㅣ 非他也라. 將以明其小學中學時未明之德也오 明德之義ㅣ 非他也라 將以新民也오 新民之事ㅣ 非他也라 將以止於至善也라. 蓋新民이 爲大學第一義라 而明德은 爲新民之諸具오 止善은 爲新民之限界ᄒ야 而三在字ㅣ 始得接續成

語矣라. 以此論之컨디 甲午以來政府諸公이 皆非大學校卒業舊人이오 且
於更張之日에 幷其不必改而改之ᄒ야 竟致狼敗ᄒ니 復何足疑怪哉아.

古昔先王之敎民也ㅣ 苟無新之之術이면 則必至朽腐不可用矣라. 今以
支那故事로 考之컨디 堯舜禹三聖人이 相繼이 宜乎無改其道로디 而堯
則曰 變雍이오 舜則曰 風動이오 禹則曰 時懋라 ᄒ니 此皆新之之術也어
늘 嗚呼 我東이 自箕子時로 宜其有庠序로디 而其制를 不可得聞이오 高
麗以來ᄂ 則大學之敎ㅣ 不外於詩賦文辭ᄒ야 成就其浮薄之習而已ᄒ니
雖或有英豪之士ㅣ 出於其間이라도 此皆由天賦오 而非因敎育也라. 安敢
望其屢世不絶也며 又安敢望其全國同化也리오. 故로 國朝之民이 猶高麗
之民也오 高麗之民이 猶新羅三韓之民也라. 以是而欲幷立於新世界競爭
之中ᄒ니 吾知其決不可得也라. 今所謂新民者ᄂ 非謂改造其行體臟腑也
라. 但 開其耳目ᄒ고 通其心志ᄒ야 今日之人이 非昨日之人也오 明日之
人이 又非今日之人也라. 如西國敎科書ᄂ 每於數年之後에 輒復更撰이
라. 故로 其民之耳目이 莫非新聞見이오 而心志ㅣ 莫非新思想이라 而製
砲ᄂ 則 昔用前門이러니 今用後門ᄒ고 設電은 則 昔用有線이러니 今用
無線ᄒ야 其人之日新又日新과 其國之舊邦新命이 不亦宜乎아. 然則 大
學之道ㅣ 在支那에 竟失其傳이오 而在泰西에 反得其眞ᄒ니 其可以寒心
也로다. 今諸公이 亦皆讀大學者也라. 如愚說爲不然이어든 則 幸乞見敎
ᄒ노라.

楊墨辨
　　=양계초의 저서 묵자학설 비판

近見淸人梁啓超氏所著墨子學說ᄒ니 自不覺掩卷而興歎也로다. 蓋我
韓이 其 地ㅣ 與漢土密邇ᄒ고 其 文이 又以漢字通習이라. 故로 韓淸兩
國學術之弊ㅣ 亦無一毫相差者ᄒ니 其 說에 曰 今擧中國이 皆楊也라. 有
儒其言이오 而楊其行者ᄒ며 有楊其言이오 而楊其行ᄒ며 甚有墨其言이
오 而楊其行者ᄒ며 亦有不知儒不知楊不知墨이오 而楊其行於無意識之

間者ᄒ니 嗚呼라. 楊學逐亡中國이며 楊學逐亡中國이로다. 今欲救之딘 厥惟學墨이니 惟無學別墨이오 而學眞墨也라 ᄒ니 余謂梁氏ㅣ 亦急於矯弊ᄒ야 而其說이 似有未盡者ᄒ니 何也오. 今楊氏之爲我無君과 墨氏之兼愛無父ㅣ 雖已見斥於孟子나 而當是時也에 學者輩ㅣ 各立門戶ᄒ야 頗涉偏袒之病이라. 故로 孟子ㅣ 亦有爲而言之也시니 然使楊墨으로 對孟子訟이면 則吾恐墨氏ㅣ 必不服矣라. 夫兼如兼職之兼ᄒ야 謂有本職이오 而又有他職也라. 然則 愛親이 是本職也오 愛人이 是他職也니 本職自在어늘 而何至於無父耶아. 且自孟子로 至三千年에 見作無父之罪者ㅣ 皆出于爲我오 非出于兼愛ᄒ니 則 無父無君을 固當責諸楊이오 而不當責諸墨也라. 故로 自古所謂忠臣義士者는 莫非磨頂放踵이라도 而利天下면 爲之者耳라. 如執忠義之人ᄒ야 幷以墨徒로 抹殺은 則 吾知孟子ㅣ 必不然也로다. 嗟呼라. 孟子之言이 一出에 而後世顧惜軀命之類一從而和附ᄒ야 遂使支那全土로 盡歸楊學ᄒ니 可不惜哉아. 今我韓學術之弊ㅣ 亦猶是也라. 治進亂退ᄒ야 托跡山林者는 儒其言而楊其行者也오 爾死我活ᄒ야 獨享功利者는 楊其言而楊其行者也오 憑公營私ᄒ야 不顧名義者는 墨其言而楊其行者也오 其餘十之八九는 又皆不知儒 不知楊 不知墨而楊其行於無意識之間者也니 天理己滅ᄒ고 世敎己敗ᄒ야 見爲國捐身이면 則曰 徒死無益也라 ᄒ고 見朋友責善이면 則曰 彼非我事也라 ᄒ고 見仗義疎財이면 則曰 不辨利害也라 ᄒ야 以之事父而不誠ᄒ며 以之事君而不忠ᄒ니 此皆爲我二字之所誤也라. 今楊學은 則充滿天下로딘 墨學은 則無復紹述ᄒ니 孟子之能距墨이오 而不能距楊은 何哉오. 若以能拒墨으로 爲孟子之功이면 則又當以不能拒楊으로 爲孟子之過니 功過且勿論ᄒ고 如不得孟子權中之道딘 吾寧爲墨이오 而不爲楊也리라.

◎ 生利分利의 別論, 英 李提摩太 著, 淸 蔡爾康 譯錄, 韓 李鍾濬 重譯, 〈대한협회회보〉 제2호, 1908.5. (경제학, 리처드 저, 이종준 역)

*이제마태(李提摩太)는 리처드의 중국명이며, 그는 맥켄지의 〈19세기사〉의 중역본 〈태서신사〉를 역술한 선교사이다. 〈태서신사〉는 1895년 학부 교과서로 편찬되었으며, 이에 대한 언역본 〈태서신사언역〉도 교과서로 출판되었다.

▲ 제2호

乾卦四德에 移居其三ᄒ니 移者ᄂ 害之對也며 弊之反也라 人莫不期有利而無害ᄒ며 事莫不期有利而無弊ᄒᄂ니 故로 孔子ㅣ 雖罕言利ᄒ시ᄂ 而繫易文言에 必曰 乾始能以美利로 利天下라 ᄒ시니 然則 利也者ᄂ 固聖門에 所不能廢요 卽 五洲萬國에 所不能外也라. 顧世競言利호ᄃᆡ 乃不知有生利分利之兩途ᄒ니 其 端甚微ᄒ고 其 理甚細ᄒ야 毫釐一失ᄒ면 千里遽差라. 寒窓望雪之餘에 因爲博考西文ᄒ고 謬參鄙見ᄒ야 著爲論說ᄒ야 以告世之有志於利天下者ᄒ노라.

一曰 利非獨力의 所能生이니 假如一饅頭也山ᄃᆡ 製饅頭者ㅣ 固有其力矣로ᄃᆡ 而必先有磨麥者之力焉ᄒ고 麥之始에 又 必先有耕之者之力과 播種者之力과 灌漑者之力焉ᄒ고 麥之熟에 又 必有刈割者之力과 收穫者之力과 春碓者之力焉ᄒ야 衆力이 畢備ᄒ 而後에야 能磨麥而成粉ᄒ며 搏粉而成饅頭ᄒᄂ니라. 夫售饅頭者之利ㅣ 亦有涯耳로ᄃᆡ 而力之多ㅣ 已如此온 況猶不但此也라 無鐵木諸工以製鉏犁鎌刀肇車諸具면 縱欲耕地播種灌漑刈割이나 事將何所取材며 無蓋屋成倉之匠이면 收穫之後에 豈能露積이며 無石竹諸工이면 縱欲春碓礱磨ᄒ야 以蒸饅頭山ᄃᆞᆯ 事又何所藉手리요. 更推而遠之ᄒ야 就鐵工一門而論컨ᄃᆡ 獨力이 亦 不能成鉏犁諸器요. 必先有開鑛者之力과 鍊鐵者之力焉ᄒ니 木工以此로 皆可類推ㅣ니

是則一饅頭之利ㅣ 不啻合千百人之力而後에 能生矣라. 況乎製饅頭者之 取麥也에 近或數里數十里요 遠或千百里며 甚至英人 取麥은 必從美俄諸 國ᄒᆞ야 更遠至數萬里ᄒᆞ니 爲無人力以爲轉運이면 勢必不能이요. 及其 運至磨坊ᄒᆞ며 運至饅頭鋪ᄒᆞ야 由鋪運以出售於人이 何一不需人力이리 요. 於是에 陸路則更有車馬之力ᄒᆞ니 車馬ㅣ 無路不能通ᄒᆞ면 卽 又有築 路之力ᄒᆞ고 水路則更有舟船之力ᄒᆞ니 舟船無料不能製ᄒᆞ면 則又有採鐵 伐木之力ᄒᆞᄂᆞ니 凡若此類ㅣ 屈指難終이라 更不徒鐵工所用之器ㅣ 必先 有人鑄之力也라. 惟是諸人之力이 有多少之不同ᄒᆞ니 如作一犁에 可用 以耕田者ㅣ 十二年이면 則作犁者之力이 不過 十二分之一이니 犁工이 非僅作一犁也라. 以百犁計ᄒᆞ면 則鐵工所用之器ㅣ 其 鑄之者一犁之力ᄒᆞ 야 以分於一年所種之麥ᄒᆞ면 收取獲者ㅣ 共有若干斗石ᄒᆞ야 能成若干饅 頭ᄒᆞᄂᆞ니 則此饅之力이 不過數十萬分之一耳라. 其 餘種種이 亦可類推 ㅣ니 總以言之ᄒᆞ면 天下萬事萬物이 莫不含萬人之力이라. 人所食之饅頭 ᄂᆞ 特其顯焉者也라. (未完)

▲ 제7호 生利分利의 別(續), 李鍾濬 重譯

二曰 利非現力所能生이니 假如獵獸也와 捕魚也ㅣ 雖其先에 必有鑄鎗 織網諸人各等之力이나 而業旣獲獸得魚ᄒᆞ면 卽 可以果腹이니 猶可曰 現 力耳어니와 舍此之外에 人所食用諸物을 終不能咄嗟立辦일ᄉᆡ 或 數月 之前과 數年之前에 預儲無限諸力ᄒᆞᆯ 以後에야 能生有限諸利ᄒᆞᄂᆞ니 夫 此 數年 數月 中에 倉無存粮ᄒᆞ면 枵腹으로 何能從事리오. 假如一田夫也 必儲數月之飯食이라야 而後에 能盡力於南畝ᄒᆞ리니 其 餘를 亦 皆 類推 라. 故로 就一節之說而反言之ᄒᆞ면 則製饅頭也와 轉磨也와 運碓也와 割 麥也와 灌漑也와 耕地也와 作犁也와 御車及造車也와 行船及造船也ㅣ 其 力이 果自何昉哉아 必曰 非食饅頭와 與夫類於饅頭者之物이면 不爲 功이라. 然而 售饅頭之利ㅣ 必兼衆人之力ᄒᆞ나니 當夫衆人出力之時엔 則固未見售饅頭之利也라. 於是에 重賴乎 一二年前所生之利ᄒᆞ야 纔能糊

口ᄒ고 纔能出力ᄒ나니 歷代相沿에 末由妄改오. 且各業所恃而生利者ᅵ 器具也니 器具ᄂ 不可食이오 必有可食之物而養之라야 始獲器具之益이라. 故로 使人工手能製食物인딘 則隨食隨作에 豈不甚妙리오마ᄂ 無如世上에 斷無其事也오 而器具之外에 又如房室衣服諸物이 皆爲製食者所不能少니 故로 曰 利非現力所能生也라. △ 有一種人ᄒ니 恃其心計ᄒ야 千倉萬箱을 儲積充足일ᄉ 輒自詡以爲生利一流로딘 不知其人이 特省利者耳로다. 如某甲者家蓄多粮ᄒ야 終日閒居에 無所事爲ᄒ고 又可以物分給於人ᄒ야 令人供其驅策ᄒ며 佐其遊戱ᄒᄂ니 此輩ᄂ 可以分其利오而不能爲之生利ᄒ며 又如某乙者ᅵ 亦有多粮ᄒ야 而分與出力生利之人ᄒ니 此輩ᄂ 必以所生之利로 分還與之ᄒ리니 夫甲之無益於世와 乙之有益於人이 卽有益於已ᄂ 不待智者而始知也니 此乙之省利ᄂ 卽收利之一途也라. 是故로 先有人焉ᄒ야 省之收之ᄒ며 後必有人焉ᄒ야 藉其所收ᄒ야 得以製造器具ᄒ며 耕種田疇ᄒ나니 相距數日之間에 乙更坐收其利라. 天下之利孰大於此리오 而亦可爲利非現力所能生之一證이로다. △且天下用力而生利者ᅵ 又分數等焉이라 一則用力而生材料ᄒ나니 假如開採金銀銅鐵諸鑛과 及煤鑛等이며 又如廣闢樹林과 及鉅樹, 種蔴, 種木綿花, 採桑, 種喂牲口之草, 種靛, 採蠟 等이며 或 獵取禽獸ᄒ야 以取翎剝皮ᄒ며 或 牧放牛羊之類ᄒ야 兼取牛角牛皮羊毛 等이니 凡 若 此 者ᅵ 皆謂用以力生材料나 惟材料中爲較麤耳오 一則用力以生器具니 夫民非水火면 不生活이라 水火之用이 小如水杓火鎌과 大而水汽火輪을 人皆藉之ᄒ야 以成他事ᄒ나니 此謂用力而生器具오 一則用力而保利니 卽以製造廠而論컨딘 必有墻屋焉ᄒ나니 無墻이면 則何以禦賊盜며 無屋이면 則何以免雨淋日炙之苦리오 貨棧船廠米倉을 皆可一以貴之니 墻也屋也ᄂ 皆保利者도라. 其 游牧者ᄂ 專心保護牲口ᄒ야 無使散逸及被害ᅵ 亦保利者也오 其 耕田者ᄂ 則開水渠ᄒ며 築水壩ᅵ 亦皆爲保利起見이오 外此에 又有官弁兵役之屬이 亦無非爲保利起見이니 夫官弁兵役諸人을 農夫ᅵ 雖未分交粮食이나 而有田必有賦ᄒ야 官弁之俸祿이 出於是ᄒ며 兵役之餉糈ᅵ 出於是라. 蓋念若無官弁兵役ᄒ야 以爲彈壓이면 所種之粮

이 必爲他人穫去也리니 官弁兵役之保利가 有斷然者오 一則用力以運利니 天下貨物之賴以轉運者ㅣ 不外水陸兩途라. 故로 如脚子車夫篙工水扛夫棧司와 及煤鑛中運煤夫役과 與夫鐵路站丁之類ㅣ 皆爲運貨所必需오 而造車製船築路人等이 則皆爲先路之道ᄒᆞ며 至於大小商賈ㅣ 深諳何處에 宜銷何貨ᄒᆞ야 ――爲之指點ᄒᆞ고 及至分別運往에 乃爲設立市集店鋪之類ᄒᆞ며 又有肩挑背負者ㅣ 從市集以運至各鄕ᄒᆞᄂᆞ니 凡若此者雖若無關於生利나 而利之所生이 非運이면 不行이니 卽亦生利之流亞也로다. △按以上數端之生利ㅣ 皆非現力일ᄉᆡ 故取而爲證ᄒᆞ노라.

▲ 제10호 生利分利의 別(續), 李鍾濬 譯

上文於生利之道에 悉力講求ᄒᆞ야 幾無餘蘊이로ᄃᆡ 而尙未明分利之故也ᄅᆡᆯᄉᆡ 更爲推廣言之ᄒᆞ야 以質有道ᄒᆞ노라. 夫欲生利ㄴ딘 必宜出力이ᄂᆞ 但儘有多人出力호ᄃᆡ 而非爲生利者ㅣ니 天下에 遂有生利與分利之兩途라 甲이 語於余 曰 信如子言인딘 則凡不能生利者 一皆分利之大矣라. 假如 文武官弁水陸兵勇醫師訓蒙師優伶備役人等이 不皆分利者哉아 乙이 聞而駁之 曰 否라 否라 不然ᄒᆞ다. 試思天下出力之人에 其所生者ㅣ 有儼然一物乎아 又 試思盡合天下之人ᄒᆞ야 使用力而生分毫之物이면 能乎아 不能乎아. 故로 假如有織布者ㅣ 能取地中所出之棉ᄒᆞ야 紡以成紗ᄒᆞ며 織以成布호ᄃᆡ 而斷不能手搓足踏ᄒᆞ야 造成一朶棉花오 又 如有耕田者ㅣ 不能成一粒米ᄒᆞ고 只能播穀種於之中이어든 穀得土氣ᄒᆞ야 根荄自茁ᄒᆞ며 禾穗自秀ᄒᆞᄂᆞ니 是可見人之不能生一物也라. 且人亦不能減一物이니 以布而論컨ᄃᆡ 絲縷之微를 折碎而剪斷之호ᄃᆡ 棉之質이 依然無羔也ᄒᆞ며 以米論컨ᄃᆡ 粉糜之細를 簸揚而吹散之호ᄃᆡ 穀之質이 依然無羔也ᄒᆞᄂᆞ니 所以出力之人이 旣不能生物ᄒᆞ며 亦不能減物호ᄃᆡ 惟能變無用之物ᄒᆞ야 爲有用之物이니 凡能爲有用之物者를 皆可目爲生利之人이라. 故로 如醫士如官弁如訓蒙師如兵勇이 何一非生利之人乎아 余曰乙客之言이 可謂理明辭達이나 然以愚見論컨ᄃᆡ 此特生用之人耳라. 若欲與

生利之人으로 合而爲一이면 則 又不然이로다. 凡言生利者는 須問其何
爲者ㅣ 爲利니 其但以爲物乎아 抑必使有用乎아. 有用者ㅣ 亦分三等ᄒ
니 一則用力使物改變ᄒ야 而俾之有益於人이니 如紡織棉花ᄒ야 使成布
疋之類ㅣ 皆是오 一則用力敎人改變ᄒ야 而俾之有益於人이니 如訓蒙師
之類ㅣ 皆是오 至於國家ㅣ 敎化大行ᄒ야 使民遷善改過ᄒ며 智士現身說
法ᄒ야 使人正心修身ᄒ며 與夫敎人醫理ᄒ야 以治疾苦ᄒ며 敎人技藝ᄒ
야 以成器皿이 亦皆包括在內ᄒ며 一則以身 出力호ᄃ 而未見有所益이
니 如優伶說書演戲法雜要諸人을 人之願給以錢者ㅣ 不因有得利之處也
라. 但使之歌而我聽之ᄒ며 使之演而我觀之ᄒ야 以供耳目之誤耳라 其爲
兵者는 舍有時保衛國家之外에 時値昇平ᄒ면 特藉以壯聲威耳오 其爲官
者는 當深居簡出ᄒ야 無志敎民之候니 亦特藉以守衙署耳라. 或曰 如子
所言인딘 則凡商賈及運貨者流ㅣ 亦應隷入第三等이로다. 余曰 非也라.
此輩雖不能改變貨物이나 而能使貨物로 運至有用之地ᄒ니 則是爲貨物
內에 增加方便一門이라 卽與生利無異ᄒ니 應隷入第一等이로다. 總而
言之컨딘 凡 人作事에 而能有益於人이면 卽 爲生利一流오 反是면 則分
利耳라. 如善於營運者ㅣ 能將土産之物ᄒ야 發往他方ᄒ며 或 從遠處運
物ᄒ야 以至本處ㅣ 亦皆屬生利一流오 否則雖有聰明이ᄂ 終日醉飽ᄒ고
無所用心이면 亦不過分利之人耳라. 故로 能出力以使人之貨로 日多一日
이면 無論用力以成貨ᄒ며 爲官以保貨ᄒ고 皆爲生利之人이니라. 凡人
이 不論作何事ᄒ고 苟不能作貨以生財면 皆 爲分利之人이니 假如有救人
之命者ㅣ 詎不甚善이리요마ᄂ 然使遇救者로 不能作生利之事면 救之者
ㅣ 卽爲分利之人이니라. 或曰 超度之人靈魂을 凡行善者ㅣ 皆視爲最要
之善事ᄂ 其 實은 亦僅可視爲分利之事니 不若勸善而有益於人과 與夫興
辦實在善事니 如敎人讀書格物算術等類者ㅣ 人能洞諳其理면 可用以成
物生財라. 終不失爲生利之人이오 從此可見空文垂敎者ㅣ 不免入於分利
之流로다. 又凡分利者ㅣ 雖屬無益於人이ᄂ 而却有益於己니 他人聘之ᄒ
야 或一年或一月에 卽得一年一月之錢이라. 故로 人雖分利以給之나 其
人이 各 亦 生財나 優伶之輩ㅣ 皆如此라. 若以成衣匠而論건딘 購人之布

以成衣홀시 布既剪裁에 即不見有布로딕 而却見衣호니 則亦生利也오. 又如古時希臘之兵이 皆願受募於他國호야 代人爭城奪地어든 他國이 給以重餉호니 希臘兵이 固生利矣나 而他國之利ㅣ 己被所分이오 厥後希臘士人이 又有講性理文章者ㅣ 敎人以性理之學과 文章之法호니 希臘士人은 則積錢則生利호딕 而受敎者之利ㅣ 亦爲所分矣라. 且天下分利之人이 固不免耗費物力이라. 然而生利之人이 亦不免有所耗費호니 譬如一耕地者ㅣ 用三牛以扨犁호고 又用二人焉호야 一使牽牛호며 一使掌犁호나니 若改用兩牛호고 一人司之면 豈不省一人一牛之力이리오 故로 生利者ㅣ 亦費財라. 若用新法以作貨物호야는 往往費錢多於昔時호니 雖曰生利之法이나 亦是費財之法이라. 況乎若用生理之法而通於國家所應用之額이면 則生利ㅣ 尤屬費財니 至鐵路는 本生利之善法이나 然使築之於並無人烟之處호면 其費財ㅣ 爲尤大며 又作一物에 倘急切不能易錢호고 而需之歲月이면 則亦幾成爲分利之法矣니라.

◎ 政治學說, 李春世, 〈기호흥학회월보〉 제6호, 1909.1.
  (정치학); 6~10호 5회 연재

   *토머스 홉스의 정치학설을 소개한 논문임
   *홉스의 성악설과 민약(사회계약설) = 군주 주권론
   *순자의 성악설과 존군론, 묵자의 양법론 등과 견주어 순자 묵자의 이론에 미
    치지 못한다고 결론을 내린 뒤 = 후기자의 죄를 논함(중국 사상 발달을 이어가
    지 못한 상황)

▲ 제6호

  霍布士[31] 學說 第一

霍布士는 英人이라. 西曆 一千五百八十八年에 生후야 一千六百七十九年에 卒후얏느니 英王 查理士 第二[32]를 事후야 爲師傅러니 當時 名士 倍根[33]으로 더부러 相友善후야 哲學으로써 互相 和應후야 當時에 有名흔 者ㅣ라. 英國에 哲學 學風이 皆 實質主義와 功利主義에 趣重후는디 兩人이 實노 先導가 된지라. 霍布士의 哲學은 以爲 凡物은 所謂 魂靈이 無후고 그 物體 中 發후는 바 現象이 一種 運動에 不過후니 곳 吾人의 苦樂은 또흔 다 腦髓의 一 運動이라. 腦筋의 動홈이 諸體에 適當흔즉 樂을 生후고 諸體에 抵觸흔즉 苦를 生후느니 樂을 由후야 願欲은 運動의 暢發이오 厭惡은 運動의 收縮이라. 然則 所謂 自由는 形體의 自由에 不外후느니 卽 我가 我의 願欲후는 바를 實行홀 뿐 而已오. 心魂의 自由는 實노 未有라 후니, 霍 氏가 此 主義로써 根本을 삼은 故로 其 道德을 論難홈에 驚世駭俗(경세해속, 세상을 놀라게 하고 시속을 흔드는) 言을 敢爲후야 顧忌가 少無후얏스니, 其言에 曰 善者는 何오. 快樂而已며 惡者는 何오. 痛苦而已라. 故로 可히 快樂을 得홀 者는 皆善홈이오, 可히 痛苦를 得홀 者는 皆惡홈이라.

홉스의 학설 제1

홉스는 영국인이다. 서력 1588년에 태어나 1869년에 죽었으니, 영국 제임스 2세를 섬겨 사부가 되었더니 당시 유명한 베이컨과 서로 좋은 친구가 되어, 철학으로 서로 응대하여 당시에 유명했던 사람이다. 영국 철학의 학풍이 대개 실질주의와 공리주의에 치중하였는데 두 사람이

---

31) 곽포사(霍布士): 토머스 홉스(Thomas Hobbes, 1588년 4월 5일~1679년 12월 4일)는 잉글랜드 왕국의 정치철학자이자 최초의 민주적 사회계약론자이다. 서구 근대정치철학의 토대를 마련한 책 〈리바이어던〉(1651)의 저자로 유명하다. 홉스는 자연을 만인의 만인에 대한 투쟁 상태로 상정하고, 그로부터 자연권 확보를 위하여 사회계약에 의해서 리바이어던과 같은 강력한 국가권력이 발생하게 되었다고 주장하였다. 〈위키백과〉

32) 사리사 제이(查理士 第二): 제임스 2세.

33) 배근(倍根): 베이컨.

실로 선도가 되었다. 홉스의 철학은 무릇 사물은 모두 영혼이 없고 그 물체에서 발하는 바 현상이 일종 운동에 불과하니 곧 우리의 고락은 또한 모두 뇌수의 한 운동이라, 뇌근이 움직여 모든 몸체에 적당하면 곧 즐거움이 생겨나고 몸체에 저촉하면 고통이 생겨나니, 즐거움을 말미암아 욕망을 원하는 것은 운동이 팽창 발현하는 것이며, 싫어함은 운동이 수축하는 것이다. 그러므로 이른바 스스로 말미암는 것은 실로 없는 것이니 홉스가 이 주의로 근본을 삼은 까닭에 그의 도덕을 논하는 것은 세상을 놀라게 하는 말을 감히 하고 거리낌이 없었으니, 그의 말에 이르기를 "좋은 것은 무엇인가. 쾌락일 뿐이며, 나쁜 것은 무엇인가. 고통을 느끼는 것일 뿐이다. 그러므로 가히 쾌락을 얻는 자는 모두 좋은 것이요, 가히 고통을 느끼는 자는 모두 나쁜 것이다."라고 하였다.

然則 利益者는 萬善의 長이라. 人人이 當務홀 者ㅣ라 ᄒ고 霍氏가 於時에 凡人의 情狀을 臚擧(려거)ᄒ니 皆利己一念의 變化홈으로 天神을 敬ᄒᄂ 心과 畏懼의 情이 發ᄒᄂ 바ㅣ며, 文藝를 嗜ᄒᄂ 心은 장차 己의 長흔 바를 炫(현, 빛냄)ᄒ야 人의 粗鄙失儀(조비실의)홈을 見흔즉 笑ᄒ야 樂케 넉이ᄂ니 蓋我가 此人의 上에 迥出(형출)홈을 自衒홈이며 人의 患難을 恤홈도 我의 意氣를 表示홈에 不過ᄒ니 故로 利己一念은 實노 萬念을 源이라 ᄒ얏스며, 霍氏가 人生의 職分을 論홀시 以爲호ᄃ 引勢利導ᄒ야 其利益에 最大흔 者를 各 求홈은 써 樂에 就ᄒ고, 苦를 避홈이니 此ᄂ 天理 自然의 法律이오 亦 道德의 極致라 ᄒ얏스며, 霍氏가 此旨를 本ᄒ야 政術을 論홀시 人類의 國家를 設ᄒ고 法律을 立흔 바ᄂ 皆 契約을 由ᄒ야 起ᄒ얏스니 所謂 契約은 一히 利益으로 爲主홈이라. 此 契約을 保護ᄒ야 敢히 背홈이 無토록 ᄒᄂ 바ᄂ 强大의 威力으로 監行홈에 在ᄒ다 ᄒ니, 此가 其大槪라.

그런즉 이익이라는 것은 모든 선의 으뜸이다. 사람마다 마땅히 힘써야 할 것이라고 하였다. 홉스가 이때 무릇 사람들의 정상을 순서대로 열거하니, 모두 이기심 하나의 생각에서 변화하여 천신을 공경하는 마음과 두려움의 정서가 나타나는 것이며, 문예를 좋아하는 마음은 장차 자기의 장점을 빛내어 타인의 조잡하고 비루하며 격식을 잃음을 볼 때 비웃어 즐겁게 여기는 것이니, 대개 내가 이런 사람에서 멀리 떨어져 있음을 과시하는 것이며, 타인의 환난을 긍휼하는 것도 나의 의기를 표시하는 것에 불과하니 그러므로 이기심 하나는 실제로 모든 생각의 근원이라고 하였다. 홉스가 인생의 직분을 논할 때 이익의 힘을 이끌어 그 이익이 가장 큰 것을 각각 구함으로써 즐거움을 성취하고, 고통을 회피하는 것이니 이는 자연의 율법이요, 또한 도덕의 극치라고 하였다. 또한 홉스는 이러한 취지를 근본으로 하여 정치의 술을 논할 때 인류가 국가를 건설하고 법률을 확립한 것은 모두 계약에서 말미암았으니 이른바 계약은 오직 이익을 위주하는 것이며, 이 계약을 보호하여 감히 위배하지 않도록 하는 것은 강한 위력으로 감독하고 행사하는 것에 존재한다고 하였으니, 이것이 그 개요가 된다.

霍氏 哲學의 理論이 極密ᄒ야 前呼後應홈이 水를 盛ᄒ야도 不漏홀 點이 有ᄒ도다. 其 功利主義ᄂ 辨端 斯賓塞[34] 等의 先河를 開ᄒ고 其 民約新說은 洛克[35] 盧梭[36]의 嚆矢를 作ᄒ얏스니 雖其持論의 偏激이 有ᄒ고 其 方法의 流弊가 有ᄒ나 然이나 不得不 政治學의 功이 不尠ᄒ다 可謂홀지니라.

홉스의 철학 이론이 극히 치밀하여 시대를 선도하고 후에 응하여 물이

---

34) 판단 사빈색(辨端 斯賓塞): 발드윈 스펜서. Sir (Walter) Baldwin Spencer. 영국의 철학자사회학자(1820~1903). 다윈의 진화론에 입각하여 생물학, 심리학, 윤리학을 종합한 철학 체계를 수립하였으며, 사회 유기체설을 주창하고 사회의 발전을 진화론적으로 설명하였다. 저서에 〈종합 철학 체계〉 등이 있다.

35) 락극(洛克): 로크.

36) 노사(盧梭): 로크. 원문에는 려사(盧梭)로 표기했으나 노사(盧梭)의 오식임.

융성해도 새지 않는 점이 있었다. 그 공리주의는 발드윈 스펜서 등보다 앞선 시대를 열고, 그 사회계약설(민약설)은 로크, 루소의 효시를 이루었으니 오직 그 지론이 편벽하고 과격함이 있고 그 방법에 유폐가 있으나 부득이 정치학의 공이 적지 않다고 하겠다.

霍布士ㅣ 曰 吾人의 性은 就樂避苦의 情에 驅使ᄒᆞᆫ 바ㅣ 되야 機關의 運轉과 如히 스사로 懲窒(징질, 징벌하고 막음)키 不能ᄒᆞᆫ 者이라. 然則 此等의 人이 相聚ᄒᆞ야 邦國이 되얏스니 遽然히 其性을 自變ᄒᆞ야 利己의 念에 役ᄒᆞᄂᆞᆫ 바ㅣ 되시 아니홈을 果能홀가. 是ᄂᆞᆫ 決코 不能홀지니 就利避害ᄂᆞᆫ 卽 自然의 常法을 循進홈이라. 故로 昔者에 亞里斯多德[37] 이 以爲ᄒᆞ되 人性은 本來 相愛ᄒᆞᄂᆞᆫ 者ㅣ라. 그 相聚ᄒᆞ야 邦國이 됨은 實노 天理의 自然이라 ᄒᆞ얏거늘 霍布士ㅣ 反論ᄒᆞ되 人人이 皆利己를 惟務ᄒᆞ야 其他를 不知ᄒᆞᄂᆞᆫ 故로 其 相惡홈은 實노 天性이 되ᄂᆞ니 相聚ᄒᆞ야 邦國이 되미 利益을 共圖홈은 不得已에 出홈이 不過홈이오 相愛홈으로써 生ᄒᆞᄂᆞᆫ 者ㅣ 아니라 ᄒᆞ니라.

홉스는 "우리의 본성은 즐거움을 취하고 고통을 회피하고자 하는 정서에 따라 기관을 운전하는 것과 같이 스스로 징계하고 막는 일은 불가능한 것이다. 그러므로 이들 사람이 함께 모여 나라를 이루었으니 틀림없이 그 본성을 변화하여 이기의 마음이 시키는 대로 하지 않도록 하는 일이 과연 가능한가? 이는 결코 불가능할 것이니 이익을 취하고 해를 피하는 것은 곧 자연의 일상 법칙이 순환하는 것이다."라고 하였다. 그러므로 옛날 아리스토텔레스가 말하기를 인성은 본래 서로 사랑하는 것이어서 서로 모여 나라를 이룸은 실로 천연 자연의 이법이라 하였으나, 홉스는 이를 반론하여 사람마다 모두 이기를 오로지 힘써 다른 것을 알지 못하는 까닭에 서로 미워하는 것이 실제 천성이니 서로 모여

---

37) 아리사다덕(亞里斯多德): 아리스토텔레스.

나라를 이룸에 이익을 함께 도모하는 것은 부득이한 데서 나오는 데 불과한 것이요, 서로 사랑하는 데서 생기는 것이 아니라고 하였다.

▲ 제7호=곽포사설 제일

霍布士ㅣ 曰 人은 本來 互相 仇視ᄒᆞᄂᆞᆫ 者라. 各人이 己의 願欲을 充滿키 求ᄒᆞ야 他人의 患은 其心에 攖(영, 다가서다)ᄒᆞᄂᆞᆫ 바ㅣ 曾無ᄒᆞ니 人人이 如是ᄒᆞ고 其相鬪흠이 無코져 ᄒᆞᆫ들 可히 得흘가. 故로 邦國을 未建ᄒᆞ고 制度를 未設ᄒᆞᆫ 時代에ᄂᆞᆫ 人이 互相 呑噬(탄서, 씹어삼킴)ᄒᆞ기를 虎狼과 如ᄒᆞ야 其 勝捷이 强者에게 必歸흠은 自然의 勢라, 異議흘 바ㅣ 無ᄒᆞ니 由此論之컨된 强權은 天下 諸種의 基本이 된다 ᄒᆞ야도 過言이 아니로다.

홉스는 "사람은 본래 서로 적대시하는 존재이다. 각 사람이 자기의 소망을 충족시키기 위하여 다른 사람의 근심은 그 마음에 다가오는 바가 전혀 없으니, 사람마다 이와 같으니 서로 다투고자 하는 마음이 없고자 한들 그것이 가능하겠는가?"라고 하였다. 그러므로 나라를 세우지 못하고 제도를 설립하지 못했을 때는 사람이 서로 씹어 삼키고자 하는 것이 호랑이와 같아서 그 승리의 결과가 강자에게 돌아가게 되는 것은 자연의 추세이니 달리 말할 것이 없다고 하였으니, 이로 말미암아 논하면 강한 권력은 천하의 모든 종류의 기본이 된다고 해도 지나친 말이 아니다.

邦國을 未建ᄒᆞ야셔 强者가 弱者를 侵淩ᄒᆞ야 其害가 되나 然이나 此害를 不正타 謂키 不可ᄒᆞ니 何故오. 彼弱者가 害를 蒙흘 時에 當ᄒᆞ야 果然 何法律을 據ᄒᆞ야써 訴別흘고. 오직 伏屈흘 而已라. 不然이면 彼 强者가 將曰 我의 汝를 侵害흠은 我가 我의 所欲을 從흠이니, 汝ᄂᆞᆫ 何故로 汝의 所欲을 從치 아니ᄒᆞ나냐 ᄒᆞ면, 彼 弱者가 可對흘 辭가 必無ᄒᆞ리

니 然則 人衆이 相爭ᄒ야 强으로써 弱을 凌흠은 卽 天定의 法律이로다.

나라를 건설하지 못한 상태에서 강자가 약자를 침해 능멸하여 그 해가 되나 이 해를 옳지 않다고 말하기 불가하다. 왜 그런가. 이 약자가 해를 입을 때에 과연 어떤 법률에 근거하여 소송할 것인가. 오직 엎드려 굴복할 따름이다. 그렇지 않으면 강자가 장차 내가 너를 침해한 것은 내가 나의 욕심을 따른 것뿐이니, 너는 왜 너의 욕심을 따르지 않는가 하면, 이 약자가 가히 대답할 말이 없을 것이니 그런즉 사람들이 상쟁하여 강으로 약을 능멸하는 것은 곧 하늘이 정한 법칙이다.

雖然이나 人人 相鬪ᄒ고 日日 相鬪ᄒ면 其事가 足히 人으로 ᄒ야금 寒心홀 者ㅣ라. 盖 相鬪의 本意ᄂᆞᆫ 利益을 爲흠이어늘 反히 大害가 生흠에 至ᄒ니 故로 一轉念間에 緝睦不爭(집목부쟁, 화목한 마음이 생겨 다투지 않음)흠을 能知ᄒ면 衆人의 利益이 될지난 特別ᄒᆫ 知識을 不待ᄒ고, 可히 知홀지라. 然則 人人이 利己흠을 求함은 天性의 固屬ᄒ얏고, 人人이 緝睦不爭을 求흠도 亦 天理의 自然이라. 故로 緝睦不爭이 建國 以後의 第一 要務가 되얏도다. 但 所謂 要務라 ᄒᆞᆫ 者ᄂᆞᆫ 道德의 當然ᄒᆫ 바를 必謂흠이 아니라 利益의 一方便 法門을 求흠에 不過홀 而已니라.

그러나 사람마다 서로 투쟁하고 나날이 서로 다투면 그 일이 능히 사람으로 하여금 한심한 일이다. 대개 서로 다투는 본뜻은 이익을 위한 것인데 반대로 큰 해가 생겨나는 데 이르니 그러므로 생각이 바뀌어 화목하여 다투지 않는 것을 능히 알면 무릇 사람들의 이익이 될 것은 특별한 지식이 없어도 가히 알 것이다. 그런즉 사람마다 이기심을 구하는 것은 천성의 고유함에 속하고, 사람마다 집목부쟁(緝睦不爭)하는 것을 구하는 것도 또한 하늘의 자연스러운 이치이다. 그러므로 집목부쟁이 국가를 세운 이후 제일 필요한 일이 되었다. 다만 이른바 '요무'라고 하는 것은 도덕의 당연한 바를 일컬음이 아니라 이익의 한 방편의 수단을 구하는 것에 불과하다.

其始也에 人이 衆物을 取ᄒ야 己有의 權을 盡作홀 欲이 各有ᄒ더니 緝睦不爭을 旣求홈에 及ᄒ야는 此權을 擧ᄒ야 不可不 抛棄홈은 自然의 順序오 可避치 못홀 理니라. 己의 專有權을 抛棄홀 以上에 衆人도 쏘ᄒᆫ 不可不 其 專有權을 抛棄홀지니 於是에 各人이 相約ᄒ야 曰 我의 所獲者를 人은 我에게 勿奪ᄒ며 爾의 所獲者를 我도 쏘ᄒᆫ 爾의게 勿奪ᄒ자 ᄒ야 人人이 權으로써 相易ᄒ야 民約이 以成ᄒ니라.

그 처음에는 사람이 여러 물건을 취하여 자기의 소유 권리를 다할 욕심을 각자 갖더니 집목부쟁을 구하는 데 이르러서는 이 권리에 따라 불가불 포기하는 것은 자연스러운 순서요, 가히 피하지 못할 이치이다. 자기의 전유권을 포기한 이상 다른 사람들도 또한 불가불 그 전유권을 포기할지니 이에 각 사람이 서로 약속하여 말하기를 내가 획득한 것을 타인은 나로부터 빼앗지 못하며, 네가 획득한 것도 내가 또한 너에게서 빼앗지 못하게 하자고 하여 사람마다 권리로써 서로 바꾸어 민약이 성립하였다.

民約이 旣成ᄒᆫ 後에 人人이 契約을 堅守ᄒ야 敢히 違越치 아니ᄒ기로 第一 要務를 作ᄒᄂ니 譬컨듸 人이 此에 有ᄒ야 緝睦相安홀 欲으로 衆人의 契約을 <u>首違</u>ᄒᆫ즉 此는 所謂 體를 求ᄒ며 用을 棄홈이니 我가 스사로 矛盾홈이라 謂홀지나 霍布士는 事의 順序에 反ᄒ면 其 目的을 自失홀 而已라 謂ᄒ니 何則고. 契約을 未定홈에 當ᄒ야 或 我가 此 契約에 未入ᄒ야셔는 不正 不義라 謂홀 바ㅣ 無ᄒ야 人으로 더부러 約事치 아님과 如ᄒ니 決코 踐約홀 責任이 無타 홈이니라.

민약이 이루어진 후에 사람마다 계약을 굳게 지켜 감히 어기지 않는 것을 제일 중요한 업무로 삼으니, 비유하건대 사람이 이에 집목하여 서로 편안하고자 할 욕심으로 무릇 사람들의 계약을 지킨다면 이는 이른바 형체를 구하며 용도를 포기하는 것이니, 자기 스스로 모순된 것이라고 할 것이지만, 홉스는 일의 순서에 반하면 그 목적을 스스로 상실할 따름이라고 말하였으니 왜 그런가. 계약을 정하지 않거나 혹 내가 이 계약에 들지 않으면 부정 불의라고 일컬을 것이 없어 사람으로 더불어 계약하지 않는 것과 같으니 결코 약속을 지킬 책임이 없다고 하였다.

或이 問曰 我가 一事를 旣約흔 後에 忽然히 回思ㅎ고 吾言을 不踐흠이 我의 利益됨을 覺ㅎ고도 我가 其約을 當踐흘가. 霍布士는 答ㅎ야 曰 踐不踐은 惟 君이어니와 君이 緝睦으로 爲利치 아니ㅎ거든 請君은 復鬪흘지어다. 吾儕는 쏘흔 起ㅎ야 君으로 더부러 相鬪ㅎ리라. 但 緝睦을 利케 녁이는 人이 多ㅎ니 恐컨대 君은 不勝ㅎ리라 ㅎ니 然則 尋常의 謂흔 바 正 不正과 義 不義가 霍布士의 意에는 利不利而已니 自謀의 臧否에 不過흘 而已오, 所謂 道德이라ㅎ는 者에 存在흔 바ㅣ 아니니라.
(未完)

혹이 묻기를 내가 하나의 일을 이미 약속한 뒤에 홀연 다시 생각하니, 내 말을 실천하지 않는 것이 나의 이익됨을 깨닫고도 내가 그것을 실천하겠는가 하니, 홉스가 답하기를 "실천하고 안 하고는 오직 그대에게 달렸으니, 그대가 집목으로 이익을 꾀하지 않거든 그대는 다시 투쟁해라. 우리들은 또한 봉기하여 그대와 더불어 투쟁할 것이다. 단 집목을 이롭게 여기는 사람들이 많으니, 두려워하건대 그대는 이길 수 없을 것이다."라고 하니, 그런즉 일상 일컫는 정과 부정, 의와 불의는 홉스의 뜻에는 이익과 불이익일 뿐이니, 스스로 꾀하여 감추는 데 불과할 따름이요, 이른바 도덕이라는 것에 존재하는 것은 아니다.

▲ 제8호 = 곽포사설 제일

若 人人이 忽欲忽惡ᄒ며 念起念落ᄒ야 其約을 易破흔즉 장차 邦國으
로 ᄒ야곰 爭鬪의 古態를 復成ᄒ야 建國 以前의 時로 더부러 如ᄒ야
公衆의 利益에 大不便흠이 有흔지라. 故로 不可不 一策을 立ᄒ야 防杜
흘지니 此ᄂ 實노 至難흔 業이어늘 而霍布士ᄂ 甚히 容易타 云ᄒ니 其
策은 卽 威力으로써 此約을 護持ᄒ야 敢히 破壞키 不得케 ᄒ면 人이
罪戮을 畏ᄒ야 此約이 永存ᄒ리라 ᄒ니 是故로 霍布士의 政術은 體軀의
力으로써 基를 作ᄒ고 此力을 藉ᄒ야 法律을 擁衛ᄒᄂ 者ㅣ니라.

만약 사람마다 문득 욕심과 악이 생겨나고 일어나고 넘어뜨릴 것을 생
각하여 그 약속을 쉽게 파괴하면 장차 나라로 하여금 투쟁의 옛날 모습
을 다시 만들어낼 것이니, 국가를 세운 이전의 때와 같이 공중의 이익
에 큰 불편이 있을 것이다. 그러므로 불가불 하나의 계책을 수립하여
막을 것이니 그것은 실로 지극히 어려운 일이지만 홉스는 매우 쉬운
일이라고 하였다. 그 계책은 곧 위력으로 이 약속을 보호 유지하여 감
히 파괴하지 못하게 하면 사람이 죄와 살육을 두려워하여 이 약속을
영원히 지킬 것이라고 하니, 그러므로 홉스의 정치술은 체구(體軀)의
힘으로 기초를 삼고 이 힘을 의지하여 법률을 지키고자 하는 것이다.

按霍布士의 議論이 持之有故ᄒ고 成之有理ᄒ야 常山의 蛇[38]가 首尾

---

38) 상산사세(常山蛇勢): 상산(常山)의 뱀 같은 기세. 적의 공격에 조직적으로 대처하는 것을
비유하거나, 앞과 뒤가 호응이 잘된 완벽한 문장을 비유하는 말이다. 춘추시대의 전략가
손무(孫武)가 쓴 〈손자병법(孫子兵法) 〈구지(九地)〉〉에서는 군사를 쓸 수 있는 아홉 가지
땅을 열거해 놓았는데, 그 중 마지막에 나오는 것이 '사지(死地)'이다. (…중략…) 상산은
산동성(山東省) 제성현(諸城縣) 남쪽 약 20리에 있는 산이다. 전저는 오(吳)나라 공자(公
子) 광(光, 후의 오왕 합려(闔廬)을 도와 오왕 요(僚)를 암살한 자객이다. (▶골경지신(骨
鯁之臣) 참조.) 조귀는 춘추시대 노(魯)나라 장공(莊公)의 대부이자 장군인 조말(曹沫)이
다. 조말은 제나라와 여러 차례 싸워 패해 많은 영토를 잃었으나, 후에 노나라 장공과
제(齊)나라 환공(桓公)이 회맹을 할 때 비수를 들고 단상에 올라가 제나라 환공을 협박하

相應홈과 如ᄒ다 可謂홀지로다. 盖 彼가 以謂 人類는 一種 無生氣의 偶像으로 情欲에 驅使홀 바ㅣ 되야 自制키 不能ᄒ니 世의 謂ᄒᆫ 바 道德이라는 者는 皆 空幻이오 實相이 아니니 然則 互相 爭鬪는 반닷이 自然의 順序됨이 無疑라 ᄒ니, 德義가 旣無ᄒᆫ즉 利害에 就홈이 亦 自然의 順序며 其相約으로 平和를 求홈도 亦 自然의 順序니 如是則 契約이 旣成에 威力으로써 護持홈도 亦 自然의 順序로다. 人의 本性으로 ᄒ야곰 霍布士의 所言과 果如홀진딕 其說이 진실노 盛水不漏[39]ᄒ야 矛盾홈이 無ᄒ도다.

살펴보면 홉스의 이론이 지지되는 까닭에 이유가 있고 그 이치가 맞아 상산의 뱀처럼 수미상응하는 것과 같다고 할 수 있다. 대개 저가 이른 바 인류는 일종 무생물의 우상으로 정욕에 사로잡혀 자제하기 불가능하니 세상에서 일컫는 도덕은 대개 환상이며 공허하여 실상이 아니니, 그런즉 서로 쟁투하는 것은 반드시 자연의 순서라는 점을 의심할 수 없다고 하니, 덕의가 없으면 이해를 취하는 것이 자연스러운 순서이며, 그 약속으로 평화를 구하는 것도 또한 자연의 순서이니 이와 같으면 계약이 이미 이루어짐에 위력으로 보호 유지하는 것도 또한 자연의 순서이다. 사람의 본성이 홉스의 말과 과연 같다면 그 설명이 진실로 성수불루하여 모순된 점이 없다.

霍布士 所謂 人의 各相競爭홈은 利己홈을 專謀ᄒ야 他人의 害를 不顧홈이니 此는 곳 後來 達彌文[40]의 謂ᄒ 바 生存競爭과 優勝劣敗는 是는 動物의 公共性이오, 人類의 不免홀 바이로다. 苟 使人類로 此性만 僅有ᄒ고 所謂 道德의 念과 自由의 性이 絶無ᄒ면 霍 氏의 政論이 可謂 完美

여 자신이 잃은 땅을 되찾았다. 〈다음백과〉

39) 성수불루(盛水不漏): 가득찬 물이 조금도 새지 않는다는 뜻으로, 사물이 빈틈없이 꽉 짜였거나 매우 정밀함을 이르는 말.

40) 달이문(達爾文): 다윈.

無憾ᄒ려니와 惜乎라. 霍氏ᄂᆫ 其一만 知ᄒ고 其二ᄂᆫ 不知홈이나 然이나 其 人類 中 所有ᄒᆫ 實體의 理를 敍홈은 其功이 ᄯ혼 不淺ᄒ도다.

홉스가 이른바 사람이 각각 경쟁하는 것은 이기심을 꾀하여 타인의 해를 돌아보지 않는 것이니, 이는 곧 후대의 다윈이 말한 생존경쟁과 우승열패는 곧 동물의 공통된 성질이요, 인류도 면하기 어렵다 한 것과 같으니, 진실로 인류로 하여금 이 성질만 갖고 있고 이른바 도덕이나 자유의 본성이 전혀 없으면 홉스의 정치론이 가히 완미하고 유감이 없을 것이나 안타깝다. 홉스는 하나만 알고 둘은 알지 못했으나 인류가 갖고 있는 실체의 이치를 서술한 것은 그 공이 또한 얕지 않다.

且 霍布士가 人心에 自由의 性이 비록 不足ᄒ다 ᄒ얏스나 然이나 契約으로써 政治의 本을 作홈은 是ᄂᆫ 衆人의 邦國을 立코ᄌ ᄒᄂᆫ 理를 己知홈이니, 其見이 極卓ᄒ다 可謂홀 바ㅣ라 ᄒ니 此設을 倡홈으로브터 後의 學者가 襲以衍之(습이연지)ᄒ야 其識想이 더욱 高尙ᄒ고 其理論이 더욱 精密ᄒ야 人人이 以謂ᄒ되 自主의 權으로써 그 自由의 德義를 行홈이 實노 立國의 本이 된다 ᄒ니, 霍布士의 謂ᄒᆫ 바 私欲에셔 出ᄒ다 ᄒᆫ 者ㅣ 誠夐乎尙矣(성현호상의)로다. 民約의 義ᄂᆫ 實노 霍氏를 祖述ᄒ니 霍氏ᄂᆫ ᄯ한 政學界의 功臣이니라.

또한 홉스가 사람의 마음에 자유의 본성이 비록 부족하다고 하였으나, 계약으로 정치의 근본을 삼은 것은 사람들이 나라를 세우고자 하는 이치를 알고 있는 것이니, 그 견해가 탁월하다고 말할 수 있다. 이 설을 주창한 뒤 후세의 학자가 이를 이어 발전시켜 그 식견과 사상이 더욱 고상해지고 기 이론이 더욱 정밀하여, 사람마다 이르기를 자주의 권으로 자유의 덕의를 행하는 것이 실제로 국가를 수립한 근본이 된다고 하니, 홉스가 말한 바 사욕에서 나온다고 한 것이 진실로 일상을 드러낸 것이다. 민약의 뜻은 실로 홉스가 처음 진술한 것이니 홉스는 정치학계의 공신이다.

以上의 述훈 바 霍布士의 學說은 前後가 齊整훈 處이어니와 今에 其
趣旨의 前後 矛盾훈 者를 要論ㅎ건딩, 契約이 既히 成立훈 後에 써 護持
ㅎ는 바는 自然의 法律이라, 威力을 當用홀지나 但 此 所謂 威力을 誰가
用홀가. 將 官吏를 由ㅎ야 專制홀가. 抑人民을 由ㅎ야 合議홀가. 霍布士
ㅣ 當時에 英王 查理 第二의 師가 되야 크게 尊寵ㅎ믹 이에 一人에게
媚를 獻ㅎ고 君主 專制政治를 主張ㅎ니 實노 一言의 失이 千古의 遺恨
이라 可謂홀지로다.

이상 서술한 것과 같이 홉스의 학설은 전후가 정제하나 지금 그 취지의
전후 모순된 것을 논하면 계약이 이미 성립한 후에 보호 유지하는 바는
자연의 법률로, 위력을 당연히 쓸 것이나. 다만 이 위력을 누가 쓸 것인
가. 장차 관리로 말미암아 전제할 것인가, 오히려 인민으로 말미암아
합의할 것인가. 홉스가 당시에 영국 군왕 제임스 2세의 스승이 되어
존경과 총애를 받으니 이에 한 사람에게 아첨하여 군주 전제정치를 주
장하니 실로 한 마디의 실수가 천고의 깊은 한이 되었다고 할 것이다.

霍布士는 以爲호딩 만일 威力을 建設ㅎ야 能히 國人을 統攝ㅎ야 爭
鬪가 無케 ㅎ고져 홀진딩 반닷이 衆意로 ㅎ야곰 一意에 上同케 훈 然後
에 可ㅎ다 ㅎ니 如是 則 衆人이 各其 意欲을 抛ㅎ고 一人의 意欲에 委任
케 훔은 쏘훈 政略의 得已치 못홀 바ㅣ라. 其相約훈 意에 曰 吾等이 各
其 權을 抛棄ㅎ고 君主 某에게 托ㅎ면 君主 某도 쏘훈 吾等으로 相安ㅎ
야 利益을 享케 ㅎ리라 ㅎ얏더라. (未完)

홉스는 만일 위력을 만들어 능히 국인을 통섭하여 쟁투가 없게 하고자
한다면, 반드시 중의(衆意)로 한 뜻이 되게 한 연후에야 가능하다고 하였
으니 이와 같이 다중의 사람이 각각 의욕을 포기하고 한 사람의 의사에

위임하는 것은 또한 정치적으로 가능하지 못하다. 그 상약한 의사에 이르기를 우리는 각기 권리를 포기하고 군주 누구에게 위탁하면 군주도 또한 우리들이 서로 편안하게 하여 이익을 누리게 할 것이라고 하였다.

▲ 제9호=곽포사설 제일

此約이 흔번 일우면 衆庶가 다 서로 牽聯ㅎ고 分離홈이 無홀지라. 雖然이나 霍布士가 旣히 臣庶로 ㅎ야곰 君主에게 束縛을 當케 ㅎ고, 君主는 毫末도 束縛홈이 無ㅎ니 是는 君主는 臣庶에게 一事도 可히 要求치 못홀 바ㅣ 無ㅎ고 臣庶는 君主에게 一事도 可히 要求홈이 無타 홈이니 天下에 엇지 如此흔 約條가 有ㅎ리오. 君主의 權限이 如此히 廣大홀진딕 곳 義를 行홈도 可ㅎ고, 不義를 行홈도 또흔 可홀지니, 假令 君主가 人子로 ㅎ야곰 其父를 弑케 홀지라도 또흔 非理라 謂치 아니홀지며 君主로 ㅎ야곰 國人의 生命 財産을 盡奪ㅎ야 一己에 歸케 홀지라도 또흔 ㅎ고자 ㅎ는 바를 盡爲홀 바ㅣ니 故로 霍布士의 說과 如흔즉 君主는 實노 在世흔 造物主라 ㅎ리로다.

이 약속이 한번 이루어지면 무릇 서민이 모두 다 이에 묶이고 분리함이 없다. 그러나 홉스가 이미 신하와 서민으로 하여금 군주에게 속박을 당하게 하고, 군주는 조금도 속박됨이 없으니, 이는 군주는 신하 백성들에게 하나도 요구하지 못할 것이 없고, 신하와 서민은 군주에게 하나도 가히 요구할 것이 없다고 하는 것이니 천하에 어찌 이런 약조가 있겠는가. 군주의 권한이 이처럼 광대하면 곧 의를 행하거나 불의를 행하는 것이 또한 가능할 것이니, 가령 군주가 자식으로 하여금 그 아버지를 시해하게 할지라도 비리라고 말하지 못할 것이며, 군주로 하여금 국인의 생명 재산을 모두 **빼앗**도록 하여 하나를 만들어도 또한 하고자 하는 바를 다하는 것이니 그러므로 홉스의 주장과 같다면 군주는 실제로 이 세상에 존재하는 조물주라고 할 것이다.

或이 問ᄒ야 曰 國民이 旣히 其權을 君主의 手에 抛棄ᄒ얏다가 一朝에 恢復코자 ᄒ면 果然 能히 其志를 達ᄒᆯ가. 霍布士ᄂᆞᆫ 曰 能치 못ᄒᆯ지니 衆人으로 ᄒ야금 一日에 其權을 復ᄒ면 君主의 權이 맛참ᄂᆡ 專치 못ᄒᆯ지오, 條約이 確定치 아니ᄒ면 利益을 能히 永保치 못ᄒᆫ다 ᄒ니, 故로 民約이 一立ᄒ면 비록 千萬年을 歷ᄒ야도 變更치 못ᄒᆫ다 ᄒᄂᆞᆫ 者ᄂᆞᆫ 곳 霍布士의 意라. 我祖와 我父가 其 權을 抛棄ᄒ야 써 君主ᄭᅴ 奉ᄒ얏ᄂᆞᆫᄃᆡ 我가 生長ᄒᆫ 後에 及ᄒ야 父祖의 約을 變壞코져 ᄒ야도 ᄯᅩᄒᆫ 不可라 ᄒᆫ 바니라. 嗟乎라. 我父ㅣ 비록 自爲ᄒᆷ을 好ᄒ나 我ᄂᆞᆫ 일즉 其事에 預치 아니ᄒᆫ지라. 然而 我나려 强히 我父의 約을 從ᄒ라 ᄒ면, 敢히 或 違치 못ᄒᆞ느니 天下에 엇지 是理가 有ᄒ리오. 霍布士의 說이 於是乎 窮ᄒ니라.

혹자가 묻기를 국민이 이미 그 권리를 군주의 손에 포기하였다가 하루아침에 회복하고자 하면 과연 그 뜻을 이룰 수 있는가. 홉스는 말하기를 가능하지 않을 것이니 무릇 사람들로 하여금 하루아침에 그 권리를 회복하면 군주의 권한이 마침내 전유되지 못할 것이요, 계약이 확정되지 않으면 이익을 능히 영구히 보존하지 못한다고 하였으니, 그러므로 민약이 한 번 성립되면 비록 천만년이 경과해도 변경하지 못한다 하는 것이 곧 홉스의 생각이었다. 나의 할아버지와 아버지가 그 권한을 포기하여 군주에게 바쳤는데 내가 성장한 이후에 아버지와 할아버지의 약속을 변경 파괴하고자 하여도 또한 불가능하다고 한 것이다. 아아, 아버지가 비록 스스로 한 것이나 나는 일찍이 그 일을 준비한 것이 아니니 그러나 나에게 억지로 나의 아버지의 약속을 따르라고 한다면 감히 혹은 어기지 못할 것이나 천하에 어찌 이런 이치기 있겠는가. 홉스의 주장이 여기에서 궁해진다.

要ᄒ건ᄃᆡ 霍布士 政術의 原과 다못 性惡의 論이 서로 表裡가 되ᄂᆞ니 雖然이나 吾ᄂᆞᆫ 以爲호ᄃᆡ 霍布士의 所說과 如ᄒᆯ진ᄃᆡ 人人이 오즉 利만

是圖ᄒ고 決코 道德이 無ᄒᆯ지니 盖 人이 各各 其 利益을 自謀ᄒᆯ 줄 知ᄒ고, 因ᄒ야 全體의 利益을 謀ᄒᆯ 줄 知ᄒ면 반닷이 自由制度로서 爲長ᄒᆯ지오, 또 自由制度ᄂᆫ 한갓 人民 全體의 利益뿐 不是라. 政府 主權者의 大利니 何也오. 政府 權限은 오즉 國民의 自由權을 保護ᄒ고 其 所立民ᄒᆫ 約을 擁衛흠에 在ᄒ고 此外에ᄂᆫ 干預흠이 無ᄒᆫ즉 輿情(여정, 여론 정태)이 自安ᄒ야 禍亂이 可히 萌치 아니ᄒ리니 此ㅣ 近世 政學의 士가 써 霍氏 民約의 義과 功利의 說을 取ᄒ고 其專制政策의 論을 抛棄흠이라.

요약하면 홉스의 정치술의 근원과 다만 성악론이 서로 표리가 되니, 비록 우리는 홉스가 말한 바와 같이 사람마다 오직 이익만 도모하고 결코 도덕이 없다고 하나, 사람이 각각 그 이익을 스스로 도모할 줄 알고, 이로 전체의 이익을 꾀할 줄 알면 반드시 자유제도로 장점을 삼을 것이며, 또 자유제도는 오직 인민 전체의 이익일 뿐 다름이 아니라, 정부 주권자의 큰 이익이 되니 무엇 때문인가. 정부 권한은 오직 국민의 자유권을 보호하고 그 인민이 수립한 약속을 옹위하는 데 있고 그밖에 간여하는 것이 없으니 곧 여론 정태가 안정되고 화란이 싹트지 않을 것이다. 이는 근세 정치학자가 홉스의 민약의 의미와 공리설을 취하고 전제정책의 논리를 포기한 것이다.

夐히 詳論ᄒ건디 霍布士의 政論은 可히 二段으로 分ᄒᆯ지니 第一段은 衆人이 다 鬪爭의 地에 出ᄒ야 和平의 域에 入코자 ᄒᄂᆫ 故로 相約ᄒ야 邦을 建ᄒ고 國을 設흠이오, 第二段은 衆人이 다 其權을 委棄ᄒ야 一히 君主의 掌握에 歸케 흠이니 此言과 如ᄒᆯ진디 衆人이 旣히 一身을 擧ᄒ야 써 君主를 奉ᄒᄆᆡ 君主ᄂᆫ 無限ᄒᆫ 權으로 意를 肆ᄒ야 使令ᄒᆯ지니 이론바 契約이 果然 엇의 在ᄒ며 公衆의 利益이 果然 엇의 在ᄒ리오. 一段의 所持ᄒᆫ 論과 二段의 躬自破壞흠은 霍布士의 才識으로서 如此 紕繆(비무)ᄒᆫ 言을 有흠에 至흠은 無他라. 其主ᄭᅦ 媚ᄒᆫ 而已라. 雖然이나 民約의 義가 一出흠이 後의 學士가 往往히 其意를 祖述ᄒ야 瑕(하,

티)를 去ᄒ고 瑾(근, 옥)을 存ᄒ야 發揮케 ᄒ야 써 十九世紀의 新世界 新學理를 開케 ᄒ니 霍布士의 功이 또 可히 沒치 못ᄒ겟도다. (未完)

다시 노하면 홉스의 정치론은 두 단계로 나눌 수 있으니 제1단은 중인이 모두 투쟁의 지경에서 나와 평화의 영역에 들고자 하는 까닭에 서로 약속하여 나라를 세우고 국가를 건설한다는 것이며, 제2단은 중인이 다 권리를 포기하여 군주의 손에 들도록 하는 것이니 이 말과 같다면 중인이 이미 일신을 들어 군주를 받들며 군주는 무한한 권력으로 뜻을 빙자하게 부릴지니 이른바 계약이 과연 어찌 존재하며, 공중의 이익이 과연 어찌 존재할 수 있겠는가. 일단에서 주장한 이론과 이단에서 스스로 파괴한 이론은 홉스의 재주와 식견으로 이와 같이 모순된 말에 이른 것은 다름이 아니라 그 주인께 아첨한 결과일 뿐이다. 그러나 민약의 의미가 한번 출현하니 후에 학사가 왕왕 그 의미를 이어받아 티를 제거하고 옥을 보존하여 발휘하게 하여 19세기의 신세계 새로운 학리가 열렸으니 홉스의 공이 또한 묻히기 어렵다.

▲ 제10호=곽포사설 제일

霍布士의 學이 頗히 荀子와 相類ᄒ야 其言ᄒ 바 哲學은 即 荀子 性惡의 旨오, 其言ᄒ 바 政術은 即 荀子 尊君의 義라. 荀子 禮論編에 曰 人이 生ᄒᄆ 欲望이 有ᄒ니 此 欲望을 不得ᄒ면 不得不 求ᄒ 것이오, 求ᄒ기를 度量과 分界가 無ᄒ면 不得不 爭ᄒᄂ니 爭ᄒ즉 亂ᄒ고, 亂ᄒ즉 窮ᄒ지라. 先王이 其亂을 惡ᄒᄂ 故로 禮義를 制ᄒ야 是非를 分ᄒ며 人의 欲을 養ᄒ고, 人의 求를 給ᄒ다 ᄒ얏스니 此ᄂ 其論이 爭鬪ᄒᄂ 人羣으로 平和의 邦國에 進ᄒᆷ을 爲ᄒᆷ이니 其形態의 級序가 霍布士의 說로 더브러 一轍에셔 出ᄒᆷ과 如ᄒ나 但 霍氏의 意ᄂ 國을 成ᄒ 바ㅣ 人民의 相約을 由ᄒᆷ이라 稱ᄒ고, 荀子의 論은 國을 成ᄒ 者ㅣ 君主의 竭力을 由ᄒᆷ이라 稱ᄒ얏스니 此가 其相異ᄒ 点이라.

홉스의 학설이 대체로 순자와 비슷하여 그가 말한 철학은 곧 순자의 성악의 의미며, 그가 말한 정치술은 곧 순자의 '존군'의 의미이다. 순자는 예론편에서 사람이 태어나면 욕망이 있으니 이 욕망을 얻지 못하면 부득불 구하고자 할 것이며, 구하는 데 도량과 한계가 없으면 부득불 다투니 쟁탈하면 곧 어지럽고, 어지러우면 곧 궁해질 것이니, 선왕이 그 난을 싫어하는 까닭에 예의를 만들고 시비를 분별하며 사람의 욕망을 기르고 사람이 구하는 것을 제공한다고 하였다. 이는 쟁투하는 사람들로 평화의 나라와 국가에 나아가게 하는 것이니 그 형태와 순서가 홉스의 학설과 같은 맥락에서 나옴과 같으나 다만 홉스의 의미는 국가 수립이 인민의 상약에서 말미암는다고 하고, 순자의 논리는 국가를 이루는 것이 군주의 갈력에서 말미암는다고 하였으니 이것이 서로 다른 점이다.

理論上으로 觀ᄒ면 荀子의 說이 確眞ᄒ도다. 然이나 荀子의 言은 立國을 君意에 由ᄒ다 ᄒ 故로 君權을 言ᄒᄆ 尙能其說을 自完ᄒ고 霍氏의 言은 立國을 民意로 由ᄒ다 ᄒ나, 其歸宿이 君權에 乃在ᄒ니 此 所謂 矛를 操ᄒ야 自伐ᄒᄆ이로다. 霍布士의 政術談을 又按ᄒ건ᄃᆡ 墨子로 相類ᄒᄆ이 有ᄒ니 墨子 (尙同篇에 云ᄒᄃᆡ 古者 民이 始生ᄒᄆ 正長이 未有ᄒ고 刑政이 未有ᄒᆯ 時에 天下에 人이 義가 異ᄒ야 一人이면 一義오, 十人이면 十義오, 百人이면 百義라, 人數가 滋衆ᄒᆯ사록 其 所謂 義라 ᄒᄂᆫ 者도 ᄯᅩ 滋衆ᄒ니 是ᄂᆫ 人이 곳 工義오 人의 義가 아닌 故로 交相非之ᄒ야 內의 父子兄弟가 怨讐를 作ᄒ야 離散의 心이 皆有ᄒᄆ으로 能히 和合지 못ᄒ고 天下의 百姓이 皆水火과 毒藥으로써 互相 虧害(휴해)케 ᄒᄆ을 禽獸와 如ᄒᄆ에 至ᄒ얏도다. 民의 正長이 無ᄒᄆ으로 天下의 義가 一切 異ᄒ고 天下의 亂이 一鰥로 熾ᄒ지라. 故로 天下의 賢良 聖智 辯慧之人을 擇立ᄒ야 天子를 삼아 天下의 義를 一同ᄒᄆ에 從事케 ᄒ 故로 里長은 此里의 民을 率ᄒᄆ을 上으로 鄕長과 同히 ᄒ고, 鄕長은 民을 率ᄒᄆ을 上으로 國君과 同히 ᄒ고, 國君은 此國의 民을 率ᄒᄆ을 上으로 天子와

同히 ᄒ고, 天子는 此 天下의 民을 率홈을 上으로 天과 同ᄒ다 ᄒ얏스니)

이론상으로 보면 순자의 설이 확실하고 진실되다. 그러나 순자의 말은 입국을 군주의 의지에서 말미암는다고 한 까닭에 군권을 말하는 것이 오히려 그 설이 완성되고, 홉스의 말은 입국이 민의에서 말미암는다고 하였으나 그 귀착점이 군권에 있으니, 이는 이른바 창을 들어 스스로를 찌르는 것과 같다. 홉스의 정치 담론을 다시 살피건대 묵자와 비슷한 점이 있으니 묵자 상동편에 이르기를 옛날 민이 처음 나타날 때 정장이 없고, 형징이 없을 때에는 천하의 사람이 의로움이 달라, 한 사람이 있으면 하나의 의가 있고, 열 사람이 있으면 열 개의 의가 있으며, 백명이 있으면 백 개의 의가 있으니, 사람 수가 많을수록 이른바 의라고 하는 것도 또한 점점 많아지니 이는 사람이 곧 의요, 사람의 의가 아닌 까닭으로 서로 사귀지 않아서 안으로 부자 형제가 원수를 만들고 흩어지는 마음이 존재하여 능히 화합하지 못하고, 천하의 백성이 모두 물과 불과 같아, 독약으로 서로 해치니 금수와 같은 지경에 이르렀다. 백성의 정장이 없으니 천하의 의가 일체 다르고, 천하의 혼란이 치열한 까닭에 천하의 현량 성스러운 지자, 지혜로운 사람을 택해 천자를 삼아 천하의 의로움을 동일하게 하는 데 종사하게 한 까닭에 이장은 그 마을의 백성을 거느려 위로 향장과 같게 하고, 향장은 백성을 통솔하여 위로 국군과 같게 하고, 국군은 그 나라의 백성을 통솔하여 천자와 같게 하고, 천자는 그 천하의 백성을 통솔하여 위로 하늘과 같게 한다고 하였다.

此는 其全篇에 條理 次序가 皆 霍氏로 더부러 一吻(일문)으로 出홈과 如ᄒ니 其建國ᄒ기 前 情形을 言홈도 同ᄒ고, 其人民의 相約으로 君을 立홈을 言홈도 同ᄒ고 其 立君ᄒ 後에 民이 各人의 意欲을 去ᄒ고 一人의 意欲을 從코져 홈을 言홈도 同ᄒ야 地의 相去가 數萬里오 世의 相後가 數千年이로ᄃᆡ 其 思想이 各符홈과 如ᄒ니 엇지 奇타 아니ᄒ뇨. 雖然이나 霍氏가 墨氏보다 逮치 못ᄒᆫ 者 一이 有ᄒ니 墨氏는 君이 天統을

繼홈을 知한 故로 尙同篇에 云 (旣히 天子와 尙同하고 天과 尙同치 아니
한 者는 卽 天菑(천치)를 未去한 者라 하니) 然則 墨子의 意는 君主의
制限이 無홈이 不可홈을 固知하얏스나 特히 制限홀 바의 良法을 得지
못한 故로 天을 託하야 治코자 홈이니 雖其術이 空漠홈을 涉하얏스나
君權 有限의 公理에 至하야는 旣得하얏고, 霍氏는 民賊의 僻論을 主張
하야 君이 各人의 權利를 盡吸收하야 制裁홀 바이 無하다 謂하얏스니
是는 虎가 人을 不噬(불서)홀가 恐하야 翼을 傳홈이니 惜哉라.

이는 그 전편의 조리와 순서가 모두 홉스와 마찬가지로 한 입술에서
나옴과 같으니 건국하기 전의 정형을 말함도 동일하고, 인민의 상약으
로 군주를 세움을 말함도 같고, 그 군주가 백성의 의욕을 제거하여 한
사람의 의지를 따르게 해야 함을 말한 것도 동일하여 지리적인 거리가
수만리이며 세대의 차이가 수천년이어도 그 사상이 서로 부합함과 같으
니, 어찌 기이한 일이 아니겠는가. 그러나 홉스는 묵자보다 못한 점이
하나 있으니 묵자는 군주가 천통을 계승한 것을 안 까닭이니 상동편에
이르기를 "이미 천자와 상동하고 하늘과 상동하지 아니한 것은 곧 묵정
밭을 제거하지 못한 것"이라고 하였으니 그런즉 묵자의 뜻은 군주에게
제한이 없음은 불가함을 진실로 알았으나 특히 제한하는 양법을 얻지
못한 까닭에 하늘을 의탁하여 다스리고자 한 것이니 비록 그 정치술이
공허하고 막막한 데가 있으나, 군권이 유한한 공리를 이미 터득하였고,
홉스는 민적의 치우친 이론을 주장하여 군주가 각인의 권리를 모두 흡
수하여 제재하는 바가 없다고 하였으니 이는 호랑이가 사람을 잡아먹을
까 두려워하여 날개를 전해 주는 것과 같으니 안타까운 일이다.

又按 霍布士라 하는 者는 泰西 哲學界, 政學界의 極히 有名한 人이라.
十七世紀에 生하야 其持論이 僅히 支那 戰國諸子로 더부러 相等하되
其精密홈은 不及한 바ㅣ 有하니 쏘한 支那 思想 發達의 무홈을 可見홀
지로되 但二百年來로 泰西의 思想進步는 如此히 其驟하고 支那는 今日

의 在ᄒᆞ야서도 依然히 二千年 以上의 唾餘ᄲᅮᆫ이니 此ᄂᆞᆫ 卽 後起者의 罪라 ᄒᆞᆯ지로다.

다시 살피건대 홉스는 태서의 철학계, 정치계에 극히 유명한 사람이다. 17세기에 태어나 그 지론이 중국 전국시대의 제자백가와 비슷하되 그 정밀함은 미치지 못한 점이 있으니, 또한 중국 사상 발달이 조속했음을 가히 알 수 있다. 다만 이백년 이래로 태서의 사상 진보는 이와 같이 급속했고 중국은 지금도 의연히 2천년 이상의 말뿐이니 이는 곧 후속 언구사의 죄라고 할 것이다. (완)

◎ 쇼-펜하월 氏의 倫理說 一班, 秋塘 朴 繹, 〈대한흥학보〉 제4호, 1909.6. (윤리학, 철학)

*쇼펜하우어 소개 및 윤리설

Auther Schopenhauer은 西紀 一七八八年 二月二十二日에 獨逸Danjix 市에서 誕生ᄒᆞ야 一世를 鳴動ᄒᆞᆫ 哲學者 文學者ㅣ라 氏의 倫理說 一班를 左에 紹述ᄒᆞ노라.

Schopenhauer의 倫理道德說은 宇宙意思論(吾人은 自己內心을 類推ᄒᆞ야 宇宙萬物의 本體를 理會ᄒᆞᆷ을 得ᄒᆞᆫ다 氏가 主張ᄒᆞᆫ 言論)에서 出來ᄒᆞ얏ᄂᆞᆫᄃᆡ 結歸ᄒᆞᆫ 바ᄂᆞᆫ 欲을 制ᄒᆞ고 己를 克ᄒᆞᆷ에 在ᄒᆞ니라.
氏ᄂᆞᆫ 人生을 道德的 方面으로 相對實踐的 性格과 絶對理牲的 性格의 二種을 觀察ᄒᆞ얏ᄂᆞ니 相對實踐的 牲格은 時間, 空間, 原因, 結果, 等 形式에 支配되고 絶對理牲的 性格은 此等 形式에 超越ᄒᆞᆫ다 ᄒᆞ니라. 相對實踐的 性格은 三種의 原動力이 有ᄒᆞ니 一은 利己心이오 二ᄂᆞᆫ 害惡心이오 三은 同情心이라.

利己心은 自己의 利益幸福을 求흠이오 害惡心은 他人을 害ᄒᆞ고 他人의 不幸을 喜悅흠이오 同情心은 他人의 安寧幸福을 祈祝흠이라. 第三 同情은 倫理道德의 基礎가 되ᄂᆞ니 氏 云ᄒᆞ되 生物에 對ᄒᆞ야 無限흔 同情은 道德的 行爲의 擔保責任者ㅣ라. 此 同情을 有흔 者ᄂᆞ 是非善惡의 訓戒를 要치 아니ᄒᆞ며 他人을 害치 아니ᄒᆞ고 他人에 對ᄒᆞ야ᄂᆞ 寬容大量으로 拯濟救助흠을 務圖ᄒᆞ야 擧手投足흠도 正義博愛흠에 自適흔다 ᄒᆞ고 又 古代 印度에서 願以此功德平等施一云云의 祈禱게文이 流行ᄒᆞ야 演劇의 大團도 此로 結末ᄒᆞ얏다ᄂᆞ 것은 實노 稱善咨嗟흘만흘 思想이라고 云云ᄒᆞ얏스며 假令 惡人을 對ᄒᆞ야서도 吾人은 惻隱흔 同情을 吝惜치 말지니 氏 云ᄒᆞ되 他人과 結交흘 時에 其人의 邪惡을 咎치 말며 其 智慮의 頑迷흠과 其 觀念의 背理흠을 責치 말나 邪惡흠을 目覩흘 時에ᄂᆞ 憎惡이 生ᄒᆞ고 頑迷背理흠을 心思흘 時에난 侮蔑이 生키 容易ᄒᆞ니 其時에난 親愛心, 同情心을 振起ᄒᆞ야 憎惡侮蔑을 變ᄒᆞ야 惻隱으로 發現케 흘지니 此난 福音에 일은바 愛의 宴(Agape)이니라 云云 又 吾人은 仁心을 推ᄒᆞ야 人類 以外 動物에도 及흘지니 氏 云ᄒᆞ되 動物에 對ᄒᆞᄂᆞ 同情은 性格의 善美와 密接흔 關係가 有ᄒᆞ니 動物에 對ᄒᆞ야 殘忍흔 者난 決코 善美흔 人은 아니라 云云 ᄒᆞ얏ᄂᆞ니라.

以上은 但히 相對實踐的 性格을 略述흘 ᄲᅮᆫ이니 絶對理性的 性格을 繼述흘지로다. 吾人은 生存的 慾望이 有흠이 苦痛은 免치 못ᄒᆞ나니 此를 解脫코자 흠은 吾人의 理性的 性格이라 그런즉 吾人은 解脫키 爲ᄒᆞ야 自斃흠을 可라 흘가 死滅흠을 可타 흘가 自殺은 解脫ᄒᆞᄂᆞ 道가 아이오 且 肉體死滅의 苦痛을 免치 못흠이라 大善吾人를 苦惱케 ᄒᆞᄂᆞ 것은 肉體가 아니ㅣ오 意思라 理性으로 意思를 制裁ᄒᆞ야 人欲에 接近치 아니코 生死를 認識치 아니흘지니 所謂 佛陀가 涅槃에 住흠은 眞個鮮脫이니라 云云 世人은 氏를 評ᄒᆞ되 厭世主義ㅣ오 佛敎의 小乘을 知ᄒᆞ고 大乘을 知치 못ᄒᆞ얏다 ᄒᆞ나 氏가 相對實踐的 性格을 說ᄒᆞ얏스니 灰身滅智만 求흠은 아니고 暗暗裏에 大乘과 融合흔 빅 有ᄒᆞ니라.

◎ 孝의 觀念 變遷에 對ᄒ야, 井上哲次郎/소앙생 역(이노우에 데츠가로), 〈대한흥학보〉 제9호, 1910.01.

　正上 博士ᄂ 倫理界에 有名ᄒᆫ 日本 學者인ᄃᆡ 曩日 丁酉 倫理會 (在日本 東京 硏究 倫理哲學之團體)에셔 孝에 對ᄒ야 講演ᄒᆫ 바이 如左ᄒᆫᄃᆡ 吾人은 此에 對ᄒ야 是非得失을 評論ᄒᆷ은 姑捨ᄒ고 日本 倫理學者의 一般 觀念을 可히 推想ᄒ깃기 玆에 譯載ᄒ야 斯學에 有意ᄒ신 諸彦의 一覽을 供ᄒ노라.

　孝의 意義난 多言ᄒᆯ 要가 無ᄒ나 但 余의 觀念이 時代와 風潮에 應ᄒ야 次次 變遷ᄒᄂ 事實과 內容을 暫論코저 ᄒ노라. 社會上 於千萬事의 如何ᄒᆫ 事實을 勿論ᄒ고 名詞ᄂ 同一ᄒᄂ 及 其 內容은 時代로 同히 變化ᄒᄂ니 譬如「日本人」三字의 名詞ᄂ 二千年前이ᄂ 二千年後ᄂ 殊ᄒᆫ 바이 無ᄒᄂ 思想의 內容과 文明의 程度로 論ᄒ면 古日人과 今日人의 優劣長短이 如何히 懸隔ᄒᆫ가. 如斯히 孝도 亦是內容이 變遷되ᄂ니 變遷ᄒᆷ이 當然ᄒᆫ 事勢로다. 大抵 孝字의 元來內容을 試論컨ᄃᆡ 極히 廣漠ᄒᆫ 者ㅣ라. 古書에 有云「孝者天之經地之義民之行天地之經是民則之」라 ᄒ니 大槪 父母에 敬愛를 盡ᄒᆷ이라. 解釋ᄒᆷ도 無妨ᄒ나 如此히 解釋ᄒ면 今日이라도 別般問題가 無ᄒ거니와 若夫昔日의 實行方法을 觀컨ᄃᆡ 到底히 吾人 想像 以外로 嚴重苛酷ᄒ도다. 禮記內則에 載ᄒᆫ 바 孝의 實行方法은 果然 今日 吾人의 行ᄒᆯ 슈 읍시 嚴重ᄒᆯ ᄲᆫ 안이라. 今日 社會狀態와 時代風潮ᄂ 吾人으로 ᄒ야곰 內則의 本文을 實行케 ᄒ지 못ᄒ며 實行치 안이ᄒ야도 無妨ᄒᆷ에 到ᄒ얏도다. 內則은 姑捨ᄒ고 論語의 文字로 論ᄒ야도 極히 形式에 拘泥ᄒᆫ 바이 多ᄒᆫ 中에 孝에 對ᄒ야 尤甚ᄒ니 此點은 孔子當日의 思想과 今日 社會의 狀態가 二千載相去의 古今이 有ᄒᆷ으로 互相符合치 안임이 當然ᄒ도다. 最히 今日 吾人의 難行點을 二三列擧ᄒ건ᄃᆡ. 第一「父母在不遠遊遊必有方」의 句라. 此의 本旨ᄂ 必竟人子로 ᄒ야곰 힘서 遠方에 遊치말게 ᄒᆷ이ᄂ 今日 此를 實行

홀진디 靑年發達의 弊害와 社會進化의 妨害가 不少ᄒ리니 社會와 國家와 靑年이 着着進步ᄒ여야 父母에 供歡ᄒᄂ 本旨가 되거니와 萬一 本文을 嚴密히 實行ᄒᄂ 日은 弊害不少ᄒ리니 今日은 該文을 實行홀 時代가 안이오. 又云「父在觀其志父沒觀其行三年無改於父之道可謂孝矣」라 ᄒ니 人情에ᄂ 至當홀 듯 ᄒᄂ 實은 行키 極難ᄒ고 行ᄒ면 弊害가 不少ᄒ리로다. 人人의 父가 人格이 方正ᄒ다 홀지면 何必三년이며 父의 人格이 不美ᄒ다 홀지면 何待三年이리오 二千年前支那社會ᄂ 비록 此가 適當ᄒ엿실지라도 今日 日本 社會에ᄂ 應用치 못홀 句語이니 不可不 此ᄂ 燮更치 안이치 못홀 것이로다. 또 孔子ᄂ 孝를 重히 녁이ᄂ 結果로 喪禮를 極히 格別히 定ᄒ야 三年喪의 制를 守케 ᄒ야 父沒三年엔 音樂演劇에 其 樂을 廢ᄒ고 衣服飮食에 其 美를 禁ᄒ며 官人은 位를 辭ᄒ고 商賈ᄂ 商品을 廢ᄒ다 ᄒ얏시니 此 亦 人子의 情에 至當ᄒ 듯ᄒ나 當時 宰我도 三年喪의 不可홈을 質問ᄒ야「宰我問三年之喪期已久矣君子三年不爲禮禮必壞三年不爲樂樂必崩舊穀旣沒新穀旣升期可已矣子曰食夫稻衣夫錦於予安乎曰安曰安則爲之夫君子之居喪食旨不甘聞樂不樂居處不安故不爲也女安則爲之宰我出子曰予之不仁也子生三年然後免於父母之懷夫三年之喪天下之通喪也予也有三年之愛於其父丹乎」. 如此ᄒ 問答이 孔子當日에 已在ᄒ얏으니 到底히 今日 實行치 못홀 句語로다. 宰氏ᄂ 비록 糞土朽木의 責을 孔子에 得ᄒ 不足ᄒ 人格이ᄂ 此에 對ᄒ 質問은 實로 適當ᄒ도다. 또 孟子에 云등 定公이 薨홈에 然友가 孟子ᄭ 問ᄒ딘 孟子曰三年之喪과 齊최之服과 간粥之食은 自天子達於庶人히 三代共之라 ᄒ신딘 然友此로 復命ᄒ딘 父兄百官이 皆 不欲이러니 孟子의 鄭重ᄒ 勸告로 遂히 三年의 制를 行ᄒ얏이니 孟子 當時에도 若是ᄒ 事實이 有홈은 聖理學上 趣味가 不無ᄒ거니와 淮南子有云「三年之喪是强人之所不及也而以僞輔情也」라 ᄒ얏도다. 日本은 自來로 儒敎를 崇拜ᄒ야 孔孟의 道를 講修ᄒ얏이ᄂ 三年喪을 行ᄒ 者ᄂ伊藤仁齋(有名ᄒ 儒學者) 外에 歷史上에 幾稀ᄒ얏도다. 此ᄂ 孔敎의 形式的 道德에 拘泥치 안인 結果로다. 曲禮에 云「君有疾飮藥臣先嘗之親有疾飮藥子先嘗之醫

不三世不服其藥」이라 ᄒᆞ야 法律的으로 定ᄒᆞ얏이니 藥이 萬一劇劑일진ᄃᆡ 如何ᄒᆞᆯ가. 葛根湯과 如ᄒᆞᆯ진ᄃᆡ 猶或可矣ᄂᆞᆫ 今日 藥學이 發達되야 容易히 舐得치 못ᄒᆞᆯ깃도다. 如此ᄒᆞᆫ 形式的은 行치 안이ᄂᆞᆫ 것이 當然ᄒᆞᆯ것이오 ᄯᅩ 三世藥家를 求ᄒᆞᆷ은 亦是不可能ᄒᆞᆫ 者ㅣ라. 一代名醫가 車載斗量인ᄃᆡ 何必曰三世醫리오 此亦 形式的이니 可히 行ᄒᆞᆯ 바이 안이로다. 古來孝子의 傳記를 讀ᄒᆞ건ᄃᆡ 今日 孝子의 理想과ᄂᆞᆫ 大段ᄒᆞᆫ 差異를 發見ᄒᆞ리로다. 支那에ᄂᆞᆫ 支那當時의 社會에 適切ᄒᆞᆫ 바로 人心을 統御키 爲ᄒᆞ야 孝를 說ᄒᆞᆷ에 種種ᄒᆞᆫ 形式으로ᄡᅧ ᄒᆞ얏이ᄂᆞ 今日 吾人은 强仍히 昔日的 孝又ᄂᆞᆫ 形式的孝를 一一히 導行ᄒᆞᆯ 必要가 無ᄒᆞ도다. 그 ᄲᅮᆫ 안이라 孝의 內容은 時代의 變遷을 從ᄒᆞ야 種種變易ᄒᆞᄂᆞ니 今日 孝라 ᄒᆞᄂᆞᆫ 것을 重大ᄒᆞᆫ 德行이라 ᄒᆞᄂᆞᆫ 것은 理由가 有ᄒᆞ니 孝ᄂᆞᆫ 仁의 起原(孔子意向)이라 至廣至大ᄒᆞᆫ 博愛人道ᄂᆞᆫ 其 始가 單純ᄒᆞᆫ 家庭에 在ᄒᆞᄂᆞ니 卽 一家의 內에 主體되ᄂᆞᆫ 孝에 起因ᄒᆞ야 此 觀念이 漸漸 擴充ᄒᆞ야 百行의 源을 作ᄒᆞᄂᆞ니 嬰兒가 父母에 對ᄒᆞ야 敬愛를 盡ᄒᆞᄂᆞᆫᄃᆡ셔 仁이 萌ᄒᆞᄂᆞᆫ고로 孝弟ᄂᆞᆫ 爲仁의 本이라 ᄒᆞ니라. 又 一面으로 孝란 것이 宇宙의 根本原理를 作ᄒᆞᄂᆞ니 此로 觀ᄒᆞ면 孝란 것은 大ᄒᆞᆫ 愛라. 天地를 可히 貫一ᄒᆞᆯ지라. 耶蘇敎의 愛란 것과 갓이 宇宙가 發展ᄒᆞ야 來ᄒᆞᄂᆞᆫ 中에 一個 愛란 것이 有ᄒᆞ야 愛가 次次 人生의 關係 卽 日用常行에 來現ᄒᆞ야 孝란 것이 되니. 五倫으로 重大ᄒᆞᆫ 本務를 삼아 大ᄒᆞᆫ 愛가 種種ᄒᆞᆫ 關係로 發展 又 發展ᄒᆞ야 온 것을 孝라 稱ᄒᆞ얏도다. 支那古書에 「孝在混沌之中」이라 ᄒᆞ얏고 曾子 曰 「夫孝推之後世而無朝夕無時時非효也無物不有無時暫停以應期也」라 ᄒᆞ얏이니 효의 槪念이 至廣無涯ᄒᆞᆷ을 可知로다 ᄯᅩ 日本의 中江藤樹가 云ᄒᆞ되 「효란 것은 天地未畫前에 在ᄒᆞᆫ 太虛神道라. 天地人萬物이 皆孝로 從ᄒᆞ야 生ᄒᆞᆫ다」 ᄒᆞ얏이니 絶對的至廣至大ᄒᆞᆷ을 謂ᄒᆞᆷ이 안인가. 要컨ᄃᆡ 孝란 것은 非常히 神聖ᄒᆞᆫ 世界의 原理인ᄃᆡ 此가 漸漸 道義的 方面으로 應ᄒᆞ야 顯ᄒᆞᆷ에 從ᄒᆞ야 種種色色의 名稱을 受ᄒᆞᄂᆞ 摠括的으로 統稱ᄒᆞ면 仁字에 不過ᄒᆞ리로다. 然而孝를 狹ᄒᆞ게 解釋ᄒᆞ면 一家內에셔 父母에 敬愛를 致ᄒᆞᄂᆞᆫ 家庭的 行爲에 不過ᄒᆞᄂᆞ 非常히 優美ᄒᆞᆫ 情的

觀念 卽 狹的孝가 亦 不可無흘 美點이오 此가 東洋倫理의 燦然흔 光彩를 放흐는 所以로다. 一面으로 害흔 點이 잇난 形式은 一面으로 孝의 內容을 作흐야 孝의 槪念中에 如此흔 形式에 包含흐얏도다. 然而 此等 形式은 時勢의 進步로 改良흘 必要가 確實히 有흔지라. 故로 孝의 槪念中에 有毒흔 部分이 잇다흐야 近來 孝에 對흔 世人의 懷疑와 攻擊이 踏至흐는도다. 如何흐단지 吾人이 窮心力行흐야 甚至生命이 盡흐기까지 獻身흔 後에 始로 孝의 名이 有흐고 忠의 名이 有흐느니 此 所謂 孝當竭力忠則盡命이라. 東洋道德은 大槪 自已 以上人에 對흐야 一切 全力을 傾흐야 窮力奉行흐는 卽 所謂 沒我的 行爲로 道德의 骨髓를 合느니 此는 東洋道德의 美點이오 西洋은 自己本位卽個人의 資格과 個人의 權利로 主體를 合아 事事에 獨立的으로 活動흐느니 彼此에 一長一短은 不可免흘 事勢로다. 그러나 今日 二十世紀에 處흔 吾人은 東洋의 長處 沒我的과 西洋의 長處 個人的을 互相折衷흐야 東西文明을 相當히 融和흐야 完全흔 道德을 修흘지오 決코 東洋道德에 盲從흐야 長處 短處의 區別을 莫知흐고 西洋道德을 排斥흘 것이 안이오 쏘 西洋道德에 盲從흐야 其 優劣得失의 判斷이 無히 東洋道德으로 陳腐흔 古習이라 疾視흘 것이 안인즉 彼此의 長短得失이 互有흠을 忘치 안이면 이 엇지 愛而知其惡惡而知其善이 안이리오.

〈휘보〉

林圭＝본회 인쇄소에서 출판한 〈일본어학음어편〉은 일본어학에 난숙한 임규 씨의 저술한 바인데 문법과 회화의 일체 긴요한 부분을 조직적으로 망라하고 이론상으로 해석한 육백혈의 대서인데, 우리 한일어계의 초유한 대 저작이러라.